세계도서 영유권 분쟁과 독도

김 현 수 저

연경문화사

세계도서영유권 분쟁과 독도

1982년 유엔해양법협약이 체결된 지도 약17년이 지났으며, 동 협약이 1994년 발효되어 시행이 된지도 약15년이 되었다. 그러나 주지하는바와 같이, 새로운 해양환경의 급격한 변화에 능동적으로 대처하고 해양을 평화적으로 이용하여 모든 인류가 진정한 해양의 수혜자가 되도록 하기 위한 의도로 채택된 제3차 유엔해양법협약은 그 적용에 있어 여러 가지 어려움에 직면하고 있는바, 즉 국가 간의 강력한 이해관계의 대립, 해양강대국과 해양약소국 간의 정치외교적인 갈등, 연안국에 의한 해양자원의 배타적이고 일방적인 권리 주장 및 자국의 해양관할권 확대경향 등으로 심각한 분쟁 및 갈등양상을 보이고 있다.

특히 신해양법협약상 200해리 배타적 경제수역제도가 정착하게 되어 소위 해양법상 도서로서의 법적 지위가 인정되는 해양융기물의 경우 육지영토와 동등한 법적 지위를 향유하게 되어 도서 자체가 향유할 수 있는 그 가치가 실로 다대하지 않을 수 없게 되었다.

이러한 결과 도서영유권 문제 및 암석 또는 도서의 법적 지위 결정 문제가 21세기 해양문제 해결의 가장 어려운 과제의 하나로 등장하게 되었고, 또한 분쟁도서를 둘러싼 자원수역의 개발 및 관할수역 확보를 위한 해양경계획정 문제가 동시에 나타나게 되었다. 이들 두 가지 문제는 모두 그 해결이 쉽지 않은 실로 어려운 문제가 아닐 수 없으며, 그 해결에도 상당한 시일이 소요될 것으로 보인다. 이런 문제의 해결이 불가피한 것은 사실이나, 문제를 원만히 그리고 가능한 빠른 시일 내에 해결을 하지 못할 경우 해양에서의 국가 간 분쟁과 충돌이 불가피하게 될 것이다.

한국은 한·일 간 독도영유권문제, 동해에서의 한·일 간 배타적 경제수역 경계획정문제, 서해에서의 한·중 간 배타적 경제수역 경계획정문제 및 동중국해에서의 한·중·일 3국간 배타적 경제수역 경계획정 문제 등 해결해야할 많은 현안과 과제를 안고 있다. 본 연구는 이러한 시대적 환경의 변화와 국가 간의 해양이해 현실을 가장 극렬하게 반영한 분쟁도서와 관련된 최근의 판례를 영유권 문제를 중심으로 분석하여 우리의 해양문제 해결에 하나의 법적 자료를 제공하고자 함을 그 목적으로 하여 정리하였다.

본서는 이러한 목적에 부응하고자 분쟁해결의 기초이론을 검토해본 뒤, 한반도 주변 국가들의 도서영유권 분쟁현황을 분석하였고, 이어서 국제사법기관의 주요 판례 즉 중재재판소 판정 및 국제사법재판소의 판례 중 우리에게 적용가능한 도서영유권 및 분쟁도서가 관련된 해양경계획정 문제에 관한 최근 주요 판례를 정리하고 평가하였다. 또한 한·일 간 핵심문제의 하나인 독도문제도 집중적으로 조명하여 결론에서는 이러한 분석을 기초로 독도 영유권 문제의 바람직한 해결방안을 제시하였다.

끝으로 늘 어려운 여건 속에서도 본서의 출판을 기꺼이 허락하여 주시고 격려하여 주신 연경문화사 이정수 사장님께 지면을 빌어 심심한 감사의 말씀을 드린다. 아무쪼록 본서가 해양법 및 국제법을 연구하는 학계 및 해양관련 정책을 다루는 실무자 그리고 해양법을 공부하는 학생 및 관련자 분들께 유익한 지침자료가 되기를 소망하는 바이다.

2009년 7월

인하대학교 연구실에서 김 현 수

Contents

Contents

Contents

Contents

Contents

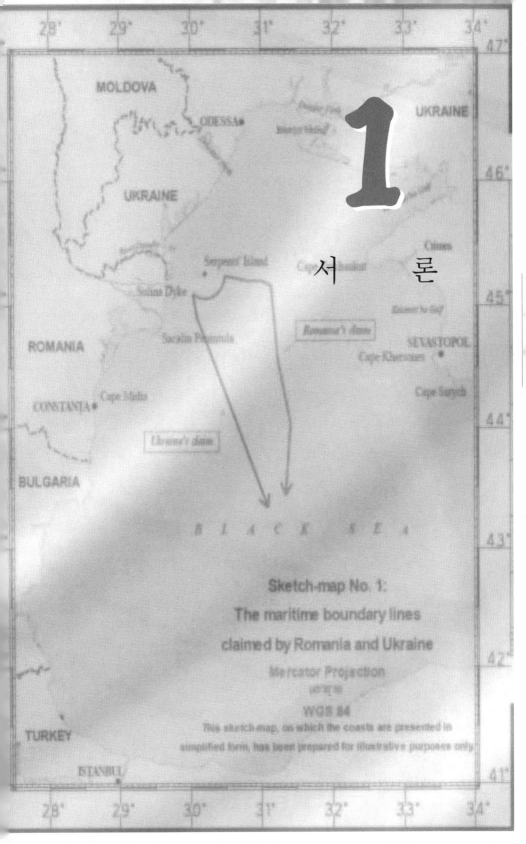

서 론

1

영국의 군인이며 정치가였던 월터 롤리(Walter Raleigh : 1554~1618)는 바다를 지배하는 자는 상업을 지배하고, 상업을 지배하는 자는 세계를 지배할 것이라고 말하였다. 역사적으로 보아 바다를 지배한 민족 또는 국가가 세계를 지배해 왔으며, 바다의 중요성을 망각하고 바다와 더불어 살지 않았던 민족이나 국가는 해양 국가들의 식민지로 전락하는 쓰라림을 겪어왔다. 이것은 해양의 확보가 평시에는 국제무역과 국민경제 발전의 증대, 나아가서는 국위선양과 국력과시에 지대한 역할을 하였으며, 전시에는 군수물자보급 및 군작전 병력수송 등에 필수 불가결한 요소가 되기 때문이다.

이처럼 해양의 중요성이 증대되고 있으나, 해상에서의 질서유지는 국제수역에서의 해적행위, 국내 관할수역 및 국제수역에서의 해상강도[1], 해상테러, 마약밀매, 불법밀입국, 대량살상무기 및 관련물질의 해상수송, 해양오염행위 또는 불법조업행위 등으로 인해 심각하게 위협을 받고 있다. 이러한 불법행위는 오늘날 전 세계적인 문제로 대두되어 그 정도가 상당한 수준에 이르렀지만 이를 방지하기 위한 국제사회의 노력은 여전히 미흡한 실정이며, 아울러 이러한 불법행위는 세계화의 흐름에 편승하여 더욱 심화될 것으로 예상된다.[2] 특히 신해양법상 도서가 갖는 법적 지위가 어느 육지 영토 못지않게 광대한 수역을 확보할 수 있게 되자, 이를 둘러싼 해상에서의 해양관할권 확보를 위한 해양융기물(소도서, 무인암석, 간출암 등)에 대한 주권 확보 및 자국 해양관할권 선언 등으로 인접 또

---

1) IMO Resolution, A.922(22)에 의하면, 해상강도는 국가 관할수역 내에서 선박 내에 있는 사람이나 재산에 대하여 폭력, 구금, 약탈 및 위협하는 행위이며, 범행자의 구체적 유형은 제시하고 있지 않다. 반면, 해적행위는 해양법협약 제101조에 따르면, 공해 또는 기국 관할수역 밖에서 선박이나 항공기의 사람이나 재산 또는 항공기나 선박 그 자체에 대하여 사선 또는 사항공기 승무원 또는 승객에 의한 폭력, 구금, 약탈 및 위협하는 행위를 말한다.

2) 김현수, 〈해양질서유지방안〉, 제2회 해양전략 심포지엄, 2005.9.13, 해군대학, pp.3-1.

는 이해 당사국과 상당한 마찰을 일으키고 있으며 심지어는 군사적 대결 양상까지도 벌이게 되는 현상을 초래하고 있다.[3]

주지하는 바와 같이 새로운 해양법협약의 채택[4] 및 발효로[5] 신 해양 질서의 기틀이 어느 정도 정착단계에 와 있는 것이 사실이나, 여전히 해양에서의 국가 및 개별이익 추구의 극대화추세, 해양관련 법규의 일방적 해석 및 적용, 해상이라는 특수한 환경에서의 법집행 애로, 국가 간 협력 분야의 구체적 실현의지 미흡, 상이한 안보적 환경으로 인한 해양이해관계의 차이 및 국제법의 태생적 한계 등으로 보편적 해양질서 유지에 있어서 상당한 어려움에 직면해 있는 것이 오늘날의 해양현실인 것으로 보인다.

그러나 해양법규는 참여국가의 신뢰, 상호이해 및 상호협력을 기본이념으로 전제하고 있는바[6] 이는 해양문제가 서로 밀접하게 연결되어 있고 또한 전체로서 고려되어야 할 필요가 있기 때문이다. 해양의 평화적 이용, 해양자원의 공평하고 효율적 이용, 해양환경의 연구·보호 및 보존과 해양 생물자원의 보존을 증진시키기 위한 해양질서 확립노력은 모든 인류에게 주어진 중요한 사명이기도 하다. 이러한 노력에 의한 해양법 질서 유지의 점진적 발전으로 모든 국가 간에 평화·안전 및 친선관계의 유지에 기여할 것이며 이는 결국 모든 인류의 경제 및 사회적 진보의 증진을 초래하게 될 것이다.

---

3) 특히 일본과 중국 간의 Senkaku 도서, 중국과 아세안 국가 간의 Paracel 도서, 중국과 아세안 국가 간의 Spratly 도서 등이 가장 민감하게 이해당사국들에 의해 심각한 분쟁양상을 보이고 있는 도서들이다.

4) 제3차 유엔해양법회의에서의 채택 경위에 관하여는 김현수, 〈국제해양법〉 연경 문화사, 2007, pp.29-30 참조.

5) 2009년 5월 4일 현재 158개국이 동 협약에 비준하였다.

6) 유엔해양법협약 전문 참조.

해양질서가 급격하게 재편되어 가고 있는 오늘날의 해양현실, 특히 배타적 경제수역제도의 정착으로 인한 연안국의 자국 관할수역 확장에 대한 활발한 움직임 및 도서의 법적 지위에 관한 해양법 규정상의 제도화에 편승한 각국의 도서 영유권 주장 그리고 이를 둘러싼 배타적 경제수역 주장 등으로 작금의 해양질서는 상당한 위기를 맞고 있으며, 그 중에서도 특히 유엔해양법협약상 도서가 향유할 수 있는 200해리 배타적 경제수역의 확정으로7) 400해리가 되지 않는 수역 인접국가와의 해양경계획정은8) 물론 과거에는 그다지 관심을 보이지 않았던 무인도서 및 작은 규모의 도서까지도 영유권 문제가9) 심각하게 제기되고 있다.

우리나라 역시 대단히 복잡하고 어려운 해양환경을 안고 있는바, 즉 한국·일본 간 독도영유권 문제 및 동해에서의 배타적 경제수역 경계획정 문제, 서해에서 중국과 배타적 경제수역 경계획정 문제, 동중국해에서의 중국과 이어도 영유권 문제 및 한·중·일 3개국 간의 배타적 경제수역 경계획정 문제 등으로 인한 양국 및 3국 간 정치적·외교적 갈등이 상존하고 있음을 알 수 있다. 다행히 동해에서의 한·일 간 어업협정의 체결10) 그리고 서해에서는 중국과의 어업협정 체결로11) 어업문제는 배타적 경제수역

---

7) *Ibid.*, 제121조 2항.

8) 2009년 현재 해양경계획정 문제는 잠재적 해양경계건수가 약 430여건이나 되며, 이중 150여건은 부분 또는 전체적으로 합의되었고, 280여건은 여전히 미해결 상태로 남아 있다. 즉 분쟁건수 중 약35%가 합의되었고 65%는 합의를 보지 못하고 진행 중에 있다.

9) 현재까지 제기되고 있는 분쟁도서 영유권문제는 총 31건이며, 이중 관련된 분쟁도서가 71개나 되며 또한 43개 분쟁 당사국이 관련되어 있다. 이를 해역별로 구분하여 보면, 태평양 해역 : 8건, 대서양 해역 : 11건, 인도양 해역 : 9건, 남북극해 : 3건 등이다.

10) 본 협정은 1998년 11월 28일 서명되었으며, 1999년 1월 22일부로 발효되었다. 상세 내용에 관하여는 김현수, 〈한반도주변국가의 해양법령집〉 연경문화사, 2000, pp.413-420 참조.

경계획정 전까지 동해 및 서해에서의 경계획정 문제는 가장 중요한 어업
문제 해결로 어느 정도 진정이 되고 있으나, 반면 독도 영유권 문제는 여
전히 한·일 간의 분쟁 아닌 분쟁이 되어 양국 간의 심각한 갈등요인이 되
고 있다.

본 연구는 이러한 국제 해양질서의 현실과 배경을 기초로 하여 먼저
국제법상의 분쟁해결제도를 검토한 다음 세계의 주요 도서분쟁을 현재
진행 중인 아시아 국가들의 분쟁, 즉 중국·일본 간 센카쿠·디아오유타이
(Senkaku·Diao-yu-tai) 도서 분쟁, 일본·러시아 간 쿠릴(Kurile) 열도 분쟁 및
중국·아세안 국가 간의 스프라트리(Spratly) 도서 분쟁을 차례로 고찰한
다. 이어서 최근 국제사법기관(국제사법재판소 및 국제중재재판소) 등에서의
도서분쟁 및 도서영유권과 밀접하게 관련되어 있는 해양문제를 판례별
로 집중적으로 분석 및 평가하여 향후 제기될 수 있는 우리의 영토문제
해결에 적용 가능한 법적 근거를 도출해 보고자 한다. 또한 한·일 간 현
안 문제의 하나인 독도영유권 문제를 고찰하여 독도문제의 바람직한 해
결방안을 상기에서 분석한 여러 사례들과 관련 이론들을 근거로 제시하
고자 한다.

---

11) 본 협정은 2000년 8월 3일 북경에서 서명되었으며 2001년 6월 30일부로 발효하
    였다. 상세 내용에 관하여는 외교부, 〈동북아 해양법령과 유엔해양법협약집〉 일
    조각, 2006, pp.654-660 참조.

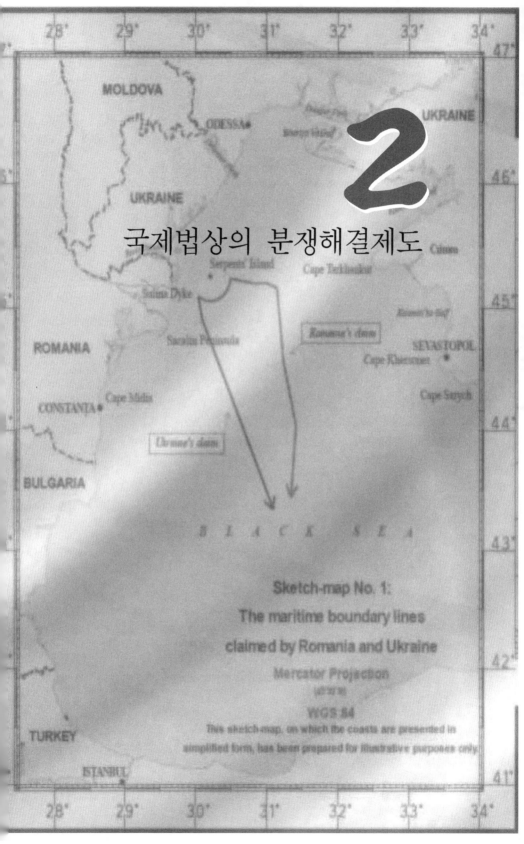

2

국제법상의 분쟁해결제도

제 1 절
개 요

Ⅰ. 국제분쟁의 의의

분쟁(disputes)이란 어떤 사실이나 이해에 관해 의견의 불일치가 있고, 어느 일방의 주장이 타방에 의해 거부되는 것을 말한다. 국제분쟁 (international disputes)이라 함은 국가와 국가 간의 법률관계 또는 이해관계에 관한 의견충돌이라 할 수 있다. 국제분쟁은 본래 국가 간의 분쟁이지만 처음에는 국가 또는 개인과 개인 간의 분쟁이었던 것이 소속국의 국제분쟁으로 되는 경우도 있다.[1] 이러한 분쟁은 사태와 구별된다. 사태는 분쟁의 전단계로서 분쟁을 유발할 수 있는 조건이며, 이러한 사태가 악화되면 분쟁이 된다.

Ⅱ. 국제분쟁의 유형[2]

국제분쟁은 법률적 분쟁과 정치적 분쟁으로 나눌 수 있다. 법률적 분

---

1) 김현수·이민효, 〈현대국제법〉, 연경문화사, 2005, p.263.

2) *Ibid.*, pp.263-64 참조.

쟁(legal dispute)은 현행 국제법상의 법률관계, 권리의무관계에 관한 분쟁으로 그 해결을 재판에 부탁할 수 있다.3) 반면, 정치적 분쟁(political dispute)은 국제정치상의 이해에 관한 분쟁으로서 현행의 법률관계, 권리의무관계에 있어서 어떤 변경을 요구하거나 또는 그것을 부인하는 분쟁이다. 따라서 정치적 분쟁은 조정 기타 재판이외의 방법에 부탁할 수는 있어도 재판에 부탁하기에는 적합하지 않다.4)

이들은 그 구별기준으로 정치적 중요성 유무5), 국제법규의 유무6) 및 당사자의 태도7) 등을 들 수 있다. 요약하면, 정치적 분쟁은 당사국이 국제법을 기준으로 해결하는 것을 원하지 않는 분쟁을 의미한다. 그러나 이러한 종류의 분쟁도 이론상 재판에 부탁할 수 없는 것은 아니며 당사국이 합의하면 현행법의 적용을 배제하고 '형평과 선'에 의한 재판을 요구할 수도 있다. 따라서 〈국제사법재판소규정 제36조 2항〉의 내용을 근거로 구별함이 실정법상 타당할 것이다.

---

3) 국제사법재판소규정 제36조 2항.

4) *Ibid*.

5) 분쟁의 '정치적 중요성'에 의하여 구별하는 방식으로 법률적 분쟁이란 정치적으로 중요치 않은 분쟁이며, 정치적 분쟁이란 정치적으로 중요한 분쟁, 즉 국가의 주권 또는 독립에 중요한 영향을 미치는 분쟁을 말한다.

6) 분쟁에 관하여 규정된 '국제법규의 유무'에 의해 구별하는 방식으로, 분쟁에 관하여 미리 규정된 〈실정국제법규〉 또는 합의된 규범이 존재하는 분쟁은 법률적 분쟁이고 그러한 법규나 규범이 존재하지 않는 분쟁은 정치적 분쟁이다.

7) 당사국이 국제법에 입각하여 다투느냐 또는 국제법 이외의 권한에 입각하여 다투느냐에 따라 구별하는 방식으로, 국제법에 입각하여 다투는 분쟁은 법률적 분쟁이며, 국제법 이외의 근거에 입각하여 다투는 분쟁은 정치적 분쟁이 된다.

제 2 절

분쟁해결 방식

Ⅰ. 국제분쟁의 평화적 해결

1. 국제분쟁의 평화적 해결의무

국제사회에서 발생하는 국가 간의 분쟁을 평화적인 방법으로 해결하는 것을 국제분쟁의 평화적 해결이라 한다. 국내사회에는 오래전부터 분쟁의 평화적 해결원칙이 확립되어 국내질서를 유지하면서 분쟁해결을 가능하게 했지만 국제사회에서는 평화적 수단에 의한 분쟁해결이 덜 중요시되었다.

국가는 다른 국가와의 분쟁을 해결함에 있어서 우선 외교교섭을 하겠지만 그것으로 해결되지 않으면 최후의 수단으로 전쟁이나 무력사용의 방법이 진행될 가능성도 있다. 따라서 국제평화를 유지하기 위해서는 분쟁을 평화적으로 해결하는 것이 필요하다는 것은 두말할 것도 없다.

무력의 행사는 곧 전쟁이며, 자국의 주장을 관철하기 위해서 전쟁을 개시하는 것은 종래 일반적으로 금지되지 않았다. 그러나 최근에 와서 강제적 해결은 제한 또는 금지되었고, 국제분쟁은 오직 평화적으로 해결되어야 한다는 것이 확립되었다.

제2차 세계대전 후의 유엔(UN)헌장은 이 점을 명확히 하고 있으며[8], 오늘날 국제법에 있어서 인정되고 있는 분쟁해결의 방법은 오직 평화적인 방법뿐이다.[9]

2. 분쟁해결 방법

(1) 직접교섭

분쟁을 해결하기 위하여 당사국 사이에 외교교섭을 하는 것을 말한다. 이는 분쟁해결의 일차적인 방법으로[10] 외교사절을 통하여 외교교섭을 하는 것이 보통이다.

(2) 주선과 중개

주선(good offices)과 중개(mediation)는 제3자가 분쟁당사국간의 교섭에 개입하는 것인데, 양자는 개입의 정도에 따라 구별된다. 주선은 제3자가 분쟁의 내용에는 개입하지 않고, 당사국간의 외교교섭에 사무적 편의를 제공하는 것이며[11], 중개는 제3자가 분쟁의 내용에까지 개입하여 그 타

---

8) 유엔헌장 제2조 3항.

9) 국제분쟁의 평화적 해결을 위한 국제입법으로는 유엔헌장 이외에, 〈1907년 국제분쟁의 평화적 해결에 관한 헤이그협약〉〈1928년 국제분쟁의 평화적 해결에 관한 일반의정서〉〈1962년 두 당사자 중 일방만이 국가인 국제분쟁해결을 위한 중재재판과 조정에 관한 규칙〉 및 〈1965년 타국민과의 투자분쟁해결에 관한 협약〉 등이 있다.

10) *Ibid.*, 제33조.

11) 예컨대, 외교교섭의 권고, 회의장소 등의 편의제공을 말한다.

결에 노력하는 것을 말한다.[12)

(3) 사실조사

사실조사(inquiry)는 독립적 지위에 있는 제3자, 즉 국제기관이 분쟁의
원인이 된 사실을 공평하게 심사하여 그 사실을 명확히 함으로서 분쟁해
결을 도모하는 방법이다. 사실조사는 분쟁의 원인이 된 사실을 명확히
하여 당사국의 오해를 없애고 화해를 촉진함으로써 분쟁해결을 용이하게
하는 한편, 제3자가 심사하는 동안 당사자국의 감정을 진정시켜 긴장된
대립관계를 완화함으로써 분쟁해결에 도움을 주는 방법이다.[13)

(4) 조 정

조정(conciliation)은 독립적 지위에 있는 제3자, 즉 위원회 또는 국제기
관이 분쟁을 심사하고 그 해결조건을 결정하여 분쟁당사국에 권고함으로
써 분쟁을 해결하는 제도이다. 제3자가 결정하는 해결조건은 당사국에
권고할 뿐이고, 당사국을 법적으로 구속하지 않으므로 국제재판과 다르
다. 그러나 조정은 해결조건을 결정하여 그 수락을 당사국에게 권고하는
기능을 가지므로 주선이나 중개와는 다른 의미를 갖는다.

(5) 사법적 해결

분쟁의 사법적 해결에는[14) 중재재판과 사법재판이 있으며, 중재재판
(arbitration)은 분쟁당사국이 자의로 수락한 의무의 결과로서, 법을 기초로
하여 구속력 있는 판결을 통하여 국가 간의 분쟁을 해결하는 방법이다.

---

12) 예컨대, 당사국의 의견조정, 분쟁의 해결안 제시 등을 말한다.

13) 1907년 헤이그협약 제9조~35조 참조.

14) 김현수 · 이민효, 전게서, pp.267~68 참조.

중재재판은 법을 적용하여 당사국을 구속하는 판결을 부과한다는 점에서 단순한 권고적 절차에 불과한 조정과 구별된다.

중재재판소는 당사국의 합의에 의해 보통 3인 또는 5인으로 구성되며, 분쟁발생시 당사국의 합의에 의해 구성되는 특별중재재판소(AD HOC Arbitral Tribunals)와 분쟁발생시, 예비적으로 비치되어 있는 법관명부에서 법관을 선임하여 법정을 구성하는 상설중재재판소(Permanent Court of Arbitration : PCA)가 있다.

중재재판이 적용할 준칙은 중재재판에서 정하게 되나, 당사국이 합의하면 국제법 이외의 내용을 그 준칙으로 인정할 수 있으며 재판절차도 당사국의 합의에 의한다. 중재재판은 당사국의 별다른 합의가 없는 한 최종적이며, 당사국을 법적으로 구속한다. 판결의 효력은 원칙적으로 당사국에 국한되지만, 제3국이 당사자인 협약의 해석문제와 관련하여 소송에 참가한 경우에는 제3국에게도 효력이 인정된다. 한편 사법재판은 당사자로부터 독립된 재판기관에 의하여 당사자를 법적으로 구속하는 판결로써 국제분쟁을 해결하는 방법으로 재판소구성, 재판절차, 재판준칙 등이 조약에 의해 미리 정해져 있다.

중재재판의 경우 당사국의 의사에 의존하기 때문에 중재관의 독립성과 재판의 공정성을 기하기 어렵고 분쟁부탁이 용이하지 않으며, 재판의 계속성을 유지하기 어려워 국제법 발전을 기하기 어렵다. 반면에 사법재판은 이미 재판소가 상설적으로 구성되어 있기 때문에 재판의 독립성과 공정성을 확보할 수 있으며, 분쟁부탁이 쉽고 일관된 판례의 집적을 통해 국제법 발전을 이룰 수 있다는 이점이 있다.

1920년 상설국제사법재판소(Permanent Court of International Justice)가 창설됨으로써 사법재판이 제도화되었으나 제2차 세계대전의 발발로 그 기능이 중단되어 그 뒤, 국제사법재판소(International Court of Justice)에 의해 계승되었다. 국제사법재판소는 UN의 주요한 사법기관으로서, 유엔헌장에 의해 설립되었다. 국제사법재판소규정은 UN과 불가분의 일체를 이루며[15], UN 회원국은 당연히 규정당사국이 된다.[16] 따라서 국제사법재판소는 독자적인 사법적 성격유지 및 UN의 주요한 사법기관으로서의 기능수행이라는 이중적 역할을 유기적으로 조화시켜야 하는 것이다.

국제사법재판소는 15명의 법관으로 구성되며[17], 각 국가의 최고법관의 자격이 있는 자 또는 권위 있는 국제법학자 중에서 선출된 법률가 중에서 총회와 안전보장이사회에서 선출되며[18] 임기는 9년이다.[19] 분쟁당사국의 국적을 가진 재판관이 없는 경우, 당사국은 당해사건에 한하여 1명의 임시 재판관(AD HOC Judge)을 임명할 수 있다.[20]

재판소의 관할은, 국제사법재판소에 제기되는 사건의 소송당사자는 원칙적으로 국가만이 될 수 있으며[21], 법원은 규정당사국에게 임명 된다.[22] 그러나 안전보장이사회가 정하는 조건에 의거하여 법원은 규정비당사국에게도 개방될 수 있다.[23]

또한 국제사법재판소 당사국이 부탁하는 모든 사건 및 유엔헌장 또는 현행조약에 특히 규정된 모든 사항에 대하여 관할권을 행사할 수 있다(동 제36조 1항).[24] 판결의 준칙으로 국제사법재판소규정 제38조는 당사국간

---

15) 유엔헌장 제92조.

16) *Ibid*, 제93조.

17) 국제사법재판소규정 제3조.

18) *Ibid,*, 제2조 및 제4조.

19) *Ibid,*, 제13조.

20) *Ibid,*, 제31조.

21) *Ibid,*, 제34조 1항.

22) *Ibid,*, 제35조 1항.

23) *Ibid,*, 제35조 2항.

24) *Ibid,*, 제36조 1항.

의 특별한 합의가 없는 경우에 다음의 4개의 준칙에 의하여 재판한다고
규정하고 있다.

① 일반적인 또는 특별한 국제협정으로서 분쟁당사국이 명백히 인정하는
  규칙을 확립하고 있는 것, 즉 일반 또는 특별한 국제조약
② 법으로 인정되고 있는 일반관행의 증거로서의 국제관습
③ 문명국에 의하여 인정된 법의 일반원칙
④ 법칙결정의 보조수단으로서의 재판상의 판결 및 각국의 가장 우수한
  국제법학자의 학설

또한 당사국이 합의하면 법이 아닌 '형평과 선'에 의해 재판할 수 있
다.25) 판결의 효력으로서, 판결은 최종적으로 당사국을 구속하며26), 당
사국은 판결을 이행할 의무를 진다.27) 그러나 당사국 이외의 국가도 가
입하고 있는 조약의 해석이 문제된 사건이 제기된 경우 제3국이 소송에
참가할 경우에는 그 국가에도 예외적으로 기판력이 미친다. 판결은 일심
으로 종결되고 상소를 인정하지 않음을 원칙으로 한다.28)

Ⅱ. 국제분쟁의 강제적 해결

국제분쟁은 평화적 해결방법으로 처리되는 것이 국제사회의 안정과 국
가 간 우의를 위해 합리적이다. 그러나 분권화된 오늘날의 국제질서 속

---

25) *Ibid.*, 제38조 2항.

26) *Ibid.*, 제59조.

27) 유엔헌장 제94조.

28) 국제사법재판소규정 제60조.

에서 현실적 능력이나 의지가 국제분쟁의 평화적 해결을 보장해 주지 못하고 있다. 따라서 분쟁이 당사국간의 합의에 의하여 평화적으로 해결되지 않을 경우, 이를 해결하기 위해서는 필요한 범위 내에서 약간의 강제력을 발동하게 되는데, 이 경우 그 수단은 자력구제의 형태를 띤다. 국제사회에는 국가의 상위에 있는 권력기관이 존재하지 않으므로 국가 간의 분쟁을 해결하기 위한 강제력도 결국 국가자신이 행할 수밖에 없기 때문이다.

분쟁의 강제적 해결은 수단과 결과에 있어 많은 문제점을 수반하게 된다. 하지만 국제사회가 더욱 발달하여 초국가적 권력기관이 설치되기까지는 분쟁해결 방법으로서의 존재의의를 지속하게 될 것이다. 분쟁의 강제적 해결방법에는 보복·복구 및 전쟁 등이 있으나 여기서는 보복과 복구만을 다루고자 한다.

1. 보복

보복(retortion)은 국가이익을 해치는 부당한 행위, 국제예양에 위반되는 비우호적인 행위[29]가 있을 때 이를 중지시킬 목적으로 그 타국에 대하여 똑같이 부당행위를 하는 즉, 동일 또는 동종의 대응수단을 말한다. 이는 타국에게 심리적인 견제와 부담을 주게 되어 타국의 부당행위를 사전에 예방하는 효과를 갖는다.

보복은 그 요건이 되는 행위가 타국의 부당한 행위이지 위법한 행위는 아니기 때문에 원래 국제법 적용범위 밖의 문제이고 보복행위의 정당성 여부나 그 형태를 결정하는 것은 국제정치상의 문제 또는 국가정책에 속하는 과제인 것이다. 그런데 보복을 국제법에서 논하는 것은 복구와의

---

29) 예컨대, 타국의 자국민에 대한 부당한 차별대우, 자국 상품에 대한 과중한 관세 부과, 자국민의 이민에 대한 특별한 제한 또는 금지 등.

차이를 명백히 하기 위한 것이다. 보복은 본래 부당한 행위로 당연히 비난받을 행위이지만 상대방의 부당한 행위를 요건으로 하는 것이므로 그 부당성이 조각된다.

2. 복구[30]

복구(reprisals)는 자국에게 행해진 타국으로부터의 불법행위가 있을 때, 이를 중지시키거나 또는 이에 대한 구제를 얻기 위하여 자국이 입은 손해와 거의 같은 정도의 손해를 불법행위국에 대해 취하는 응보행위로서, 원래는 불법행위이지만 일정한 요건을 갖춘 경우 위법성이 조각되어 합법적인 행위로 인정된다.

복구는 전쟁이나 자위와 구별된다. 복구는 전쟁처럼 대응행위의 목적이나 범위가 넓은 것은 아니다. 복구행위가 전쟁으로 비화되지 않는 한, 양국 간의 관계는 여전히 평시상태 하에 있는 것이다. 또한 자위행위가 급박한 위해에 대한 방위행위임에 반하여 복구는 불법행위에 대하여 취해지는 행위이다. 따라서 복구는 비전쟁적이면서도 강력한 자구행위라 할 수 있다.

국제법상 복구행위가 인정되는 이유는 국가가 타국으로부터 권리침해를 당한 경우에 다른 평화적인 수단으로는 충분한 구제를 얻지 못할 때 자력으로서 구제방법을 취할 수밖에 없다는 점에 기인하는바, 불법행위국을 강제할만한 강력한 국제기구를 갖지 못한 오늘날의 법체계 및 국제조직의 미발달에 근본적인 원인이 있는 것이다. 장차 국제사회가 조직화되어 가면 복구의 존재의의는 점차 축소될 것이다.

---

30) 김현수 · 이민효, 전게서, pp.270~71 참조.

복구가 적법행위로 인정되기 위해서는 다음의 요건을 충족하여야
한다.

① 타국의 불법행위 즉, 타국의 국제법 위반행위가 있어야 한다.
   따라서 단순히 국제예양에 위반되는 비우호적인 행위로서는 불충분
   하다.[31]
② 복구전에 불법행위에 대한 구제요청이 선행되어야 한다.[32]
③ 복구는 타국의 불법행위를 중지시키고 배상을 얻는데 필요한 정도여
   야 한다.[33]

복구의 수단으로는 조약의 이행정지[34], 보이콧(boycott)[35], 국민 및 화물

---

31) 타국의 불법행위는 작위뿐만 아니라 부작위에 의한 것도 포함되며, 사인의 행위
    로 인해 권리침해를 당한 경우에도 국가가 적당한 조치를 취하지 않으면 복구가
    가능하다.

32) 복구는 교섭이나 기타 평화적 수단에 의해 구제를 얻지 못할 경우 불법행위국
    또는 그 국민의 재산에 대하여 행할 수 있는 전쟁에 이르지 않은 강제수단의 하
    나이다.

33) 따라서 타국의 불법행위가 중지되거나 배상을 이미 얻은 경우 복구는 중지되어
    야 한다.

34) 상대국이 자국과의 조약을 위반한 경우 자국도 동일한 또는 여타 조약의 이행을
    중지하는 행위이다. 약정에 따른 채무를 이행하지 않는 국가에 그와 대등하거나
    유사한 채무이행을 중지하는 것도 이에 속한다.

35) 보이콧은 통상조약 체결국간 상대국의 불법행위에 대한 응보조치로서 통상을 거
    부하는 경제적 대응수단을 말한다. 상대국 상품의 구매거부 및 자국 상품의 공급
    거부 등과 같은 경제적 조치는 경제사정에 영향을 미쳐 일상생활에 중대한 영향
    을 끼칠 수 있기 때문에 응보의 효과가 있으며, 상대국의 자국에의 경제적 의존도
    가 심할수록 더욱 실효적이다. 또한 복구는 상대국에게도 고통을 주는 반면에 자
    국도 고통을 받게 되므로 보이콧으로 인하여 자국이 받는 타격보다 상대국에게
    주는 타격이 더 클 때 효과적이다. 보이콧은 사인이 자발적으로 행하기도 하나
    국가기관이 실행하거나 또는 조장하기도 하는데, 국제사회에 있어서 국가 간 경
    제적 의존관계가 더욱 긴밀해지고 있고 또 무력복구가 원칙적으로 금지되고 있는
    오늘날에 있어 매우 중요한 의미를 갖는 복구수단이다.

의 억류36), 선박 및 항공기의 억류37), 영토의 점령38), 평시봉쇄 등이 있다. 조약의 이행정지나 보이콧은 비무력적인 것이고 기타는 모두 강력적인 것인데, 특히 영토의 점령 및 평시봉쇄는 적극적인 무력복구가 된다.

종래 무력복구도 일정요건을 구비한 경우 적법한 것으로 인정되어 왔으나 분쟁해결 방법으로서 무력사용이 일반적으로 금지되어 있는 오늘날에 있어서는 그 합법성이 부인된다. 따라서 무력복구는 금지된다고 보아야 할 것이다.

---

36) 국민의 억류는 상대국이 자국민을 불법적으로 체포했을 경우 자국 내에 있는 상대국의 국민(관리 및 사인)을 억류하는 것으로, 이는 체포에만 그치며 형벌을 과할 수는 없다. 화물의 억류는 상대국이 불법하게 자국 또는 자국민의 재산에 손해를 끼친 경우 자국 내에 있는 상대국 또는 그 국민의 화물을 차압하는 것이다.

37) 선박의 억류는 불법행위국의 선박이 피해국 항내에 있을 경우 불법행위의 중지나 보상을 강제하기 위하여 그 국가의 선박(화물 포함)에 대해 취하는 출항정지(embargo)이다. 선박억류는 선박의 출항을 정지시킬 수 있을 뿐이고 몰수 등과 같은 소유권을 박탈할 수는 없으며, 따라서 복구가 끝나면 이를 원상회복하여야 한다. 자국내에 있는 불법행위국의 항공기에 대해서도 동일한 조치를 취할 수 있다.

38) 영토의 점령은 무력으로서 상대국의 영토의 일부를 점령(세관 및 정부건물 등의 점령도 포함)하는 것이며, 신속한 효과를 얻을 수는 있겠지만 이러한 무력복구는 오늘날 원칙적으로 금지된다.

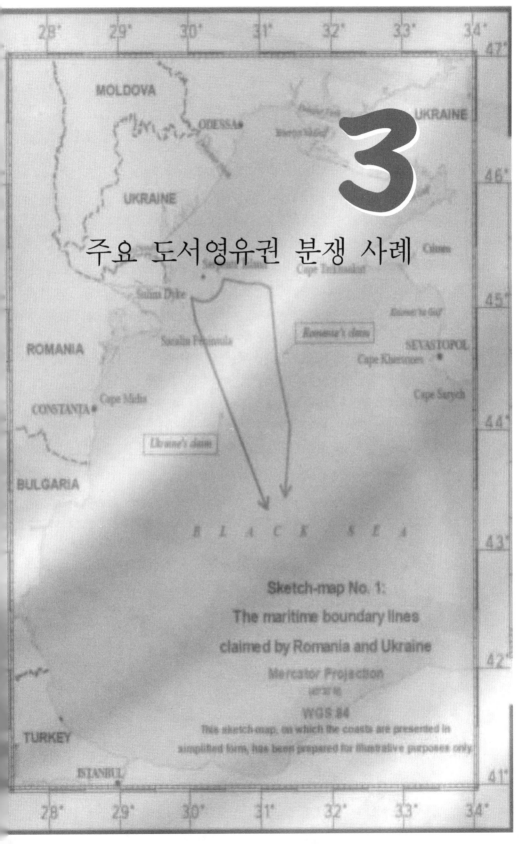

주요 도서영유권 분쟁 사례

3

제 1 절
안반도 주변 국가의 도서 영유권 분쟁

Ⅰ. 일본·중국 간 센카쿠(Senkaku) 도서

1. 사건 개요

1972년 이래 동지나해에 있는 일부 작고 황폐한 도서들에 대한 영유권 문제가 중국과 일본 간의 분쟁으로 확산되었는바, 이들 분쟁 도서는 중국에게는 디아오위다오(조어도, 釣漁島)로 그리고 일본에게는 센카쿠(Senkaku)로 알려져 있으며, 동 도서는 8개의 작은 무인도와 동지나해 대륙붕 끝단에 위치한(북위 25도 40분에서 26도 00분, 동경 123도 25분에서 123도 45분까지) 암석으로 구성되어 있다. 이들 도서는 대만 대륙붕 연장선상에 있는 대만 영토인 일부 섬들과[1] 하나의 도서군(島嶼群)을 이루고 있는데 그 중 가장 큰 섬이 센카쿠이며, 그 면적은 1평방 마일에 불과하다.

1945년 제2차 세계대전이 종전될 무렵 일본이 지배하고 있었던 동지나해의 모든 도서는 미국이 점령하게 되었는데, 여기에는 분쟁 도서를 포함하여 동지나해 주변수역에 있던 모든 도서 및 류큐열도(Ryukyu Islands)가

---

1) Tiao-yu-tai, Huang-wei-Yu 및 Chih-wei Yu 등이다.

해당되었다.

그 후 이들 도서는 1951년의 샌프란시스코 평화조약(San Fransisco Peace Treaty) 제3조에 의거, 미국의 군사행정 관할범위에 포함되었고, 1972년 5월 15일에는 1971년 6월 17일 오키나와 반환협정(Okinawa Reversion Treaty)의 결과로 분쟁 도서는 미국의 통제에서 벗어나 일본으로 반환되었다. 따라서 이러한 역사적 사건들의 법적 중요성 문제, 즉 관련 조약의 해석 문제가 분쟁당사국들의 중요 관심사가 되지 않을 수 없게 되었다.

이들 도서는 경제적으로나 정치적으로 거의 가치가 없는 섬들에 불과 하였으나, 1967~1969년에 분쟁도서 주변수역에 상당한 양의 석유자원이 매장되어 있다는 사실이 밝혀지면서 관심의 초점이 되기 시작하였다.[2] 이 결과 관련 당사국인 중국과 일본은 갑자기 이들 도서에 대한 영유권 주장을 제기하기에 이르렀다. 물론 각 당사국이 자국의 주장을 지지할 정교한 법적 근거를 제시한다 하더라도 사회·경제적 및 정치적 관심은 국제법 문제를 초월할 수도 있다.

일본은 발견·점유 원칙에 배타적으로 의존하고 있는 반면, 중국은 영 토취득 권원 및 대륙붕 개념에 관한 법률에 주장의 근거를 두고 있다.[3] 따라서 당사국의 이러한 태도는 분쟁을 영토취득에 관한 법률적 관점, 특 히 발견·점유 원칙에만 국한하여 처리하려는 경향을 가져온 것이 사실이 었다. 그러나 문제는 발견·점유원칙이 당사국에게 어떻게 이해되어 왔으

---

2) 이 지역에서의 석유자원 매장에 관한 최초의 보고는, Emery & Niino, *Stratigraphy and Petroleum Prospects of Korea and the East China Sea*, Report of Geological Investigation, No.1 (1967년 6월) 및 Emery, *Geological Structure and Some Water Characteristics of the East China Sea and Yellow Sea,* 2 The Technical Bulletin 26 (1969) 참조.

3) 동아시아 대륙붕에 관하여는, Allen & Mitchell, *The Legal Status of the Continental Shelf of the East China Sea,* 51 Oregon Law Review (1972), p. 789 ; C.H. Park, *Oil Under Troubled Waters: The North East Asia Sea Bed Controversy,* 14 Harvard International Law Journal (1973), p.212 참조.

며 사실과 조건의 두 가지 상이한 해석의 경우 동 원칙이 어떻게 적용되어 왔는가를 파악하는 것이 중요하다.

2. 당사국 주장 내용

(1) 일본의 주장

일본은 주장하기를 분쟁도서는 1884년에 최초로 일본인에 의해 발견되었고, 그 후 1895년 1월 14일 일본 내각결의에 의해 일본 영토로 공식적으로 편입되었다는 것이다.[4] 이에 관한 가장 권위 있는 성명으로는 1972년 3월 8일 일본 외무성이 발표한 "센카쿠 열도 소유권에 관한 외무성의 견해"라는 성명이었는데 이는 아사이 신문에 보도된바 있다. 동 신문은 다음과 같이 언급하고 있다.

1885년 및 동년 이후 일본정부는 센카쿠 열도에 대한 조사를 반복해서 행하였으며, 이 열도가 무인도일 뿐 아니라 중국정부의 통제흔적이 전혀 없는 것을 확신하는 내각결의를 하였고(1895년 1월 14일), 동 열도상에 표지판을 세웠으며 그 결과 공식적으로 아국의 영토로 편입하게 되었다. 그 후 센카쿠열도는 계속적으로 그리고 역사적으로 우리 영토인 난세이(Nansei) 도서 일부로 포함되었으며 따라서 1895년 5월 시모노세키 조약 제2조를 근거로 중국으로부터 양도된 대만 및 페소카도르에 포함된 열도가 아니라는 것이다. 따라서 샌프란시스코 조약상 센카쿠열도는 아국이 동 조약 2조를 근거로 포기한 영토에 포함된 것이 아니다. 이들은 난세이도의 일부로서 미국의 행정 지배하에 있었으며 동 조약 제3조에 따라 오키나와 반환협정에 의거 아국에 반환되어 행정권

---

4) 센카쿠의 소유권에 관한 일본 외무성 견해에 관하여는 Foreign Ministry's Statement, U.S. Embassy, Tokyo, Daily Summary of Japanese Press, 8 March 1972 참조.

이 아국에 환원된 지역으로 포함되었다. 이러한 사실은 무엇보다도 센카쿠열도
가 우리 영토임을 명백히 나타내 준다.[5]

상기 성명은 세 가지 측면에서 중국의 주장에 대한 반박자료로 활용될
수 있게 되었는데, 그 첫째는 중국의 역사·지리적 또는 지질학적 이유로
인한 영토권 주장은 국제법상 효과적인 근거가 될 수 없으며, 둘째로 중
국은 샌프란시스코 평화조약 제3조에 의거 센카쿠 열도를 미국 행정관할
구역으로 포함시키는 것에 대해 아무런 반대도 하지 않았으며, 셋째로 공
식적인 세계지도 및 대만에서 발행된 고등학교 교과서 및 북경에서 발행
된 기타 세계지도에서도 센카쿠열도는 일본의 영토로 취급되었으며 또한
일본이름으로 표기되었다는 것이다.[6]

그러나 이러한 성명만으로는 일본 외무성이 중국이 주장하는 여러 근
거가 국제법상 중국의 센카쿠에 대한 영유권을 보증할 정도로 효과적이
지 아님을 상세히 주장할 수 있는 근거자료가 되기에는 부족하다. 또한

[그림 1] 센카쿠 도서

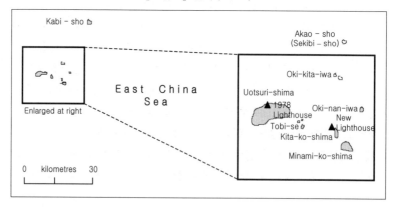

5) *Ibid.*

6) *Ibid.*

이는 소규모 무인도 그룹에 대하여 1895년 국제법상 청조의 실질적 통제 하에 있었다는 사실을 입증하기도 쉽지 않으며 센카쿠가 역사적으로 그리고 지속적으로 난세이 제도의 일부에 포함되었다는 주장이나 또는 이 섬에 표지를 세우는 일본내각 결의만으로 일본영토가 되기에 충분하다고 설명될 수 없다. 왜냐하면 이들 소도서들은 황량한 무인도이며 1895년에 있었던 것처럼 1919년에는 아무런 표지도 없는 상태로 발견되었기 때문이다.

이러한 설명은 학자들의 논문을 통해서도 발견 될 수 있는데, 상기의 문제에 대한 설명 및 결과적으로 이 문제에 대한 일본학자의 주장은 다음의 두 가지 제안을 입증하기 위한 노력으로 요약된다. 첫째, 분쟁도서는 1895년에 무주지였으며 둘째, 일본은 1895년 이래 이 도서의 실효적 지배를 계속하여 왔다는 것이다. 이 주장의 중요 요소는 실효적 지배의 의미인데, 이 점에 관한 일본학자의 주장은 동부그린란드(Eastern Greenland)[7]의 법적 지위에 관한 사건에 상당한 부분 의존을 해왔다.

중국의 주장은 19세기 법적 요구조건, 즉 발견 및 지배원칙에 기초하였으나, 일본은 지배권의 실질적 행사 또는 주권행사 대상으로서의 의도 및 의지표현을 실효적 지배의 유일한 정의로 간주하여 이를 중국의 주장과 마찬가지로 자신의 주장에도 적용하였다.

이들 도서가 무주지라는 가정에 관하여 일본학자 및 외무성 성명에서는 청 왕조가 이 섬을 지배할 어떠한 의도도 없었고 또한 실질적 지배조차 하지 않았다고 주장한다. 이는 특히 이들 도서가 중국인 공사가 류큐 열도로 항해하는 과정에서 발견되었다는 내용이 자신들의 항해일지 기록에 의해 나타나고 있다는 사실에서 그 근거를 뒷받침하고 있다. 그러나 일본인 학자들에 의하면 단순한 발견만으로는 중국의 영토취득 권원이 적법하다고 보기는 어렵다고 주장하며, 중국관리 또한 주권행사의 차원

---

7) 동 사건에 관하여는 *Legal Status of Eastern Greenland* (1931) P. C .I .J, ser. A/B, No.53, p.45 참조.

에서 이 섬에 대한 지배의도를 전혀 보이지 않았다고 한다.[8]

일본의 센카쿠 열도에 대한 실효적 지배에 관하여 일본 학자들은 일본이 동 열도를 소유할 의도가 있었고 이들에 대한 실질적 주권행사를 하려고 했던 증거를 보여주려고 노력해 왔다고 한다. 소유의도에 관하여 한 일본인 학자는 1885년까지 거슬러 올라가 그 기원을 보여주려고 하였는데, 같은 해 10월 21일 오키나와 지방법원은 선박을 고용 센카쿠열도 항구를 조사하려고 하였으며, 또한 동 열도상에 실질적으로 개발을 할 만한 자원이 있는지의 유무를 조사하려고 하였다.[9]

기타 이에 관한 증거로는 1881년에 출판된 "대일본 지방 관할지도"에서 이 열도를 일본영토로 포함시켰는데, 이러한 지도에 대하여도 중국 정부는 아무런 항의를 하지 않았고 또한 일본군함이 두 차례나 조사를 하여 지도제작에 이용하였다. 마침내 1895년 1월 14일 일본내각의 결정으로 이 열도를 오키나와 지방 부속도서로 편입시켜 동년 1월 21일 법원의 명령에 의거 이 섬에 국가 영토표지를 세우게 되었다.[10]

일본의 이들 열도에 대한 계속적 및 평화적인 국가권한 행사의 증거로서 제시한 여러 자료들은 상당히 인상적이나 특정 국가 기구의 설치 또는 상주 정착 사실은 보여주지 못하였다. 이중 가장 중요한 자료로는 코가 타츄 시로(Koga Tatsu Shiro)란 사람이 1896년에 30년 동안 일본정부로부터 이 섬에 대한 땅을 무상으로 대여 받아 1897년부터 개발 및 투자를 하기 시작하였다는 사실이다. 코가(Koga)의 초기 사업은 주로 어업 및 조류사냥이었고 동시에 조류 깃털이나 조류분 등의 수거였다. 그러나 제1차 세계대전으로 수송비용이 높아지자 깃털 및 조류분 수거 등은 1915년

---

8) Nampo Doho Engokai, *56 The Okinawa (A Quarterly relating to Okinawa and Ogasawara Islands)*, 1971년 3월(Senkaku Islands Special Issue), pp.81-83.

9) Okura, *The Problem of the Right of Sovereignty over the Senkaku Islands*, 3 Asahi Asian Review (1972), p.20.

10) *Ibid.*

에 중단되어 그의 사업은 종료되고 말았으나, 코가(Koga)씨는 집을 짓고 저수지를 만들었으며 부두·창고 등을 짓고 위생조건을 강화시켜 조류보호 및 식물실험 등을 행하였다. 이로 인하여 코가(Koga)씨는 일본정부로부터 청메달(Blue Medal)을 받았다.

그러나 1918년 그의 죽음으로 인해 아들이 태평양 전쟁 때까지 그의 사업을 이어 받았으나 전쟁으로 모든 사업은 종료되고 말았다. 1926년 30년간의 무상임대가 종료하자 다시 몇 년간 유상임대를 계속하여 코가(Koga)씨의 아들은 4개 도서에 대한 소유권을 얻게 되어 이전 등기까지 마치게 되었다. 1958년부터 류큐열도에 대한 미국 민간 행정부 관할이 시작되자 코가(Koga)씨의 아들은 이들 도서에 대한 임대료를 지불해야 했다.[11]

제2차 세계대전 이전의 일본정부에 의한 권한행사의 계속적 증거로서 제시된 내용으로는 이들 도서를 일본 지방행정 단위에 포함시켰으며 국가기관이 실제적으로 토지측량을 하였고 지방정부는 학술적 조사, 구조작전 및 기상관측 등을 실시하였다. 1940년 야에야나 레토(Yayeyana Retto) 경찰은 민간 항공기 충돌 사건을 조사하였으며 1943년 군기관의 요청으로 센카쿠에 기상관측소를 설치하였다.[12]

2차 세계대전 이후 센카쿠 열도는 미군정 예하에 있었고 그 후 류큐열도 행정구역으로 편입되었다고 일본은 주장하였다. 1967년 오키나와 의회는 1955년 센카쿠도 영해내에서 미식별 선박에 의해 공격당한 오키나와 피해주민에 대한 보상지급을 명하였고 이 결과 1968년 마침내 미국 민간행정부 및 오키나와 주 정부는 센카쿠 열도에 불법으로 진입하는 선박을 규제하기 위해서 동 열도를 순시하는 절차를 취하였다. 1972년 5월 15일 오키나와 및 기타 도서와 더불어 센카쿠열도는 미국에 의해 일본으

---

11) Nampo Doho Engokai, 56 The Okinawa, 1971, pp.142~149.

12) Okuhara, loc.cit, p.13.

로 반환되었다. 따라서 일본은 1895년 이래 이들 분쟁도서를 평화적으로
그리고 계속적으로 실효적인 지배를 유지하여 왔다는 결론을 내리게 되
었다.

(2) 중국의 주장

분쟁도서에 대한 중국의 주권주장은 1372년부터 시작되었는데 이 당시
명왕조의 창시자인 홍우(Hung-wu) 황제는 류큐열도를 중국의 조공지역으
로 하였다는 것에서 비롯된 오랜 역사에 그 근거를 두고 있다. 이러한 관
계는 일본이 1879년 공식적으로 이 섬을 병합시켰을 때까지 약 500년간
계속되었는데 이로 인하여 많은 중국학자들은 분쟁도서 문제가 전통국제
법 원칙을 기초로는 적절히 해결될 수 없다고 판단하여 다음과 같은 이유
를 제시하였다. 첫째, 독립국가에게 적용되는 국제법은 17세기 초기까지
는 그 발달이 체계적으로 되지 않았으며 둘째, 주권이란 개념이 16세기
후반까지는 등장하지 않았고 셋째, 서구 국제법 발달 이전에 중국은 동양
에서의 조공국가 공동체를 형성, 이들로부터도 존중되어 온 명백한 경계
선을 가지고 있다.[13] 마지막으로 중국은 서구의 식민지 개념 즉 발견-지
배로 이어지는 이러한 개념과 중국의 주장과는 다르다는 것이다.

어쨌든 북경과 대북은 분쟁도서에 대한 자신들의 주권주장 지지를 받
기 위하여 국제법 원칙에 의존하게 되었다. 중국주장의 법적 기초는 다
음과 같이 두 가지 점에 의거한다. 첫째, 이들 도서는 발견 또는 장기간
의 소유를 통해 1895년까지 중국영토가 되었었다. 1895년 제1차 중·일
전쟁의 공식적 종료 문서인 시모노세키 평화조약으로 이들은 일본에 양
도되었다. 둘째, 1945년의 포츠담선언으로[14] 흡수된 1943년의 카이로선

---

13) E.Reischauer & J.Fairbank, *East Asia : the Great Tradition*, 1960, pp.317~20.

언은[15] 1945년 항복문서에 의해 일본에 의해 공식적으로 수락되었다. 그후 샌프란시스코 평화조약(1951년) 및 대북평화조약(1952년)을 통하여 일본은 대만 및 1895년 이전 대만의 관할 하에 있었던 분쟁도서에 대한 권리를 공식적으로 포기하였다.

분쟁도서가 1895년까지 중국의 영토였다는 중국주장의 첫 번째 내용에 관하여 4가지 법적 근거가 이들 주장을 지지하는 중국학자들에 의해 제기되었다. 첫째, 조어도는 5세기 동안 중국 외교관 또는 항해사들이 류큐열도 및 일본으로 항해할시 항해 보조물로서 이용되어 왔다.[16] 1372년~1879년까지 500년 동안 중국황제는 류큐열도 신지배자에 대한 권한 수여를 위해 24명의 사절단을 류큐열도에 보냈다. 이들 사절단장이 귀국 후, 제출한 여행보고서에 의하면 통상 외교관 또는 항해사들은 그들이 항해한 항로나 공해상에서 일어났던 경험들을 포함하고 있는데 여기에는 항로주변의 지리적 특성도 함께 기술하고 있었다. 중국의 관점에서 보면 이러한 설명은 현재의 분쟁에 매우 중요한 역할을 하게 된다는 것이다.

1879년 전 약 500년 동안 중국의 외교관 또는 항해사들은 일정하게 동일한 항로를 이용하여 왔는데 이는 푸초우(Foochow) 지방에서 류큐열도의 나하(Naha)에 이르는 나침반 항로로서 알려져 왔다. 이는 바로 분쟁도서가 오늘날의 방위나 등대와 같은 항해보조기구로서 필요했었다는 것이다. 이 기간의 모든 문헌에서도 중국인이든 일본인이든 항해사가 볼 수 있도록 이들 항로를 따라 존재하는 주요 섬들의 이름을 기록하였으며 이들 대다수 섬들은 항해거리 측정의 기준시나 다음 섬에 도착하기 위한 방위 측정 또는 거리측정의 기준으로 사용되어 왔다. 그러므로 중국인들은 주장하기를 500년 동안 이들 도서가 있는 그대로 항해 기타 목적으로

---

14) http://en.wikipedia.org/wiki/Potsdam_Declaration 참조 (2009.7.19 방문).

15) http://en.wikipedia.org/wiki/Cairo_Declaration 참조 (2009.7.19 방문).

16) H. Chiu, A Study on the Tiao-Yu-tai Islands, 6 Chenghi Law Review (1972), pp.1~30.

사용되어 왔으므로 이들 도서가 무주지로 간주될 수는 없다는 주장이다.[17]

상기에 의하면 이들 보고서 중 일부는 조어도가 대만의 일부였거나 또는 중국과 류큐열도 사이의 경계가 분쟁도서의 북동쪽 끝에 있는 치웨이유(Chih-wei Yu)와 류큐열도의 쿠메시마(Kume Shima) 사이에 위치한 공해였음을 분명히 암시하였음을 알 수 있다. 류큐의 일본 병합 이전에 분쟁도서가 류큐열도의 일부임을 나타내는 기록이 전혀 없다고 거의 모든 중국 학자들은 주장하였다.[18] 또한 류큐 지도상에 나타난 18세기 후반의 일본의 유명한 지도제작자에 의하면 조어도는 일본 영토였다고 한다.[19]

둘째, 조어도는 16세기 중반 중국 해안으로 침투하는 일본해적을 방위하기 위한 중국의 해안방위 범주 내에 있음을 주장하였다. 특히 조어도에 대한 연안방위는 푸초우(Foochow) 지방 연안방위사령관의 5개 경비지역 중의 하나인 페이치아오(Pei-chiao) 해군 경비지역의 일부였다는 것이다.

셋째, 조어도는 중국 한약재의 주요 공급 원산지였다고 중국은 주장한다. 전통적인 중국 한의사들에 의하면 이들 식물로 만든 약은 고혈압 및 통증약화에 대단한 효과가 있다고 한다. 유명한 한약방들에 의하면 이들은 제1차 중·일 전쟁 이전 오래 전부터 분쟁도서에서 약재를 채취하여 왔다고 한다. 이러한 증거로는 1893년 자희태우(西太后, Dowager Tsu Hsi)는 분쟁도서 중 3개의 도서를 약재 채취 목적으로 당시 가족 경영을 맡고 있었던 쉥 츄안-후아이(Sheng Hsuan-huai)에게 주었다.[20]

---

17) 분쟁도서에 관한 중·일 문헌에 언급된 중국의 외교관 및 항해사들이 작성한 일부 문헌은 다음과 같다. Tsung-yeh Hsiao, *The Record of the Mission to the Ryukyu Islands*, 1597; Hsun-Kang Cheng, *A Short Study of Japan*, 1655; Huang Chou, *A Short Description of the Ryukyu Islands*, 1756.

18) Chung-Kuei Yang, *On the Sovereignty over the Tiao-Yu-tai: Archipelago*, 99 China Monthly(1972), p.41.

19) *Ibid.*

넷째, 조어도는 중국어부들에 의해 오래 전부터 휴식처로 이용되어 왔
다고 중국은 주장한다.[21] 19세기 후반 중국인들은 약재를 채취하기 위해
조어도까지 상륙하였으며 어부들도 역시 이들 도서 주변수역에서 어로활
동을 시작하였다. 그 이후 이들의 숫자는 계속적으로 증가되어 왔으며,
오늘날 수많은 어부들이 조어도 부근 수역에서의 어업에 생계를 의존하
고 있는 실정이다. 대만이 중국에 반환된 이래 이 지역에서의 조업을 특
별히 허가하는 인가증이 어부들에게 발급되어 왔으며, 이들 어부들에게
조어도는 긴급 위난 시에 피난처로도 이용되었다.

그러나 긴급 위난 시, 타국어부들에 의한 특정 국가 영토의 일시적 사
용으로 영토취득의 권원이 생기는 것은 아니며, 어떤 도서가 무주지였다
하더라도 동 도서 주변수역에서의 어업권 행사가 반드시 그 섬에 대한
주권행사를 말하는 것도 아니다.[22] 대만 어부들은 1895년 이전에 중국
영토였던 대만과 이들 도서 그리고 1895년에서 1945년까지 일본영토였
던 국제수역에서 결코 활동하지 않았다고 주장하였다. 중국이 명백히 의
미하는 것을 요약하면 다음과 같다.

① 어부들의 활동을 통하여 이들 섬과 대만 간에 특수한 경제적 및 지
  리적 관계가 있음을 알 수 있고,
② 분쟁도서 및 모든 기타 증거와 더불어 주변수역에서의 중국어부들
  의 활동은 분쟁도서에 대한 중국의 주권을 충분히 구성하고 있다.

---

20) Imperial Decree of 1893(1971년 11월 9일 의회기록: Congress Record 17,697에
   서 재인용됨).

21) Pen-yen Liu, *What Do the Tiao-yu-tai Islands Look Like after All?, Materials on
   the Question of the Tiao-yu -tai Islands*, Union Research Institute of Hong Kong,
   1972, pp.6~11.

22) *Minquiers and Ecrehos Case*(France v. UK), 1953 ICJ Reports 47 참조.

요약하면, 중국은 1372년부터 1895년까지 조어도에 대한 계속적이고 평화적인 영토주권행사 사실을 보여주었다고 주장한다. 또한 조어도는 항해 보조섬으로서 약초 채취 장소로 그리고 어부들의 피난처로 사용되어 왔으며 연안 방위체계 내에 포함되어 중국의 영토로 간주되어 왔다. 따라서 중국은 1895년 이전에 이미 영토취득의 권원인 실효적 지배에 충분한 요구조건을 이행하여 왔던 것으로 믿는다.

제1차 중·일 전쟁(1894~1895)에서의 중국의 결정적 패배로 평화조약이 양국 간에 시모노세키 조약이 체결되었는데(1895년 4월 17일) 동 조약 제2조에 의하면 다음과 같이 설명하고 있다.

(가) 중국은 모든 몰수품, 병기 및 공유재산을 포함한 다음의 영토에 대한 완전한 주권을 영구히 일본에 양도한다.

(나) 대만과 인접한 또한 동 도서에 속한 모든 섬을 포함한 대만전부

따라서 분쟁도서가 대만과 관련되어 있다면 대만에 속한 또는 대만에 인접한 도서 중의 하나로 간주되어야 함이 시모노세키 평화조약의 정확한 해석이라고 중국은 주장한다. 시모노세키조약의 이러한 해석과 함께 중국은 1943년의 카이로선언을 다음과 같이 언급한다.

3개 연합국인 영국, 중국 및 미국은 일본의 침략을 억제 및 분쇄하기 위해 싸우고 있다. 이들은 어떠한 탐욕도 그리고 영토 확장 의도도 없다. 연합국들의 목적은 일본이 1914년 제1차 세계대전 개시 이래로 정복 또는 점령하였던 태평양의 모든 도서를 다시 찾게 하는 것이며 중국으로부터 빼앗은 모든 영토 즉 만주, 대만 및 페소카도르 등은 자유중국에 반환되어야 한다. 일본은 무력에 의해 차지한 모든 기타 영토로부터 축출되어야 할 것이다.[23]

---

23) US Dept. of State, Foreign Relations of the US, Diplomatic Papers, The Conference of Cairo and Tehran, 1943, p.44 (1961).

카이로선언은 1945년 7월 26일 포츠담선언에서, "카이로선언의 조건은 이행되어야 하며 일본의 주권은 혼슈·홋카이도·시코쿠·큐우슈우 및 우리가 결정하는 소규모 도서에 국한되어야 한다"[24]라고 이를 재확인하였다.

일본과의 전쟁은 1945년 9월 2일 일본의 항복문서 서명으로 완전히 종결되었는데 여기서 일본은 미국, 중국 및 영국이 1945년 포츠담에서 선언한 내용을 모두 수락한다는 것에 동의하였다.[25] 결론적으로 중국은 주장하기를 일본은 법적으로 분쟁도서를 중국에 반환하여야 한다는 것이다.

(3) 주장 내용의 법적 검토

상기에서 검토한 당사국의 주장 및 전략으로부터 보듯이 분쟁도서가 무주지였는지 아니면 1895년 1월 14일 중국의 영토였는지에 관한 문제가 모든 분쟁의 중요 논점이 되었음에는 틀림없다. 만일 분쟁도서가 무주지였다면 중국은 영유권 주장의 법적 근거를 상실할 것이고, 반면 1895년 이전부터 중국의 영토임이 입증되었다면 일본은 국제법상 발견·지배 원칙에 의한 영토취득을 할 수 없고, 중국은 연합국과 일본 간의 전시 국제협정 조건하에서 이들 도서의 반환을 요구할 권리가 있을 것이다. 따라서 오늘날의 영유권 분쟁을 해결하기 위해서는 1895년 1월 14일 이전에 국제법상 중국이 분쟁도서에 관한 타당한 법적 권원을 획득하였음을 입증할 수 있다면 이 문제는 그 해결이 충분히 가능한 것으로 보인다.

그러면 어떻게 중국이 자국 권원을 입증할 수 있을까? 영토취득의 요건으로 16세기에는 '발견'만으로 다시 18~19세기에는 '실효적 지배'로 변형되어 왔는데 문제는 국제법 원칙상 발견 또는 실효적 지배라는 원칙이

24) *Ibid.*

25) US Dept. of State, Occupation of Japan, 54 Policy and Progress (1946), p.62.

중국의 경우에도 적용할 수 있는가에 있다. 물론 중국은 두 가지 이유를 들어 16세기 원칙을 주장할 것이다.

즉 분쟁도서가 항해보조 섬으로 이용하여 왔고, 이들을 중국의 연안방위체계 내에 포함시켜 왔다는 내용이다. 그러나 첫 번째 주장에 관하여 일본학자들은 대단히 중요한 점을 제시하였는데 즉, 중국공사의 역사적 기록은 단지 시각에 의한 것에 불과하였으며 자국의 주권이름으로 이 섬을 소유할 어떠한 의도를 나타낸 것이 아니라는 것이다. 중국은 그러나 이에 대하여 유럽 국가들의 관행을 보더라도 어떠한 것이 상징적인 행위가 되는가는 통일된 관행이 없다고 하여 일본의 주장을 반박할 수 있었다.[26]

또 다른 고려요소는 유럽인의 탐험에 포함된 영토는 본국에서 상당히 멀리 떨어져 있었고 동일한 탐험가에 의해 발견되지 않았다는 것이다. 그러므로 상징적 행위는 다른 국가에게 하나의 통고로서 가능할 것이 요구되었다. 그러나 이와 반대로 여기서의 분쟁도서는 작고 황폐하며 사실상 타국의 경쟁을 의식할 필요가 없는 중국이란 국가의 문턱에 있다는 사실이다. 그렇다면 16세기 이들 도서 및 바위들에 관해서 보다 큰 법적 중요성을 나타내는 상징적 행위의 요구조건을 충족시키기 위해 단순한 근거리에서 중국인에 의한 이용 이외에 그 무엇이 있을 수 있었고 또한 있어야 했다.

중국의 두 번째 주장에 관하여(분쟁도서를 중국 연안방위체계내로 포함) 국제재판소는 자신의 판단을 함에 있어서 타국의 권한 있는 기관에서 행해진 내용에 어느 정도 의지할 것이다. 이에 관한 사건이 바로 상설국제사법재판소(PCIJ)에 나타난 동부 그린란드(Eastern Greenland) 사건이었다.[27]

---

26) A. Keller, O. Lissitzyn & F. Man, *Creation of Rights of Sovereignty through Symbolic Acts*, 1400-1800, 1938, p.143.

27) *Legal Status of Eastern Greenland Case* (Denmark v. Norway), 1933 PCIJ (Ser.A /B), No.53 참조.

그러나 여전히 문제가 되는 것은 어떠한 법적 중요성이 그러한 것에 부가되어야 하는가이다. 만일 중국의 주장이 영토취득에 관한 16세기 원칙 하에서 판단된다면 상당히 많은 부분이 이러한 문제의 해답에 의존하게 될 것이다.

한편 중국의 주장이 현대의 발견-지배 원칙을 기초로 판단되어야 한다면 문제는 실효적 지배원칙이 도서에 대한 특수한 역사적 사실 및 물리적 조건에 어떻게 적용되어야 하는 것이 될 것이다. 이 점에 관해서는 후버(Huber) 판사의 팔마스(Palmas) 섬 사건(the Island of Palmas Case)에서 최초로 묘사되었다.

> 영토주권의 표명은 시간과 장소 조건에 따라 다른 형태로 나타날 수 있음이 사실이다. 원칙상 계속적이라 하더라도 주권은 사실상 영토의 모든 시점까지 행사될 수 없다.[28]

따라서 실효적 지배의 의미를 결정하는데 있어서는 해당 영토의 특수한 조건하에서 현존하는 국가의 기능이 개별적 경우에 어떻게 실제로 행하여져 있는가를 기준으로 하는 것이 비교목적상 보다 유용하게 될 것이다.

당사국의 주장에 관하여는 학자 및 국제법상 다양한 의견이 표출될 수 있다. 그러므로 사실상 동 사건이 정치적 협상에 의해 해결되지 않는다면 현 분쟁에 있어서 영토취득에 관한 전통 국제법 원칙이 국제재판소에 의해 어떻게 적용되는가를 보는 것이 가장 관심 있는 사건이 될 것이다.

---

28) *Islands of Palmas case*, 22 AJIL(1928), p.887; Islands of Palmas Arbitration (US v. Netherlands), 2 RIAA 829(1928).

3. 소결론

분쟁당사국의 법적 주장에 부가하여 정치적 고려도 분쟁의 해결에 영향을 줄 것으로 보인다. 1972년 일본의 정권교체로 북경과 동경은 양국간의 우호관계가 발전될 수 있도록 하기 위해 사전에 해결될 또는 해결되어야 하는 정치적 문제에 관심을 집중하기로 결정하였다. 그러나 적어도 현재의 분쟁이 우호적으로 해결되기는 쉽지 않을 것 같은데 이는 비타협적인 주장과 이의 반격 배후에는 또 다른 실제의 어려움이 있기 때문이다.

일본의 관점에서 보면 법적인 이해관계 이외에 분쟁도서를 중국에 돌려 줄 수 없는 여러 가지 사유가 있다. 첫째, 분쟁도서를 일본이 소유하고 있고 사실상 지배도 하고 있다는 이점이 있고 둘째, 일본의 석유자원 의존도를 볼 때 센카쿠 하층토에 매장된 자원은 일본이 독자적으로 개발할 수 있는 기회가 된다. 왜냐하면 동 도서의 소유권이 없이는 일본은 동 도서 주변의 대륙붕에 대한 어떠한 지분도 법적으로 주장할 수 없기 때문이다. 셋째, 사토정부로부터 시작하여 일본국민의 여론은 분쟁도서가 일본의 영토이어야 한다는 것이다. 이러한 일본국민의 여론은 일본정부로 하여금 보다 확고한 입장표명을 하게 하였고 어느 면에서는 일본국민의 여론도 사실임에 틀림없다. 왜냐하면 1895년에서 1946년까지 분쟁도서는 일본의 영토였기 때문이다. 넷째, 극동에서의 정치상황이 전후와는 상당히 다른 현실을 보여주고 있다는 것이다. 일본은 동아시아·태평양지역에서 세력을 다시 확장하고 있으며, 군사적으로도 분쟁도서가 타국에게 빼앗기지 않을 정도의 항공세력도 보유하고 있다. 물론 중국이 무력을 사용할 것이라고는 생각하기 어려운데 이는 미·일 방위조약 체결이 되어 있으므로 이를 의식하지 않을 수 없다. 그러나 중국에 있어 이 섬을 도로 찾는 것은 대단히 중요하며 이들은 영유권 주장 근거의 우위성도 확보하고 있으며 또한 일본의 주장이 문제가 있음을 확신하고 있는바 이 처럼 중국이 생각하고 있는 데는 몇 가지 이유가 있다.

첫째, 중국의 주권주장을 지지해 줄 수 있는 법적 증거가 압도적으로 많이 있음은 의심의 여지가 없다. 둘째, 중국은 특히 일본에 의한 굴욕적인 패배로 잃어버린 일부 황폐된 도서가 일본에 의해 전략적 요충지, 광대한 원유저장고, 풍부한 어장 등으로 70년간 사용되어 왔으며 또한 그렇게 될 수 있다는 생각을 지극히 경멸한다. 셋째, 약 70여 년 동안 일본 지도자들의 야비한 행위가 일관되게 계속되어 왔다는 사실에 대하여 중국은 분개함을 금치 못하는 것으로 보인다. 중국에 대한 일본의 정책은 50년에 걸쳐 완전한 승리를 한 것이었고 그 결과 양대 주요전쟁 및 여러 소규모 무력투쟁에 개입하게 되었다. 중국은 이러한 상황을 인식함으로 양대 전쟁 발발 이전에 중국에 속한 모든 영토들이 반환되어야 한다고 주장한다.

중·일 간의 현 분쟁은 우리가 인식하고 있는 것보다는 훨씬 심각함이 분명하다. 동시에 이들 분쟁에 영향을 줄 수 있는 여러 요인들 즉, 합리성·융통성 및 수용가능성 등이 부재함으로 양국 간의 전면전쟁 가능성도 엿볼 수 있으나 이는 결코 목적달성의 유용한 수단이 될 수 없고 오히려 국제사회에서 여론 및 이들의 지위를 약화시키는 결과만을 초래할 것이다.

한편, 일반적인 협력태도가 국제문제 해결에 있어 이들의 입장 및 영향력 행사를 촉진하게 되리라 본다. 물론 양국 모두는 자신들의 현 관계가 피할 수 없는 세계 및 지역시스템과 상호 연결이 되어 있음이 분명하다. 일국에 의한 야만적인 정책 추구 또는 어떤 분쟁을 주요 충돌로 몰고 가는 현상은 타국의 안보 및 중요 이해관계에 영향을 미치게 되는데 특히 이는 미국과 소련과의 관계에서 그 현상이 더욱 뚜렷할 것이다. 이러한 환경 속에서 외교정책의 성공은 중·일의 세력뿐 아니라 타국이 어떠한 반응 또는 행동을 하는가에 달려 있다. 그러한 고려는 분쟁당사자에 대한 영향력 행사 및 규제에 어느 정도 영향을 줄 수 있다.

우리가 예견할 수 있는 것은 오늘날의 상황이 제2차 세계대전 전처럼 침략국-피침략국 관계나 일방적인 강대국의 지배현상이 양국 간에 존재하지는 않을 것이라는 것이다. 중국의 힘의 원천은 어느 정도까지는 자국 경계 내에서 발생되어 온 것으로 보이며, 반면 일본은 전후 서방 산업국과의 경쟁 속에서 존재하여 왔다. 중국과 일본의 국제적 지위는 주로 독자적인 형태로(특히 중국의 경우) 발전되어 왔으며 이러한 상황이 미래에도 계속될 것으로 보인다.

결과적으로 현 분쟁은 그 기원에 있어서 독립된 사건으로서 보여 질 수 있으며 합리적인 해결에 의존할 수밖에 없을 것이다. 일단 양국 간에 우호관계가 진전되었다면 양측에 최선의 결과를 줄 수 있는 이른바 원유자원의 공동개발과 같은 상호협력을 위한 기회가 주어질 것이다. 그러나 일본이 분쟁도서에서의 실효적 지배사실을 이용하려고 하거나 중국도 일방적으로 원유시추 작업을 개시 할 수 있는 가능성도 있다. 이 경우 중국이 일본의 그러한 행위를 방관한다고 보기는 어렵다. 따라서 이 순간 어느 쪽이 더 우위를 점하고 있는가를 판단하기는 매우 어렵다.

이처럼 오늘날 센카쿠(조어도)는 어느 일방의 영유권 주장이 타방당사국에게 어떠한 법적 효과도 가져다 줄 수 없는 상황이 계속되고 있으며 또한 특정 국가의 완전한 통제 하에 있지도 않기 때문에 각국은 조심스럽게 타국의 접근이나 마찰을 피하려 하고 있으나 그럼에도 불구하고 일부 국가는 자국에게 유리하도록 상황을 바꾸어 보려는 노력을 시도하고 있는 것도 사실이다.

분쟁해결 방안의 하나로 제시된 조어도 부근 수역에 있어서의 심해저 부분에 대한 통제 및 자원 분배 권한을 가지고 있는 비정부 기관을 통한 중·일간의 공동개발은 바람직한 방안이 될 수 있으나, 대만과 중국의 대결구도가 동지나해에서의 중·일간의 심해저 분쟁의 평화적 해결에 커다란 걸림돌이 될 것으로 보인다. 따라서 일본에 대한 중국정부의 협력은 보다 큰 차원에서의 양국 간의 화해를 유도하지 않고는 그 성취가 어려운 것이 사실이다. 결국 타협의지의 분명한 확신이 없는 한, 분쟁 당사국들은 어떤 협의된 형태와 또는 공통의 입장이 가미된 그런 형태의 해결점을 찾기는 어려울 것이다. 왜냐하면 어떤 제도나 규칙의 해석이 고려되기 전에 먼저 타협과 양보가 전제되어야 하기 때문이다.

Ⅱ. 중국-기타 5개국 간 스프라트리(Spratly) 도서

1. 사건 개요

스프라트리(Spratly) 도서는 남지나해에 있는 여러 개의 산호초 및 암초로 구성된 무인도이다. 동 섬은 중국의 해남도에서 남쪽으로 900마일, 말레이시아 사바 북서쪽으로부터 150마일 떨어져 있으며 약 150,000평방마일의 면적을 차지하고 있다.[29]

스프라트리는 북쪽으로는 3,000미터의 해구에 의해 중국 및 대만 대륙붕과 분리되어 있으며, 동쪽의 파라완 해구에 의해 필리핀, 브루네이 및 말레이시아(사바)로부터 분리되어 있다. 제일 큰 섬인 Itu Aba는 그 면적이 약 0.4평방마일이며 스프라트리는 0.15평방마일의 크기를 갖고 있다.

---

29) *Dato Alwi, Conflicting Claims in the South China Sea*, Asian Defense Journal. 1992. 6. p. 10.

[그림 2] 남사군도 영유권 분쟁

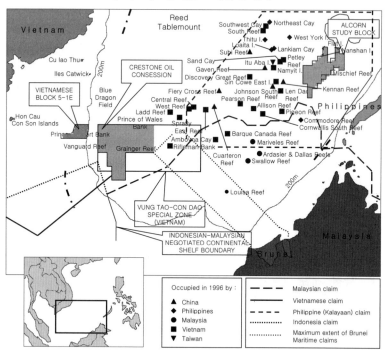

전략적으로 보면 말라카, 순다 및 롬보크 해협을 통한 인도양 및 태평
양을 연결시키는 중요 해로가 이들 섬에 의해 폐쇄될 수 있다. 남동 및
북동아시아, 인도차이나 및 태평양으로 진출하는 모든 해상교통수단은
남지나해를 통과하게 된다. 따라서 스프라트리의 주권적 통제권 행사는
잠재적으로 이 지역에서의 제해권 및 해상교통로를 장악하는 결과를 초
래하게 된다.30) 이 지역에서의 전략적 균형이 구소련의 붕괴로 극적인
변화 양상을 가져 왔으며 또한 소련군의 캄란만 철수, 미국의 필리핀 철
수 및 동북아 국가들의 급격한 경제성장 특히 한국, 대만 및 싱가포르 등

---

30) http://en.wikipedia.org/wiki/Spratly_Islands 참조.(2009.7.19 방문)

의 부상으로 많은 변화를 초래하였다. 1969년의 유엔 보고에 의하면 이 지역에는 상당한 양의 탄화수소가 매장되어 있다고 한다.[31] 특히 스프라트리 남동쪽에서의 심해저 자원개발의 경제적 활용은 이미 진행 중에 있는데, 브루네이는 고도 생산성 유전을 이미 개발하였고 말레이시아도 천연가스의 중요 수출국이 되었다.

스프라트리의 일부 또는 전부에 대한 영유권을 주장하는 국가들로는 중국·대만·베트남이 완전 영유권을, 말레이시아 및 필리핀이 일부 섬에 대한 영유권주장을 그리고 브루네이가 1개의 암초에 대한 영유 주장을 하고 있다. 이들 국가들이 주장하는 근거는 매우 다양한데 중국·대만 및 베트남은 역사적 사실을 기초로, 필리핀은 발견을 이유로 그리고 말레이시아 및 브루네이는 대륙붕 연장 등을 이유로 영유권 주장을 하고 있다.

2. 영유권 주장 내용

① 중 국

중국은 고대로부터 남지나해의 스프라트리 및 기타 도서가 중국의 영토임을 역사적 사실을 기초로 주장한다. 스프라트리에 대한 중국 영유권 주장의 최초 기록으로는 서한 왕조시대(BC 206~AD 24)에 어로 활동을 위한 장소로 이용되었다는 것이다. 또한 10~16세기에 걸쳐 남지나해는 중국이 주요 무역항로로 사용되었으며 서기 206~220년간 중국은 이곳을 관측, 노동력을 투입하여 행정적 관리도 하였다고 주장하였다.[32] 이 섬

---

31) R. Haller-Trost, *The Spratly Islands : A Study on the Limitations of International Law*, Occasional Paper. No. 14. University of Kent at Centerbury(1990). pp. 54~55.

의 통과 기록이 1292년에 보고되었는데, 이때 스프라트리가 대략 지도화
되어 나타났으며 이후 이 섬은 중국의 학자들에 의해 지리적으로 기술되
었는데 1730년에 발간된 책자에는 Chen Lun-chiung이라고 되어 있다.
이 섬의 이름에 대하여는 어느 정도 문헌상 혼돈이 야기되기도 한다.
1934년 이래 중국은 이 섬을 난샤(Nan Sha)도로 명명하였으며33) 중국은
자신들이 이 섬을 발견하기 전까지는 무주지였다고 주장하였고, 그 후 중
국 어부들이 이 섬을 실효적으로 지배하여 왔다고 주장하였다.34)

해군의 역사적인 사건들로 1887년 6월 26일 중·불 조약을 들 수 있는
데, 동 조약은 베트남을 프랑스 식민지로 설정하였고 105°43'E 서쪽 영토
는 프랑스에 그리고 그 반대, 즉 동쪽의 영토는 중국에 양도한다는 내용
을 공식화 했다. 스프라트리는 물론 사기선의 동쪽에 있으므로 1887년
중·불 조약에 의거 중국 소유임이 분명하다는 것이다.35)

1993년 7월 25일 프랑스는 남지나해의 여러 섬을 점령하여 자국의 주
권 하에 둔다는 발표를 하자(스프라트리 포함) 중국은 외교적으로 계속 항
의를 하였다(1933~1934). 1939년 일본은 타이완, 파라셀 및 스프라트리
섬을 침공하여 최초로 스프라트리에 대한 실효적 주권행사를 하게 되었
으며, 그 후 1945년 일본군의 철수로 이 섬은 대만(당시는 중화민국 ROC)
해군에 의해 일시적 행정권이 생사되었으며, 1947년 광퉁(Kuangtung) 지
방의 행정구역으로 편입되어 있다가 1950년 5월 중국 군대의 상륙으로
대만세력은 이 섬에서 철수하게 되었다.36)

---

32) Haller-Trost, op. cit, p.37.

33) H. Chiu & C. H. Park. *Legal Status of Pracel and Spratly Islands*, 30 Ocean
Development and International Law (1975), pp.10~11.

34) Haller-Trost, op. cit., p.38.

35) Chiu & Park, loc. cit., p.11.

36) *Ibid.*

1951년의 연합국과 일본 간의 샌프란시스코 평화회의에서(중국도 대만도 당사국은 아님) "일본은 스프라트리에 대한 모든 권리, 권원 및 주장을 포기 한다"는[37] 성명을 발표하였으나 구체적으로 주권계승자가 누구인지도 밝히지 않았다.

1952년 4월 28일 일본과 자유중국간의 양자 조약에 의하면 "1951년 9월 8일 체결된 샌프란시스코 평화조약 제2조에 의하면 일본은 대만 및 스프라트리에 대한 모든 권리, 권원 및 주장포기가 인정 된다"고 한다.[38] 따라서 대만은 이 조약의 강행성 및 실질적인 증거로서 대만이 스프라트리에 대한 완전한 주권을 행사하였다고 주장한다.[39]

대만의 스프라트리에 대한 물리적 지배는 1950년에 중단되었는데, 대만정부는 주장하기를 1956년에 이투 아바(Itu Aba)에 수비대를 재배치하여 그 이후 해군의 초계로 실효적 지배를 유지하여 왔다고 한다. 그러나 1958년 9월 중국(PRC)은 영해선언을 하여 자국의 영해를 12해리로 확장하였으며 동시에 스프라트리(난샤)에 대한 영유권을 명기하였다.[40] 이후 1973년 베트남이 스프라트리를 점령하였으나 1974년 1월 중국으로부터 강한 경고를 받게 되었다.

중국의 최초 실효적 지배는 1988년 3월에 시작되었는데, 이때 중국은 베트남의 해군 수송함을 조우하여 베트남과의 해전을 하게 되어 3척의 수송함 및 72명의 군인을 상해하는 결과를 초래하였다. 중국은 이후 계속하여 여러 도서들을 점령하였는데 이중에는 피어리 크로스 리프(Fiery Cross Reef)도 포함되어 있었다. 특히, 이 산호초는 14마일의 길이로 중국 인민해방군의 기지로도 개발되었다.[41] 중국의 스프라트리에 대한 주권

---

37) *Ibid.*

38) *Ibid.*

39) *Ibid.*

40) *Ibid.*

주장은 1992년 2월 25일에도 반복되었는데, 이때 중국은 〈중국의 영해 및 접속수역법 제2조〉에서 스프라트리의 영유권을 분명히 명기하였다.[42]

그러나 주변국들의 강한 반대에 부딪히자, 중국은 베트남과의 영유권 분쟁 해결을 위한 평화적 협상을 할 의도를 표시하여 그 결과 양국은 일반적으로 인정된 국제법 원칙에 따라 영토 및 경계획정 문제를 해결하기 위한 협상을 진행한다는 데 합의를 보았다.[43] 특히, 여기서는 자원개발에 있어 상호 공조를 취하기 위해서는 영토 및 주권문제를 변론으로 할 가능성을 중국이 제시하기도 하였다.

② 베트남

베트남은 프랑스 혁명 전후의 역사적 사실로부터 스프라트리에 대한 주권을 주장하였다. 최근의 베트남 공식 문서에 의하면 이 섬의 소유권이 1650~1653년까지 거슬러 올라갈 수 있다고 하는데 물론 이러한 주장의 근거는 식별되지 않고 있다.[44]

1816년부터 시작된 황제 Gia-Long의 지배 이후, 1883년의 베트남 지도는 베트남 영토의 일부로서 스프라트리를 반 리 트롱 사(Van Ly Truong Sa)라는 이름으로 표기하고 있다. 따라서 프랑스의 지배 이후 베트남은 스프라트리에 대한 관심을 가질 수 없게 되었으며 특히, 1887년의 중·불 조약에서 베트남에 대한 프랑스 보호선언은 베트남에 의한 남지나해 영

---

41) *South China Sea : Treacherous Shoal*, Far Eastern Economic Review. 1992. 8. 13.

42) *Law on the Territorial Sea and The Contiguous Zone of February 25*, 1992. in the Law of the Sea Bulletin, No. 21 (1992), pp. 24~27.

43) *Foreign Broadcast Information Service (FBIS)*, Daily Report : China, 1992. 12. 7.

44) Dato Alwi, loc, cit., p.14.

토주장을 무효화시키게 되었다.45)

　1933년 프랑스 정부는 해군 원정대를 스프라트리에 파견하여 6~7개 도서군에 대한 주장을 하였다. 일본이 유일하게 이러한 주장을 반박하였는데 일본은 1917년 이래 자국이 점령을 계속하여 왔다는 것이다. 프랑스의 주권 주장은 1934년 일본의 침공으로 종결되었으며, 그 이후 영유권 재 주장을 위한 어떠한 시도도 없었다.

　심지어는 프랑스가 서명한 조약인 1951년 샌프란시스코 평화조약에서도 아무런 유보가 없었다. 그러나 베트남은 샌프란시스코 평화회의에서 스프라트리에 대한 주권통제를 재확인하였는데 이러한 주장은 샌프란시스코 평화외의에서 결론 없이 통과되었으며 베트남은 이를 자국 영유권 주장의 보편적 인정 근거로 주장하게 되었다. 이러한 주장에 대해 중국은 강한 반박을 하였으나 샌프란시스코 평화회의에서는 이 문제를 제시하지 않았다.46)

　1956년 필리핀이 최초로 스프라트리에 대한 영유권 주장을 하였으나,47) 북베트남은 남베트남의 주장을 반박하고 오히려 중국의 주장을 지지하였는데 이러한 지지는 1958년 북베트남 수상에 의해서 반복되어 나타났다.48) 그 후, 스프라트리에서의 베트남 행동은 15년간 전혀 없었고 모든 국력은 내전에만 집중되었다. 1975년 4월 사이공이 함락되자 통일 베트남은 과거 스프라트리에 대한 북베트남의 중국 주장지지 사실에도 불구하고 모든 도서에 대한 주권 주장을 다시 하게 되었는데 이 결과 양국 간의 관계가 극도로 악화되는 결과를 초래하였다.49) 베트남은 그 후

45) Chiu & Park. loc. cit., p.11.

46) Haller-Trost, op, cit., p.49.

47) Chiu& Park, loc, cit., p.9.

48) Haller-Trost, op. cit., p.51.

49) *Ibid.*

1973년 이래 스프라트리 일부에 대한 실효적 지배 주장을 지시 받을 수 있도록 수비대를 계속해서 주둔시켰다.

③ 필리핀

필리핀은 무주지였던 대다수 스프라트리 군도의 영유권을 '발견'이론에 기초하여 주장하였다. 1947년 필리핀 법률가인 토마스 크로마(Tomas Cloma)는 미군의 점령 하에 있었던 도서군(스프라트리)을 발견하여 1956년 5월 이른바 자유의 땅(Kalayaan : Freedom land)이라고 명명하여 자신이 이곳 최고회의의 의장이라고 선언하였다.

동 선언은 스프라트리에 대한 국제적인 관심을 유발시켜 타국으로부터 많은 외교적 항의를 받게 되었으며, 각국 해군이 이곳 수역을 방문하게 하는 계기도 제공하였다. 그러나 크로마(Cloma)는 여러 섬에 작은 거처를 마련했으나 단지 몇 개월만 거주하였을 뿐이었다.

한편 필리핀 정부는 크로마(Cloma)의 주장을 완전히 공식적으로 지지하지는 않았으나, 이곳 자유의 땅과 스프라트리라고 구체적으로 알려진 7개 도서 그룹과는 별개라는 주장을 하였다. 필리핀 정부는 자유의 땅이 1951년 샌프란시스코 평화조약 이후 무주지였음을 주장하였는데 사실상 7개 도서 그룹인 스프라트리는 연합국의 신탁통지 하에 있었다. 50)

1955년 필리핀은 필리핀군도 주변에 대한 직선기선을 선언하였으나 카라얀(Kalayaan)주에 대한 언급은 없었다. 그러나 대만은 1971년 이투 아바(Itu Aba)섬 근처에서 조업하는 필리핀 어선에 대하여 함포사격을 감행하였고 그 결과 필리핀정부는 다음과 같은 항의를 하여 자국 영유권의 법적 근거를 제시하였다. 첫째, 필리핀은 크로마(Cloma)에 의한 점령결과로

---

50) *Ibid.*, pp.50~51.

이 섬들에 대한 법적 권원을 향유하며 둘째, 중국은 사실상 제2차 세계대전 당시 연합국 신탁통치하에 있었던 일부 섬들을 지배하였으나 연합국의 동의 없이 이 섬들에 배치된 수비대를 배제시켰다. 셋째, 스프라트리 그룹은 필리핀이 주장하는 영토 내에 있으나 1974년 크로마(Cloma)는 카라얀(Kalayaan) 도서 그룹을 필리핀 영토의 일부라고 선언하여 파라완(Palawan) 행정자치 구역의 일부로 만들었다. 이후 필리핀은 스프라트리를 포함하는 200해리 배타적 경제수역도 선포하였다.[51]

④ 말레이시아

말레이시아는 스프라트리의 남쪽부분에 대한 영유권을 주장하는데, 이들 주장의 근거는 지리적 위치 및 유엔해양법협약상의 대륙붕 규정을 자국주장의 정당화 근거로 들고 있다. 1966년 말레이시아는 1958년의 대륙붕에 관한 제네바협약에 따라 대륙붕 선언을 하였다. 말레이시아 스프라트리 남쪽에 대한 주장은 1979년의 자국이 발행한 지도와도 일치하는데, 이 지도에 의하면 말레이시아 대륙붕 지역을 분명히 나타내고 있다. 말레이시아는 1958년의 제네바협약을 근거로 대륙붕의 모든 도서 및 산호초에 대한 주권 및 관할권을 선언하였으며 이는 해양법협약과도 자신들의 주장이 일치한다는 것이다.[52] 말레이시아는 1984년 배타적경계수역법을 선포하였으나 이들 경계획정 좌표는 공식적으로 나타내고 있지 않으며 기선 역시 공포하지 않은 상태에 있다.[53]

말레이시아는 대륙붕이 "연안국 본토의 해저연장으로 이루어지며 대륙

---

51) *Ibid.*, pp.57~58.

52) *Ibid.*, p.65.

53) *Ibid.*, p.64

붕의 해저 및 하층토, 대륙사면 및 대륙융기로 구성된다"고 규정하는 법적
대륙붕규정의 정의를 반대로 적용하였다.54) 여기에는 해수면 상부에 있는
대륙붕상의 도서·암석 또는 기타에 관한 규정이나 언급이 없다. 말레이시
아는 주장하기를 대륙붕의 소유는 대륙붕 이원의 해상 융기물에까지 확장
된다고 하여 쉘로우 리프(Shallow Reef)와 암보이나 케이(Amboyna Cay) 주변
의 12마일 영해를 주장하였다. 말레이시아는 해양법협약 제121조 제1항에
해당하는 도서로서 이들 리프(Reef)와 케이(Cay)를 인정하였다는 것이다.

말레이시아는 남부 스프라트리의 3개 섬에 대한 실효적 지배를 위해
1983~1986년까지 수비대를 주둔시켜 주권행사를 하였으며 이들 섬에
관광지를 개발하기도 하였다. 그러나 해양법협약에 의하면 대륙붕 소유
권 주장을 위해 특별한 형태의 통제를 나타낼 것을 요구하지 않는다.55)
말레이시아와 필리핀은 스프라트리에 대한 양국의 중복된 주장을 해결하
기 위해 1988년 이래 협상을 여러 번 시도하여 왔으나 구체적인 결과를
가져온 것은 없었다.56) 말레이시아는 양국의 대륙붕 경계획정에 관한 브
루네이와의 결실 없는 협상 이외에는 기타 영유권 주장국과의 협상에 개
입하지는 않았다.

5 브루네이

브루네이는 스프라트리 군도의 남쪽에 있는 루지아 리프(Lousia Reef)의
영유권을 주장하는데 이는 말레이시아와의 분쟁이 되고 있다. 브루네이

---

54) 유엔해양법협약 제76조 3항.

55) *Ibid.* 제77조 3항에 의하면 "대륙붕에 대한 연안국의 권리는 실효적이나 관념적
인 점유 또는 명시적 선언에 의존하는 것이 아니다"라고 규정한다.

56) Dato Alwi, loc. cit., p.18.

의 주장은 1954년에 설정된 자국 대륙붕 경계획정에 그 주장의 기초를
두고 있다. 1980년에 브루네이는 인접 해양경계의 해양측 경계획정에 관
한 토의를 하자는 제의를 말레이시아에 보냈으며 1984년 브루네이의 독
립 이후 말레이시아와 브루네이 협상은 계속되었으나 루지아 리프(Lousia
Reef)의 영유권 문제는 미해결의 상태로 여전히 남게 되어 양국 주장의
타결점을 찾지 못하였다.

1988년 브루네이는 대륙붕 주장을 나타내는 지도를 발행하여 리플맨
뱅크(Rifleman Bank) 이원까지 자국 대륙붕을 확장하였다. 물론 이들 주장
의 근거는 완전히 이해되지는 않으나 350해리까지 대륙붕 연장이 가능하
다는 해양법협약의 해석에 기초한 것으로 보인다.[57]

3. 영유권 주장의 타당성 검토

① 중국의 주장

중국은 스프라트리 영유권 주장의 근거로 역사적 증거를 들고 있다.
중국이 이 섬을 발견하기 전에 스프라트리가 무주지였음은 의심의 여지
가 없으나 역사적 사실로 볼 때 중국의 증거는 불확실하다. 왜냐하면 중
국이 제시하는 증거는 증거능력이 희박할 뿐만 아니라 연속성도 없으며
계속적 지배나 관리 또는 실효적 통제 근거도 미약하며 간헐적인 해상
운송인들의 통항이나 어부들에 대한 일시적 체류 정도에 불과 했기 때문
이다.

---

57) 유엔해양법협약 제76조 5항.

1887년의 중·불 조약에 의해 스프라트리가 중국에 양도되었다는 내용
도 명확하지 않으며 또한 특정되지도 않았고, 오히려 1928년에 발행된
중국의 공식 지도상에도 스프라트리가 배제된 채로 있어 더욱 그 설득력
이 약화된다. 간헐적인 중국의 외교적 항의와는 별도로 스프라트리에 대
한 중국의 실효적 지배 또는 통제는 1988년 중국 해군기지가 건설되고
수비대가 진주할 때까지는 없었다. 따라서 중국이 주장하는 발견 및 실
효적 지배 논리는 영유권 주장의 완전한 근거가 될 수가 없는 것으로 보
인다.

② 베트남의 주장

베트남의 역사적 소유권 주장 내용은 프랑스가 베트남을 점령하기 전
부터 스프라트리에 대한 주권통제를 하였다고 보기는 어려운 점이 있어
보인다. 프랑스는 1933년 스프라트리를 합병하였다 하더라도 이 섬을 베
트남이 양도한 것이 아니라는 것을 분명히 하였다. 북베트남이 1956년과
1958년에 중국의 영유권 주장을 남베트남에 반대하여 지지하여 온 사실
로 인하여 비록 1975년에 이러한 입장을 바꾸었다 하더라도 이러한 사실
은 베트남이 역사적 사실에 대한 영유권 주장을 약화시키는 주요 내용이
된다는 것은 부인할 수 없다.

현 베트남 정부는 남베트남이 아닌 북베트남이 계승하였기 때문에
1956년 북베트남에 의한 스프라트리 영유권의 중국 주장지지 사실은 구
속력 있는 증거가 될 것이다. 이러한 역사적으로 불리한 내용에도 불구하
고 베트남은 1973년 이래 스프라트리를 실효적으로 지배하여 왔으며 이
사실은 소유권 주장에 있어서 어느 정도의 타당성을 제공하게 될 것이다.

③ 필리핀의 주장

필리핀에 대한 주장은 국제법상 설득력이 없는 것으로 보이는바, 특히 개인의 행위로 인한 영유권 주장 근거 주장은 거의 타당성이 없다. 필리핀 군도와 스프라트리 간에는 명확한 해구가 있으므로 200해리 대륙붕 주장은 해양법협약 제76조에 의거 유지될 수 있으나 350해리 주장은 그렇게 될 수 없다. 이러한 주장은 동부 스프라트리 지역 일부를 포함하게 되나 현재의 주장과는 많은 거리가 있다. 필리핀은 역사적 사실 등을 주장하지는 않으며 이들 섬이 포기되어 왔다는 주장은 베트남, 중국 및 대만 등과의 분쟁을 야기하게 된다. 요약하면 필리핀의 행동은 점진적인 병합이라고 기술될 수 있다.

④ 말레이시아의 주장

말레이시아의 주장은 유엔해양법협약의 내용을 많이 원용하고 있는바, 대륙붕 및 배타적 경제수역에 관한 주요 규정들을 제시하면서 주장의 근거로 활용하나, 이들의 주장은 해수면상의 대륙붕에 대한 주권통제를 정의함에 있어 해양법협약의 규정을 잘못 적용하고 있다. 말레이시아의 주권 주장은 최근의 3개 섬에 대한 실효적 통제를 제외하고는 아무런 역사적 근거도 없으며 따라서 타국의 유사 주장과의 비교로 자신들의 주장 근거를 다시 검증해야 할 것이다.

⑤ 브루네이의 주장

브루네이의 주장은 말레이시아 주장과 유사한데, 즉 유엔해양법협약의 해석을 통하여 주장의 근거를 제시하고자 하였다는 것이다. 이들은 도서나 영해의 주장이 아니라 동 협약 제76조 및 77조의 대륙붕에 관한 규정을 들고 있는바, 브루네이는 협약 제83조를 원용하여 양자 협상이 결렬될 경우 국제사법재판소에 제소한다는 것을 선포하였다. 그러나 불행히도 스프라트리 분쟁의 다자적 성격 때문에 양자 협상으로 해결되기는 쉽지 않을 것이다.

4. 소결론

남사군도 영유권 분쟁은 대단히 복잡한 양상을 띠고 있으며, 자칫 무력행사까지 예상되는 잠재적 위험성을 내포하고 있다. 특히, 동 섬은 전략적으로 매우 중요한 위치에 있으며 주변 수역에 매장된 풍부한 지하자원 때문에 그 해결을 더욱 어렵게 만든다. 불행히도 영유권 주장 6개국 모두 주장의 공통점이 없으며 타협 수용이 가능한 아무런 공통점도 가지고 있지 않다. 다만 1982년 해양법협약의 일부 내용이 어느 정도 상관관계를 가지기 때문에 영유권 주장국은 이를 다른 국가에 대해 다양하게 원용할 수 있게 되었다. 전반적으로 스프라트리 상황은 분쟁해결 구조나 구도를 제공하기에는 해양법협약 및 일반 국제법으로서는 역부족인 한계를 나타나게 해준다.

결국 타협의지의 분명한 확신이 없는 한, 분쟁 당사국들은 어떤 협의된 형태와 또는 공통의 입장이 가미된 그런 형태의 해결점을 찾기는 어려울 것이다. 왜냐하면 어떤 제도나 규칙의 해석이 고려되기 전에 먼저 타협과 양보가 전제되어야 하기 때문이다.

남지나해 도서 영유권 또는 자원관할권에 관한 분쟁은 강대국인 중국과 기타 국가들과의(ASEAN) 대립양상을 보이고 있는 것이 사실이다. 특히, 아세안(ASEAN)은 이 지역의 문제를 관장할 능력을 향유한 국가의 집합체로서 중국의 개입에 대해 강력히 반발하는 움직임을 보이고 있다. 따라서 중국이 극단적인 수단, 즉 전쟁과 같은 양상을 취하지 않는 한, 스프라트리에 대한 중국의 일방적 영유권 주장 문제는 수용되기 어려울 것으로 보인다.

아세안(ASEAN) 국가들, 특히 남지나해 분쟁에 관한 각국은 중국의 언행을 유심히 지켜보고 있다. 이러한 상황을 고려해 볼 때, 스프라트리 문제는 당분간 분쟁 당사국간의 신경전 및 설정만이 계속될 것으로 보이며 이는 동시에 타국의 인내심을 시험하는 무대가 될 것으로 보인다.

Ⅲ. 일본·러시아 간 쿠릴(Kurile) 도서

1. 사건 개요

쿠릴열도는 캄차카반도와 홋카이도 사이에 있으며 그 길이가 무려 1,250km나 되고 오호츠크해와 태평양사이에 존재하는 30개의 작고 큰 여러 도시로 구성되어 있다. 이중 이투루프(Itrup)가 가장 큰 섬이며 화산도로서 현재도 화산활동이 진행 중에 있다.

18세기 러시아와 일본이 이 섬의 영유권을 주장하기 시작하였고(일본은 이를 여전히 북부 영토 즉, Northern Territory라 부른다), 1875년 일본은 러시아가 쿠릴열도에서 철수하는 조건으로 사할린을 포기하였고 일본은 2차 대전말까지 이 섬을 주장하였다. 얄타회담에서 이 섬을 소련에 양도하도록 결정하여 소련군이 1945년 9월에 쿠릴열도를 점령하였다. 이에 일본은 쿠릴열도에 대한 소련 영유권 주장에 반발하여 4개의 남쪽도서 즉 하보마이(Habomai), 시코탄(Shikotan), 에토로푸(Etorofu), 쿠나시리(Kunashir)의 권리를 주장하여 분쟁이 된 사건이다.

2. 분쟁 역사

일본과 러시아는 쿠릴열도에 대한 장기간 다툼의 역사를 갖고 있다. 양국은 1855년 외교관계를 처음으로 수립하였고, 같은 해 양국 간의 국경합의를 규정하는 통상, 항해 및 경계획정조약(Treaty of Commerce, Navigation and Delimitation : the Shimoda Treaty)을[58] 체결하였다. 동 조약체결은 러·일 국경이 이트루프·에토로푸(Itrup·Etorofu)와 우루프(Urup) 도서 사이가 되어야 한다고 한다. 따라서 에토로푸(Etorofu) 도서 전체가 일본에 속해야하며 우르프(Urup)를 포함한 동 도서 북쪽에 있는 쿠릴도서는 러시아에 속해야 한다는 것이다.

러·일 간 조약은 평화적 교섭 이후 여러 번 체결되었으며, 이러한 조약체결 시 사할린과 쿠릴제도 부근에서의 양당사국의 모든 활동이 고려되었다. 러시아 교섭대표인 퓨차틴(Putyatin) 사령관은 조약서명 시점에 에토로푸(Etorofu) 도서는 일본과 향후 마찰이 될 수 있다는 것이 입증되었다고 반복하여 언급하였다. 한편 일본 외무성에 따르면, 최근 러시아에서 공개된 문서에서 니콜라스 황제1세는 우루프(Urup) 도서가 러시아 영토의 최남단 국경임을 인정하였다고 한다.

---

58) http://en.wikipedia.org/wiki/Treaty_of_Shimoda 참조 (2009.7.19 방문).

[그림 3] 러·일 북방 영토분쟁

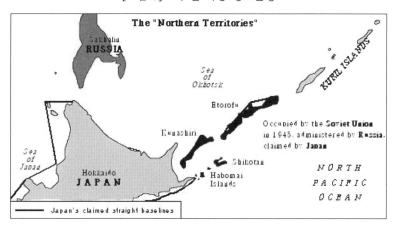

[그림 4] 연도별 러·일 간 북방 영토 주장

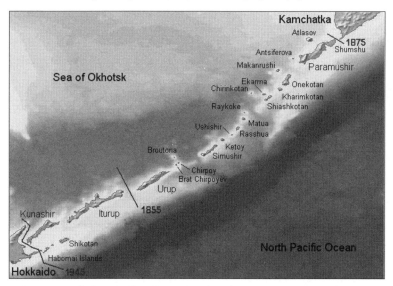

■ 출처 : http://en.wikipedia.org/wiki/Kuril_Islands_dispute

물론 본 조약에 관한 양국의 주장은 상이하였다. 이러한 주장중의 하나는 일본이 러시아가 크리미아전쟁으로 어려운 시기에 있었음을 알면서도 본 조약의 체결을 러시아에 강요하였다는 것이다. 그러나 이것은 사실과 완전히 다르다. 당시 러시아는 유럽의 주요 강대국이었으나 일본은 여전히 약한 봉건국가였으며 미국, 영국 및 러시아로부터 300년 역사의 고립정책을 포기하도록 압력을 하고 있었다.

두 번째 주장은, 동 조약이 에토로푸(Etorofu), 쿠나시리(Kunashir), 시코탄(Shikotan) 및 하보마이(Habomai) 도서가 일본 영토가 된다고 인정한 반면, 러시아는 여전히 이들 도시의 발견과 탐사결과로 이들에 대한 역사적 권리를 갖는다고 주장할 수 있다는 것이다. 그러나 이들 도시가 홋카이도에서 매우 가까이 위치해 있기 때문에 러시아의 발견 주장요구는 무리한 것이다.

1855년의 통상, 항해 및 경계획정조약은 사할린 도서를 일본과 러시아 국민들이 공동으로 해결하도록 남겨두었다. 이러한 애매함 때문에 생기는 복잡한 문제를 해결하기 위하여 양국 간 도서 결정을 목적으로 한 교섭이 1870년대에 이루어졌다. 본 교섭에서 일본은 북위 50°에서 도서를 결정하자고 요구하였다. 그러나 러시아는 48°선을 요구하였다. 따라서 양국 모두 이 문제에 합의를 할 수 없었으며, 1875년 쿠릴도서와 사할린도서 교환조약(Treaty for Exchange of Sakhalin for the Kurile Islands) 체결을 함으로 해서 양국은 일본이 사할린 도서 권원을 러시아에 양도하는데 합의하였다. 그 대신 러시아는 쿠릴제도 즉 우루프(Urup)에서 시무쥬(Shimushu)까지의 18개 도서를 일본에 양도하게 된다. 동 평화교섭으로 인해 쿠릴제도는 일본영토가 되었고 사할린 제도는 러시아 영토가 되는 결과가 되었다.

그러나 긴장이 계속되어 마침내 1904년 전쟁이 발발하게 되었다. 일본과 러시아는 만추리아와 기타 지역 이해관계를 이유로 전쟁을 시작하였

다. 전쟁의 결과 포츠모스 평화조약(the Portsmouth Peace Treaty)이 체결되
어 사할린제도 남쪽반이 일본의 승리로 일본에게 양도되었다. 러·일간 영
토 경계획정에 관한 다양한 발전이 있었다하더라도 에토로푸(Etorofu), 쿠
나시리(Kunashir), 시코탄(Shikotan) 및 하보마이(Habomai)는 일본의 영토였
으며 우루프(Urup) 북쪽 18개 도서인 사할린제도나 쿠릴제도와는 달리 결
코 러시아 영토가 된 적이 없다는 것이다.

　일부에서는 러·일 전쟁과 이의 결과로 체결된 포츠머스조약이 1855년
및 1875년 조약을 무효화한 것처럼 주장하였으나, 다른 사람들은 양국이
1855년 및 1875년 조약에 따라 설정된 영토경계가 러·일 전쟁이나 연이
은 포츠머스조약으로 결코 무효화 되지 않는다고 한다. 일본 외무성에 따
르면 최근 러시아가 발행한 문서에서 러시아제국 멸망시까지 러·일간의
국경은 1875년 및 1905년 조약에 의해 결정되었다고 하는데, 이는 이들
조약이 모든 필요한 공식적인 요구사항을 충분히 수용하여 체결하였고
또한 유효기간도 규정하지 않았기 때문이다. 국제법상 새로이 형성된 국
가 즉 신국가가 구 국가를 승계하므로 구국가의 국경도 그대로 승계된다.

　이후 제2차 세계대전 및 얄타회담으로 영토문제가 다시 제기되었다.
제2차 대전은 1939년 9월~1945년 8월까지 계속되었고 일본과 소련은
1941년 4월 양국이 체결한 중립조약으로 인하여 제2차 세계대전 전 기
간 동안 전쟁상태에 있지는 아니하였다. 그러나 이 조약은 5년간만 유효
하게 되었는바, 즉 1945년 8월 연합군이 일본에 원폭을 투하하게 되자
소련은 패배 일보직전의 일본에 대하여 중립조약을 위반한 선전포고를
하였으며 그로부터 일주일 후인 동년 8월 14일 일본은 포츠담선언을 수
락하여 연합국에게 항복하였다.

　일본의 패배 이후 일본의 모든 영토는 연합국에 의해 점령되었다. 연
합국은 일본이 미국에게 점령되는 것이 적절하며 대만은 중국의 점령 하
에 그리고 사할린제도 및 쿠릴제도는 소련군이 점령하게 될 것이 적절하

다는데 합의하였다.

소련군은 8월 18일 쿠릴제도에 있는 시무시(Shimush) 도서를 점령하였고, 1945년 8월 27일 쿠릴제도 최남단에 있는 우루프(Urup) 남쪽까지 이동한 다음 퇴각하였다. 그러나 미군이 없음을 확인한 후, 9월 3일 소련군대가 에토로푸(Etorofu), 쿠나시리(Kunashir), 시코탄(Shikotan) 및 하보마이(Habomai) 도서를 점령하였다. 따라서 북방영토의 점령은 정전 후 피를 흘리지 않고 이루어진 전시 점령이었기 때문에 이는 평화조약의 결과로 해결되어질 문제가 되었다.

전시에 타국이 일국의 영토를 점령하는 것은 있을 수 있으며, 국제법상 점령국은 군사적 요구를 근거로 군정하에 영토를 점령할 권리를 향유한다. 그러나 동시에 피점령지 주민의 사적인 권리를 포함한 점령국의 의무는 육전의 법규관계에 관한 1907년 헤이그협약(the 1907 Hague Conven tion respecting the Laws and Customs of War on Land) 등에서 국제법으로 규정된다. 그러나 스탈린은 이들 국제법규를 무시하고 점령지 영토를 1940년 2월 2일 자신의 영토로 수용하였다. 이러한 행위는 평화조약체결 없이 실행되었기 때문에 완전무효이나, 전체주의 체제하에서 이러한 병합은 합법적 행위로 위장되었으며, 마치 에토로푸(Etorofu), 쿠나시리(Kunashir), 시코탄(Shikotan) 및 하보마이(Habomai)가 법적으로 소련 영토인 것처럼 오랫동안 계속하여 선전하였다.

결과적으로 이들 도서가 정말로 소련의 영토라는데 대한 오해가 생기게 되었으며, 이에 부가하여 러·일간의 영토문제 해결은 원래 소련 영토였던 것을 일본에게 양도하여 문제가 생기게 되었거나, 또는 이들 영토를 일본에 매각하여 문제가 생겼으므로 이를 해결해야 된다는 잘못된 인식이 나타나게 되었다.

3. 전후 문제

미국과 영국을 포함한 연합국과 일본과의 평화조약이 1951년 샌프란시스코에서 서명되었으며, 이 회의에 소련도 참가하였으나 동 조약에 서명은 하지 않았다. 여기서 북방영토에 관하여 고려되어야 할 두 가지 중요사항이 있는데, 즉 샌프란시스코 평화조약 및 샌프란시스코 평화회의의 내용에 관한 것이다.

첫 번째 사항은 일본이 조약에 따라 쿠릴제도와 사할린제도 남쪽의 절반에 대한 모든 권리를 포기한다는 것이다. 일본이 포기한 '쿠릴제도'에는 에토로푸(Etorofu), 쿠나시리(Kunashir), 시코탄(Shikotan) 또는 하보마이(Habomai) 도서가 포함되지 않았으며, 이들 도서는 당시 일본의 영토였다. 일본 외무성에 따르면, 미국 정부 역시 공식문서에서 샌프란시스코 평화조약에 쿠릴제도는 포함되지 않으며 하보마이(Habomai)나 시코탄(Shikotan) 또는 쿠나시리(Kanashir)와 에토로푸(Etorofu)를 포함할 의도는 아니라고 언급한다. 따라서 이들 도서는 일본의 일부였으며 결과적으로 일본 영유권에 속한다는 것이다.

두 번째 사항은 사할린 남부 반쪽, 쿠릴제도 및 북방 영토를 소련이 계속적으로 자국영토로 포함시킨 것이 국제사회에서는 수용될 수 없다는 것이다. 따라서 외무장관은 이들 도서에 대한 영유권이 인정되나 본 회의에서는 수용되지 않았고, 샌프란시스코 평화조약에도 포함되지 않았다는 내용을 동 조약 초안개정안으로 제출하는 것을 포함한 다양한 노력을 하였다. 샌프란시스코 평화조약은 비서명국에게 어떠한 권리도 부여하지 않는다고 분명히 규정하고 있다.

소련은 샌프란시스코 평화조약에 서명하지 않았기 때문에 일본과 소련은 1955년 6월과 1956년 10월 사이에 별도의 평화조약 체결을 위하여 교섭하였다. 본 협상 기간 중 일본은 반복하여 4개 도서의 영유권을 주장하

였고 이들 도서의 반환을 요구하였다. 그러나 소련이 주장한 입장은 시코
탄(Shikotan)과 하보마이(Habomai)는 반환하겠으나 에토로푸(Etorofu)와 쿠나
시리(Kunashir)는 반환할 수 없다는 입장이어서 결국 협상은 합의에 도달
하지 못하고 말았다.

이 결과 평화조약 대신 일·소 공동선언(The Japan-Soviet Joint Declaration)
이 합의되었는데, 동 선언에서 전쟁상태의 종결 및 외교관계 재개 등을
규정하였다. 동 선언 제9조는 외교관계 수립 이후 평화조약협상이 계속되
어야 한다고 규정하였다. 그러므로 일본 외무성에 따르면 평화조약 체결
이후 소련은 하보마이(Habomai)와 시코탄(Shikotan)을 일본에 양도하여야
한다고 한다. 원칙적으로 하보마이(Habomai)와 시코탄(Shikotan) 문제는 이
미 동 선언으로 해결되었으므로, 결과적으로 에토로푸(Etorofu)와 쿠나시리
(Kunashir) 문제만이 평화조약교섭에서 해결되어야 하는 문제로 남게 되었
다.59)

4. 소결론

러시아와 일본은 일본의 북쪽에 위치한 4개의 작은 쿠릴열도에 대한
50여 년간의 분쟁에 휘말려 왔다. 러시아는 제2차 세계대전의 종료로 본
열도가 러시아에 양도되었다고 하며 이의 포기를 일본에 강요한 반면, 일
본은 그 이후 줄곧 이들 열도에 대한 주장을 계속해 왔다. 그러나 모스크
바의 재정적 어려움 그리고 푸틴 대통령의 강력한 리더십으로 양국 모두
에게 경제 및 정치적으로 이익이 되는 거래가 초래될 수도 있다.

---

59) 이창위 등, 〈동북아 지역의 영유권 분쟁과 한국의 대응전략〉, 다운샘, 2006,
pp.47-54 참조.

특히 쿠릴열도는 상당한 가치가 있는 도서로 평가되는바, 첫째는 이들 열도가 태평양에서부터 오호츠크 해까지 퍼져 있고 이의 접근은 러시아를 통해 상당히 가능하기 때문에 전략적 가치가 있다는 것이다. 또한 본 도서 주변수역에서는 연간 40억 달러의 어획고를 올리며, 황철광·유황 및 기타 여러 광물자원도 가지고 있다. 이러한 이유로 양국은 국가적 자존심을 걸고, 특히 본 도서가 양국의 경제적 위기타결에 대단히 중요한 요소가 되기 때문에 본 도서에 대한 영유권을 더욱 강력히 주장한다.

이 문제는 전후 연합국에 의해 체결된 샌프란시스코 강화조약에서 4개 도서에 대한 명확한 언급을 하지 않았기 때문에 궁극적으로는 조약의 해석문제로 귀착이 된다. 일본은 하보마이와 시코탄 두개 도서는 동 강화조약에서 언급되지도 않았으며 이를 소련이 불법으로 점령한 것이기 때문에 자국에게 반환되어야 한다는 것이다.

또한 나머지 두개 도서 즉 쿠나시리와 에토로푸에 대하여 러시아는 샌프란시스코 조약상 전후 패전국인 일본의 영토포기 조항에 이 도서를 포함한 4개 쿠릴열도 모두가 해당된다고 주장하는 반면, 일본은 동 조약상의 쿠릴열도에는 에토로푸, 쿠나시리가 포함되지 않는다고 한다.

물론 동 조약에서는 단순히 쿠릴열도(Kurile Islands)라고만 표기하였기 때문에 일본이 주장하는 상기 두개의 도서 즉 에토로푸 및 쿠나시리의 영유권도 일본이 포기해야 한다고 해석하는 것이 타당하다고 사료된다. 특히 동 조약 영토 조항에서 쿠릴열도에 대한 일본의 모든 권리 및 권원의 포기를 명기하고 있는 것을 보면 이 문제의 해답이 어느 정도 예상될 수 있다.[60] 즉, 동 조약은 일본이 포기해야만 하는 영토만을 규정한 것이

---

60) 동 조약 제2조 3항은 쿠릴열도 영토문제를 다음과 같이 규정하고 있다. "(c) Japan renounces all right, title and claim to the Kurile Islands, and to that portion of Sakhalin and the islands adjacent to it over which Japan acquired sovereignty as a consequence of the Treaty of Portsmouth of 5 September 1905."

었다. 다만 이 문제는 양국간의 정치적·외교적·군사적·경제적 문제가 모두 걸려 있기 때문에 평화조약의 문리적 해석에 의한 타결이 아닌 영토문제에 대한 평화조약체결이나 공동개발 등의 정치적 타협이나 합의에 의한 해결 가능성을 배제하기가 어려울 것이다.

이러한 배경 하에서 1993년 보리스 옐친 러시아 대통령이 일본을 방문하여 북방 4개 도서 문제의 평화적 해결을 천명한 도쿄선언을 채택하였으며, 2001년 푸틴 러시아 대통령이 재차 일본을 방문하여 이 문제를 논의하였으나 별다른 진전을 본지 못하고 있는 상황이다. 특히 고이즈미 전 일본 총리는 이들 영토문제 해결에 강한 집착을 보이면서 4개 도서 모두에 대한 영유권 문제의 총체적 해결이 다소 어렵다고 판단하여 먼저 이들 가운데 하보마이와 시코탄 등 2개 도서를 돌려받는데 주력을 한다는 이른바 '단계적 해결' 구상도 갖고 있는 것으로 알고 있다. 그러나 일본도 시베리아 송유관 노선문제 등에서 러시아의 눈치를 살펴야 할 처지여서 북방 4개 도서 협상의 전망은 여전히 불투명한 것으로 보인다. 물론 현 단계에서 가장 바람직한 해결방안은 양국 간의 '평화조약' 등을 체결하여 영토문제 등을 포괄적으로 해결하는 것이라고 사료된다. 만일 이러한 방식에 의한 해결이 쉽지 않을 경우, 쿠릴열도에 대한 양국 간의 현재와 같은 불편한 관계가 상당한 기간 동안 지속되거나 영구히 미해결된 채 현상을 유지할 수도 있다.

제 2 절
국제사법기관의 최근 도서영유권 판례

I. 에리트레아·예멘 간 도서영유권 사건[61]

1. 사건 개요

본 사건은 홍해 연안국인 에리트레아와 예멘의 홍해연안에 산재해 있는 여러 도서 및 암석, 즉 모하바카(Mohabbakah), 헤이콕스(Haycocks), 사우스 웨스트 락스(South West Rocks), 자발-하니쉬 그룹 도서(Jabal- Hanish Group Islands), 자발 알-타이르(Jabal al-Tayr) 및 주바이르 그룹 도서(Zubayr Group Islands) 등에 대한 영유권 분쟁이 해결되지 않자 1996년 10월 3일 양국은 중재협정을 채택하여 이의 사법적 해결을 중재재판에 부탁하여 1998년 10월 9일 판정으로 종료된 사건이다.[62]

---

61) 본 내용은 2004년도 (사)해양법포럼 연구과제 수행시 본인이 맡은 과제를 정리한 것임. 해양수산부, 〈국제해양분쟁사례연구 I〉, 대전 : 애드파워, 2004 참조.

62) Award of the Arbitration Tribunal in the First Stage of the Proceedings(Territorial Sovereignty and Scope of the Dispute), The Eritrea-Yemen Arbitration

2. 당사국 주장

(1) 일반적 주장

① 에리트레아

에리트레아는 '홍해도서'에 대한 영유권을 100년 이상 권원의 행사와 국제법상 '실효적 점유'를 이유로 주장하였다. 에리트레아는 자국이 에티오피아로부터 법적으로 독립하여 에리트레아 국가로 된(1991년) 이후 1993년에 이 도서의 권원을 승계하였다고 한다. 에티오피아는 제2차 세계대전 중 영국의 에리트레아에 대한 군사점령에도 불구하고 이탈리아로부터 그 권원을 승계 받았으며, 이탈리아의 권원은 에리트레아와 에티오피아의 연방 및 계속된 병합의 결과로서 1952~1953년에 에티오피아에 귀속되었다고 한다.[63]

[지도 1] 에리트레아 · 예멘 간 영유권 분쟁 도서

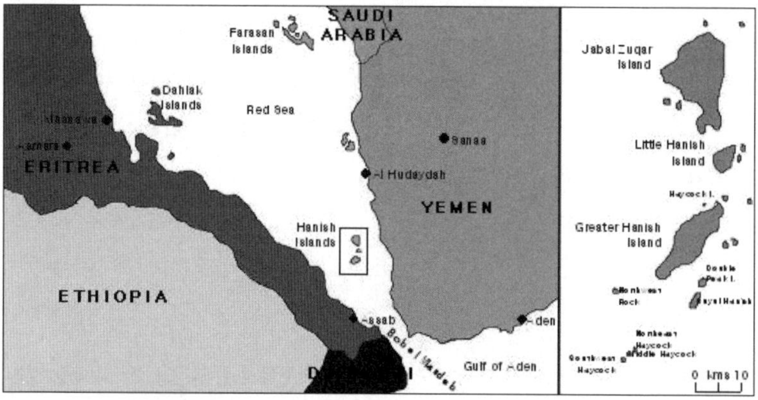

■ 출처 : 해양수산부, <국제해양분쟁사례연구종합 V>, 애드파워, 2006, p.102

---

63) *Ibid.*, para.13.

에리트레아는 19세기 후반 자국 본토에 대한 이탈리아 식민지화의 시작으로 이와 관련된 역사적 기간을 통하여 그 권원의 연속을 추적하였다. 당사국들은 이탈리아 식민지 이전 오토만 제국이 홍해 연안 및 도서에 대한 통치를 하였다는 점에 대하여는 다투지 않았다. 오토만을 거쳐 지방 통치자들과 직접 거래하면서 이탈리아는 해상과 식민지 및 상업적 이익 촉진을 위한 전진기지를 확립하였다. 오토만의 반대에도 불구하고 1890년 에리트레아에 대한 이탈리아 식민지 선언이 있었고, 에리트레아는 1892년 영국이 에리트레아 연안에 근접한 도서군인 모하바카(Mohabbakah)에 대한 이탈리아 권원을 인정하였다고 주장하였다.[64]

에리트레아는 오토만의 통치에 이의를 제기하지 않았고, 이탈리아 역시 그 당시 남부 홍해도서에서의 적극적인 현시를 주장하여 자국 군함이 해적, 노예거래 및 무기밀매업자 수색을 위해 주변수역을 초계하였으며, 식민지 행정부는 분쟁도서의 상업적 이용을 위한 허가장을 발부하였다고 한다. 에리트레아에 의하면, 그 당시 본 도서 주변이나 본 도서의 존재에 대하여 예멘이 주장하지는 않았다고 한다.

오늘날의 예멘 창시자인 이맘 야야(Imam Yahya)는 게벨(Gevel)로 알려진 고지대를 점유하였으며, 에리트레아에 의하면 티하마(Tihama)로 알려진 연안 저지대에 대한 통치부재를 공개적으로 인정하였다. 이러한 영토주장은 이맘(Imam)과 오토만 제국간의 양해각서인 1911년 〈Da`an 조약〉에서 확인되었다.[65]

에리트레아는 주장하기를, 제1차 세계대전 바로 직전 여러 해 동안 오토만 제국이 약해지자 이탈리아는 쥬카-하니쉬 도서(Zuqar-Hanish Islands)로 알려진 도서그룹을 점령하는 계획을 세웠다. 그러나 이 계획은 1915년 영국이 단기간 군사적으로 점령하였기 때문에 에리트레아는 본 점령

---

64) *Ibid.*, para. 14.

65) *Ibid.*, para. 15.

이 법적인 효과가 없다고 한다. 전쟁종료로 이탈리아는 의도적으로 에리트레아가 쥬카-하니쉬(Zuqar-Hanish) 및 '등대도서'라고 언급하는 이들 도서에 대하여 자신의 상업 활동 및 이의 규제를 재개하고 확대하였다. 이러한 활동은 이탈리아가 본 도서에 대한 영유권을 획득하려는 의도의 증거로서 에리트레아에 의해 원용되었다.

도서에 대한 영유권 문제는 1923년 로젠느조약 서명으로 절정에 달했던 제1차 세계대전 이후 평화과정의 일부가 되었다. 패망한 오토만의 일부 영토가 승리한 연합국을 지지한 지방통치자들 간에 분할된 반면, 에리트레아는 연합국을 지원했던 아라비아반도 지도자 중 신뢰할만한 수혜자가 될 정도로 본 도서에 충분히 지리적으로 근접해 있지 않았다.[66]

사나(Sanaa)의 이맘(Imam)은 본 도서의 신뢰할만한 수혜자가 아니었는데, 이는 오토만 터키와 연합국과의 병합 및 이맘(Imam)의 통치가 홍해연안까지 확대되지 않았기 때문이다. 에리트레아는 1917년~1918년 이맘(Imam)이 타하마(Tihama)의 일부라고 한 주장을 영국이 거절하였음을 인용하며, 이맘(Imam)이 당시 이들 영토에 대한 소유 및 통제가 부족했던 것을 인정함으로써 "자신의 조상 지배하에" 있었던 것으로 인정하려는 이맘(Imam)의 주장을 지지하였다.[67]

에리트레아는 영국이 선정한 아랍 통치자들이나 비준되지 않은 1920년 세브르조약 및 1923년 로젠느조약 체결을 주도하는 협상을 통하여 영국 자신에게 도서를 이전하도록 기타 연합국을 대상으로 설득하였으나 이것이 실패하였음을 알게 되었다.

에리트레아는 이탈리아 점령을 위해 도서가 개방된 채로 남아 있게 된 근거로서 로젠느조약 제6조 및 16조를 들고 있는바, 제6조는 일반적 규정을 확립하였는데, 즉 본 조약에 의하면 "연안 3마일 이내에 있는 도서

---

66) *Ibid.*, para. 17.

67) *Ibid.*

나 소도는 연안국 국경 내에 포함 된다"라는 것이다. 에리트레아는 도서 중 어느 것도 아라비아 연안 3마일 이내에 있지 않기 때문에 로젠느 조약의 규정 및 국가관행을 해석하기를, 문제의 도서가 아라비아 반도 통치자로부터 계속 보유하도록 하는 것이라고 하였다. 에리트레아는 주장하기를 이맘(Imam)이 제6조에 따라 분쟁도서를 차지할 수 없었는데, 이는 그의 영역이 로젠느조약 체결당시 '국가'나 '연안'이 아니었기 때문이라는 것이다.[68]

로젠느조약 제16조는 과거 오토만의 영토와 도서에 대한 모든 권리와 권원을 터키가 명백히 포기한다는 규정을 갖고 있으며 이들의 미래는 "관련 당사국에 의해 해결되어야 한다"고 규정하였다. 에리트레아는 주장하기를, 제16조가 도서를 특정국가에게 이전시키지 않았고, 도서 소유권 양도를 위한 특별절차를 명기하지도 않았기 때문에 이들의 궁극적인 지위는 영토취득의 국제배상기준 즉 "정복, 실효적 점유 및 영해내 존재 등에 의해 결정 된다"라고 하였다. 따라서 에리트레아는 제16조 해석의 국가관행에서 이에 대한 근거를 찾을 것을 주장하였다.[69]

에리트레아는 주장하기를, 1920년 말경 이탈리아가 실효적 점유로 분쟁도서에 대한 영유권을 취득하였으며, '로마 대화'로 알려진 영국과 이탈리아간의 1927년 대화나 폐기된 1929년 등대협약 어느 것에도 반대의 징표가 없었다고 한다. 이러한 실효적 점유로 1929년 남서헤이콕 도서(South West Haycock Island)에 등대를 건설하였으며, 헤이콕 도서는 1892년과 1917년에 이미 제기한 모하바카(Mohabbakahs)에 대한 이탈리아 영유권을 영국이 인정하도록 했던 것이며, 이는 이탈리아 자신의 실효적인 점유에서 근거하였다.[70]

---

68) *Ibid.*, para. 18.

69) *Ibid.*, para. 19.

70) *Ibid.*, para. 20.

에리트레아는 주장하기를, 1930~1940년 기간 중 이탈리아가 에리트레아에 있는 식민지 정부를 통하여 도서영유권을 행사했다고 한다. 에리트레아는 특히 인접수역에 대한 어로허가, 그레이트 하니쉬(Greater Hanish)에서의 어류처리공장 건설허가 및 영국이 포기한 센터 피크(Centre Peak) 도서등대의 재건 및 유지 등을 인용하였다. 에리트레아의 견해에서는 이러한 것이 실효적 점유요건을 만족시키며 영토취득의 주관적 요건이 되어 실효적 점유로서 영유권 취득효과를 가져온다는 것이다.[71]

에리트레아는 1952년 자국 헌법초안에서 분쟁도서가 자국영토의 정의 내에 포함되어 있다고 한다. 에리트레아에 따르면 이는 자국 영토 정의에서 "도서를 포함한 에리트레아"란 문구의 사용에서도 나타나며 이는 당시 법률가인 존 스펜(John Spen)의 조언에서도 지지를 받는다고 하였다. 특히 에리트레아는 이러한 사실이 헌법 및 법률규정에 에리트레아를 에티오피아 제국으로 연방시키는 1952년 제국선언 및 1955년 에티오피아 헌법 등에 의해 강화되었다고 한다.[72]

에리트레아가 제시한 에티오피아 영유권의 또 다른 근거는 에티오피아 연해에 본 도서를 포함시켰다는 것이다. 그 근거로서 에리트레아는 본토에 적용되는 것과 동일한 원칙으로 측정되는 이른바 "모든 도서는 자체의 영해를 갖는다"라는 국제관습법 및 국제법원칙에 의존하였다. 에리트레아 견해에 의하면, 12마일이 되지 않는 간격으로 본토와 연결된 일련의 도서는 연안국 영해 내에 완전히 속하게 되며, 따라서 이는 연안국 주권에 속한다는 것이다. 그러므로 에리트레아가 논란의 여지없이 에티오피아 영토라고 주장하는 모하바카(Mohabbakahs) 도서로부터 측정하면 1953년 에티오피아의 12마일 영해선언에서 쥬카-하니쉬(Zuqar-Hanish) 도서를 포함한다는 것이다.[73]

---

71) Ibid.

72) Ibid., para. 24.

1953년~1991년까지 에리트레아가 독립한 35년간 본 도서에 대한 에티오피아 주권이 광범위하게 행사되어온 것으로 에리트레아는 기술하고 있다. 또한 계속적이며 아무런 저항도 받지 않고 해군이 초계를 해왔다고 주장하며 이는 점차 에리트레아 해방운동으로 체계적으로 강화되었다고 한다.[74]

에리트레아는 이 기간 중 본 도서에 대한 이탈리아 활동을 문제시하거나 항의하지 않았다고 한다. 또한 영국은 이탈리아 활동이 영유권 주장이 되지 않는다고 확신하려했기 때문에 에리트레아는 이탈리아의 반응을 영유권 주장에 대한 확신 부여를 거절하는 것으로서 '미결' 또는 '유보'라 하였다.

에리트레아에 따르면, 영국이 이러한 권리에 대한 외교적 승인을 허용하는 동안 영유권에 대하여 이탈리아가 법적 권리를 갖는 것으로 이탈리아와 영국은 이해하였다. 이 문제 및 기타 문제로 인한 양국간의 긴장은 결국 1938년 영국·이탈리아 협정체결을 초래하였는데, 동 협정상의 에리트레아 주장을 통하여 이 당시 이탈리아와 영국 견해를 입증할 수 있다. 따라서 본 도서가 아라비아 반도에 부속된 것이 아니며 이탈리아와 영국이 이들에 대하여 인정할 만한 이해관계가 있는 유일한 두 개의 국가라는 것을 당사국들이 이해하고 있다고 말할 수 있다.

1938년 영국·이탈리아 협정에서는 오토만 홍해도서에 관하여 영국과 이탈리아 어느 국가도 자신만의 독자적인 영유권을 주장하거나 요새 또는 방어를 구축하지 않았음을 명확히 하고 있다. 에리트레아의 견해에 의하면, 이는 현존권리의 포기가 아니라 향후 행위에 관한 서약에 불과하다고 한다. 에리트레아는 영국·이탈리아 협정 시 본 도서에 대한 이탈리아 영유권은 법률문제로 이미 설정되었었고, 따라서 본 합의로 인하여 영

---

73) *Ibid.*, para. 25.

74) *Ibid.*, para. 26.

향을 받지 않게 되었다고 주장한다. 또한 에리트레아는 1938년 12월 이탈리아가 공식적으로 1938년 법률 제1446호를 선포함으로써 본 도서에 대한 현존 영유권을 확인하였다고 주장하면서 특히 본 도서는 에리트레아 영토의 일부를 구성하였음을 확인하였다고 한다. 또한 1967년 영국 상무성이 등대관리권을 아스마라(Asmara)로 이전함에 따라 에티오피아는 등대도서에서 일하는 외국노동자들에게 여권 및 이와 유사한 서류휴대를 요구함과 동시에 등대도서에 관한 모든 규정을 전파 및 규제하고 이들에 대한 모든 점검 및 수리방문을 승인하고 라디오 방송을 철저히 통제함으로써 자신의 영유권을 더욱 공고히 하였다고 한다. 에리트레아가 제시한 기타 에티오피아 영유권 주장행위는 본 도서에서 발생한 행위에 대한 형사관할권 행사, 도서주변 석유탐사활동 규제, 1980년대 맨기츄(Mengistu) 대통령과 고위 에티오피아 육군 및 해군장교들에 의한 점검 등인데, 이 모두는 에리트레아가 비디오테이프 증거로 제출한 것에서 알 수 있다.75)

에리트레아는 주장하기를, 1970년대를 통틀어 양 예멘 국가와 이들 지역 동맹국들이 자신들의 성명이나 활동을 통하여 본 도서에 대한 에티오피아 통제를 인정했다는 것이다. 1970년대 초까지 북예멘, 남예멘도 이 도서에 대한 아무런 관심도 보이지 않았다고 한다. 에리트레아에 따르면, 아랍 국가들은 에티오피아 섬들을 이스라엘이 이용할 수 있게 한 것에 대해 에티오피아를 비난하지 않았을 뿐 아니라 이스라엘 군사활동 주장을 조사하기 위하여 이스라엘 방문허가를 에티오피아에게 궁극적으로 하지도 않았다. 에리트레아 독립 이전 몇 해 동안 에티오피아 군대가 항공정찰 및 계속적인 해군초계를 분명히 했다고 에리트레아는 주장하였다.76)

1991년 독립 쟁취 이후 에리트레아는 본 도서에 대한 주권적 권원을 획득하였고 이들에 대한 주권을 행사하였다고 주장하였다. 또한 최근 역

---

75) *Ibid.*, para. 26.

76) *Ibid.*, para. 27.

사를 볼 때 에리트레아는 자국의 어부들이 생계를 이 섬에 의존하였다고
한다. 에리트레아는 자국의 행정규제로 이 섬 주변 어업통제를 엄격히
하였으며, 주변 수역에서의 어업허가를 규정하였고 기타 요구조건을 행
사하였다고 한다. 또한 자국선박이 에리트레아 영수 내에 있는 외국어선
을 초계하였으며 정기적으로 조업규정의 적용 및 법규 불이행 선박을 나
포하기 위하여 본 도서 주변 수역을 초계하였다고 주장하였다.

그러나 예멘은 본 도서에 공식적으로 나타나지 않았고 1995년이 되어
서야 에리트레아 해군경비정을 통하여 소규모 예멘군대 및 민간 파견대
가 그레이트 하니쉬(Greaterer Hanish) 도서 관광지 공사를 하였음을 알았
다. 이로써 1995년 12월 양국간에 적대관계가 성립되었고 그레이트 하니
쉬(Greaterer Hanish) 도서를 에리트레아 군대가 점령하고 예멘 군이 쥬카
(Zuqar)를 점령함으로써 문제가 발생하였다.[77] 영유권에 관하여 에리트레
아는 "에리트레아가 제5 구두변론에서 명기한 대로 예멘이 주장하는 본
도서, 암석 및 간출암에 대한 영유권을 향유 한다"라고 선언하는 판결을
재판소로부터 구하였다.[78]

② 예 멘

예멘은 자신의 주장 근거를 '원시적, 역사적 또는 전통적인 권원'에 기
초하였다. 특히 예멘은 중재합의 제22조의 규정인 "재판소는 특히 역사
적 권원을 근거로 이 문제에 적용되는 국제법 원칙, 규정 및 관행에 따라
영유권을 결정해야 한다"라는 것에 중점을 두었다. 예멘에 의하면 이러
한 권원은 빌라드 엘-예맨(Bilad el-Yemen)이나 6세기 초에 존재했던 것으

---

77) *Ibid.*, para. 29.

78) *Ibid.*, para. 30.

로 알려진 예멘의 영역에서 그 기원을 찾을 수 있으며 이러한 주장의 증거를 지도, 예멘의 이맘(Imam) 선언 및 '장기간 제3국의 태도' 등에서 찾는다.[79]

1538년~1635년 그리고 1872년~1918년 오토만 패배 기간 동안 예멘이 오토만 제국에 병합되었다고 해서 예멘 영토에 관한 역사적 권원까지 빼앗긴 것은 아니라는 것이다. 예멘은 자국이 몇 개의 영토 및 행정 단위로서 오토만의 제2 영토로 탄생되었는데, 이를 오토만이 예멘을 별개의 독립객체로 승인한 것이라고 주장하였다. 이는 17~19세기 지도에서 예멘을 몇 개의 독립영토 단위로 묘사했다는 것에 근거하였는바, 이후의 지도에서 본 도서가 예멘 영토의 일부라는 것을 나타내고 있으며 이를 예멘은 그 근거로서 주장하였다.[80]

예멘은 도서에 대한 역사적 권원 주장을 하면서 '예멘의 도서'에 대한 권리를 인용하는 영국과 체결한 1934년 조약의 역사를 재조명하였다. 예멘은 본 도서가 과거 오토만 소유로서 로젠느조약 제16조에 따라 처리되어야 한다는 것을 근거로, 본 도서에 관한 비밀 부록을 본 조약에 첨부하자는 이맘(Imam)의 제안을 거절한 영국을 인용하였다. 그러나 예멘은 주장하기를, 로젠느조약은 예멘이 동 조약 당사국이 아니므로 그리고 터키가 권리를 포기한 것이 제3국의 이해관계에 아무런 영향을 주지 않기 때문에 예멘에게 아무런 효력이 발생되지 않는다고 하였다.[81]

예멘은 동 조약 제16조의 효과가 본 도서를 무지지로 만든 것이 아니고 '미결정 된 영토'로 만들었다는 견해를 취하였다. 또한 예멘은 제16조가 당사국들과 제3국의 행위로 즉 본 도서에 관하여 예멘의 영유권을 인정 또는 유보하는데 실패하였기 때문에 관련 당사국 간에 효력이 중지되

---

79) *Ibid.*, para. 31.

80) *Ibid.*, para. 32.

81) *Ibid.*, para. 33.

었다고 주장하였다.[82]

또 다른 예멘의 본 도서에 대한 역사적 권원 주장의 근거로 '자연적 또는 지리적 통합원칙'을 들고 있다. 이러한 원칙은 전통적 권원 개념의 결과이며 이는 "국가주권의 행사 또는 관할권 행사의 증거와 관련하여 작용한다"고 예멘은 주장하였다.[83] 또한 예멘은 역사적 또는 전통적 권원의 증거를 확인 및 보충하기 위하여 본 도서와 예멘 본토간의 경제적 및 사회적 관련성, 관할권 행사 행태의 주권행사, 제3국에 의한 예멘 권원의 인정 및 전문가 의견에 의한 예멘 권원의 확인 등에 의존하였다.[84]

예멘은 또한 본 도서가 여러 예멘의 신성한 장소와 사원들의 근원지이며, 이들 사원이 주로 어부들에 의해 사용되어 왔다고 한다. 예멘은 자국 본토와 주변 수역에서 물고기를 잡아 본토에만 거의 판매하여 생계를 유지하는 예멘 어부와 본 도서간의 경제적 관련성을 강조하였다.[85] 이는 에리트레아 어부의 경우와 대조를 이루는데, 왜냐하면 물고기를 에리트레아 내부까지 수송하기가 어려웠으며 또한 에리트레아는 물고기를 소비하는 전통이 예멘보다 덜하기 때문이었다. 예멘에 따르면, 대다수 에리트레아 어부들이 자신들이 어획한 물고기 판매를 위한 보다 좋은 시장을 찾으려 한 것과는 달리 수세기 동안 본 도서를 장기간, 실질적 및 배타적으로 예멘 어부들이 이용해왔다는 사실을 볼 때 타국이 이 문제에 간섭한다는 것은 맞지 않는다고 주장하였다.[86]

오토만 이후 영국이 이 섬에 존재한 것은 간헐적이었으며 영국은 결코 이 섬에 대한 영유권을 주장하지도 않았음을 강조하였다. 1962년 예멘

---

82) *Ibid.*, para. 34.

83) *Ibid.*, para. 35.

84) *Ibid.*, para. 36.

85) *Ibid.*, para. 38.

86) *Ibid.*, para. 40.

공화국 창설에 따라 예멘 정부가 적어도 두 가지 경우에 이 섬에 대한 입법관할권을 행사하였음을 주장하였다. 즉 타국 해군이 이 섬 주변에서 군사연습을 하였고 자국 군대가 1973년 이 섬에서 이스라엘 군대를 철수시키는데 주요한 역할을 했다는 것이다.[87]

예멘은 또한 본 도서내나 그 주변에서 과학·관광 및 상행위를 하고자 하는 외국기업들에게 허가증을 여러 차례 발급한 사례 및 정박허가 인정사례 등을 인용하였다. 예멘은 자국이 어업·환경보호·관측소 설치 및 유지, 항행통고 발행을 포함한 등대의 건설 및 관리 등으로 본 도서에 대한 관할권을 행사하였다고 주장하였다.[88]

예멘은 1887년부터 1989년까지 적어도 6개국이 본 도서에 대한 예멘의 권원을 자신들의 행위나 기타에 의해 확인하였다고 주장한다. 1938년 영국·이탈리아 합의에 따라 이탈리아가 '하니쉬 도서그룹' 요새화를 위한 자신들의 주권을 확장하지 않도록 하였다는 것을 이탈리아 정부가 예멘의 이맘(Imam)에게 통보했다는 사실, 프랑스의 예멘 권원인정, 1993년 미 육군 및 중앙정보부가 발행한 공식지도와 출판물 및 독일의 행위 등을 들 수 있다.[89]

예멘은 독립한 빌라드 엘-에맨(Bilad el-Yemen)을 묘사하는 17~18세기 지도를 시작으로 역사적 고찰을 증거로 제시한다. 또한 19~20세기 여러 지도의 색깔에서 본 도서의 일부 또는 전부가 예멘의 영토로 표시되었다는 증거를 제시하였다. 동시에 일부 예멘 지도에서 본 도서가 에티오피아나 에리트레아에 속하거나 또는 예멘에 속하지 않음을 부인하지는 않았다.[90]

---

87) *Ibid.*, para. 42.

88) *Ibid.*, para. 43.

89) *Ibid.*, para. 44.

90) *Ibid.*, para. 47.

예멘은 주장하기를, 오토만 기간 중 본 도서가 계속적으로 예멘 지방의 일부로서 관리되어 왔으며 그 권원이 결코 에리트레아 본토의 이탈리아 식민지화 기간 중 이탈리아로 넘어가지 않았다고 한다. 예멘은 이탈리아가 영유권 주장을 거절한 여러 사례를 인용하였는데, 1920~1930년대 영국-이탈리아 정부 간 교환각서, 1938년 영국-이탈리아 협정, 1938년 12월 20일 이탈리아 법률 제1446호 등이다.[91]

1952년 유엔이 기초한 에리트레아 헌법상의 "도서를 포함한 에리트레아 영토"란 문구가 이들 분쟁도서를 언급한 것이 아니라고 예멘은 주장하였다. 왜냐하면 1950년 에리트레아 유엔위원회 공식보고서에서 본 도서에 대한 예멘 권원을 유엔지도상에 나와 있는 예멘 본토와 동일한 색깔로 표시하였기 때문이었다.[92]

예멘에 따르면, 자국 어부들이 도서 주변에서 전통적으로 어로에 종사하여 왔고 일시적으로 거주하기도 하였으나, 예멘은 도서나 도서 주변에서 다양한 국가 활동을 해왔다고 한다. 이러한 활동에는 1970년대 본 도서에 대한 해양과학조사를 수행하겠다는 외국인들의 요청 고려, 예멘 군 관리들의 그레이터 하니쉬(Greater Hanish) 및 자발 쥬카(Jabal Zuqar)의 주기적 방문, 본도서 및 주변에 대한 순찰 등을 들 수 있다.[93]

1980년대 및 1990년대에 예멘은 자국 공군 및 해군에 의한 정찰임무를 본 도서 및 주변에서 수행하였다고 한다. 예멘은 과학이나 관광 목적으로 일정도서 방문을 제3국에게 허가하였으며 예멘 관리가 이들 방문객들을 동반하였다고 한다. 1988년 예멘은 센터 피크(Centre Peak)도서, 자발 알-타이르(Jabal al-Tayr), 레세르 하니쉬(Lesser Hanish)도서에 있는 일련의 등대를 개선하고 건설하는 계획을 착수했으며, 1990년대 초 자주 사용되

---

91) *Ibid.*, para. 50.

92) *Ibid.*, para. 51.

93) *Ibid.*, para. 52.

었던 그레이터 하니쉬(Greater Hanish) 접안 시설공사를 허가하였다고 한다. 또한 이 기간 중 예멘은 본 도서 초계를 계속하여 예멘의 허가 없이 도서 주변수역에서 활동하다 발견된 외국 어선의 나포 및 선박몰수를 하였다고 주장하였다.[94]

영유권에 관하여, 예멘은 "하니쉬 그룹을 포함한 모든 도서에 대한 영유권을 예멘공화국이 향유 한다"라는 판결을 재판소로부터 구하였다.[95]

(2) 석유협정 및 활동관련 주장

① 예멘 주장

예멘은 탐사허가승인 및 양여가 권원의 증거가 된다는 것을 주장하면서 그 근거로 판례(동부 그린란드) 및 학술논문을 들고 있으며, 그 증거 유형으로는 승인국의 태도, 양여 활동의 승인 및 규제, 정부승인 활동, 국제기관 및 양여기관의 태도 등을 들고 있다. 또한 예멘은 에티오피아와 에리트레아의 묵인을 항의 증거의 부재로 들고 있다.[96]

예멘은 일국의 석유양여승인은 "자신의 권원이나 주권적 권리를 갖는 지역에 한정 된다"라는 가정 하에 도서에 근접하여 또는 도서를 포함시켜 구획하는 양여승인 및 제시한 활동 등이 본 도서에 대한 예멘 주권의 명백한 표시라고 한다. 권원에 관한 예멘의 태도에 부가하여 사기업에 이들을 경제적으로 양여 승인하는 것이 관련 영토에 관한 주권행사 증거가 된다는 것이다. 예멘은 부가적인 주권행사 증거로 여러 양여계약으로

---

94) *Ibid.*, para. 53.

95) *Ibid.*, para. 54.

96) *Ibid.*, para. 57.

시행한 활동에 대한 감시 및 규제 그리고 지진 정찰과 같은 보조 활동 허가승인 등을 든다.[97]

예멘은 또한 주장하기를, "계약상의 지역과 이 지역 하부에 있는 자원이 사실상 국가에 속하는 것이 아닌 일개 회사가 석유자원 개발을 위하여 국가와 양여계약을 체결하지는 않을 것이다"라고 한다. 나아가 예멘이 제시한 양여협정에서 예멘의 유보는 관련지역에 대한 예멘 권원을 양여계약상 명백히 인정한 것으로 본다고 한다. 예멘의 견해로는 전문가 증거와 마찬가지로 유엔개발계획이나 세계은행 등의 국제기관이 예멘 권원을 인정한 것과 동일한 효과가 있다고 한다.[98]

결론적으로 예멘은 에티오피아와 에리트레아 석유활동이 이 도서를 포함하거나 이 도서와 관련되지 않았으므로 영유권 주장의 지지로 볼 수 없다고 주장한다. 그럼에도 불구하고 예멘은 자국의 영해, 대륙붕 및 배타적 경제수역을 어떤 형태로든지 침해한 에티오피아 양여계약에 대하여 계속적으로 적절한 시기에 항의하였다고 주장하였다.[99]

② 에리트레아 주장

에리트레아는 "에티오피아 권원이 이미 확립되었다"라고 주장하던 시기에 에티오피아가 본래 행하였던 연안 석유활동 증거를 차례로 제시한다. 에리트레아는 본 도서에서 석유탐사 관련활동을 에티오피아의 기존 영유권 주장을 확인하는 것으로 인용하면서 "예멘의 일방적인 연안광물 양여인정에 의해 이를 빼앗길 수 없다"고 한다. 에리트레아는 주장하기

---

97) *Ibid.*, para. 58.

98) *Ibid.*, para. 59.

99) *Ibid.*, para. 61.

를, "본 도서가 이전에 무주지였다 하더라도 본 도서나 본 도서의 영수에 대한 물리적인 명백한 통제 없이 예멘에 의한 단순한 양여인정으로 실효적 점유를 통한 권원을 확립하였다고 보기에는 충분하지 않을 것"이라고 주장하였다.[100]

에리트레아에 따르면, 예멘이 제시한 증거가 부적절하다고 하는데, 이는 심해저에 대한 항구적 권리를 설정하기 위하여 예멘이 행한 일방적 시도는 국제관습법 및 유엔해양법협약에 반한다는 것이다. 예멘의 양여합의는 현 분쟁이 일어나기 전에 이루어 졌으며 예멘의 정부활동이 수반되지도 않았고 분쟁영토를 포함하지도 않았기 때문에 부적절하다는 것이다. 에리트레아는 또한 예멘이 양여합의의 일정부분을 증거로 제시하지 못했음을 지적하면서 양여합의에 관한 예멘 주장의 사실상 정확성에 의문을 제기하였다.[101]

에리트레아는 "유엔해양법협약과 관습국제법상 심해저 광물권은 어느 경쟁 주장지의 일방적인 전유(專有)를 통하여 상실될 수 없다"고 주장하였다. 에리트레아 견해로는 대항국인 예멘의 합의는 잠정적인 근거인 양여계약으로 효과적인 광물권을 제공할 수 없다면 본 도서에 대한 영유권 문제를 간접적으로 해결할 수 없다는 것이다. 에리트레아에 따르면, 석유 양여는 상호 인접한 사실상의 경계선 존재를 나타내는 곳에서만 관련이 되는데, 이 경우 예멘이 에티오피아나 에리트레아와의 상호합의에 도달하려는 어떠한 시도도 없었다.[102]

예멘이 발표한 어떠한 양여계약의 잠정적인 성격이 양여의 잠정적인 승인을 허가해주는 "유엔해양법협약 제87조 3항 및 1977년에 채택된 예멘 대륙붕법으로부터 나온 것이 아니다"라고 주장한다. 예멘 대륙붕법은

---

100) *Ibid.*, para. 62.

101) *Ibid.*, para. 63.

102) *Ibid.*, para. 64.

"영해, 접속수역, 배타적 경제수역 한계는 중간선이나 등거리선 이원으로 확장되어서는 안 된다"고 규정한다.[103]

예멘의 연안 양여계약은 1973년 이후 발표되었는데, 이는 본 도서에 대한 에티오피아 영유권 주장의 완전한 인식에 의한 것이라고 에리트레아는 주장하였다. 이것은 주변 심해저 경계의 포함은 물론 영유권 문제 해결에 있어서 예멘 양여계약 증거의 명백한 가치를 갖는 한계가 된다고 주장된다.[104]

양여가 영토취득과 관련될 수 있다는 또 다른 형태를 동부 그린란드 사건에서 볼 수 있는데, 본 도서에 관하여 에리트레아가 이해하기로는 특정국가의 물리적 존재를 반드시 요구하지 않고 개인에 의한 활동을 요구한다는 것이다. 에리트레아는 이러한 입장을 지지하면서 개인의 양여활동이 어떠한 형태의 사실상의 권한주장을 포함할 때만이 적절한 것이라고 한다. 석유양여에 관한 예멘 사람의 활동 범주와 사적인 활동은 에티오피아의 분쟁도서에 대한 장기간 정부활동 중요성과 그 내용을 따라가지 못한다고 주장한다. 사실상 예멘이 증거로 제시한 일부 양여합의는 분쟁도서와 관련이 거의 없거나 전혀 없다고 에리트레아는 주장하였다.[105]

또한 에리트레아는 예멘의 석유활동이 경제적 탐사가 아닌 '해양과학조사'에 속한다고 하였다. 유엔해양법협약 제241조는 "해양과학조사활동은 해양환경 또는 그 자원의 어떠한 부분에 대한 청구의 법적 근거를 구성하지 않는다"고 명백히 규정한다.[106]

결론적으로 1998년 7월 청문회에서 에리트레아는 1989년 에티오피아 양여합의를 증거로 제시하였는데, 에리트레아의 견해로는 적어도 일부

---

103) *Ibid.*, para. 65.

104) *Ibid.*, para. 66.

105) *Ibid.*, para. 68.

106) *Ibid.*, para. 69.

도서, 특히 그레이터 하니쉬(Greater Hanish) 도서에서 에리트레아는 관련 활동의 증거로서 신호소 설치를 제시하였다. 더구나 1985년에 출판된 일련의 지도 증거를 원용하였는데, 그 중 하나가 "에티오피아의 잠재적 석유"라는 제목이 붙어 있으며 여기에서 하니쉬 도서가 포함된 홍해구역이 포함되어 있음을 지지하고 있다.107)

(3) 분쟁의 범위

중재합의는 "에리트레아·예멘 간 분쟁범위의 한정"을 추구하였으며, 더 나아가 재판소가 양 당사국의 개별 입장을 기초로 분쟁범위를 결정할 것을 요구하였다.108)

당사국들은 본 규정이 중재합의에 포함된 것은 분쟁 범위에 관한 당사국간 합의 실패의 결과라는데 동의한다. 에리트레아에 따르면, 1965년 말 예멘의 쥬카(Zuqar) 도서를 군사적으로 점령하였는데, 에리트레아는 국제중재든 판결이든 관계법에서 에리트레아와 예멘 각자의 주장을 모두 결정해 줄 것을 희망하였다.109) 예멘은 이러한 제안에 동의하지 않고 대신 에리트레아가 관계되는 한, 불법으로 점령한 하니쉬(Hanish) 도서 분쟁범위를 제한해 줄 것을 주장하였다. 그러나 어느 당사국도 분쟁 범위의 불일치로 중재합의 체결이 실패로 돌아가는 것을 원하지 않았기 때문에 분쟁범위 한정문제를 재판소에 부탁하기로 합의하였다.110)

"당사국들의 개별 입장"이란 문구를 에리트레아가 해석하기로는, 양 당

---

107) *Ibid.*, para. 72.

108) *Ibid.*, para. 73.

109) *Ibid.*, para. 74.

110) *Ibid.*

사국이 언제라도 분쟁범위에 관한 각자의 입장을 자유로이 제시하고 상술한다는 것이었다. 에리트레아는 1997년 9월 19일 제출한 각서를 원용하면서 영유권 주장 대상은 "도서, 암석 및 간출암"이므로 분쟁의 범위도 이들 특정 도서, 암석 및 간출암에 한하여 판단하여 줄 것을 재판소에 요구하였다. 에리트레아는 또한 범위에 관한 자신의 입장이 시간에 따라 변한 것이 아니므로 "범위가 결정되는 시간은 관계가 없다"라고 한다.[111] 에리트레아는 예멘이 모하바카(Mohabbakah) 도서에 대한 주장을 기대하지 않았다고 하면서도 모하바카(Mohabbakah) 주장을 방어할 의지를 표명하였는바, 즉 분쟁범위에 본 도서를 포함할 것을 기대하였다. 에리트레아는 나아가 예멘이 사실상 자발 알-타이르(Jabal Al-Tayr)와 쥬바이르(Zubayr) 그룹 주장을 한 것으로 알고 있다고 한다.[112]

그러나 예멘은 '당사국의 개별 입장'은 원칙합의일(1996년 5월 21일)에 결정되어야 한다는 견해를 제시하였다. 예멘은 "재판소의 임무는 홍해의 특정도서 및 그 당시까지 이들의 해양경계에 관한 당사국간 분쟁 범위를 결정하는 것"이라고 제시한다. 예멘에 따르면, 그 당시에 당사국 각자의 입장은 "자발 알-타이르(Jabal Al-Tayr)와 쥬바이르(Zubayr) 도서그룹이 분쟁범주에 해당하는 것으로 고려되지 않는다"라는 상호이해가 반영되었다는 것이다. 예멘은 분쟁범위를 '하니쉬 도서그룹'을 포함한 여러 소암초 및 주변암석, 사우스 웨스트 락스(South West Rocks), 헤이콕(Haycocks) 및 모하바카(Mohabbakahs) 등이 포함된다는 것이다. 또한 자발 알-타이르(Jabal Al-Tayr)와 쥬바이르(Zubayr) 그룹의 '북부 도서들'은 당사국간 분쟁이 결코 아니었으며 당사국 각서 완성일인 1997년 9월 1일까지 에리트레아 입장에 반영되지도 않았고 따라서 분쟁범주에 해당되지 않았다.[113]

---

111) *Ibid.*, para. 75.

112) *Ibid.*

113) *Ibid.*, para. 76.

분쟁의 존재에 관한 당사국의 상이한 입장은 1996년 2월 29일자 문서
인 〈예멘과 에리트레아를 위한 프랑스 각서〉에서 반영되었다.114) 프랑스
각서에 기술된 것처럼 제기된 문제는 다음과 같다. 에리트레아에 따르면
분쟁은 "1995년 가을 사건으로 경험한 그레이터 하니쉬(Greater Hanish) 도
서뿐만 아니라 하니쉬-쥬커(Hanish-Zucur) 모든 군도, 특히 데벨 쥬커
(Djebel Zucur)는 예멘 주권에 해당되므로 더더욱 그러하다"라고 한다.115)
그러므로 프랑스 중재관은 중재재판소에 지리적 좌표로 한정된 수역에서
해양경계는 물론 영유권 문제에 대한 판결을 해 줄 것을 부탁하라고 제
시하였다. 이러한 범위는 에리트레아의 다락(Dahlak) 도서나 예멘의 쥬바
이르(Zubair) 도서와 같은 도서나 이들 중 각 당사국의 분쟁이 되지 않는
영유권을 고려하게 될 것이다. 그러나 본 제안은 당사국들이 거절하였으
며 따라서 중재재판에 분쟁범위 부탁을 선호하게 되었다.116)

1996년 5월 21일의 원칙합의 제1조에서, 양자는 두 단계로 국제법에 따
라 재판소가 판결을 해줄 것을 요구해 왔다. 즉 1) 양 당사국의 개별 입장
을 기초로 에리트레아와 예멘 간 분쟁 범위의 한정에 관하여, 2) 1)에서
언급된 것에 대하여 결정한 이후 영유권 문제 및 해양경계획정 문제를 결
정하는 것이다. 또한 양자는 재판소 결정을 준수한다고 규정하였다.117)

양국 간 중재합의 제2조에서, 재판소는 두 단계로 국제법에 따라 판결
을 해야 하는데, 첫 번째는 영유권 판결 및 에리트레아와 예멘 간 분쟁범
위에 관한 것이었다. 재판소는 이 문제에 적용 가능한 국제법 원칙, 국제
법규 및 관행에 따라 특히 역사적 권원을 근거로 영유권을 결정해야 하
며, 분쟁범위는 양당사국의 개별입장을 근거로 결정해야 했다. 두 번째는

---

114) *Ibid.*, para. 77.

115) *Ibid.*, para. 78.

116) *Ibid.*, para. 79.

117) *Ibid.*, para. 80.

해양경계획정 판결을 해야 하는데, 이를 위하여 재판소는 영유권 문제에
관한 견해, 유엔해양법협약 및 기타 적절한 요소를 고려하여 결정해야 한
다고 하였다.118)

동 합의 제15조는, 본 중재합의의 어느 것도 재판소에 제출된 문제에
관하여 각 당사국의 법적 입장이나 권리를 해하는 것으로 해석될 수 없
으며, 재판소 결정이나 결정에 근거한 고려사항 및 이유에 영향을 주거나
불리하게 할 수 없다고 한다. 또한 원칙합의 절차를 이행하는 본 중재합
의와 원칙합의 간에 불이익이 생길 경우, 본 중재합의에 따르며, 이러한
불일치에 따른 예외 이외에는 원칙합의가 계속 유효해야 한다고 규정하
였다.119)

이 문제에 관한 결론을 요약하면, 원칙합의와 중재합의가 이점에 관하
여 불일치하였기 때문에, 중재합의 제15조에 따라 중재합의 규정이 불일
치 범위보다 우선한다. 그러므로 재판소는 변론 첫 단계에서 영유권 문
제와 마찬가지로 분쟁범위 문제를 결정해야 한다는 것이다.120)

분쟁범위에 대한 결정은 양 당사국의 개별 입장을 기초로 내려져야 하
며, 이점에 대하여 양 합의규정은 일치한다. 그러나 서면변론 및 최초 구
두변론에서 양 당사국이 제출한 것을 보면 이 문제에 관한 양 당사국의
입장이 다르다는 것이 분명하다.

에리트레아의 입장은 분쟁의 범주에 쥬카-하니쉬(Zuqar-Hanish) 도서군,
헤이콕스(Haycocks) 및 모하바카(Mohabbakahs) 그리고 예멘은 헤이콕스
(Haycocks)와 모하바카(Mohabbakah)를 포함한 쥬카-하니쉬(Zuqar -Hanish) 모
든 도서군을 요구한다 하더라도 북부도서가 중재 시 분쟁도서로 되는 것
을 인정하지 않는다.121)

---

118) *Ibid.*, para. 81.
119) *Ibid.*, para. 82.
120) *Ibid.*, para. 83.

그러므로 재판소는 분쟁의 범위 문제에 관하여 에리트레아의 견해를
선호하며 따라서 당사국들이 분쟁으로 제시했던 모든 도서와 암석들, 특
히 헤이콕스(Haycocks)와 모하바카(Mobabbakah)는 물론 자발 알-타이르
(Jabal al-Tayr) 및 쥬바이르(Zubayr) 그룹을 포함한 모든 도서와 소도들에
대한 영유권 판결을 하였다.122)

3. 쟁점별 고찰

(1) 등대 문제

홍해등대는 세 가지 점에서 본 중재재판과 관계가 있다. 첫째, 각 당사
국은 여러 도서에서의 등대 설치 및 유지가 주권행사가 된다는 것을 수
차례 제시하였고 둘째, 등대에 관한 외교교신에서 등대도서가 명명되었
으며 이로 인하여 등대가 있는 도서에 관한 기본적인 주장을 보다 분명
하게 할 수 있었고 셋째, 여러 등대협약과 로젠느조약 제16조 규정과의
관계에서 어느 정도 법적 중요성을 찾을 수 있었다.123)

19세기 후반부터 홍해등대는 이 지역에서 역사적인 중요성을 갖고 있
었다. 물론 오늘날은 레이더의 출현으로 어느 정도 그 중요성이 감소되
었으나, 레이더는 쥬카 하니쉬(Zuqar-Hanish) 도서에서 조업하는 많은 선박
들에게 이용될 수 없었다. 오토만 제국 및 이후 여러 연안국들은 주요 해
양이용자들과 함께 홍해등대 역사에 있어 중요한 역할을 하였으나 1930
년 등대에 관한 조약제도가 입안되었음에도 불구하고 시행되지 못하였

121) *Ibid.*, para. 84.
122) *Ibid.*, para. 90.
123) *Ibid.*, para. 200.

고, 1962년~1989년까지 본 조약제도가 등대에 실제로 적용되었다.[124]

1881년 오토만 제국은 홍해 및 페르시아 만에서 일련의 등대건설을 위한 40년간의 양여계약을 인정하였으나 홍해등대에 관한 양여계약에 대해서는 분쟁이 계속되었다.[125] 영국정부는 항해보조용으로 4개의 등대를 자발 알-타이르(Jabal al-Tayr), 아부 아리(Abu Ali), 자발 쥬바이르(Jabal Zubayr) 및 모차(Mocha)에 건설할 것을 제안하였다. 그러나 양여계약상의 어려움에 부딪치게 되자 1891년 초에 계획했던 홍해를 통한 서구항로 가능성 탐색을 재개하기 시작하였다.[126]

서부항로가 상무성에 의해 추천되었으나 영국정부는 권원문제에 직면하게 되어, 그 결과 소위 '웨스턴 하니쉬(Western Hanish)' 항로가 노스 이스트 큐인(North East Quoin), 사우스 웨스트 락스(South West Rocks), 헤이콕(Haycock), 하르비(Harbi) 소도들 중 하나에 등대를 건설 및 유지하게 되었다.[127] 1891년 상무성은 1880년의 허츠렛(Hertslet) 각서를 원용하면서 북동 쿠오인과 하비는 이집트 관할권, 남서 암석과 헤이콕은 오토만 관할권으로 이 4개 도서 모두에 관한 주권주장을 터키왕조(The Sublime Porte)에 대하여 하였다.[128] 1892년 1월 로마주재 영국대사에게 보낸 글에서 솔스버리 공작은 "상무성이 권고한 도서와 암석은 남서 암석을 제외하고는 이탈리아의 관할권에 있는 것 같으며, 남서 암석 이원의 것들은 의심의 여지가 있을 것이다"라고 하여 1891년~1892년까지 이 문제에 관한 국제적 움직임이 활발하였음을 알 수 있다.[129]

---

124) *Ibid.*, para. 201.

125) *Ibid.*, para. 202.

126) *Ibid.*, para. 203.

127) *Ibid.*, para. 204.

128) *Ibid.*

129) *Ibid.*

1892년 2월 3일의 문서는 이탈리아 정부에게 설명을 요구하면서 다음의 언급을 포함하였다. 즉 1888년 12월 9일 이탈리아와 오사(Aussa)의 술탄 아파리(Sulatn Ahfari)가 체결한 조약 제3조에 따르면 신 지형에 대한 관할권은 남서 암석을 제외하고는 이탈리아에 속하는 것으로 보인다. 이탈리아가 이들 지형에 대한 관할권 주장 또는 등대를 건설할 의도가 있었는지 만일 그렇지 않다면 영국이 그렇게 하도록 할 의향이 있는지에 대하여 답변요구를 받았다.[130]

이탈리아 정부는 그 해 6월 답변에서 "본 왕조는 이들 지점을 우리의 주권이 행사되는 영토의 일부로 고려한다. 그러나 영국정부에게 등대 건설 및 유지 그리고 비용상환방식 등을 정할 것"을 요구하였다.[131]

결국 서쪽 항로는 진정되지 못하고 오토만 제국은 모차에서 아라비안 해안, 자발 알-타이르(Jabal al-Tayr), 아부 아리(Abu Ali) 및 쥬바이르(Zubayr) 그룹 등에서 4개의 등대 건설을 준비하였다. 이는 1915년까지 오토만 제국을 위하여 프랑스 허가로 유지되어 왔으며 영국은 결국 1915년에 3개의 등대섬을 점유하였다.[132]

오토만 제국에게 이의 소유권 포기를 요구하자, 로젠느조약 제16조에 의거 등대도서에 대한 주권 문제가 관련당사국에 의해 체결되게 되었다. 모차에 있는 등대는 이맘(Imam)이 승계한 영토로서 영국이 인정하였다. 영국은 자신이 점유한 도서의 주권획득을 때때로 주장하였으나 이들 도서가 전략적 가치가 충분히 있다고는 생각하지 않았다. 그러나 영국이 로젠느조약 제16조에 의한 자신의 주권획득 시도를 배제한다고 간주한 것은 중요한 일이다.[133]

---

130) *Ibid.*, para. 205.

131) *Ibid.*, para. 206.

132) *Ibid.*, para. 207.

133) *Ibid.*, para. 208.

1927년이 되어서야 영국은 공식적으로 프랑스에게 이러한 생각을 분명히 포기한다고 언급하였다. 그러나 일부지역에서 자발 알-타이르(Jabal al-Tayr) 및 아부 아리(Abu Ali)와 마찬가지로 하니쉬와 주카를 병합하려는 의도가 1944년까지 있었다. 영국은 기타 특정도서의 지위에 대하여 1923년 이후 이탈리아에게 일련의 질의를 하였다는 것은 놀라운 일이나 로젠느조약 제16조에 반하는 주장을 이탈리아에게는 하지 않았다. 오히려 영국은 이탈리아의 입장이 1927년 로마대화(Roman Conversation)에서의 양자 양해와 일치하였다는 것에 만족하였다. 그럼에도 불구하고 재판소는 역사적 견해에 있어 제16조의 내용과 목적이 1923년에 미결정된 채로 남아 있던 도서에 대한 일반적인 획득에 반한다고 주장하는 내용을 이미 언급하였다. 이탈리아의 입장은 사실상 매우 조심스러웠기 때문에 이탈리아가 로젠느조약에 나와 있는 합의에 반하는 권원 설정을 추구할 것인가에 대하여는 고려할 필요가 없었다.

1927년 영국은 프랑스 회사가 모든 4개의 등대 유지를 하도록 프랑스와 협상하여 주요 항로를 이용 중인 독일, 네덜란드, 일본 및 이탈리아와의 협약으로 이 문제를 처리하려고 접근하였다. 이탈리아는 이 문제가 이전에 논의되어야 했음을 언급하며 다음의 두 가지 사항을 제시하였다.

첫째, 모차는 이맘이 주장하였고 따라서 이맘이 당사자가 되어야 한다.
둘째, 이탈리아는 도서주권이 인접연안국에 속해야 하는지 또는 이 문제가 유보되어야 하는지를 알고 싶어 했다. 그러나 이들 도서에 대한 이러한 이탈리아의 주장도 제시되지는 않았다. 영국 정부는 모차가 이맘의 지배하에 있었으며 본 도서의 지위도 확보되었음을 인정하였다. 이러한 재확인으로 1930년 특정 등대유지에 관한 협약이 체결되었다.[134]

그러나 본 협약이 시행되지 않아 조약당사국을 구속할 수 없었다 하여

---

134) *Ibid.*, para. 211.

도 이는 당시까지 이 문제에 대한 이들의 생각에 대한 유용한 증거가 된
다. 서문 및 부속서에서는 본도서와 모차에 대한 터키의 포기, 영국에 의
한 본 도서 점유 및 로젠느조약 제16조의 "이들 도서 및 영유권의 미래는
관련 당사국이 해결할 문제이다"라는 규정을 언급한다. 부속서는 계속하
여 "이 문제에 관한 어떠한 합의도 관련 당사국간에 이루어진 것이 없으
며 언급한 도서에 대한 등대가 유지되어야 한다는 것은 교역의 관점에서
바람직하다"고 하고 있다. 그리고 이때 등대회사가 아부 아리(Abu Ali), 쥬
바이르(Zubayr) 및 자발 알-타이르(Jabal al-Tayr)에 있는 등대를 소유하고
관리해야 함을 결정하기로 하였다. 이탈리아는 본 내용 및 로젠느조약
제16조의 계속적 이행을 확인하는 제13조에 서명을 할 준비가 되어 있었
다.[135]

　1930년 협약이 이탈리아 및 네덜란드에 의해 비준되었으나 프랑스 및
영국정부가 등대회사인 미쉘 에 시라스(Michel et Cillas)가 지불방식을 금
으로 한다는 제의에 일치를 보지 못하게 되어 시행되지 못하였고 프랑스
는 비준을 거절하였다.[136]

　한편 같은 해에 이탈리아는 남서 헤이콕에 등대를 건설할 준비를 하였
다. 헤이콕은 1927년 로마대화 시 특별히 언급되지 않았으나, 영국은 "등
대건설이 주권에 대한 어떠한 명확한 주장을 암시하는 것으로 간주될 수
있다"고 하여 이 문제를 걱정하였다. 영국은 또한 남서 헤이콕이 로마대
화에 해당되는지 즉 권원문제에 관한 내부 결정이 있었는지에 관하여 관
심이 있었으며, 이들 소도는 이탈리아 연안에서 단지 20마일밖에 떨어져
있지 않음이 알려졌다.[137] 1930년 2월 18일 비망록에서 이탈리아는 1927
년의 초기 교환각서를 생각해냈는데, 이 문서에서 영국은 남서 헤이콕을

---

135) *Ibid.*, para. 212.

136) *Ibid.*, para. 213.

137) *Ibid.*, para. 214.

'하니쉬 그룹의 도서'로 언급하였다.[138]

1930년 4월 11일 이전의 각서에서, 이탈리아는 등대가 항해용으로 건설되었음을 관측하였으며 남서 헤이콕이 하니쉬 도서의 일부가 아니라 오토만 제국이 주권을 주장하지 않았던 모하바카(Mohabbakah) 군도에 속한다고 주장하였다. 그러므로 이탈리아는 이 도서에 대한 이탈리아 주권에 관하여 특별한 유보를 하였으며, 1927년 로마대화 정신에 따라 하니쉬 그룹의 모든 도서 영유권 문제가 동일선상에서 고려되어야 할 문제임에 동의하였다.[139]

이전의 각서에서는 이탈리아가 남서 헤이콕에 대한 주권주장을 한 것으로 볼 수 있으며 하니쉬 그룹에 대한 비교할 만한 권원주장이 그 이전에는 없었음을 알 수 있다. 내부 증거자료에 따르면 영국은 당시 이를 수용하려고 했으며 기타 문서에서 영국은 오토만 제국의 영토로서 남서 헤이콕을 하니쉬 그룹의 일부로 취급한다 하더라도 이에 만족하였다. 결국 모든 것들이 로마대화 시 합의된 이해로 인하여 강조된 로젠느조약 제16조에서 규정한대로 처리되게 되었다.[140]

남서 헤이콕 등대는 1940년에 사라졌고 1945년 이후 포기되었다. 1930년 협약이 효력발생에 실패하자 영국당국은 현존등대에 대한 재정적 부담을 갖게 되어 1932년 9월부터 센터 피크(Centre Peak) 등대포기를 결정하였고 이탈리아가 1933년에 이 등대를 재생시켰다. 이탈리아는 이것이 항해상 필요를 이유로 재건하였다는 것을 '이해관계국'에 알리자는 결정을 하였으며 동 도서에 대한 권리주장을 했던 이맘(Imam)은 점유의 잠정적 성격과 재건된 등대소유가 자신에게 유용하다는 것을 알려야 한다고 결정하였다. 이는 분명히 애초에는 기여할 것을 의도하였으나 결국 아무

---

138) *Ibid.*

139) *Ibid.*, para. 215.

140) *Ibid.*, para. 216.

것도 이룰 수 없게 되었다.[141]

영국정부는 1933년 10월 4일 Centre Peak 등대가 없기 때문에 마사와-호다이다(Massawa-Hodeidah) 항로안전을 고려하여 이탈리아의 등대양도 결정을 바란다는 선장의 구상서를 통보 받았다.[142] 따라서 북쪽 도서에서 이탈리아는 항해상의 이익을 향유하였으나 이것이 주권과는 관련이 없음을 확인하였다. 영국은 이로써 이탈리아와 이 문제를 가지고 더 이상 논란할 필요가 없다고 결정하였다.[143]

이러한 상황은 1938년 합의로도 본질적으로 변하지 않게 되었다. 부속서3 제4조 2항은 영국이나 이탈리아가 로젠느조약 제16조에 따라 포기한 도서에 대한 주권을 확립하거나 어떠한 반대도 등대지기들에게 제기되지 않을 것임을 확인하였다.[144]

이탈리아가 남서 헤이콕에 대한 권원을 주장하였다 하더라도 제2차 세계대전의 발발로 등대유지가 비주권적행위로 보일 수 있으며 관련도서에 대한 권원이 정지될 수 있다고 말할 수 있다.[145] 그러나 등대건설이 주권확립에 역할을 했다는 어떤 제안보다는 남서 헤이콕을 모하바카의 일부로 인식하게 되었다. 2차 대전 중에 남서 헤이콕과 센터 피크(Centre Peak) 등대는 소멸되었다.[146]

1948년 6월 에리트레아에 있는 영국군 당국은 이탈리아 정부가 이전에 운영한 여러 등대를 재설치하기 위한 국제협약상의 책임여부에 관한 권고를 요청하게 되었다. 여기에는 남서 헤이콕과 센터 피크(Centre Peak)에

---

141) *Ibid.*, para. 217.

142) *Ibid.*, para. 218.

143) *Ibid.*, para. 219.

144) *Ibid.*, para. 220.

145) *Ibid.*, para. 221.

146) *Ibid.*

있는 등대들이 포함되었다. 물론 이 권고는 협약상의 구속력은 없었다.[147] "남서 헤이콕 및 센터 피크 등대에 대한 책임이 없다"는 영국군 당국의 결정은 이들 도서가 이탈리아 도서가 아니라는 이유에서만은 아니었다. 이 점에 대해서는 어떤 특별한 주의가 있는 것으로 보이지는 않는다. 오히려 아부 아리(Abu Ali)가 유지되는 한 실질적인 통항위험은 없다고 결정하였다. 남서 헤이콕 및 센터 피크가 이탈리아 도서였다 하더라도 점유국으로서 영국군 당국에 어떠한 의무도 전가되지 않았다.[148]

2차 대전 이후 영국은 아부 아리(Abu Ali) 및 자발 알-타이르(Jabal al-Tayr) 등대에 대한 책임을 계속 맡아왔으며 1945년부터 네덜란드로부터 재정적 기부를 받았다. 이러한 합의는 1962년 덴마크·독일·이탈리아·네덜란드·노르웨이·스웨덴·영국 및 미국 간에 체결된 합의 내에 들어 있었고 공식적으로 파키스탄·소련 및 통일아랍공화국에 의해 수용되었으나 예멘이나 에티오피아는 당사국이 아니었다. 당사국 참여기준은 분명히 항해상의 중요성 때문이지 해안이나 도서의 권원문제 때문은 아니었다. 1962년 합의에서는 상기 도서의 미래 문제에 관한 어떠한 합의도 관련당사국간에 체결된 것이 없음을 말하고 있다.[149]

또한 제8조는 그 내용에서, 로젠느조약 제16조에서 언급한 도서의 미래에 대한 해결책으로 간주되거나 이러한 해결 결정을 예측하는 것으로 간주될 수 있는 어떠한 것도 없음을 분명히 하고 있다. 본 조항은 1930년 등대협약 제15조의 규정을 답습하였다.[150] 1930년과 마찬가지로 영국의 관리역할은 본 도서의 권원문제와 아무런 관련이 없었으며 권원문제가 해결되었을 때도 이러한 관리가 영국에게 유리하게 작용한 것도 아니

---

147) *Ibid.*, para. 222.

148) *Ibid.*, para. 223.

149) *Ibid.*, para. 224.

150) *Ibid.*, para. 225.

었다. 1962년 협약이 두 등대에게만 관련이 있다 하더라도 이는 명백히 로마양해 및 유산된 1930년 협약 형태를 따른 것이었다.[151]

영국은 자발 알-타이르(Jabal al-Tayr) 및 아부 아리(Abu Ali) 등대를 관리하였으나 1967년 예멘 인민민주주의 공화국의 독립으로 아덴을 남겨두게 되자 이에 관한 협의가 이루어져야 함을 인식하게 되었다. 그리고 점검 및 수리 목적의 본 도서 방문에 관한 에티오피아의 허가 및 라디오 송신에 대한 통제가 영유권에 있어서는 별 중요성이 없었다. 따라서 도서의 권원은 그대로 유지되었으며 이 결과 1962년 협약 제8조가 계속 적용되게 되었다.[152]

1971년 영국정부는 등대지기의 용역을 없애고 자동등대로 대치하기로 하면서 이를 예멘에 통고할 것을 결정하였으며, 이러한 행위가 주권침해가 되지 않음을 확신하며 동시에 예멘이 어떠한 반대를 하는가를 상무성에 문의하였다. 1962년 협약 비당사국인 예멘에게 발표된 사실은 1962년 조약에 따라 도서의 지위가 변경되지 아니하며 예멘은 로젠느조약 제16조 '관련 당사국'으로 영국에 의해 간주되며 아부 아리(Abu Ali) 및 자발 알-타이르(Jabal al-Tayr)에 대한 주장에 어떠한 피해가 있어서도 아니 됨을 나타낸 것으로 보인다. 이 당시 이탈리아는 홍해 연안에 대한 소유를 잃게 되었으며 따라서 더 이상 로젠느조약 16조 의미 내에서의 '관련 당사국'이 아니었다.[153]

초기에 영국 정부 내의 법적 권고사항은 아부 아리(Abu Ali) 및 자발 알-타이르(Jabal al-Tayr)가 무주도서이며 따라서 1970년초 예멘은 로젠느조약 제16조 목적상 아부 아리(Abu Ali) 및 자발 알-타이르(Jabal al-Tayr)가 관련된 주요 '관련 당사국'으로 간주되었다.[154] 1975년에 이 두 개의 등대의

---

151) *Ibid.*, para. 226.

152) *Ibid.*, para. 227.

153) *Ibid.*, para. 228.

관리가 에티오피아에 있는 사반(Savan)과 리스(Ries) 회사로 넘어갔고 5년 후 관리소가 영국당국에 의해 새로운 회사인 홍해등대 회사로 변경되었다.[155]

1987년 예멘은 센터 피크 등대를 다시 밝히고 항해자에게 적절한 경고를 발하였으며 1988년 이들 수위를 더 한층 높였다. 이러한 행위는 에티오피아에 의해서도 아무런 항의를 받지 않았으며 또한 예멘이 반대할 수 있는 것도 아니었다.[156]

1989년 6월 20일 예멘은 아부 아리(Abu Ali) 및 자발 알-타이르(Jabal al-Tayr) 도서에 설치된 등대문제에 관한 계약을 영국과 체결하고 다음과 같이 공식적으로 언급하였다.

1. 언급된 두 도서는 예멘아랍공화국의 배타적 경제수역 내에 있다.
2. 이러한 사실에 비추어 예멘아랍공화국은 국내 및 국제항행의 이익을 위하여 상기 두 등대의 관리 및 운영에 책임질 의향이 있다. 상기 두 도서 지역 내에 있는 여러 등대의 운용은 이미 예멘의 항구 및 해사문제협회에서 맡고 있다.[157]

1962년 협약 연장을 위한 적극적인 활동이 없다면 이는 1990년 3월 소멸될 것이다. 1988년과 1989년에 여러 당사국들이 1962년 조약 폐기 또는 그러한 의사를 표명했고 이집트가 그 역할을 떠맡았으나 1990년 이후 협약 연장을 위한 충분한 논의는 없었다.[158] 1989년 6월 런던 당사국 회

---

154) *Ibid.*, para. 229.

155) *Ibid.*, para. 230.

156) *Ibid.*, para. 231.

157) *Ibid.*, para. 232.

158) *Ibid.*, para. 233.

의에 예멘은 북쪽 두개 등대의 미래에 대한 1989년 회의 옵서버로 초청
을 받았는데, 이 회의에 참석한 예멘 기술자가 예멘 정부에 보고한 내용
에 따르면, 자발 쥬바이르(Jabal Zubayr)와 자발 쥬카(Jabal Zuqar)에 예멘이
새로운 등대를 건설·이용한다는 것을 영국이 확인하였다는 것이다. 에티
오피아는 참석초대를 받지 않았고 이를 요청하지도 않았다.

예멘은 자국이 자발 알-타이르(Jabal al-Tayr)와 아부 아리(Abu Ali) 등대
관리를 하게 되리라는 이집트 제안을 지지하였으며, 따라서 권원에 대한
유보가 없었다. 각서에서는 이 도서가 예멘의 배타적 경제수역 내에 속
한다는 어떠한 언급도 포함하고 있지 않다.159)

도서에 대한 권원이 아닌 예멘의 배타적 경제수역에 대한 언급은 우연
한 것이 아닌 것으로 보이는바, 이는 1989년 이후 예멘 국내보고서에서
두 번이나 언급되었다. 예멘은 아부 아리(Abu Ali)나 자발 알-타이르(Jabal
al-Tayr) 또는 인근 도서에 대한 권원을 가지고 있음을 말하지 않았다. 예
멘은 따라서 어떠한 등대 제공에서도 유일한 국가가 될 것이다.160)

조약합의 이외의 향후 등대 건설 및 유지가 이 문제와 어떤 관련이 있
으나, 예멘의 제안을 수락한 것이 이들 도서에 대한 예멘 영유권 인정을
한 것은 아니었다. 그러나 예멘이 홍해 일부지역에서 등대 건설 및 유지
역할을 맡고 그렇게 하기 위한 최적의 장소라는 것이 현실적으로 수용되
어 이들 도서에 대한 최종적 지위 결정시 예멘은 분명 '관련 당사국'이 될
것이다.161)

에티오피아는 예멘이 아부 아리(Abu Ali)와 자발 알-타이르(Jabalal- Tayr)
에서 등대를 다시 밝히는 것에 대해 자국이 항의할 필요가 없다고 주장
하였다. 왜냐하면 이는 단순히 자발 알-타이르(Jabal al-Tayr)와 아부 아리

---

159) *Ibid.*, para. 234.

160) *Ibid.*, para. 236.

161) *Ibid.*, para. 237.

(Abu Ali)에 대한 영국의 역사적 행위의 연속에 불과했기 때문이다. 그러나 예멘은 등대문제에 있어 영국이 했던 것처럼 에티오피아와 동일한 법적 관계가 있었던 것은 아니었으며 만일 이것이 에티오피아 영유권 주장의 실패 도구가 되었다면 이는 잘못된 것이다.[162)]

(2) 국가 및 정부당국의 활동 문제

1) 증거의 분석

◆ 실효성의 사실적 증거

실효성의 사실적 증거가 양당사국에 의해 많이 제시되었으나 유용한 것은 별로 없었다. 이는 도서에 대한 무관심과 미거주에 기인한 것이라고 볼 수 있다. 현대 국제법상 일반적으로 영토의 획득은 영토에 관한 권한과 권위의 의도적 과시, 계속적이며 평화적인 근거에 의한 관할권 및 국가기능의 행사 등을 요구한다.[163)] 후자의 두 가지 기준은 영토의 성격 및 그 인구규모에 따라 정해진다. 따라서 에리트레아와 예멘이 주장한 사실들은 이러한 기준을 근거로 판단되어야 하는데, 이들 도서들은 오랫동안 무주지였으며 누구의 지배도 받지 않았을 뿐 아니라 에리트레아가 믿는 사실은 에티오피아의 비평화적 활동이었다. 물론 재판소는 이러한 사실들을 무시할 수 없다.[164)] 재판소는 이 문제와 관련하여 당사국이 제시한 여러 사실상의 증거를 분류하는 것이 유용하다는 것을 알고 이들 증거를 차례로 분류 검토하였다.[165)]

---

162) *Ibid.*, para. 238.

163) *Ibid.*, para. 239.

164) *Ibid.*

◈ 도서 주장의 주관적 증거

도서 영유권 주장의 주관적 증거는 권원 응고화 과정에 필수적인 것으로서, 이는 도서 영유권의 공식적인 주장 뿐 아니라 도서 활동 규제를 공식적으로 하려는 입법행위 등으로 그 증거를 보일 수 있다. 재판소는 언급하기를, 양당사국이 제시한 증거에는 특정 도서를 언급하지 않는 영유권 및 관할권 주장이며 따라서 도서를 특정하는 일반적 언급도 없는 그러한 증거에 불과하다.166)

◈ 도서 영유권에 대한 공식적 주장

에리트레아는 이들 도서가 1943년 이탈리아 군사정전협정, 1947년 평화조약 및 1952년 헌법 등에 의해 이탈리아 식민지의 일부가 되었다고 주장하나 이는 그 증거가 거의 없다. 특히 1952년 에리트레아 헌법은 자국 영토의 범위에 도서를 포함하는 것으로 규정하였으나 구체적으로 어느 도서가 이에 해당되는가에 대한 언급은 없었다.167)

에리트레아가 증거로 제시한 1953년 에티오피아 연방범죄선언 및 1953년 해양명령(Maritime Order)은 단순히 "에티오피아에 부속된 도서"만 언급하며 후자는 다만 "도서를 포함하는"이라는 문구로 재출판된 것에 불과하였다. 1953년 해양선언(Maritime Proclamation)은 "에티오피아 도서의 해안"만을 언급하였다.168)

그로부터 17년 후인 1970년 에티오피아가 비상사태를 선포하는 칙령을 발하였는데 여기에서도 도서를 특정하지는 않았다. 에리트레아가 인용한

---

165) *Ibid.*, para. 240.

166) *Ibid.*, para. 241.

167) *Ibid.*, para. 242.

168) *Ibid.*, para. 243.

1971년의 3개 작전명령에서도 "분쟁도서들이 에티오피아 관심범주 내에 있음"을 나타내고 있으며 여기에서는 하니쉬와 자발 쥬카가 순찰 참조점 이나 방문지역으로 되어 있다.

1987년 에티오피아 국방부에서도 자국의 연해 및 도서 방위를 위한 책임을 언급하면서도 이들 도서는 식별하지 않은 채 그대로 두고 있다.[169] 1973년 예멘 외무부는 '예멘 도서들'을 포함 자국 영토의 항공조사계획을 에티오피아 대사관에 통보하였으며, 여기에는 그레이터 하니쉬(Greater Hanish), 리틀 하니쉬(Little Hanish), 자발 쥬카(Jabal Zuqar), 자발 알 자이르 (Jabal al Zair), 자발 잘 타이르(Jabal Zal Tair) 및 후마(Humar)가 포함되었다. 조사계획통보 이유는 에티오피아 해안이 촬영된다는 것이었다. 에티오피아는 상기에 언급된 일부 도서들이 식별될 수 없으며 기타는 자국 도서라고 반박하였다. 이러한 교환각서는 홍해 남부도서들에 대하여 남북 예멘 및 에티오피아가 관할권을 주장하나 공인된 소유주는 없다고 언급하였다. 이들에는 하니쉬 도서(Hanish Islands), 자발 쥬카(Jabal Zuqar), 자발 알-타이르(Javal al-Tayr) 및 자발 쥬바이르(Jabal Zubayr)가 포함되어 있으나 1973년 예멘에 대한 반박에서 에티오피아의 도서주장 지지증거에 필요한 시간이 충분치 않아 애매하게 남겨두었다.[170]

예멘은 역사적 권원에 의지하여 선천적인 권리를 주장하였다. 즉 1429년부터 이에 대한 증거가 있다고 하며 예멘 왕이 이들 도서 주변에서 밀수입하던 선박검색을 했다고는 하나 에리트레아는 강하게 이를 반발하면서 실질적인 대응을 하지 않았다. 재판소는 자발 쥬카 권원의 결정에 이것이 중요하다고는 고려하지 않았으며, 다만 이의 중요성은 적어도 "자발 쥬카를 포함시키기 위한 이맘의 욕망에 대한 해석에 도움이 될 수 있을 뿐이다"라고 하였다. 그러나 이후에 이러한 주장은 근거가 없게 되었으며

---

169) *Ibid.*, para. 244.

170) *Ibid.*, para. 245.

역사적 권리주장이 이맘에 의해 오랫동안 제기되어온 이후 이에 관한 내용이 1976년에 출판되었다.[171]

우호조약을 위한 영국 제안에 대한 답변에서, 이맘은 예멘의 지배와 독립은 자신의 조상 지배하에 있던 부분이며 여기에서의 일부분이 도서에 당연히 적용된다고 보이지는 않는다고 기록되어 있다.[172] 1933년 청문회에서 예멘은 주장하기를, 일부 영국대표가 왜 이맘이 하니쉬 그룹 알-예맨(Hanish Group Al-Yemen) 도서에 대한 주장에 집착했는가에 대한 의문을 표명하였다. 예멘 외무장관은 하니쉬 도서에 대한 이맘의 주장은 1930년 독일, 프랑스 및 영국에 알려졌는데 이는 이맘이 사실상 기회가 있을 때마다 자신의 역사적 권원을 영국, 프랑스 및 이탈리아에게 주장한 것이라고 하였다. 기타 이맘과 영국 외교 관리의 통신증거를 볼 때, 이 당시 이맘이 이들 도서에 대한 권원주장을 하였다고 보기는 어렵다.[173]

예멘은 1956년 카마란(Kamaran) 도서지역에서의 영국 석유허가권승인 청문회에서 홍해도서 주장을 재차 언급 했다고 하나 여기에서 사용된 언어는 단순히 "예멘 정부는 카마란(Kamaran) 도서와 기타 예멘 도서가 예멘과 불가분의 관계가 있다"고 하였으며, 또한 "예멘 정부는 예멘 도서에 대한 권리주장과 이들의 해방을 위한 주장을 계속 한다"라고 하였다. 따라서 여기에서 언급된 '도서들'은 오늘날 문제가 된 도서가 될 수 없는데 이는 이들 도서가 '해방'이 요구되는 그러한 도서가 아니었기 때문이다.[174]

1973년 이스라엘이 에티오피아의 허락으로 자발 쥬카(Jabal Zuqar)를 점유했다는 모가디쉬 예멘 대사관이 발표한 성명에서는 "예멘의 조사에 의

---

171) *Ibid.*, para. 246.

172) *Ibid.*, para. 247.

173) *Ibid.*, para. 248.

174) *Ibid.*, para. 250.

하면, 예멘 연안에 있는 레서 하니쉬(Lesser Hanish), 그레이터 하니쉬(Greater Hanish), 쥬카(Zukar), 알주바이르(Alzubair), 알스와베(Alswabe) 및 기타 여러 도서가 있는데 이들은 외국의 침입에 자유로운 도서"이며, 또한 "예멘은 영국이 에티오피아에 양도한 '가발 아부 아리(Gabal Abu Ali)' 및 '가발 아타이르(Gabal Attair)' 도서는 예외로 하고 홍해의 자국도서에 대한 주권을 유지하고 통제한다"라고 하였다. 이 성명을 통해서 보면 "홍해 도서들이 분쟁도서를 내포한다"라는 추측을 지지함을 알 수 있고 나아가 동 성명에서 예멘은 영국이 에티오피아에 양도한 이들 도서의 영유권 주장을 유지해 왔으며 에티오피아에게 이들 도서를 포기하도록 강요하였다.175)

예멘의 역사적 주장은 처음부터 애매했으며 제1차 세계대전에 따라 일반적 용어로 표현된 것에 불과하여 내전 중 양자교섭에서 반복되었다. 제2차 세계대전 이후인 1956년에 간접적으로 의문이 제기되었으며 이는 공식성명에서 다시 나타나게 되었다.176) 동 성명은 따라서 1993년도까지 예멘이 북 도서를 포함한 대형도서 모두에 대한 자국의 주장을 중단했는지 아니면 이를 다시 변경하였는지에 대해서는 의심의 여지가 있다. 그러나 예멘이 계속적으로 이 주장을 포기했다는 증거는 없다.

따라서 이 당시 예멘은 자발 알-타이르(Jabal al-Tayr) 그룹에 대한 지식이 거의 없었으며 그 존재를 알지 못하였다고 증거를 통해 제시할 수 있다. 여러 해 동안 북 등대가 에티오피아가 고용한 등대 회사에 의해 관리되어 왔다는 것은 사실이다.177)

---

175) *Ibid.*, para. 251.

176) *Ibid.*, para. 252.

177) *Ibid.*

2) 도서에 대한 활동 규제 법률행위

전후 에티오피아가 이들 도서에 대한 활동을 명백히 규제하려고 했던 입법상의 증거는 없다. 1992년~1995년 분쟁진행 과정에서도 이 도서가 에티오피아의 관할 및 통제에 있다는 것을 명백히 다루는 어떠한 에티오피아 법률도 없었다.[178] 예멘의 경우도 에티오피아와 동일한바, 예멘은 이들 도서가 자국 법령의 범주 내에 포함시키고자 할 의도가 있었는지에 대해서는 여전히 침묵하고 있었다. 1923년~1995년 분쟁 진행과정에서도 이 도서를 예멘의 관할과 통제 하에 있는 것으로 특별히 다루는 어떠한 예멘의 법률도 없었다.[179] 결국 양당사국의 법률과 헌법을 통하여 보면 이들 도서를 구체적으로 언급한 증거는 없다고 보인다. 그러나 주목해야 할 사항은 이 기간 동안 양국은 내전 및 심각한 국내 불안정으로 혼란스러웠다는 것이다.[180]

3) 수역에 관한 활동

◆ 도서 밖 수역에서의 활동허가

에리트레아는 1992년 초부터 자국 임시 정부가 '에리트레아 영수'에서의 비허가 어로활동을 금지하는 통고를 하였다는 증거가 있다고 주장한다. 1995년 9월의 트롤규정에 의하면 제11번과 제12번(베이룰: Beilul, 베라 아이솔: Bera isole) 구역 내 쥬카-하니쉬(Zuqar-Hanisn) 도서가 포함되어 적용된다고 한다.[181]

---

178) *Ibid.*, para. 253.

179) *Ibid.*, para. 255.

180) *Ibid.*, para. 257.

예멘은 자국 수역에서의 어로 규제를 하는 어떤 규정이나 명령에 대한 증거도 없다. 즉 쥬카·하니쉬(Zuqar·Hanish) 군도 주변수역에 대한 예멘정부주장 어로관할권에 대한 공식적인 법적 근거 주장이 증거에 의해 기록된 것은 없다. 그러나 예멘은 하니쉬(Hanish) 도서 주변 어로활동을 상당히 규제하였고 자국 정부도 불법어로를 적극적으로 통제하였다고 주장하였다.182)

결론적으로 재판소는 어로규제에 관한 양당사국의 활동에 대하여 명확한 법적 결론을 내릴만한 것이 없다는 견해를 취하게 되었다. 따라서 에티오피아 관리하의 이들 활동규제는 추측일 뿐이며, 에리트레아의 독립이래 그 기록은 더욱 분명치 않다.183)

◆ 어선 나포

개별 어로 규정이나 명령위반으로 많은 선박이 나포되었다는 증거가 재판소에 제시되었으나 이러한 증거에 포함된 기간은 단기간에 불과하다. 그러므로 이러한 나포행위를 "계속적이며 평화적인 국가권한 행사의 표시"로 보기는 어렵다.184)

에티오피아의 어로규정위반 나포에 대하여 재판소에 제시된 증거는 주로 과거 에티오피아 해군장교로부터 나왔는데, 보고된 대다수 활동이 1991년 에리트레아 독립 이전 20여 년 동안에 일어났던 것이었다. 특히 이 기간도 내란으로 인한 폭동진압 목적으로 권한을 행사한 것이었기 때문에 에리트레아가 제시한 행위가 평화적인 것이 아닌 증거라고 재판소는 받아들여 이러한 군사적 행위가 권한 문제의 법적 근거가 되지 않는

---

181) *Ibid.*, para. 259.

182) *Ibid.*, para. 261.

183) *Ibid.*, para. 263.

184) *Ibid.*, para. 264.

다고 하였다.[185]

1987년~1995년 사이 예멘에서 발생했던 여러 사건이 증거로 제시되었으며, 이중 예멘 영수 내에 있는 쥬카(Zuqar) 도서 부근에서 1989년 이집트 트롤선 나포에 관한 문서 기록이 있다. 그러나 1990년 예멘 국방부에 의하면 대다수 나포사건은 이집트 상업용 어선에 관련된 것이었고 이들 중 일부가 쥬카(Zuqar) 또는 하니쉬(Hanish) 군도나 자발 알-타이르(Jabal al-Tayr), 쥬바이르(Zubayr)와 아부 아리(Abu Ali) 근처에서 발생한 것으로 기술되어 있다. 대다수의 경우 선박이 퇴거 명령을 받았을 때 이들이 "예멘 수역으로부터"또는 "예멘 영수"로부터 나가 달라는 특정경고를 발하였다고 한다.[186]

◆ 기타 허가 활동

예멘은 1993년 알-카우카(al-Khawkha)와 그레이터 하니쉬(Greater Hanish) 간 관광보트 운영계획의 공식적인 승인을 주장하였다. 또한 예멘은 1995년 그레이터 하니쉬(Greater Hanish) 북쪽 끝에 잠수센터 빌딩 건설을 독일 회사에게 허가하였다. 1972년에서 1993년까지 예멘 정부는 도서 주변수역 사용에 관한 활동 승인을 8번이나 해준 기록이 있으며 기타 여러 경우에 있어서의 승인 내용은 연구·잠수탐험 및 이와 유사한 것이었다.[187]

4) 도서 상륙 또는 주변 항해 허가

예멘에 관하여는 1978년 3척의 쿠웨이트 트롤선이 자발 쥬카(Jabal

---

185) *Ibid.*, para. 265.

186) *Ibid.*, para. 272.

187) *Ibid.*, para. 274.

Zuqar)에서 피항을 요구한 근거가 있으며 1991년에는 두 번이나 외국선박
이 쥬카(Zuqar)와 하니쉬(Hanish)에서 수리목적으로 정박 허가를 받았다.
이후 1992년~1995년까지 예멘은 제3국으로부터 도서에의 상륙, 정박 또
는 주변항해에 대한 공식적 허가요청을 받았다.[188] 따라서 이 기간 동안
본 도서에 관한 허가승인에 있어 에티오피아나 에리트레아보다 예멘이
더 많은 활동을 했다고 결론 내릴 수 있다.[189]

◆ 도서주변에 대한 항로지시나 항행통고

에리트레아는 어로 규정 이외에 해상안전 및 항로에 관한 일반정보를
제공했다는 증거를 제시하지는 않았으나[190] 1987~1991년 본 도서에의
신등대 설치에 관련하여 6번의 항행통고를 발간하였다.[191] 그러나 재판
소는 이러한 통고형태가 등대의 운영 및 유지에 관련된 것임을 주목하고
홍해의 특수한 환경에서는 일반적으로 이러한 것이 법적 중요성이 있다
고는 보지 않았다. 따라서 이러한 통고의 발행을 권원의 성격이 아닌 위
치의 인식과 존재를 나타내는 것에 불과하다는 것이다.[192]

◆ 탐색 및 구조활동

에리트레아는 1974년 샤디아 스타호(M.V. Star of Shaddia)가 쥬바이르
(Zubayr) 근처에서 좌초되었다고 주장하는 증거를 제시하였으나 이의 국
적에 관한 증거는 없다.[193] 1990년 예멘 항만청은 이라크 선박 바스라

---

188) *Ibid.*, para. 277.

189) *Ibid.*, para. 280.

190) *Ibid.*, para. 281.

191) *Ibid.*, para. 282.

192) *Ibid.*, para. 283.

선(Basra Sun)의 구조요청을 받은 후, 자발 쥬카(Jabal Zuqar)의 암석 연안에서 구조하였다. 그러나 해양법상 조난상태의 사람이나 선박을 구조하는 것은 일반적인 의무이지 이것이 어떤 법적 결정을 추론하는 사건이 될 수는 없다.194)

◆ 도서 주변수역에의 해군과 해경의 배치

에리트레아는 도서 주변에서의 해군초계활동에 관한 많은 증거를 제시였으나, 주장한 증거는 대부분 문서에 의한 것이 아니라 선례와 관련되어 준비한 구술서에 불과하였다. 그러나 재판소는 대다수 에리트레아 해군 기록이 교전 중에 소멸되었다는 에리트레아의 진술을 수용하였다.195) 에티오피아 해군도 분쟁도서 주변에 계속적으로 위치하였다고 에리트레아가 보고서에서 기술하고 있으나 문제의 20년간, 이들은 다만 1970년 4월에 두 번 그리고 1971년 7월에 한 번만 있었다. 따라서 이러한 진술은 에티오피아 해군이 1953~1973년간 본 도서주변에 "계속적으로 존재"하였다는 주장을 지지하기는 어렵다.196)

1974년~1980년 에리트레아는 이러한 활동과 유사한 성격의 문서 증거들을 제시하였으나 이 역시 지난 20년간의 활동과 거의 다름이 없다. 또한 쥬카(Zuqar) 도서 밖에서의 에티오피아·에리트레아 해전을 기술하는 부가적인 증거가 제시되었으나 이 역시 증거로서의 관련성이 있는지는 분명하지 않다.197)

---

193) *Ibid.*, para. 284.

194) *Ibid.*, para. 285.

195) *Ibid.*, para. 287.

196) *Ibid.*, para. 288.

197) *Ibid.*, para. 295.

재판소는 실질적인 기간에 걸쳐 해군초계에 관한 에리트레아 증거를 어느 정도 발표할 필요가 있다고 보았으며, 이와 동시에 예멘이 에티오피아의 해군작전 전 기간보다 더 많은 활동을 했다는 것을 재판소에 제시하지 않았음을 주목해야 한다. 그러나 예멘은 이러한 항의 부재를 설명하지 않았다.198) 본질적으로 예멘은 두 가지 설명에서 그 근거를 제시하는데, 도서에 대한 초계는 규칙적으로 행해졌는바, 즉 여름에는 매주 그리고 겨울에는 한 달에 1~2번 하였으나 초계일자는 특정하지 않았다. 그러나 최근 즉 1995년 5월 외국해군 어민나포에 관한 설명이 있었으며 여기서 예멘은 본 도서에서 퇴거할 것을 요구하였으나 역시 구체적 날짜는 없었다.199)

기타 성명에서 예멘 해군이 1965년~1977년 이들 도서 주변에서 정박하면서 초계를 하였다고 하였으며 승무장병들이 해안에 상륙하기도 했다고 하였다. 그러나 이 역시 구체적인 활동일자는 밝히지 않았다.200)

◆ 환경보호

예멘은 1990년 레서 하니쉬(Lesser Hanish)에서 10마일 떨어진 곳에서 러시아 화주가 보고한 유류 유출 사건을 조사하였다.201)

◆ 개인의 어로행위

에리트레아는 자국 연간 어획량의 상당부분을 차지하는 쥬카-하니쉬(Zuqar-Hanish) 도서 주변에서의 어로활동을 2,500 명의 자국 어민들이 해

---

198) *Ibid.*, para. 309.

199) *Ibid.*, para. 310.

200) *Ibid.*, para. 311.

201) *Ibid.*, para. 312.

왔다는 증거를 재판소에 제시하였으며, 예멘은 홍해연안 어로 공동체가
자신들의 경제적 생계유지를 위해 하니쉬 그룹(Hanish Group) 인접도서에
서 역사적으로 어업에 의존해 왔다는 성명을 발표하였다.202)

그러나 재판소는 이러한 주장이 본 사건들과는 적절하지 않다고 보았
다. 이는 인구 및 경제적 현실 등은 시감이 지남에 따라 불가피하게 바뀔
수 있음을 기대할 수는 있기 때문이며, 오늘 중요했던 어업이 내일은 중
요하지 않을 수 있고, 그 반대의 경우도 사실일 수 있기 때문이라는 것이
다.203) 즉 이러한 개인의 어로활동은 실질적으로 중요한 '실효성'의 한 형
태가 될 수 있다고 생각할 수 있으나, 이는 본 도서의 행정 및 통제주장
을 지지하는 국가 활동의 표시가 아니기 때문에 주권 행위의 근거가 되
기에는 적절하지 않다.204)

5) 도서에서의 활동

재판소는 도서에 대한 관할권행사 이행문제 검토를 위하여 도서 주변
수역에서의 활동뿐만 아니라 도서의 육지에서의 활동증거를 고려해야 했
다.205)

◆ 도서상륙 당사국

양 당사국 중 누구도 본 도서에 직접 상륙했다는 증거는 없다.206) 에

---

202) *Ibid.*, para. 314.

203) *Ibid.*, para. 315.

204) *Ibid.*

205) *Ibid.*, para. 318.

206) *Ibid.*, para. 319.

리트레아는 20년간의 비상상태 기간 중 반란진압에 참여한 에티오피아 해군이 이들 도서주변에서 실질적인 활동을 하였으며 이러한 기록으로 독립전쟁과 관련하여 반란군이 이 도서를 사용했음을 보여준다. 그러나 이는 1970~1988년까지의 에티오피아 군대의 불특정 상륙에 불과한 것이다.207)

예멘은 본 도서에 이스라엘 사람들이 있다는 여론에 따라 1973년 자발 쥬카(Jabal Zuqar)와 아부 아리(Abu Ali) 도서를 공식적으로 방문했다고 한다. 그러나 이에 대한 재판소의 구체적 정보요구에 대하여 1998년 7월 28일 재판소 사무국장은 "이스라엘 사람이 없었으며 구체적인 방문도 없었다"라고 재판소장에게 보고하였다.208) 그러나 예멘은 1965~1979년 이외에도 불특정 일자에 여러 시기에 걸쳐 불특정 하게 군인들이 상륙하였다는 것을 기술하는 설명에 상당히 의존하였다.209)

◆ 도서에의 군항 설치

1995년 이전에는 상설군항이 본 도서에는 없었다. 에리트레아는 수비대 배치가 이 문제와는 커다란 관련이 없다고 하면서도 문제의 영유권 성격을 규정짓는 주권행위에는 군사적 정찰 및 어로 통제가 법적으로 관련된다고 강조하였다.210) 예멘은 1973년 임시 군수비대가 자발 쥬카(Jabal Zuqar)에 배치되었으며 그레이터 하니쉬(Greater Hanish)를 포함하여 이 그룹에 있는 도서에 정부가 수비소를 설치했다라고 문서 변론에서 주장하였으나 이 설명을 지지하는 어떠한 증거도 제시하지는 못하였다.211) 따

---

207) *Ibid.*, para. 320.

208) *Ibid.*, para. 321.

209) *Ibid.*, para. 322.

210) *Ibid.*, para. 323.

211) *Ibid.*, para. 325.

라서 재판소는 1995년 분쟁 발생 시까지 상주수비대와 군 수비 초소가 이 섬에 설치되었다는 것을 수용할 수 없다는 결론을 내렸다.212)

◆ 도서에서의 시설물 건설 및 유지

에리트레아가 도서에 일련의 시설건설 또는 관리를 한 증거는 없다. 그러나 에리트레아는 에티오피아에 의한 분쟁도서에 대한 주권통제 공고화 징표로서 1967년 아덴(Aden)의 양도에 따라 아부 아리(Abu Ali)와 자발 알-타이르(Jabal al-Tayr) 등대가 아스마라(Asmara)에 근거지를 둔 개인회사에 의해 관리되었으며 본 등대의 관리 및 유지에 관련해서 에티오피아 규정이 적용되었다고 주장하였다.213)

그러나 예멘은 일부 등대를 설치하였고 기타 등대를 관리하였다. 등대나 항해보조용기 등의 관리활동은 단순히 안전항해를 위한 것일 뿐 주권행사의 척도로 취급하지는 않는다. 영국과 이탈리아 회사가 이들 도서에 있는 등대를 관리했다고 해서 어떠한 영유권 주장이나 결론을 가져오지는 않았다.214)

◆ 도서상륙 활동 허가

에리트레아는 사기업인 세이븐 & 리스(Savon & Ries)가 아부 아리(Abu Ali)와 자발 알-타이르(Jabal al-Tary)에 라디오 송신소를 설치하도록 허가해 준 그 자체가 본 도서에 대한 국가통제행사의 표시가 된다고 하였다. 그러나 군사 활동이 수행되는 수역에서 사기업이 사용하는 전자장비의 규제는 관련도서의 육지 영토에 관한 주권행사로 볼 수는 없다.215) 예멘은

---

212) *Ibid.*, para. 326.

213) *Ibid.*, para. 327.

214) *Ibid.*, para. 328.

도서에서의 대다수 유용한 경제적 활동과 이해관계가 홍해 및 주변수역
과의 관계에서 발생했으며 대다수 허가활동도 모두 물과 관련된 것이었
다.216)

◆ 도서에서 발생하는 형사 또는 민사 관할권 행사

1976년 에티오피아 군사법원은 본 도서에서 전복집단을 이끌고 훈련시
킨다는 혐의로 아부 아리(Abu Ali)와 자발 알-타이르(Jabal al-Tayr) 등대 용
역을 담당하는 회사인 세이븐 & 리스의 노동자에 대한 재판을 하였다.
이 결과 재무장교가 처형되고 등대지기장 및 기타 사람들이 추방 또는
투옥되었으며 회사는 사무실을 아스마라(Asmara)에서 디부티(Djibouti)로
옮기게 되었다.217)
예멘 당국이 본 도서에서 발생한 형사 관할권을 근래에 행사했던 사건
으로는 1976년 조난범선 수사 및 1992년 그레이터 하니쉬(Greater Hanish)
어부의 지역 분쟁 시 중재에 관한 자신들의 관습법제도를 활용하여 왔다
고 주장하였다.218) 그러나 재판소는 이러한 제도가 예멘 법률에서 유래
한 것이 아니라 어로거래행위에 적용되거나 이로부터 유래된 사적 재판
요소에 불과하다고 이해하였다. 즉 이는 어업에 종사하는 사람들에 의해
지역을 기반으로 유지되어 왔으며, 이로써 주요 어시장이 예멘 쪽에 있는
호데이다(Hodeidah)에 있었으며 이 도서 지역에서의 어업활동이 이 지역
을 기반으로 홍해의 양쪽 어부들에 의해 무차별적으로 시행되어 왔다.
따라서 이러한 제도가 예멘에 의해 인정되거나 지지되어 왔다는 사실이
본질적으로 이러한 활동의 실질적 성격을 변화시키지는 못한다.219)

---

215) *Ibid.*, para. 332.
216) *Ibid.*, para. 334.
217) *Ibid.*, para. 335.
218) *Ibid.*, para. 336.

◆ 등대의 건설 및 유지

아부 아리(Abu Ali)와 자발 알-타이르(Jabal al-Tayr)에 있는 등대는 등대관리 회사인 세이븐 & 리스가 관리하였으며 이 회사는 1976년까지 아스마라(Asmara)에서 활동을 하다가 정부전복혐의로 에티오피아 정부에 의해 소말리아로 사무실을 옮기게 되었다. 따라서 본 도서에서 등대시설의 유지 및 관리 합의하에 활동하는 사기업의 사무실이 본 도서 내에 있다는 사실만으로 이것이 해당 국가에 의한 권한과 권능의 국제적 표시라고 결론내릴 수 있는 법적 근거는 없다.[220]

◆ 도서에서의 제한된 생활

일부 예멘 어부들이 그레이터 하니쉬(Greater Hanish), 레서 하니쉬(Lesser Hanish), 쥬카(Zuqar)에 거주했다는 증거가 있으며 이들은 전통적으로 오랜 동안 이렇게 살아왔으며 특히 여름에는 그레이터 하니쉬(Greater Hanish)에 정착하였다.[221] 에리트레아는 자국 어부들이 일시적으로 어로기간 중 본 도서에 체류하였으나 예멘이 제시한 증거와 같은 정착은 하지 않은 것으로 보인다. 어부가 거주한 최장기간은 7~8개월 정도에 불과하다는 증거는 있다.[222]

예멘은 증인 성명에서 "일부 예멘 가족이 수세기 동안 하니쉬 그룹(Hanish Group)에 상주하였다"라고 언급한다. 또한 해군이 상륙했을 때 "많은 어민들을 만나게 될 것이며 이들은 여러 달 거기에 상주하면서 소금을 만들거나 고기를 말리며 정착하였다"는 기록이 있다.[223] 그러나 당

---

219) *Ibid.*, para. 340.

220) *Ibid.*, para. 341.

221) *Ibid.*, para. 347.

222) *Ibid.*, para. 348.

분간 이는 문제가 없을 것으로 보이나 양 당사국 국민의 일부활동이 간
과되어서는 아니 될 고려사항이 되는 활동이며 이는 단순히 지리적 요인
즉 지역에 특수한 경제적 이익, 오랜 관행에 의해 분명히 입증된 현실과
그 중요성 등과 같은 요인 이외에도 영향을 줄 수 있는 활동이기도 하
다.224)

(3) 지도의 증거능력

1) 당사국의 지도 사용

예멘은 도서가 예멘에 속하였으며 이는 로젠느조약 제16조 규정에 따
라 도서의 주권이 변경되는 원인이 되므로 예멘이 원시적 권원을 가진다
는 주장을 하기 위하여 18세기 및 19세기 초 구(舊)지도를 원용하였다.
이와 유사하게 1872년~1918년 초기 지도들에 의하면 본 도서들이 문제
된 기간 동안에 오토만의 주권 하에 있었으며 따라서 본 도서가 예멘에
속한다고 하여 이를 원용하였다. 에리트레아는 1930년대 말부터 20세기
초에 나온 지도들에 의하면 이탈리아가 이 도서에 대한 주권을 주장했으
며 이것이 수용되었다고 주장하였다.225)

에리트레아와 예멘 양국은 1950년~1990년대까지의 기간 동안 본 도
서가 각기 에티오피아 또는 예멘의 도서라는 것을 나타내기 위하여 제3
국이 제시한 지도를 원용하였다.226) 예멘은 유엔이 본 도서가 에리트레

---

223) *Ibid.*, para. 350.

224) *Ibid.*, para. 357.

225) *Ibid.*, para. 363.

226) *Ibid.*, para. 364.

아 지방의 일부가 아님을 고려했다는 1950년대 초부터 나온 지도들을 원용하였다. 양 당사국은 1960년부터 나온 지도들과 다양한 근거를 제시하면서 각자, 즉 예멘은 본 도서를 비 예멘으로 그리고 에티오피아는 이들을 비 에티오피아로 그리고 제3국 및 권위 있는 근거에 의하면 이들 각자가 일국 또는 타국에 속한 것으로 고려했음을 나타내었다.227)

최종적으로 예멘은 에티오피아가 독립 전 에리트레아 해방운동 그리고 독립 이후 에리트레아 정부가 이 도서를 에티오피아나 에리트레아 도서가 아닌 예멘도서로 고려하였다는 증거를 소개하였다. 에리트레아는 예멘이 이 도서가 에티오피아 또는 에리트레아에 속한다는 증거를 제시하였다.228) 그러나 일반적으로 당사국들의 입장은 자신이 지도를 원용했던 유용성에 있어서는 아주 달랐다. 에리트레아의 기본적 입장은 일반적으로 지도증거가 모순적이었으며 신뢰할 수 없고 중요한 법적 입장을 설정하는데 사용될 수 없다는 것이었다.229)

예멘의 입장은 이와는 완전히 상이한바, 예멘은 적어도 4가지 이유로 지도사용을 정당화하려고 하였다. 즉 1) 일반적 의견이나 반박의 중요자료 2) 정부 태도의 증거 3) 국가 행위에 관한 당사국 의도 4) 이해관계에 반하는 묵인이나 인정의 증거가 바로 그 이유라는 것이다.230)

---

227) *Ibid.*, para. 365.

228) *Ibid.*, para. 366.

229) *Ibid.*, para. 367.

230) *Ibid.*, para. 368.

2) 사건에서의 지도 주장 목적

◆ 1982년 이전

예멘이 원용한 18~19세기 초까지의 지도는 고대 또는 역사적 권원에 관한 주장의 지지를 나타낸다. 대다수 지도들은 쥬카-하니쉬 그룹 (Zuqar-Hanish Group)과 북부 도서들이 아프리카의 홍해쪽 보다는 아라비아쪽과 더욱 일치한 것으로 보인다. 재판소는 예멘의 정확한 영토 범위를 판단할 수 없으며, 더구나 이 구 지도상에는 이 도서가 예멘영토에 귀속하고 있지도 않다고 한다.231)

1872년 오토만 정복이나 남부 아라비아의 지배자는 아마도 이 도서가 예멘이나 아리비아 연안의 일부로서 이들의 영토주장 범위 내에 해당되었다고 지도 증거로부터 추론하는 것은 합리적인 것으로 보인다. 그러나 이들 지도는 손으로 그린 것이었고 따라서 이러한 요인들이 역사적 권원 문제에 관하여 결정적인 것이 아니라는 것이다. 더구나 남부 아라비아 지배자들이 이러한 지도를 보거나 허용했다는 증거도 없다. 이 자료들에 근거한 결론은 기껏해야 하찮은 것으로 밖에 될 수 없을 것이다.232)

◆ 1872년~1918년

이 기간 동안의 지도에서 예멘은 본 도서가 문제된 기간 중 오토만의 주권 하에 있었으며 따라서 예멘의 일부에 해당되어 행정관리를 하였다고 한다. 지도상의 증거로 보면 오토만 제국이 이 도서에 대한 주권을 행사하였음이 양 당사국이 합의한 사실에서 확인할 수 있다.233)

---

231) *Ibid.*, para. 369.

232) *Ibid.*, para. 370.

233) *Ibid.*, para. 371.

◆ 1924년~1939년

예멘은 내전 중 이탈리아가 이들 도서에 대하여 주권적 및 공식적으로 이를 고려하지 않았다는 것을 입증하는 여러 지도들을 원용하였다. 이 지도에서는 이탈리아 식민지 당국이 이 도서들은 에리트레아의 이탈리아 식민지 일부를 구성한다는 사실을 나타내주고 있다. 예멘은 1925년과 1933년 그리고 1939년 식민지 내각 및 이탈리아의 아프리카 내각 등에서 나온 지도로 이 도서가 예멘에 속한다는 공식적인 이탈리아 지도를 제출하였다.[234]

에리트레아는 이와 반대되는 1920년의 공식적인 이탈리아 지도를 원용하였다. 그러나 이의 식별은 대단히 어려우며 이 기간의 공식적인 이탈리아 지도에 의하면 예멘이 제출한 증거에 반한다는 것에 더욱 무게가 실려 있어 이 식민지 내각의 1933년과 1935년 지도만큼 명백하지 않다. 그러나 어느 것도 일자가 특정된 것은 없다.[235]

그러나 재판소가 1923년~1939년간의 외교기록 및 합의를 기초로 이 도서의 지위에 관한 법률적 결론에 도달한 이래 지도 증거 그 자체는 결정적인 것이 못되었다. 이탈리아의 태도나 의도에 관한 기록에서 기타 증거가 없다면 이 증거는 더욱 중요한 것이다.[236]

◆ 1950년 유엔의 처리

예멘은 유엔이 이 도서가 에리트레아 지방의 일부가 아님을 고려했다는 것을 보여주기 위하여 1950년대 초부터 지도를 원용하였다. 여기에서의 주요 증거는 1950년 유엔의 지도였는데, 에리트레아는 이 지도의 정

---

234) *Ibid.*, para. 372.

235) *Ibid.*, para. 373.

236) *Ibid.*, para. 375.

확성·출처·진위 및 그 효과에 대하여 강하게 이의를 제기하면서 "어떠한 공식적인 지도도 유엔에 의해 채택된 바 없다"고 하였다.[237]

본 지도가 공식위원회 지도로서 또는 타협안으로서 그렇지 않으면 단순히 전시용 지도로서 에리트레아 유엔위원회 보고서에 부착되었는지 여부가 중요한 것은 아니다. 주목해야 할 것은 이 지도가 이용되고 유포되었으며 어떠한 반대도 받지 않았다는 것이다. 1950년 또는 그 이후 이 지도에 대한 어떠한 항의기록도 없으며 에리트레아 자신은 이 지도와 함께 동 보고서에 동의하였다.[238]

그러나 본 지도가 예멘영토와 동일한 색깔을 갖고 있다고 하더라도 본 도서가 예멘 영토라는 것을 긍정적으로 입증할 수 없다. 이 경우 유엔은 예멘과 관계가 없었다. 다시 말하면 이는 유엔이 에티오피아와 에리트레아의 미래에 관하여 어떠한 조치를 취하였을 때 유엔은 본 도서가 에티오피아나 에리트레아 것임을 고려하지 않았다. 1920년대와 1930년대의 이탈리아 지도 증거와 관련해서 이미 언급한 것처럼 재판소는 이탈리아가 1940년까지 본 도서의 영유권을 획득하지 않았다는 결론에 도달하였다. 따라서 에티오피아가 이탈리아로부터 상속에 의해 이로부터 10년 후 권원을 취득할 수 있었다는 결론에는 도달할 수 없었다.[239]

3) 알려진 견해

에리트레아와 예멘은 본 도서가 각기 1950년대에서 1990년대 초까지 에티오피아 또는 예멘의 일부를 구성하였음을 인정했다는 것을 나타내기 위하여 제3국이 제시한 여러 지도를 원용하였다.[240]

---

237) *Ibid.*, para. 376.

238) *Ibid.*, para. 378.

239) *Ibid.*, para. 379.

재판소가 이 지도들이 법적 권원의 징표로서 사용될 수 없다는 점에서 본 지도의 증거에 우려가 있었다 하더라도 본 지도는 일반적 의견이나 반박의 중요 증거를 예멘이 제시한 지도에서 볼 수 있다. 제출된 상당한 수의 지도들이 일반적으로 1952년부터 오늘날까지 본 도서가 주로 예멘에 귀속되었으며 에티오피아나 에리트레아가 아니라는 것을 확인시켜 주기는 하나 여기에도 예외는 있다.241)

에리트레아가 부분적으로 어떤 독립적인 지도제작 증거를 도입했다 하더라도 이러한 증거는 다만 당사국의 반대 증거에 의해서 어느 정도 비중이 있는 것으로 보인다. 어떤 경우에 재판소는 당사국이 희망하는 지도의 특성에 동의할 수도 없으며 지도자체에 특정한 지시 없이는 색깔이나 라벨링이 아닌 점선에 의미를 두려고 하지 않는다. 따라서 여러 지도와 관련하여 에리트레아가 주장한 이러한 근거에 의한 결론은 수용되지 않는다.242)

4) 이해관계에 반하는 허용

예멘은 에티오피아 독립 이전 에리트레아 해방운동 및 독립 이후 에리트레아 정부 등에서 본 도서가 에티오피아나 에리트레아가 아닌 예멘에 속한 것임을 보여주는 증거를 원용하였다. 재판소는 이들 대다수 증거가 1992년 이후 출판된 에리트레아 지도를 제외하고는 소멸되었다고 보는 견해를 갖고 있었으며243) 에리트레아가 독립한 이후에 이들이 제시한 초기 지도들로부터 오늘날 주장하는 모든 도서들이 에리트레아에 귀속되지

---

240) *Ibid.*, para. 380.

241) *Ibid.*, para. 381.

242) *Ibid.*, para. 382.

243) *Ibid.*, para. 385.

않았음을 주목하였다.[244) 이점에 대하여 에리트레아는 에티오피아 도서라고 분명히 나타내고 있는 1975년에 출판된 지도를 포함하여 자신의 이해관계에 반해서 해석될 수 있는 지도의 출판을 예멘이 허용하였다고 주장하였다.[245)

5) 지도에 관한 결론

◆ 1872년 이전

예멘은 고대 및 19세기 지도를 통하여 본 도서가 아프리카 연안보다는 아라비아 지역에 속한다는 것을 일반적으로 제시하였다 하더라도 본 도서가 예멘에 귀속한다는 것을 명확히 나타내지는 못하였다.[246)

◆ 1872년~1918년

각 당사국이 제시한 지도들을 보면 과거 제국이 존재하던 시대에 본 도서가 오토만 지배하에 있었다는 것을 어렵지 않게 보여준다. 그러나 이의 타당성에 관한 다양한 인식의 효과에 대해서는 기록상의 증거도 없으며 이에 대한 어떤 논의도 없다.[247)

◆ 전쟁 기간

지도 증거는 어느 정도 모순적이나 주로 당시의 공식적인 이탈리아 지

---

244) *Ibid.*, para. 386.

245) *Ibid.*, para. 387.

246) *Ibid.*, para. 388.

247) *Ibid.*

도는 이탈리아가 로젠느조약 이후 본 도서 병합을 희망하였다 하더라도 이러한 욕망을 공식적 지도를 통하여 명백하게 외부로 나타내지는 못하였다.248)

◆ 전투 기간

에티오피아가 제2차 세계대전 이후 이탈리아가 기타로부터 본 도서를 획득하였다는 것을 1950년 유엔 지도역사를 통하여 결론 내릴 수는 없다.249)

◆ 1950년~1992년

이 시대의 증거는 모순되고 불확실한 것이 많은데, 각 당사국은 자신의 공식적 지도에서도 그 불일치를 나타내고 있다. 그러나 일반적인 경향은 예멘 지도의 증거가 그 범위 및 분량 면에서 에리트레아 것보다 우세하다.250)

◆ 1992년~1995년

독립직후 알려진 공식적 및 준공식적인 에리트레아 지도를 통하여, 본 도서가 예멘 것이 아니라면 에리트레아 것도 아니라는 것을 나타나는 기록상의 증거가 있다. 따라서 모든 지도의 증거문제는 아주 민감하게 처리되어야 한다.251)

---

248) *Ibid.*

249) *Ibid.*

250) *Ibid.*

251) *Ibid.*

(4) 석유협정 및 활동문제

어느 당사국도 홍해 및 분쟁도서에 관한 석유계약 및 허가를 변론이나 기술에 의존하지 않았다는 것이 절차과정 중에 밝혀졌다. 석유계약 및 허가에 관한 당사국들의 변론은 1998년 2월 공판 종료 시에 재판관이 제시한 문제에 답하면서 나타났다.[252] 자신들에게 제기된 문제에 답하면서 양당사국은 상당한 자료주장을 제시하였는데, 재판소 견해에 의하면 이들 자료와 주장은 답변되지 않는 문제로 그대로 남게 되었다. 따라서 홍해 석유계약 및 허가에 관한 새로운 판정을 요구하였다. 본 판정에서 에리트레아는 이들 계약 및 허가가 재판소에 앞서 이 문제에 관련된 것이 거의 입증된 것이 없다고 주장하였다.

한편 예멘은 이것이 자신의 입장을 지지하는 대단히 중요한 것이었다고 주장하였다. 또한 예멘은 자국 연안 사용허가에 대하여 에티오피아와 에리트레아가 아무런 항의도 하지 않았다고 주장하였으며, 석유회사에 의한 영유권의 수용 및 영유권을 근거로 한 투자 그리고 에티오피아와 에리트레아의 묵인 등으로 분쟁도서에 대한 주권주장을 확인하였다. 예멘은 시간의 부족으로 자신이 주도권을 가진 계약 및 허가 이유를 변경하지 못하였다고 하였다.[253]

1) 관련계약 및 허가규정

예멘과 에리트레아는 석유탐사·개발·생산 및 홍해에서 발견되는 석유량의 상업적 판매를 위한 계약 및 허가 합의를 체결하였다. 그러나 결국

---

252) *Ibid.*, para. 389.

253) *Ibid.*, para. 390.

어떠한 석유도 발견되지 않았기 때문에 이러한 계약 및 허가합의가 무엇을 나타내는지 그리고 무엇을 나타내고 있지 않은지를 재판소가 고려할 만한 요소가 된다. 특히 이 문제는 실효성과 관련하여 중요한 자료가 될 수 있다.254)

2) 예멘의 계약 및 허가

◆ 1972년 쉘(Shell)의 탄성파 탐사

예멘은 1972년 쉘(Shell) 국제석유회사와 홍해에서의 주요 지구물리학적 탐사계약을 이행했으며, 이 결과 탐사구역에 대한 합의를 하여 1978년 7월 7일 최종활동보고서를 작성하였고 이 보고서에 탄성파 탐사계획 지역을 포함하는 지도를 첨부하였다.255) 이 지도는 탐사지역이 권원문제와는 관련이 없음을 보여준다. 예멘은 에리트레아의 영수에 대한 관할권을 거의 주장하고 있지 않으며 문제의 탄성파 탐사허가나 수행으로 관할권 문제를 의미할 수도 없었다. 따라서 탐사지역 내에 분쟁도서가 포함되어 있다는 사실은 입증되지 않는다.256)

1974년 예멘과 쉘의 석유협정지역이 1976년 12월 날짜의 지도에서 다시 인용되었다. 이 지도는 쉘이 제작하였으나 에티오피아에 알려야 된다는 것을 주장하지도 않았다. 본 합의지역 서쪽으로 '대강의 임시국제경계선'이 그어졌는바, 이 경계선은 쥬바이르 그룹(Zubar group) 서쪽 및 쥬카(Zaqar) 서쪽 그리고 하니쉬(Hanish) 도서에 걸쳐있다.257) 그러나 재판소는

254) *Ibid.*, para. 391.

255) *Ibid.*, Para. 393.

256) *Ibid.*, Para. 395.

257) *Ibid.*, Para. 401.

쉘의 지도제작자가 언급하기를 '대강의 임시국제경계'가 대다수 분쟁도서
및 모든 기타 대형도서들에 대한 예멘 영유권을 근거로 그어졌다는 견해
를 갖고 있다는 언급을 하였다고 한다.[258]

◆ 1974년의 Tomen-Santa Fe 탄성파탐사 허가

탄성파탐사허가협정이 1974년 예멘과 토요 멘카 카이샤(Toyo Menka
Kaisha) 회사와 체결되었으며 계약지역이 좌표로 표시되었다. 예멘은 협
정상의 좌표와 지도를 근거로 계약지역이 쥬카(Zuqar)와 하니쉬(Hanish)
도서를 포함한다고 확인한다. 그러나 유엔개발계획(UNDP)이 준비한 '탐사
역사도'에는 서쪽 경계선이 예멘이 주장하는 것과 다르다. 서쪽 경계선은
오히려 하니쉬(Hanish) 도서의 서쪽보다는 남쪽 끝으로 지나간다. 따라서
유엔개발계획 지도상의 선은 예멘과 에리트레아가 각기 체결한 허가계획
에 있는 것처럼 중간선을 따라 그레이터 하니쉬(Greater Hanish)를 지나가
고 있다.[259]

본 협정에서는 예멘이 계약지역 내 석유채굴에 관한 배타적 권한을 갖
고 있다고 기술하며 '계약지역'은 채굴허가에서 기술한 예멘의 법적 광구
지역내의 일부를 의미한다. 본 계약은 또한 "작업계획의 이행이 국제법상
예멘이 부과한 의무와 저촉되어서는 안 된다"고 명기한다.[260]

탄성파허가협정은 허가합의가 아닌 석유관련 계약이므로 계약지역 내
에서의 예멘의 석유채굴에 대한 배타적 권한 주장 그리고 예멘의 법적
채굴지역 언급은 대륙붕에 관한 예멘 권리행사를 위한 계약체결과 일치
한다. 재판소의 견해에 의하면, 동 협정 그 자체가 계약지역 내 도서에
대한 예멘 영유권 주장을 의미하는 것도 아니며 본 협정에 합의를 하지

---

258) *Ibid.*, Para. 402.

259) *Ibid.*, Para. 404.

260) *Ibid.*, para. 405.

않은 에리트레아가 이를 묵인한 것으로도 볼 수 없다.

계약지역은 어느 정도 본 도서의 육지영토 및 영수를 포함하였으며 이는 일부 또는 모든 그레이터 하니쉬(Greater Hanish)와 모든 쥬카(Zuqar) 및 레서 하니쉬(Lesser Hanish)를 포함한 것이 될 것이다.[261] 유엔해양법협약은 〈해양과학조사〉 규정을 두고 있는데 동 협약 제241조는 "해양과학조사활동은 해양환경 또는 그 자원의 어떠한 부분에 대한 청구의 법적 근거를 구성하지 않는다"고 규정하고 있다. 또한 제 246조는 배타적 경제수역 및 대륙붕에서의 해양과학조사가 연안국 동의하에서 수행되어야 한다고 규정한다.

따라서 국가는 통상적 상황에서 타국 또는 권한 있는 국제조직이 모든 인류의 이익을 위하여 해양환경에 대한 과학적 지식을 증진하기 위한 해양과학조사계획에 동의를 부여하여야 한다. 재판소 견해에 의하면 이들 규정은 당사국의 허가로 수행되는 상업목적의 석유탐사나 탄성파 탐사와는 관계가 없다는 것이다.[262]

◆ 1984년 헌트(Hunt) 석유회사 생산량 할당합의

1984년 3월 10일 예멘과 헌트(Hunt) 석유회사는 연안지역 생산량 할당합의를 체결하였으며 여기에서 "예멘의 경계 내에 있는 모든 석유는 예멘의 재산이며, 이 지역에서 국가가 잠재적 석유자원 개발증진을 희망하거나 계약자가 잠재적 석유자원의 탐사, 개발 및 생산에 참여 및 지원을 희망할 경우 헌트가 기술한 지역에서의 유정활동수행을 배타적으로 수행한다"라고 하였다. 예멘은 재판소에 지도를 제출하였는데, 여기에는 헌트 합의선이 자발 알-타이르(Jabal al-Tayr)를 포함하지 않는 서쪽 가장자리 및 쥬바이르 그룹(Zubayr group)을 포함하는 계약경계선의 남쪽 끝으로 지나

---

261) *Ibid.*, para. 406.

262) *Ibid.*, para. 407.

간다.263)

생산량 할당합의는 허가지역에 대한 예멘의 영유권 주장을 언급하지 않으며 구두 또는 첨부한 지도에서도 그 안에 있는 도서에 대한 주목을 하지 않았다. 분쟁도서의 영유권 주장을 위한 허가장을 발행하는 것이 예멘의 의도였다면 이 허가에는 자발 알-타이르(Jabal al-Tayr)가 포함되었을 것이다. 또는 이 허가는 상업적 고려로 발행된 것이지 도서의 존재에 관한 특정한 것이 아니었다. 따라서 계약지역 권원이 예멘에 있다는 사실은 결정적이지 않으며 예멘은 단지 대륙붕 자원에 대한 권원을 가진다. 그러나 합의에서 예멘이 '해당지역'에 대한 권원을 보유한다고 명기하고 있으므로 이것이 주권적 권원의 유보로 해석될 수 있다. 단 비록 경계가 대륙붕 경계를 포함하지 않는다하여도 예멘의 경계언급은 영유권 주장으로 암시된다.264)

◆ 1990년 영국석유(British Petrol)와의 석유할당합의

예멘과 BP는 1990년 10월 20일 석유할당합의를 체결하였으며 그 조건은 이전의 헌트(Hunt) 합의와 유사하다. 이 합의는 자발 알-타이르(Jabal al-Tayr)가 아닌 쥬바이르(Zubayr) 도서를 포함하였다. 영국석유는 광범위한 항공자기탐사를 합의된 지역에서 수행하였는데 여기에는 예멘정부의 허가로 쥬바이르(Zubary) 도서와 자발 알-타이르(Jabal al-Tayr)가 포함되었는데 이들은 합의지역 밖에 있었다.265) 재판소는 분쟁도서의 당사국이 수행한 상공비행에 중요성을 부가하지 않았다. 이러한 경우 이들 무인도에 대한 상공비행은 도서에 관한 관할권 주장에는 상당하나 영유권 주장은 그 정도가 미약하였다.266)

---

263) *Ibid.*, para. 410.

264) *Ibid.*, para. 412.

265) *Ibid.*, para. 413.

◈ 1985년의 총생산 할당합의

예멘은 1985년 텍사코(Texaco)와 생산할당합의를 체결하였는데, 이는
이전에 체결한 헌트(Hunt) 합의와 거의 유사한 조건이었다. 본 합의는 "예
멘의 경계선 내에 있는 그리고 자신의 관할권 하에 있는 해저에서의 모
든 석유는 해당국가의 재산이다"라고 언급한다. 합의지역이 연안과 마찬
가지로 육상에도 해당되기 때문에 이는 주권이 아닌 관할권 주장의 징표
로 해석될 수 있다.[267]

본 합의가 분쟁도서를 포함하고 있지 않으므로 변론에서는 이해관계가
제한되어 있었다. 총 생산합의와 마찬가지로 그레이터 하니쉬(Greater
Hanish)에서 활주로를 건설하고 이용한다는 것은 재판소의 견해로 볼 때
실효적으로 중요한 의미를 갖는다. 이는 그레이터 하니쉬(Grater Hanish)에
대한 예멘 관할권 행사를 보여주며 총생산합의로 예멘 관할권의 인정을
나타내주는 것이다. 그러나 에리트레아는 1986년 5월 그레이터 하니쉬
(Greater Hanish) 근해에서의 활동에 관한 프랑스 보고서를 증거로 제시하
면서 총생산 합의가 이 지역에서 적용되던 기간 에티오피아 초계함정이
조사를 목적으로 이 지역에 파견되었으나 아무것도 발견하지 못하였다라
고 하면서 이러한 증거는 에리트레아의 관점에서 그레이터 하니쉬(Greater
Hanish)에 대한 영유권이 자신에게 있음을 보여준다.[268]

◈ 1993년의 아다이르(Adair) 국제석유할당합의

예멘과 아디이르(Adair)는 1993년에 석유할당합의를 체결하였는데 본
합의의 내용이 증거로 제시되지 않았기 때문에 따라서 재판소가 이를 분

266) *Ibid.*, para. 415.
267) *Ibid.*, para. 416.
268) *Ibid.*, para. 419.

석할 입장이 아니었다. 본 합의는 예멘이 비준하지 않아 발효되지 않았
으나 예멘은 지도에서 제시한 연안구역이 하니쉬(Hanish) 도서의 모든 지
역을 포함하였으며 아다이르(Adair)도 제시한 총 구역보다는 약간 작은 계
약지역을 수용하기로 하였다.[269] 예멘이 제공한 아다이르(Adair) 지역 지
도는 그레이터 하니쉬(Greater Hanish) 도서의 남쪽 부분을 가로지르는 서
쪽 경계선을 나타내며 전부는 아니나 상당한 부분에서 합의구역 내에 그
레이터 하니쉬(Greater Hanish)가 있다. 그러나 이는 상업적 이유에서 서쪽
을 아다이르(Adair)가 선을 그었다고 설명한다. 따라서 재판소가 판단할
수 있는 한, 아다이르(Adair) 합의의 서쪽 선은 분쟁도서에 관계없이 그려
진 예멘과 에리트레아간의 중간선을 따라서 그어졌다.[270]

3) 1988년의 국제석유/아모코(Amoco)생산량 할당합의

에티오피아는 1988년 5월 28일 버뮤다의 국제석유회사와 생산량 할당
합의를 체결하였다. 본 합의에서는 "에티오피아 영토상 또는 영토하에 있
는 모든 석유에 대한 권한은 에티오피아 국가 및 국민에게 귀속되며 우
리 정부는 계약지역 내에서의 탐사, 개발 및 생산을 희망한다"라고 하였
다.[271]

본 합의에 첨부된 지도는 '에티오피아-홍해 면적'을 나타내며 후자의
동쪽 경계선은 그레이터 하니쉬(Greater Hanish) 도서의 남서쪽을 지난다.
그러나 이 지도상에는 계약지역의 범위에 대하여 모호하기 때문에 아모
코(Amoco) 에티오피아 석유회사는 에티오피아와 4개의 연례보고서를 만
들었다.[272] 1989년 보고서에 첨부된 지도는 계약지역 내에 그레이터

---

269) *Ibid.*, para. 420.

270) *Ibid.*

271) *Ibid.*, para. 424.

(Greater)와 레서 하니쉬(Lesser Hanish) 모두를 포함하며 이는 생산량할당 합의에 부착된 지도보다 더욱 상당한 범위이다.273)

1990년 보고서는 계약지역이 1989년과 동일하나 두 개의 지도가 본 보고서에 부착되었다. 다나킬(Danakil) 계약지역의 첫 번째 지도는 하니쉬(Hanish) 도서 서쪽보다는 동쪽 경계선을 나타내주고 있다. 두 번째 지도는 계약지역이 1989년 보고서에 부착된 지도와 동일한 계약지역 내에 그레이터(Greater)와 하니쉬(Hanish) 모두를 포함한다.274) 1991년 보고서에 있는 계약지역의 지도는 1989년과 1990년 보고서의 지도와 동일한 계약지역 내에 있는 모든 하니쉬(Hanish) 도서를 포함한다.275)

1992년 보고서는 제한된 작업진행과정을 나타내는데, 이는 아모코(Amoco)와 국제 석유대표가 1993년 6월 14일 새로이 독립한 에리트레아 관리와 만났으며 이때 다나킬(Danakil) 생산할당합의가 에리트레아에 의해서 인정될 것이라는 확신을 받았다고 한다. 1993년 보고서에 부착된 다나킬(Danakil) 구역지도는 다나킬(Danakil) 허가의 종합적인 지도로 계약지역 내에 있는 모든 하니쉬(Hanish) 도서를 포함한다.276)

4) 소결론

재판소는 이들 복잡한 허가의 역사적 측면에서 다음의 결론을 내렸다.

가. 예멘, 에티오피아 및 에리트레아가 시행한 연안 석유계약은 분쟁도서

---

272) *Ibid.*, para. 425.

273) *Ibid.*, para. 427.

274) *Ibid.*, para. 428.

275) *Ibid.*, para. 429.

276) *Ibid.*, para. 430.

에 대한 당사국 영유권 주장을 설정하거나 강화시키지 못한다.

나. 이들 계약은 당사국의 개별관할권을 구분하는 도서에 관계없이 에리
트레아와 예멘의 대향국가 간 중간선 측정을 지지한다.

다. 석유계약의 이행과정에서 중요한 행위가 국가권한 하에서 이루어졌
다.277)

4. 판 결

(1) 고대의 권원

예멘은 '고대권원' 문제에 대해 상당한 중요성을 부여하여 재판소로 하
여금 고대권원을 근거로 영유권 문제를 결정할 것을 요구하였다. 예멘은
도서에 대한 고대권원이 오토만 제국 이전부터 있었고 이는 중세 예멘에
서 나온 것이라고 주장하였다. 또한 이 권원은 터키가 1차 세계대전 말
패배했을 당시 국제법상으로도 존재하였고 따라서 오토만 제국이 로젠느
조약에 의해 이 도서에 대한 지배를 포기했을 때 이 권원이 예멘으로 승
계되어야 한다는 것이다.278)

그러나 에리트레아는 국제법상 승계원칙에 대한 의문을 제기하였다.
이의 논거로 에리트레아는 예멘이 원용한 이러한 원칙이 거의 지지를 받
고 있지 못하며 재판소도 승계가 일반국제법상 통용된 원칙이라고 주장
하는 근거에 대해 알지 못하고 있다는 것이다. 또한 이 원칙이 타당하다
하더라도 본 사건에는 적용될 수 없는데, 그 이유는 연속성이 부족하다는

---

277) *Ibid.*, para. 436.

278) *Ibid.*, para. 441.

것이다. 그러나 예멘은 "역사적 권원의 경우 연속성이 필요 없다"라고 하였으나 재판소는 이 주장에 어떠한 지지도 하지 않았다.[279)

예멘은 중재합의에서 영토주권의 근거로 역사적 권원에 특별한 중요성을 두었으나 이러한 권원의 실질적 존재 특히 분쟁도서에 관한 사실적 존재에 대해 재판소를 설득하지 못하였다.[280) 에리트레아는 에티오피아를 거쳐 이탈리아로부터 승계를 받았다고 주장하나 이것은 고대권원에 근거한 것이 아니라면 역사적 권원의 주장에 근거한 것이 분명하다. 그러나 내전 중 이탈리아가 홍해도서에 관한 강한 영토적 욕망을 갖고 있었으며 여러 기간 동안 이들 중 일부를 실질적으로 소유하고자 하는 욕망을 추구하기도 하였다.[281)

따라서 역사적 권원에 관해서는 당사국간에 상당한 견해차이가 있다. 그러나 재판소는 양측의 역사적 권원 주장을 조사하기 위하여 많은 노력을 하였으나 역사적으로 나타난 여러 가지 사실에서 많은 어려움을 겪게 되었다. 결국 어느 당사국도 역사적 권원의 법적 존재 및 이들이 특정 도서와 계속적이고 명확한 관계 등이 있다는 것을 재판소 결정에 근거로 하지 못하였다.[282)

양당사국은 역사적 주장의 다양한 유형보다는 주장의 형태가 무엇인가에 주로 의존하였는바, 즉 사용이나 현존의 과시, 정부권한의 표시 및 권원으로 점차 응고하게 될 소유를 나타내는 기타의 방법들이다. 그러나 재판소는 역사적 권원 이외에 국제법상의 원칙, 규정 및 관행의 적용을 중시하였으나 이는 영토분쟁에서 이러한 종류의 주장을 명확히 처리할 수 있기 때문이었다.[283)

---

279) *Ibid.*, para. 443.

280) *Ibid.*, para. 447.

281) *Ibid.*, para. 448.

282) *Ibid.*, para. 449.

(2) 국가 및 정부 권한행사의 증거

에티오피아나 예멘은 영국이 이 지역을 떠난 1967년까지 도서에 대한 영유권 욕망을 적극적으로 그리고 공개적으로 나타내거나 이들 도서에 대한 정부활동을 나타낼 기회가 많이 있었다는 사실을 기억해야 한다. 영국은 항시 로젠느조약으로부터 야기되는 입장을 유지하는데 민감하였다.[284]

문제의 대다수 도서 및 암석들이 대항국 간에 상대적으로 좁은 해역을 걸쳐 존재한다는 지리적 상황에 있다는 것이다. 따라서 해안 밖의 도서들에 대하여 특정 대항국이 이 도서에 대한 분명한 자신의 권원을 분명히 나타내지 않는 한 이들 해안에 인접한 것으로 생각될 수 있다는 것이다.[285]

그러므로 재판소는 영유권 문제를 결정하기 위하여 도서의 여러 그룹들을 개별적으로 고려할 필요가 있음을 알았다. 왜냐하면 상이한 그룹의 도서들이 최소한의 중요한 범위에서 개별적인 법적 역사를 가질 수 있기 때문이다. 특히 예멘은 도서의 자연적 통합원칙에 상당한 중요성을 부여하였고 따라서 이러한 이론에 대한 논평이 요구되었다.[286]

(3) 자연적 및 물리적 통합

예멘은 변론에서 하니쉬 도서그룹과 관련하여 자연적 또는 지구물리학적 통합을 강하게 주장하면서 예멘은 '하니쉬 도서그룹'의 명칭 속에는

---

283) *Ibid.*, para. 450.

284) *Ibid.*, para. 456.

285) *Ibid.*, para. 458.

286) *Ibid.*, para. 459.

헤이콕스(Haycocks)와 모하바카스(Mohabbakahs)를 포함한 모든 도서대를
포함하는 관련 서적 및 그림을 사용하였다.[287]

이러한 원칙에서 나온 개념은 의심의 여지가 있을 수 없으나 절대적인
원칙은 아니다. 그러나 재판소는 국가가 인근 일부 영토에 대하여 주권
을 행사하고 표시하는 것이 이들의 권한에 대한 사실적인 영향이 거의
없거나 전혀 없는 외곽영토에까지 주권이 확장된다고 추정하는 것은 문
제가 있다는 피츠모리스(Fitzmaurice) 교수의 글을 인용하였다.[288] 따라서
재판소가 고위관청의 이러한 성명을 수락하는 데에는 어려움이 없으나
이들이 말하는 것은 사실상 단순통합원칙 이상의 것이었다.

(4) 모하바카스(Mohabbakahs)

모하바카스(Mohabbakahs) 도서는 항해상의 위험이 있는 4개의 암석으로
구성되어 있다. 에리트레아는 이탈리아의 여러 지방합의에 따라 모하바
카스(Mohabbakahs)에 대한 권원획득을 보여주려고 노력하였으며 이러한
사실을 터키가 항의하지 않았고 영국이 이를 인정하게 되었다. 외교사가
이 경우에 어떤 이해관계를 가지고 있는데, 특히 남서 헤이콕(Haycock)이
모하바카스(Mohabbakahs) 도서인지 아니면 헤이콕스(Haycocks)의 개별그룹
의 일부인지 또는 쥬카-하니쉬(Zuqar-Hanish) 그룹의 일부인지가 문제를
밝히는데 중요하였다.[289]

---

287) *Ibid.*, para. 460.

288) Fitzmaurice is, in the passage cited, clearly dealing with the presumption
that may be raised by proximity where a state is exercising or displaying
sovereignty over a parcel of territory and there is some question whether there
is presumed to extend also to outlying territory over which there is little or
no factual impact of its authority.

따라서 에리트레아는 모하바카스(Mohabbakahs)가 처음에는 에티오피아로 2차 세계대전 이후에는 에리트레아로 양도된 영토임을 주장하면서 이러한 사실은 연안 밖 도서에 관한 1947년 평화조약 제2조 및 헌법으로 확인된다고 하였다.[290]

예멘은 에티오피아가 지방통치자를 통하여 관할권을 획득한 도서는 아사브만(Assab Bay)에 있는 도서에 불과한데, 이는 과거에 홍해 양 해안이 오토만의 통치하에 있었고, 1차 세계대전 말 이후 예멘이 역사적 권원을 회복하였으며 또한 모하바카스(Mohabbakahs)는 역사적 권원이 예멘에 있는 헤이콕스(Haycocks)와 쥬카-하니쉬(Zuqar-Hanish) 그룹으로 통합된 것으로 인식하였다는 것이다.[291]

그러나 재판소는 모하바카스(Mohabbakahs)에 대한 권원이 존재하였고 이것이 제1차 세계대전 이후 예멘으로 귀속되었다 하더라도 모하바카스(Mohabbakahs) 도서가 예멘이 주장하는 본래의 역사적 권원의 일부라는 증거가 없다고 이미 밝힌바 있다.[292] 아사브 만(Assab Bay)이 1947년 이탈리아에 의해 에리트레아로 양도되었다 하더라도 예멘은 모하바카스(Mohabbakahs)에 대한 심각한 주장을 오늘날의 중재에 이르기까지도 제기하지 않았다.[293]

재판소는 그러나 모하바카스(Mohabbakhs)에 대한 이탈리아 권원이 로젠느조약에서 살아남게 되었으며 그 이후 에티오피아와 에리트레아로 양도되었는지에 관해서는 결정할 필요가 없었다. 이는 재판소가 고암석 이외의 모든 모하바카스(Mohabbakahs)가 에리트레아 연안 12마일 내에 있다는

---

289) *Ibid.*, para. 467.

290) *Ibid.*, para. 468.

291) *Ibid.*, para. 470.

292) *Ibid.*, para. 471.

293) *Ibid.*

것을 언급하는 것으로 충분하기 때문이다. 역사가 어찌되었든 예멘의 역사적 권원주장이 명확하지 않기 때문에 모하바카스(Mohabbakahs)는 오늘날 이러한 이유로 에리트레아 영토로 간주되어야 한다.[294]

그러므로 모든 관련 역사적, 사실적 및 법적 고려사항의 검토 후에, 재판소는 만장일치로 본 사건에 있어 모하바카스(Mohabbakahs) 도서를 형성하는 도서·암초·암석 및 간출암 등은 에리트레아의 영유권에 따른다고 결정하였다.[295]

(5) 헤이콕스(The Haycocks)

헤이콕스(Haycocks)는 남서에서 북동쪽을 따라 위치해 있는 3개의 소도서이다. 본 도서는 특별한 법적 역사를 가지고 있는바, 이 때문에 여기에서는 분리해서 논의될 필요가 있다. 이의 법적 역사는 홍해등대의 내용과 상당히 밀접한 관계가 있다.[296]

1930년 이탈리아가 남서 헤이콕스(Haycocks)에 등대를 건설하고 있었을 때 이탈리아와 영국정부간 교신이 있었다. 즉 "에리트레아에 이탈리아 식민지를 건설함으로써 에리트레아 연안 밖 도서가 본 식민지에 부속된 것으로 고려되어야 한다는 것을 항의하기 어렵게 만든다"라는 견해를 외무성 각서에서 나타내고 있다. 이에 관하여 4월 11일 이탈리아 정부서신으로 공식적인 반응을 보였는데, 여기에서는 남서 헤이콕스(Haycocks)를 주장하면서 그 이유로 에리트레아 홍해연안에 인접해 있다는 것을 들고 있다.[297]

---

294) *Ibid.*, para. 472.

295) *Ibid.*, para. 475.

296) *Ibid.*, para. 476.

에리트레아는 헤이콕스(Hacocks)에 대한 자신의 주장지지를 목적으로 이들 주장을 원용하나 에리트레아의 이탈리아 식민지로부터 나온 승계의 형태를 그리고 1933년 에리트레아 독립을 통한 에티오피아와 에리트레아의 연방에 그 논리를 두고 있다.298)

에리트레아 연안에 인접하다는 지리적 주장은 설득력 있으며 이는 연안 밖 도서가 연안국에 속하게 되리라는 일반적 견해와도 일치한다. 그러나 이 경우 이보다 더 우위에 있는 권원이 확립되지 않은 경우에 한하기 때문에 예멘은 본 사건에서 이보다 우위의 주장을 확립하지 못하였다.299) 그러므로 모든 관련 역사적, 사실적 및 법적 고려사항의 검토 후에 재판소는 만장일치로 헤이콕스 도서(Haycocks Islands)를 이루는 도서·암석·소도 및 간출암이 에리트레아 영유권에 속한다고 결정하였다.300)

(6) 쥬카-하니쉬 그룹(The Zuqar-Hanish Group)

재판소는 지리적 조사를 위하여 쉘(Shell)과 양당사국이 합의한 것에 중요성을 부여하지 않았다. 계약상 적용되는 지역은 이들 도서를 횡단하나 쉘(Shell)이 양당사국의 허가로 활동하였다는 것은 의심의 여지가 없었다.301)

탐사를 위한 실질적 합의에 도달하였을 때, 예멘이 행한 합의 중 2개는 쥬카-하니쉬 도서(Zuqar-Hanish Islands)를 포함했으며, 에티오피아가 행한

---

297) *Ibid.*, para. 479.

298) *Ibid.*, para. 480.

299) *Ibid.*

300) *Ibid.*, para. 482.

301) *Ibid.*, para. 498.

합의에서는 이들 도서까지 확장하는 것을 회피하였다. 이는 당사국인 예
멘은 고대권원을 그리고 에리트레아는 승계를 근거로 이들 도서에 대한
주장을 하나 재판소의 견해는 이들 주장에 대해 확신을 갖지 못하였기
때문에 영유권에 관한 재판소의 결정은 쥬카(Zuqar)와 하니쉬(Hanish)의
위치와 지난 10년간 이들과 인접해 있는 소도 및 암석들이 있었던 것으
로 보이는 중요한 범주에 근거해야만 한다.

다만 에리트레아가 쥬카(Zuqar)에 관해서 상대적으로 증거를 제시한 것
이 거의 없다는 것이 분명하며 따라서 재판소는 쥬카(Zuqar) 도서가 예멘의
영유권에 속한다는 것에 의심을 가지고 있지 않았다.[302] 하니쉬(Hanish)에
관하여도 문제는 분명하지 않았다. 에리트레아는 아모코(Amoco)의 탄성
시험을 지원하기 위해 하니쉬(Hanish) 신호소 설치계획에 중점을 두었는데
이들이 실질적으로 설치되었는지는 그 증거가 명확하지 않다. 그러나 이
신호소 설치는 아모코(Amoco)가 했으며 에티오피아 정부는 제한적인 역할
을 한 것에 불과하다.[303]

예멘은 권한의 존재 및 과시를 통하여 보여줄 것이 더 많이 있다. 즉
예멘 정부의 허가로 아르도코바(Ardoukoba) 탐험 및 캠프장이 만들어 졌
고, 항공기 착륙 장소가 있으며 1995년 5월 그레이터 하니쉬(Greater
Hanish)에 대한 관광계획을 발전시키기 위해 예멘회사에 허가를 내준 사
실 등이 있다.[304] 그러므로 모든 관련 역사적, 사실적 및 법적 고려사항
의 검토 후 재판소는 본 사건에 있어 양당사국 주장을 신중히 존중하여
균형이 되도록 하였으며 쥬카-하니쉬 그룹(Zuqar-Hanish Group)에 관한 국
가 권한의 행사를 주장하는 예멘의 증거에 비중을 두었다.[305] 따라서 재

---

302) *Ibid.*, para. 499.

303) *Ibid.*, para. 505.

304) *Ibid.*, para. 507.

305) The Tribunal finds in the present case that, on balance, and with the

판소는 만장일치로 쥬카-하니쉬 그룹(Zuqar-Hanish Group)의 도서·소도·암석 및 간출암이 예멘의 영유권에 속한다고 결정하였다.306)

(7) 자발 알-타이르(Jabal al-Tayr)
쥬바이르 그룹 도서(the Zubayr Group of Islands)

이들 도서에 관련되어 현재 논의 중인 합의는 두 가지가 있는데, 첫째는 1973년 11월 20일 예멘과 쉘(Shell)이 체결한 합의이다. 본 합의에서는 계약지역 서쪽 경계선이 쥬바이르 그룹(Zubayr Group) 내에 있도록 그어졌다. 여기에는 자발 알-타이르(Jabal al-Tayr)를 포함하지 않으나 해양경계 획정 목적으로 허용되는 본 도서의 영해 폭을 포함하는 거리 내에서 지나간다.307)

둘째는 1985년 3월 10일 비준한 헌트(Hunt) 석유생산량 할당합의가 있는데, 본 합의의 서쪽 계약지역 경계선이 쥬바이르 그룹(Zubayr Group)을 역시 포함하나 예시된 지도에는 자발 알-타이르(Jabal al Tayr)의 도서를 무시한 것으로 나타나며 물론 여기에서도 영해의 일부가 포함된다.308)

이러한 합의에 대해 에티오피아는 합의를 하지 않았다. 에티오피아나 에리트레아 누구도 이들 도서를 포함하는 어떠한 석유협정도 체결하지 않았다. 그러나 에리트레아는 1995년과 1997년 아나다코(Anadarko) 석유회사와 협정을 체결하면서 이 도서의 방향으로 그리고 해안사이의 거

---

greatest respect for the sincerity and foundations of the claims of both parties, the weight of the evidence supports Yemen's assertions of the exercise of the functions of state authority with respect to the Zuqar-Hanish group.

306) *Ibid.*, para. 508.

307) *Ibid.*, para. 518.

308) *Ibid.*, para. 519.

의 중간선이 되도록 경계선을 확장하여 그었다. 그러나 예멘은 이 선에 대하여 항의를 하면서 이는 이 지역의 경제적 권리 및 양 그룹 영수(領水)에 위반된다고 하였다.

재판소는 이러한 특수한 문제 해결이 쉽지 않음을 알았으며, 이들 도서 주변에서 실질적이거나 지속적인 활동을 어느 한 당사국이 했다는 증거가 거의 없다고 판단하였다. 그러나 이들이 상당히 고립된 위치에 있으며 거주가 불가능하다는 특성을 고려하면 아마도 거의 충분한 증거는 없을 것이다.309) 그러므로 모든 관련 역사적, 사실적 및 법적 고려사항의 검토 후에 재판소는 만장일치로 본 사건에 있어 이전의 근거를 기초로 쥬바이르 그룹(Zubayr Group)을 형성하는 도서·소도암석 및 간출암과 자발 알-타이르(Jabal al-Tayr)의 도서가 예멘의 영유권에 속한다는 것을 알 수 있었다.

상기의 판결내용을 기초로 재판소는 다음과 같이 판결하였다.

1. 모하바크(Mohabbakh)를 형성하고 있는 도서·소도·암석 및 간출암은 에리트레아의 영유권에 속한다.
2. 헤이콕(Haycock) 도서를 형성하고 있는 도서·소도·암석 및 간출암은 에리트레아의 영유권에 속한다.
3. 사우스 웨스트 락스(South West Rocks)는 에리트레아의 영유권에 속한다.
4. 자발-하니쉬 그룹(Jabal-Hanish Group)의 도서·소도·암석 및 간출암은 예멘의 영유권에 속한다.
5. 자발 알-타이르(Jabal al-Tayr) 도서와 쥬바이르 그룹(Zubayr Group)의 도서·소도·암석 및 간출암은 예멘의 영유권에 속한다.
6. 예멘의 영유권에는 에리트레아와 예멘 어민의 자유로운 접근과 조업향유를 포함한 이 지역에서의 전통적인 어업제도의 항구적 유지

309) *Ibid.*, para. 523.

를 포함한다.[310]

5. 평 가

본 사건은 몇 가지 특징이 있는바, 그 하나는 당사국 주장에 있어 현저한 차이가 있다는 것이다. 즉 예멘은 영유권 주장의 기원을 중세와 심지어는 오토만 제국 건설 이전까지 소급하여 주장하나, 에리트레아는 1990년대 초 에티오피아로부터 분리되어 완전한 독립국가가 되었음에도 불구하고 에리트레아는 고대 에티오피아 국가의 일부로 2차 대전 이후 연방시기는 물론 이탈리아 식민지 기간부터 역사적 승계를 통하여 분쟁도서에 대한 권원을 갖는다고 한다.

따라서 재판소에 대하여 양당사국은 법적 권원 확립증거로서 방대한 자료들을 제출하였으며, 예멘의 경우는 '고대권원'에 있어서의 응고성, 계속성 및 확인 등으로 구분하여 자료를 제출하였다. 이들 모든 자료는 성격과 비중이 다양하므로 법원의 분석 및 평가가 요구되었다. 이들 자료들은 대다수가 당사국 또는 그 이전 국가의 행위, 작용 또는 반작용 등과 관계됨으로 양국이 내란으로 이미 점령기간을 경험하였다는 것을 알아야 할 것이다. 예멘은 1962년~1970년까지, 에리트레아는 1993년 독립을 초래한 에리트레아 반란군과의 유혈 충돌을 경험하였다.

분쟁이 된 도서 및 소도는 소규모이며 일정하지도 않고 또한 매력적이지도 못하며 물도 없고 거주하기에도 대단히 어렵게 되어 있다. 그러나 세계에서 가장 중요하고 빈번한 수로인 수에즈 운하가 1869년 개통되자 이들은 양면성을 띠게 되었다.

분쟁도서에 관한 이러한 대립되는 측면이 재판소에 제출된 자료들에서

310) *Ibid.*, para. 527.

도 나타난다. 초기에는 이들 도서가 지방의 전통적 어부들의 피난처나 정박지 등으로 사용되어 왔을 뿐 연안국들에 의해서는 거의 주목을 받지 못하였다. 그러나 경쟁 식민지국인 영국과 이탈리아의 일시적인 점령으로 상당한 주목을 받게 되었는데, 이는 운하개통 이후 본 도서가 있는 남부에 좁게 열려있는 이 수역이 유럽에서 인도, 동인도 및 극동으로 가는 중요 항로였기 때문이다.

영국, 이탈리아 나아가 프랑스와 네덜란드가 이 도서에 관심을 보였다는 것은 당사국이 재판소에 제출한 중요한 역사적 자료가 된다. 그러나 이들 자료는 국내 각서의 형태로 영국 외무성 고문서나 이탈리아 외무성에서 발견된다. 따라서 재판소는 이러한 국내 각서들이 정부의 견해나 정책을 반드시 대표한다고 볼 수 없으며 단지 이 당시 일개 공무원이 다른 특정한 공무원에게 표현했던 개인적 견해에 불과하다고 한다. 본 사건은 다음과 같이 몇 가지로 요약하여 평가할 수 있다.

첫째, 역사적 권원을 이유로 영유권 주장을 할 경우, 이러한 사실들이 양당사국 및 법원에 의해 증거능력이 있다고 인정되지 않을 경우 이를 근거로 한 영유권 주장은 받아들여지지 않았다는 것이다. 즉 역사적 권원의 법적 존재 및 이들이 분쟁도서와 계속적이며 분명한 관계가 있을 경우에 역사적 권원의 증거능력을 인정하게 된다.

둘째, 실효적 지배사실의 인정에 있어 법원은 개인 또는 사기업 등에 의한 활동은 국가행위의 표시로 볼 수 없으므로 이를 이유로 한 영유권 주장은 받아들이지 않았다. 즉 분쟁도서의 구체적 사용이나 국가권한의 명백한 표시 및 이행 등이 실효적 지배사실로 인정된다는 것이다.

셋째, 지도의 증거능력에 있어서 기록상의 객관적 증거에 의한 공식적 지도만이 증거능력이 인정되었다.

결론적으로 에리트레아-예멘 도서 영유권 사건은 분쟁도서의 실효적 지배사실에 의거 실효적 지배국의 영유권을 인정한 사건으로 볼 수 있다.

II. 에리트레아·예멘 간 해양경계획정 사건[311]

1. 사건 개요

본 사건은 에리트레아·예멘이 홍해에서의 자국 경계획정이라고 주장하는 중간선이 서로 일치하지 않아 이의 해결을 중재판정에 회부한 사건이다.

에리트레아는 자국 주장 중간선이 본토 연안과 등거리에 있으나, 자국의 역사적 중간선은 예멘의 중간수역 도서가 아닌 자국의 도서를 고려한 선이라고 한다. 예멘이 주장하는 선은 에리트레아 연안(다락(Dahlak) 도서상의 특정 지점 포함)과 모든 예멘 도서 연안과의 등거리에 있다고 한다. 예멘 선은 WGS84에 의한 변환점이 기점으로 표기되었으나, 에리트레아 선은 재판소 요청으로 기점 좌표를 제공하였지만 WGS84로는 표기되지 않았다.

이러한 배경에 따라 1996년 10월 3일 양국은 중재협정을 채택하여 이의 사법적 해결을 중재재판에 부탁하여 1999년 12월 17일 판정으로 종료된 사건이다.

2. 당사국 주장

(1) 예멘이 제시한 경계선

예멘이 주장하는 선은 위도선인 16°N, 14°25′N 및 13°20′N의 3부분으로 되어 있다. 즉 ① 자발 알-타이르(Jabal al-Tayr) 예멘도서와 자발-쥬바이르

---

311) 본 내용은 2004년도 (사)해양법포럼 연구과제수행시 본인이 맡은 과제를 정리한 것임. 해양수산부, 〈국제해양분쟁사례연구 I〉, 대전 : 애드파워,

(Jabal-Zubayr) 그룹간의 북쪽 지역 ② 예멘의 쥬카-하니쉬(Zuqar-Hanish) 그룹과 모하바카스(Mohabbakahs), 헤이콕스(Haycocks) 및 사우스 웨스트 락스(South West Rocks)와 더불어 에리트레아 반대쪽 본토 연안간의 중앙지역 ③ 예멘 본토 연안과 쥬카-하니쉬(Zuqar-Hanish) 그룹의 에리트레아 남부사이의 남쪽지역이다.312)

이들 부분은 예멘선의 위도 통제점으로 고정되었다. 따라서 예를 들면 14°25′N은 쥬바이르(Zubayr) 그룹의 소도 센터 피크(Centre Peak)로부터 쥬카(Zuqar) 연안의 기점까지 변경된 통제점 선상의 지점인 것이다.313)

예멘은 북해대륙붕 사건에 관한 국제사법재판소 판결을 기초로 자신의 주장을 제시하였다. 즉 중간선은 통상 대향해안에 적용되었을 경우 형평한 결과가 된다는 것이다. 따라서 재판소가 사전에 해야 할 일은 기선으로 사용될 해안을 결정하는 것이라고 주장하였다.314) 북쪽지역에서 예멘은 경계선 설정시 350개 소도 및 도서를 고려하였으며 이중 가장 큰 도서로서 상당한 인구가 거주하는 다락(Dahlak) 도서 내측수역이 에리트레아 내수로 인정되어야 한다는 것이다.315)

예멘은 경계선의 동쪽기점이 자발 알-타이르(Jabal al-Tayr) 중간수역 도서의 서쪽해안 저조선과 자발 알-쥬바이르(Jabal al-Zubayr) 중간수역 그룹의 서쪽해안에서 찾아야 한다고 제안하였다. 예멘은 또한, 이들 도서들은 다락(Dahlak) 그룹의 무인 외측 소규모 소도보다도 중요하기 때문에 기점으로 사용되어야 한다고 하였다.316)

---

312) *Ibid.*, para. 12.

313) *Ibid.*

314) *Ibid.*, para. 13.

315) *Ibid.*, para. 14.

316) *Ibid.*, para. 15.

이러한 점에서 동쪽 및 서쪽 해안에서의 도서 기점처리가 '형평'하게 될 것이며, 북부 지역에서 "각 당사국은 각기 본토에서 유사한 거리에 있는 비슷한 연안수역을 창출하는 상당한 크기의 도서를 소유한다"라고 주장하였다.317)

중심지역에서 예멘이 주장한 선은 하니쉬(Hanish) 도서그룹과 에리트레아 본토해안 사이의 좁은 수역을 통해 지나간다(이 경계선 수역 부분을 예멘은 '중심수역'으로 부르나 에리트레아는 '남부수역'이라고 부르기도 한다). 예멘선은 에리트레아 본토해안과 예멘의 하니쉬(Hanish) 도서그룹의 최서쪽 해안 저조선 사이의 등거리선이었다.318)

예멘은 제시하기를, 에리트레아 본토해안과 다소 큰 예멘 도서 사이에 있는 '소규모 에리트레아 도서'가 경계획정 시, 역할을 하기에는 적절치 않다고 한다. 따라서 사우스 웨스트 락스(South West Rocks)와 3개 헤이콕스(영유권 판정 시, 에리트레아에 속하는)를 무시한 예멘 경계선 작도 시 이들은 단지 항해상의 위험성이 있다는 고려요소 밖에 없는 소규모 암석에 불과하다. 이들 소도에 대한 에리트레아 영유권은 제한된 반경 내에 위치할 경우에만 인정되었다.319)

예멘의 남쪽지역에서는, 경계선이 몇몇 소도만 있는 좁은 수역으로 통하게 됨으로 상대적으로 복잡한 중간수역 도서나 소도로부터는 자유스러우며, 이러한 선은 대향 본토 해안 사이의 단순한 중간선이 되었다. 파투마(Fatuma), 데코스(Derchos) 및 라스 무카(Ras Mukwar) 도서를 기점으로 사용함으로써 아사브(Assab) 만이 에리트레아 내수가 됨을 인정하게 되었다. 예멘은 이를 다음과 같이 논평하였다.

---

317) *Ibid.*

318) *Ibid.*, para. 16.

319) *Ibid.*, para. 17.

이러한 경계획정 방식은 남쪽지역 도서를 북부도서지역에 있는 도서와 동일
하게 취급하기 위해서 선정되었다.[320]

이들 세 지역의 요약을 통하여, 예멘은 적용 가능한 법원칙에 따른 적
당한 경계획정이 관련해안 사이의 중간선이 되어야 한다는 것을 알았다.
그러므로 형평원칙을 근거해서는 이러한 선의 적용에 대한 정당화를 할
수 없게 되기 때문에 관련 해안 사이의 중간선 경계획정은 본 중재 목적
과 양립할 수 있는 유일한 형평한 해결이었다.[321]

[지도 2]　에리트레아의 역사적 중간선 주장 기점

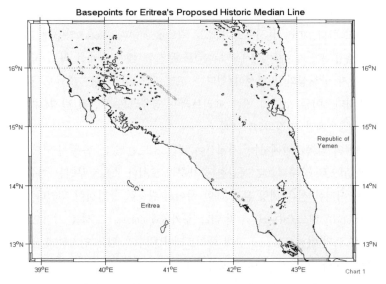

■ 출처 : http://www.pca-cpa.org/upload/files/chart1.gif

---

320) *Ibid.*, para. 18.

321) *Ibid.*, para. 19.

예멘 역시 관련 요소들을 언급하였는바, 즉 비례성 요소가 있기 때문
에 이는 에리트레아 주장과 함께 아래에서 다루어져야 한다는 것이다.
또한 특정한 "비 지리적 관련 환경"에 대한 논의가 있어야 하는데, 즉 "홍
해 어업에 있어서의 예멘 어업공동체의 의존성" 문제가 최초의 논의 대
상이 되었다.[322]

예멘이 주장한 기타 관련 상황은 '연안국의 안보요소'였다. 예멘에 따
르면, 이것은 "단지 비 침해를 암시한다"라는 것이다. 안보나 비 침해 문
제는 하니쉬(Hanish) 도서그룹의 좁은 수역과 에리트레아 해안에서 주로
발생하였다. 예멘에 따르면 이러한 관심은 처리의 형평성에 효과를 미치
는 등거리 원칙의 적용이 자동적으로 언급되었다.[323]

(2) 에리트레아가 제시한 경계선

에리트레아는 예멘이 주장한 선에 법적 흠결이 있다고 하여 이를 다음
과 같이 지적한다. 즉, 예멘의 주장은 근본적으로 모순이 있는 것으로서
이는 에리트레아 자신의 주장과 일부 일치하지 않는바, 경계선의 북부지
역에서 북부 중간도서의 영향력 문제로 해양경계는 대륙붕과 배타적 경
제수역 사이에 존재하였다고 한다. 그러나 대륙붕 및 배타적 경제수역
각각의 경계선은 유엔해양법협약 제94조 및 83조에 의해 규율되나, 이
양 조항 중 어느 것도 등거리를 언급하지 않는다. 따라서 이들 수역의 경
계획정이 "형평한 해결에 도달하여야 한다"는 것은 분명한 요구사항이다.
그럼에도 불구하고 이들 수역에 대하여 예멘은 소규모 북부 중간소도 해
안을 기점으로 포함하는 등거리선을 주장하였다.[324]

---

322) *Ibid.*, para. 20.

323) *Ibid.*, para. 21.

이와는 대조적으로 에리트레아는 구두 변론에서, 하니쉬(Hanish) 도서 그룹과 에리트레아 본토해안 사이에 24마일 이내의 좁은 수역이 있으므로 이 수역은 모두 영해가 되며 따라서 동 협약 제15조가 "문제의 쥬카(Zuqar) 주변수역 및 하니쉬(Hanish) 도서 경계수역의 남부 도달점에 직접적으로 적용될 것이다"라고 주장하였다. 그 이유는 물론 폭이 상당히 좁다는 것인데, 이의 의미는 쥬카(Zuqar) 및 하니쉬(Hanish) 도서 주변수역에 등거리 원칙이 적용된다는 것이다.325) 이러한 선은 영유권 판정 시 에리트레아에 속한 것으로 된 사우스 웨스트 락스(South West Rocks)와 헤이콕스(Haycocks)를 충분히 고려한 중간선에 더욱 가까울 것이다. 더구나 제15조 적용 시 이들 도서를 포함하는 문제가 있을 수 없다.326)

에리트레아는 또한 예멘이 제시한 위요지(enclave)는 관행상 예멘 영해 주변을 통하여 에리트레아로 가는 통로 접근로의 차단을 의미한다. 이 결과 에리트레아의 사우스 웨스트 락스(South West Rocks)와 헤이콕스(Haycocks)가 '완전히 고립될 것'이므로 에리트레아는 위요지 해결책을 반대하였다. 이는 헤이콕(Haycock) 도서와 사우스 웨스트 락스(South West Rocks) 사이에 있는 서쪽의 주요 통상로가 예멘 영수로 들어가게 되며 또한 쥬카(Zuqar) 동쪽을 지나는 동부 주요 항로가 이미 분쟁의 여지가 없는 예멘 영수에 있다고 주장하였다. 그러므로 예멘의 제안은 두 개의 주요 통상로가 예멘이 제시한 경계획정이 수용될 경우 예멘의 영수 내에 포함되는 결과를 초래할 것이라는 것이었다.327)

---

324) *Ibid.*, para. 23.

325) *Ibid.*, para. 24.

326) *Ibid.*, para. 25.

327) *Ibid.*, para. 26.

[지도 3] 에리트레아 주장 서쪽 경계획정 기점

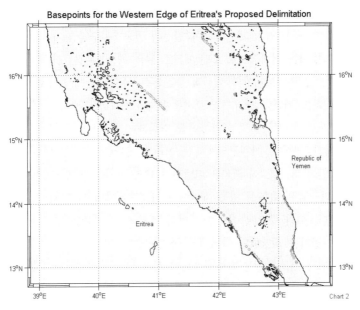

Basepoints for the Western Edge of Eritrea's Proposed Delimitation

■ 출처 : www.pca-cpa.org/upload/files/chart 1

에리트레아가 제시한 경계획정문제 해결책은 두 가지로 나누어진다.
즉 제시한 국제경계선 및 에리트레아가 '공동자원수역'이라 주장한 수역
의 경계획정을 위하여 중간수역 도서의 특정한 '경계획정구역'을 제안한
것이었다.

도서 주변의 분할된 해양수역 경계획정은 동쪽으로는 예멘의 배타수역
인정 및 서쪽으로는 에리트레아의 배타수역 인정과는 구별된다. 이러한
생각은 전통적 어업제도에 관한 영유권 판정 시 유보 표명 및 이러한 제
도의 이행 보증을 필요로 했던 에리트레아의 견해에서 나타났다. 이에
관하여 에리트레아는 "만일 이 제도가 지속되어야 한다면, 양당사국은 이
것이 무엇인지 그리고 어디에서 기술적으로 정확하게 영향력을 갖고 있
는지를 알아야 한다"라고 하였다.[328]

서쪽에서의 에리트레아 '배타적 수역'은 영해는 물론 중간수역 도서의 서쪽수역과 역사적 중간선의 서쪽이 포함되었다고 언급되어야 한다. 이들 두 가지 에리트레아 제안에는, 중간선과 공동자원수역 양자가 함께 속해 있는데, 이는 전체적으로 보면 에리트레아 제안의 본질적인 부분이 된다. 그러므로 에리트레아의 '역사적 중간선'은 이후 언급에서 다소 차이가 있다하더라도 예멘의 중간수역 도서존재를 무시하였으나 이는 에리트레아의 도서를 고려한 본토 해안사이를 연결하는 중간선으로 그어진 것이었다. 에리트레아의 '자원구역체제'는 이러한 복잡한 도서 문제해결의 본질적 요인이 되었다. 이 구역은 다양한 형태와 크기를 갖고 있으며, 이들 '공동자원구역'은 융통성 있는 제안으로 에리트레아에 의해 제기된 것으로 보인다. 이의 주요 관심사는 어민의 조업구역을 어민에게 정확히 알려줄 수 있기를 희망했던 합리적인 구역이었다.329)

두 가지 문제, 즉 전통적 어업제도의 성격 및 국제경계획정에 관한 일련의 에리트레아 변론이 예멘 주장과는 모순된다. 예멘은 "전통적 어업제도가 당사국간 해양경계획정에 어떠한 영향도 주어서는 안 된다"는 견해를 표명하였다. 예멘은 재판소가 제기한 문제의 답변에서, "중재합의 제 13조 3항 및 1994년과 1998년 합의에서 나온 초안은 해양경계획정 시 전통적 어업제도 고려 필요성을 회피하였다"는 견해를 표명하였다.330)

에리트레아는 8월 24일 예멘서신에 관한 답변에서, 예멘의 제안은 양국이 에리트레아의 전통적 권리 이행합의를 한 1988년 10월 이래 논의를 해왔던 생각을 전달한 것이라고 하였다. 그러한 논의는 이 문제에 관하여는 없었으며 어떠한 합의를 중간수역도서 인근수역에서 에리트레아의 전통적 권리를 보호하고 보존하도록 체결된 것은 없다.331)

---

328) *Ibid.*, para. 27.

329) *Ibid.*, para. 28.

330) *Ibid.*, para. 29.

(3) 역사적 권리와 영유권에 관한 주장

분쟁도서의 영유권은 본 중재의 제1단계 문제였으며, 중재합의에서는
재판소가 제2단계에서 이 문제를 선택적으로 고려하게 된다. 그러므로
양 당사국이 제2단계에서 전통적 어업제도 문제뿐만 아니라 영유권의 성
격 및 경계획정과의 관련성 문제를 제기한 것은 흥미로운 일이었다.[332]
  에리트레아는 분쟁도서의 역사에 귀착하였으며, 특히 이탈리아의 영향
및 그 존재기간에 대하여 집중하였다. 따라서 에리트레아는 예멘이 '최근
에 획득한'분쟁도서에 대한 영유권은 경계획정 목적의 고려 요소로서 그
중요성이 덜하다는 것을 재판소에 강요하는 견해를 표현하였는바, 이러
한 표현은 다음과 같다.

  에리트레아는 최근 영유권을 획득한 소규모 무인도 범주내에 있는 중간수역
  도서 및 중간선 근처 도서가 축소된 해양수역을 향유하다는 것을 재판소가 인
  정해야 한다는 것을 고려한다.[333]

에리트레아는 따라서 권리가 공존하는 도서의 해양수역 외측경계는,
홍해 서쪽에서는 양 해안사이의 중간선까지이나 여기에는 유엔해양법협
약 제121조에 따라 본 중재 시작 이전까지 소유한 국가의 도서가 포함되
며 홍해의 동쪽에서는 예멘 영해 12마일 한계까지라는 것이다.[334] 그러
므로 에리트레아는 주장하기를, "에리트레아가 역사적으로 소유한 도서
를 참고로 작도한 역사적 중간선 서쪽까지의 모든 수역에 대한 역사적

---

331) *Ibid.*, para. 30.

332) *Ibid.*, para. 31.

333) *Ibid.*, para. 32.

334) *Ibid.*, para. 33.

권원을 향유한다"라고 한다. 이러한 접근은 본토 해안사이에 작도된 중간
선과 역사적 중간선이 서로 다르다는 것을 인정한 것이다.335)

예멘은 이에 대한 답변에서, 과거 분쟁도서에 대한 예멘의 권원은 영
유권 판정에 의해 창출되는 것이 아니라 오히려 기존 권원을 확인한 것
에 불과하며 "중재 시 권원문제는 장래에 그리고 소급하여 결정되어야
한다"라고 한다.336) 예멘은 또한 에리트레아가 제시한 공동구역이 제1단
계에서 예멘에게 판정된 영유권이 단지 제한적이거나 조건적인 영유권이
라는 가정 하에 설정된 것이라는데 관심을 보였는바, 즉 모든 영유권은
국제법상 제한되어 있다는 것이다. 에리트레아는 도서에 대한 예멘 영유
권이 영유권 승계자로서의 조건준수를 하지 못하게 됨에 따라 법적 의미
에서 '조건적'이라는 것이다.337)

에리트레아는 그러나 영유권판정 제126항을 지적하면서 반박하기를,
전통적 어업제도는 역사적 고려에 의해 양당사국이 설정한 권리로서 "영
토주권에는 미흡한 일종의 국제용역권"이라고 하였다.338)

양당사국은 이러한 요소를 강하게 그리고 본질적으로 주장하였는바, 경
계획정이 "합리적인 정도의 비례성을 고려해야하는데, 즉 경계는 연안국
에 인접한 대륙붕 지역범위와 해안선의 일반적 방향에서 측정된 해안선
길이의 형평한 원칙에 따라 획정되어야 한다"라는 북해대륙붕사건의 성명
에 의존하였다. 양국은 영·불 중재사건에서 도출된 내용, 즉 경계획정은
형평성이 척도가 되어야지 그 방식이 되어서는 안 되며 회피해야 할 것은
선정한 선이 명백히 불 비례성을 초래하는 경우라는데 합의하였다.

그러므로 원칙에 관하여는 당사국간 의견이 거의 없으나 자국 해안선

---

335) *Ibid.*, para. 35.

336) *Ibid.*, para. 36.

337) *Ibid.*, para. 37.

338) *Ibid.*, para. 38.

길이측정 및 측정의 중요성에 대하여는 상당한 불일치가 있었다. 특히 에리트레아 해안이 예멘의 인접국인 사우디아라비아 반대쪽까지 확장될 경우 다양한 견해가 나올 수 있는데 이러한 경우 측정이 문제가 될 수 있으며, 사실상 이 경우에도 해양경계는 획정되지 않은 채 그대로 남아 있는 것이 현실이다.[339]

예멘의 입장은 비례성이 기타 수단에 의해 영향을 받은 경계획정의 형평성 척도 시 고려되어야 하는 요소라는 것이다. 중앙부분에 그어진 선에 관련하여, 예멘은 해안 전체의 상대적 길이가 중요하지 않은데, 이는 ① 예멘 도서와 에리트레아 해안 간의 제한수역에서 중간선을 변경할 경우 이는 비 침해 원칙에 반하게 될 것이며 ② 중앙부분에서 해안의 일반적 형상만을 고려한다면 균등한 분할만이 형평한 결과를 보장할 것이며 ③ 균등한 분할은 비 침해원칙에 의해 강조되어야 하고 ④ 경계획정과 관련된 해안은 에리트레아 해안과 예멘도서이며 ⑤ 국가관행은 중간선을 지지하고 ⑥ 비례성은 영해가 중복되는 경우에는 적용될 수 없다는 것이다.[340]

이에 관하여 에리트레아는, 이 문제는 실제로 중앙부분에서 경계선을 주장한 예멘의 주장이 동 협약 제15조 상에서 중간선이 되었는가의 문제라는 것이며, 에리트레아는 이것이 그렇지 않다고 하면서, 그 이유로는 이 선이 사우스 웨스트 락스(South West Rocks)와 헤이콕스(Haycocks)의 에리트레아 도서 저조선을 무시했기 때문이라는 것이다.[341]

그러나 여기에서 재판소가 이들 모두를 검토하였다 하더라도 사용한 측정방법이나 '대향성' 등의 애매함에 관한 논의를 하는 것은 가능하지 않다. 예멘은 자신이 주장한 선이 해양수역을 거의 균등하게 분할하였다

---

339) *Ibid.*, para. 39.

340) *Ibid.*, para. 40.

341) *Ibid.*, para. 41.

라고 말하는 것으로 충분한데, 이는 해안길이에 대한 예멘 측정에 따르면 이것으로 정확하게 구분되었으며, 에리트레아는 여러 다양한 계산 방식의 최종 선택에서 본토 해안 간의 역사적 중간선이 3 : 2 정도로 에리트레아에 유리한 수역을 창출할 것임을 알았으며, 이 결과 에리트레아는 자신의 측정방식에 따라 해안길이의 정확한 구분을 하게 되었다는 것이다.342) 에리트레아는 특히 경계획정에서의 초래되는 수역을 계산함에 있어서 다락스(Dahlaks)나 아사브(Assab) 만을 포함한 자국 해안선을 따라 존재하는 만내의 내수를 고려해서는 안 된다는 것에 관심을 표명해 왔음이 언급되어야 한다.343)

또한 북쪽 및 남쪽 끝에서 경계선이 어디에서 멈추어야 하는가에 대하여도 문제가 되었는데, 여기서는 기타 인접 국가와의 경계분쟁에 해를 주지 않도록 고려해야만 하였다. 사우디아라비아는 1997년 8월 재판소에 예멘과의 경계분쟁이 있음을 지적하면서 자신의 입장을 유보하고 재판소가 이 지역에서의 경계선 결정에 제한을 해야만 한다고 다음과 같이 제안하였다. 즉 자발 알-타이르(Jabal al-Tayr) 도서 최북단 위도 이북까지 경계선이 확대하지 않는다라는 것이다. 이에 대하여 예멘은 북위 16°까지 확대를 원하여 이를 소위 북부 지역 한계까지 확대되어야 한다는 것이다. 에리트레아는 반면 사우디아라비아의 제안에 반대하지 않았다.344)

남쪽 끝에서 관련된 제3국은 재판소에 유보를 하지 않았으나 문제는 그럼에도 불구하고 결정되어야 했다. 에리트레아는 예멘 자신이 주장한 선이 끝나는 화살표 방향에 가장 관심이 있었는데, 이는 이 점이 예멘 영수 내에 있기 때문에 주요 통상로를 침해하는 방향에서 경계선 방향으로 나가기 때문이라는 것이다. 예멘은 자신의 북쪽 끝선 종점에 이 화살표

---

342) *Ibid.*, para. 42.

343) *Ibid.*, para. 43.

344) *Ibid.*, para. 44.

를 또한 이용했으나, 이에 관하여는 논란이 있었고 그 적절성에 대해서도 양국으로부터의 논의가 있었다.[345]

이 선의 남쪽 끝에서는 페림(Perim) 도서의 경계선상에 영향을 줄 수 있는 복잡함이 있는데, 이 문제에 관하여는 디부티(Djibouti)의 견해가 분명히 포함할 것이다. 따라서 재판소의 선은 페림(Perim) 도서의 어떤 영향이 시작하는 곳에서 중단되어야 한다는 것이며 또한 재판소는 이러한 입장을 다양하게 표명하고 고려하여 자체의 결론에 도달하게 되었다.[346]

(4) 주장내용 요약

1) 예 맨

가. 당사국간 해양경계는 중간선이며, 이는 사우스 웨스트 락스(South West Rocks), 헤이콕스(Haycocks) 및 모하바카스(Mohabbakahs)를 포함한 암석 및 소도를 적절히 고려한 양당사국 해안의 관련 기점으로 등거리에 있는 점을 연결한 섬이다.

나. WGS 84에 근거하여 설정된 경계선 전환점 좌표를 포함한 경계획정 방향은 예멘각서에 나와 있는 것이다.[347]

2) 에리트레아

가. 중간수역 도서에서의 에리트레아 사람들에 의한 자원의 역사적 이용에는 어업· 무역·조개 및 진주 채취, 구아노 및 광물 채취, 어

---

345) *Ibid.*, para. 45.

346) *Ibid.*, para. 46.

347) *Ibid.*

류건조·물대기·종교 및 장례관행 그리고 수면 및 피난처 건설 및 점유 등이 포함된다.

나. 예멘과 공유해야 하는 이러한 이용권은 모든 육상지역 및 중간수역 도서해안 수역까지 확대한다.

다. 이러한 이용 권리는 과거에도 존재했던 것처럼 어떠한 위반이나 제한으로부터 간섭을 받음이 없이 영구히 보존되어야 한다. 그러나 양당사국이 합의하여 문서로 표시한 것은 예외로 한다.

라. 권리공유도서 해양수역의 외측경계는 다음과 같이 한정되어야 한다.

① 홍해 서쪽에서 양국 해안 간에 그은 중간선은 유엔해양법협약 제121조에 따라 본 중재 시작 전까지 각 당사국이 역사적으로 소유한 소도를 포함해야 한다.

② 홍해 동쪽에서 예멘 영해 12마일 한계까지이다.

마. 중간수역 도서공유지역 이원 수역은 양국 해안 간에 그은 중간선을 따라 구분되어야 하는데, 여기서는 유엔해양법협약 제121조에 따라 본 중재 시작 전 각 당사국이 역사적으로 소유한 도서를 포함해야 한다.

바. 양당사국은 다음 조건에 따라 중간수역도서 및 이들 수역의 공동 사용기준을 협상해야 한다.

① 제2단계 재판소 판정 즉시 당사국들은 성실히 협상을 시작해야 하는데, 이에는 양 당사국 국민들이 중간수역도서 및 해양 수역 자원을 이용할 수 있도록 하는 방식을 기술하며, 본 합의의 해석이나 적용에서 야기되는 모든 분쟁의 강제적 해결제도를 상술하는 합의를 체결할 견해를 가지고 해야 한다.

② 당사국들은 제2단계에서 재판소가 판정일 이후 6개월 이내에 본 합의의 검토 및 승인을 위하여 재판소에 본 합의를 제출해야 한다.

③ 재판소는 합의가 제2단계 판정과 일치하는지를 결정해야 하며, 이에는 특히 중간수역 도서자원의 이용에 대한 양 당사국의 전통적 권리가 충실히 보존되는가의 문제가 포함된다.

④ 재판소는 본 합의가 전항에서 기술한 기준에 따라 만족스럽지 않다고 결정하거나, 당사국들이 합의를 제출하지 않을시, 재판소는 각 당사국이 기준을 설정하거나 양당사국이 동등하게 수역을 지정하는 판정을 해야 한다. 재판소는 이점에 관한 당사국의 의견 제출을 요구할 수 있다.

⑤ 재판소는 합의가 상기에서 설정한 기준에 따라 만족스럽다는 것을 인정할 경우, 이의 승인을 당사국과 교섭하여야 하며 본 판정에 따라 합의를 보장하고 당사국이 유엔 사무국장에게 기탁하기 위한 구속력 있는 조약 형태에서 본 합의를 이행할 것을 지시한다.

사. 재판소는 중간수역 도서의 공동사용에 관한 합의시점이 유엔사무국 기탁을 위하여 수행될 때까지 당사국간 분쟁을 중단시켜야 한다.[348]

3. 쟁점별 고찰

(1) 홍해 어업문제

1) 당사국의 증거 및 주장 내용

각 당사국은 과거는 물론 현재에도 많은 어업을 해왔는데, 이는 자국민은 물론이고 타방 연안국 국민의 전통이기도 하였다. 양 당사국이 제

---

348) *Ibid.*

출한 증거 및 이들의 주장은 다섯 가지 유형으로 구분할 수 있다. 즉 ①
일반적인 어업 ② 어업수역 위치 ③ 어업에 대한 당사국의 의존성 ④ 당
사국의 어획물 소비량 ⑤ 당사국이 제시한 경계획정선상에서의 어업관행
효과 등이다.349)

당사국 주장을 볼 때 각자가 제시한 경계획정으로 현존상황 및 역사적
관행을 변경할 수는 없는바, 이는 지역 어민들, 타방 당사국 지역 및 국
가경제에 치명적인 영향을 줄 것이고, 타방 당사국 지역의 식량에 부정적
영향을 줄 것임을 보여주기 위한 것이었다. 이와 반대로 타방 당사국이
제시한 경계획정선은 실제로 현존 상황 및 역사적 관행을 변경할 것이며
지역어민들이나 당사국 지역경제에 치명적 또는 심각한 부작용을 초래할
것이며 또한 당사국의 식량에 부정적인 영향을 준다는 것을 보여주기 위
한 것이었다.350)

이들 요인들은 1951년 영·불 사건에서 기원된 '치명적' 및 '장기간 사
용' 척도의 일반적 배경과는 달리 각 당사국에 의해 직·간접적으로 도입
되었으며, 이는 1982년 유엔해양법협약 제7조 5항 규정에도 도입되었
다.351) 이들은 동 협약 제74조 1항 및 83조의 '형평한 해결'을 원용하였
는바, 어떠한 해결도 장기간 사용과 일치하지 않거나, 당사국 일방의 지
역경제에 치명적 결과를 가져오는 명백하고 현존하는 위험을 초래하거
나, 자국민들이 관습적으로 관련수역에서 조업했던 국가의 경제적 혼란
및 어업공동체의 미치는 치명적 영향을 최소화할 필요성을 고려하지 않
으면 형평하게 될 수 없다는 것이다.352)

---

349) *Ibid.*, para. 48.
350) *Ibid.*, para. 49.
351) *Ibid.*, para. 50.
352) *Ibid.*, para. 51.

2) 어업 일반

에리트레아의 입장은, 자국 수산업이 에티오피아 내전 이전에 이미 왕성하였으며 두 번째로 가장 중요한 지역수산 경제가 되어 왔다는 것이다. 내전 종결 및 독립 이래로 에리트레아 수산경제를 재확립하기 위한 상당한 노력이 진행되었기 때문에 예멘이 주장하는 것처럼 에리트레아 수산업이 민물 수산업에 불과하다고 하는 것은 잘못된 것이었으며 사실상 이는 아무런 중요성도 없었다. 한편 예멘의 수산업은 실질적으로 인도양 수산에 기반을 두었으며 홍해에서는 그 의존도가 낮았다. 비록 홍해에서의 예멘 수산업이 자신이 주장했던 것보다 그 중요성이 훨씬 덜하다 하더라도 이는 제대로 확립되었으며 예멘이 제시한 특정 경계획정선 보호에 의존하지는 않았다.[353]

예멘은 주장하기를, 자국 국민들은 홍해에서의 어업을 오랫동안 지배하여 왔으며 소형 선박에 의한 예멘의 전통적 어업활동이 에리트레아가 자국의 어업활동을 자국 해안 및 다락스(Dahlaks) 도서 내에서 그리고 그 부근을 따라 연근해 어업에 종사해 왔던 것보다 훨씬 그 중요성이 더하였다고 한다. 더구나 예멘의 호데이다(Hodeidah)는 에리트레아 및 예멘 어민 수산물처리를 위한 가장 활동적인 시장이었다.[354]

3) 어업에 대한 경제적 의존도

에리트레아의 입장은, 전쟁종결 이후 자국의 수산업을 재정비하고 재건하기 위해 유엔개발계획 및 식량농업기구의 후원을 받는 노력을 포함한 상당한 노력을 하였으며 자국 어업의 향후 발전전망이 유망하고 중요하다는 것을 알았다. 에리트레아가 현재의 어업에 대한 경제적 의존성을

---

353) *Ibid.*, para. 52.

354) *Ibid.*, para. 53.

주장하지 않았다 하더라도 자국민의 현 어업관행이 재판소가 결정하게
될 경계획정으로 제한되거나 축소되어서는 안 된다는 것이다.[355]

예멘에 관하여, 에리트레아는 예멘의 홍해 어업이 자신이 주장했던 것
보다 훨씬 더 중요성이 덜하였을 뿐만 아니라, 호데이다(Hodeidah)에 도착
한 대다수 물고기는 에리트레아 어민들이 가져온 것이라고 주장하였
다.[356]

한편 예멘의 주장은, 자국 어민들이 항상 어업근거지로서 홍해 어업에
의존해 왔으며 이러한 어로활동은 예멘의 국가경제에 중요한 부분이 되
었고 홍해 연안 티하마(Tihama) 지역의 지역경제에도 주요한 부분이 되어
왔다는 것이다. 예멘은 또한 에리트레아가 어획·어업 또는 물고기 소비
에 상당히 의존해 왔으며, 에리트레아의 대다수 관심이 중재 시 재판소에
제출한 문서증거에 명백히 나타나는바, 즉 오늘날 존재하지도 않으며 유
용하지도 않는 에리트레아의 향후 어로활동 및 어업자원 발전제안 및 계
획에 관심이 있었다라고 주장하였다.[357]

4) 어로구역 위치

에리트레아의 주장은, 오늘날 홍해어업이 주로 모하바카스(Mohabbakahs),
헤이콕스(Haycocks) 및 사우스 웨스트 락스(South West Rocks) 주변, 에리트레
아 연안 근처의 다락스(Dahlaks) 주변 및 '중간수역도서'의 쥬카-하니쉬
(Zuqar-Hanish) 그룹 주변에서 어획을 해왔던 에리트레아 숙련어부들에 의해
이루어져왔다고 한다.

예멘에 관하여 에리트레아는 주장하기를, 예멘 어부들은 모하바카스
(Mohabbakahs), 헤이콕스(Haycocks) 및 사우스 웨스트 락스(South West Rocks)

---

355) *Ibid.*, para. 54.

356) *Ibid.*

357) *Ibid.*, para. 55.

주변 및 중간수역도서 서쪽의 심해지역에 거의 의존하지 않았다고 주장하
였다. 또한 쥬카-하니쉬(Zuqar-Hanish) 그룹 서쪽에서는 예멘인들의 활동중
거가 거의 없었으며 예멘은 자국에서 소비된 물고기가 이 수역에서 어획
되었다는 것을 입증하지 못하였다.[358]

이에 대하여 예멘은 주장하기를, 자국의 숙련된 전통적 어민들은 자발
알-타이르(Jabal al-Tayr) 및 쥬바이르(Zubayr) 그룹 주변수역, 쥬카-하니쉬
(Zuqar-Hanish) 그룹 주변수역 및 그레이터 하니쉬(Greater Hanish) 서쪽과 모
하바카스(Mohabbakahs), 헤이콕스(Haycocks) 및 사우스 웨스트 락스(South
West Rocks) 주변수역에서 장기간 어업을 해왔다고 한다. 이러한 주장을
지지하는 증거로서 예멘은 자국 어부들이 장기간 문제의 수역에서 조업하
였다는 중재 제1단계서 나온 증인 성명의 형태로 제출된 증거들을 들고
있다. 에리트레아에 관하여 예멘은 다시 주장하기를, 에리트레아의 어로
활동은 다락(Dahlak) 군도수역 및 에리트레아 해안 주변수역에 한정되었으
며 그레이터 하니쉬(Greater Hanish) 서쪽 심해 및 모하바카스(Mohabbakahs),
헤이콕스(Haycocks)와 사우스 웨스트 락스(South West Rocks) 주변을 포함한
중재 제1단계에서 문제된 도서 주변수역에서는 어떠한 실질적인 영향도
주지 않았다는 것이다.[359]

5) 어획물 소비

에리트레아는 주장하기를, 자국 연안 주민들이 예멘이 주장한 것보다
훨씬 더 많이 물고기를 소비하였다고 하며, 또한 일반 주민들이 소비를
위하여 신선한 고기의 인기도 및 이용 가능성 증대를 위해 노력을 하였
다는 것이다. 또한 식량원으로서 홍해에서 어획한 물고기에 대한 예멘
사람들의 의존도가 예멘 변론 시 훨씬 과장되었으며, 티하마(Tihama)에

---

358) *Ibid.*, para. 56.

359) *Ibid.*, para. 57.

있는 예멘 사람들의 식량으로서 물고기 의존도가 상당히 낮았다고 한다.360) 이에 대하여 예멘은 자국 사람들 특히 티하마(Tihama)와 같은 연안지역 사람들이 상당한 양의 물고기를 소비하였으나, 이와는 대조적으로 에리트레아의 물고기 소비량은 경미하였다고 한다.

6) 당사국이 제시한 경계획정선의 효과

에리트레아의 입장은 자국이 제시한 '역사적 중간선'과 같은 경계획정선을 재판소가 표시한다는 것은 당사국의 역사적 관행을 존중하는 것이며, 이는 예멘 어로 활동에 부정적으로 영향을 미치는 것도 아니고 양당사국에 형평한 결과가 될 것이라고 한다. 그러나 에리트레아의 견해에서 보면, 예멘이 제시한 '중간선'은 중간수역의 서쪽 및 모하바카스 (Mohabbakahs), 헤이콕스(Haycocks) 및 사우스 웨스트 락스(South West Rocks) 주변에 있는 자국 어민의 어업수역을 빼앗게 될 것이며, 이들 수역에서는 예멘인들이 실질적으로 어로활동을 전혀 하지 않았으며 오히려 예멘 어부들이 오랫동안 무역을 해왔던 곳이었다라고 한다. 따라서 에리트레아는 주장하기를, 예멘이 제시한 경계획정선이 다소 형평하지 않으며 이는 자국 어민들의 중요 어자원을 빼앗는 결과를 초래할 것이라고 한다.361)

다른 한편으로 예멘은 주장하기를, 자신이 제시한 중간선은 역사적 관행을 정확히 반영한 것이며 이전에 없었던 것을 예멘에게 주는 것이 아니고 기존 권리를 존중하는 것이며 현존 또는 과거 에리트레아 어로 활동을 '불리하게' 하는 것도 아니며 형평한 결과를 달성할 것이라고 한다.362) 에리트레아가 제시한 '역사적 중간선'은 정당화 되지 않으며 예멘

---

360) *Ibid.*, para. 58.

361) *Ibid.*, para. 59.

362) *Ibid.*, para. 60.

의 전통적 어업근거지를 침해하게 될 것이다. 결과적으로 이는 예멘 어부들이 중간수역 서쪽에서의 심해 어업을 하지 못하게 하는 것이며 에리트레아에게는 상응하는 횡재가 될 것이라고 주장한다.363)

7) 증거에 대한 재판소 결정

◆ 어업 일반

일반적으로 어업은 홍해 연안 양국에게 중요한 활동으로 이는 재판소의 영유권 중재판정에서도 인정되었다. 따라서 특정시점에서의 이러한 어업의 중요성을 결정하고자 하는 것이 반드시 잘못된 것은 아니나, 일반적인 사실은 영유권 판정 제526항에서 재판소가 언급한 것처럼, "이 지역에서의 전통적 어업제도가 재판소에 제시된 증거에 따라 하니쉬(Hanish)와 쥬카(Zuqar) 도서 및 자발 알-타이르(Jabal al-Tayr)와 쥬바이르(Zubayr) 그룹 도서주변에서 시행되어 왔다"라는 것이다.364) 더구나 재판소의 전체적인 요점은 이러한 전통적 어업제도가 "양국 어민이 자유롭게 접근하고 향유"하도록 지속되어야 하며 이러한 제도는 이미 각 당사국 및 홍해 양국 국민들에게 중요한 것으로 판정하였다.365) 그러므로 어획, 어민 및 어업은 본 사건에서 각 당사국에게 중요하나, 보다 정확하게 말하면, 영유권 판정 제526항의 중요성으로 인하여 때로는 당사국 어로 관행이 경계획정문제와 관련이 없다라는 것이다.366)

---

363) *Ibid.*

364) *Ibid.*, para. 62.

365) *Ibid.*

366) *Ibid.*

◆ 어업에 대한 경제적 의존도

에리트레아와 예멘이 제시한 특정 경계획정선이 어느 정도까지 이들의
어로가 경제적으로 의존하고 있는가를 재판소가 결정하는 것은 가능하지
도 않으며 그럴 필요도 없다. 재판소에 제시된 증거에 따르면, 어로 활동
과 소득은 예멘 경제활동 특히 티하마(Tihama) 지역경제에 중요한 부분이
되며 에리트레아 수산업 부흥과 발전이 에리트레아 정부의 우선적인 목
적이며 이는 에리트레아 독립 이래 상당한 주목을 받았다.367)

◆ 어로구역 위치

중재 양 단계에서 제시된 증거에서는 에리트레아의 많은 어민들이 다
락(Dahlak) 군도주변 및 군도 내 그리고 에리트레아 해안선 내측수역에서
주로 조업하는 경향이 있었다는 증거를 포함하였다. 그러나 일부 에리트
레아 어민들은 중간수역도서 서쪽 심해 및 모하바카스(Mohabbakahs), 헤
이콕스(Haycocks) 및 사우스 웨스트 락스(South West Rocks) 주변수역은 물
론 하니쉬(Hanish)와 쥬카(Zuqar) 주변 및 그 수역을 이용하였다고 한
다.368) 결론적으로 재판소의 관심이 에리트레아와 예멘 양국 어민들의
자유로운 접근과 항유를 포함 전체적으로 이 지역에서의 전통적 어업제
도 유지에 있었음을 알 수 있다.369) 홍해 동서해안 어민들이 자신들의
국가·정치적 제휴나 주거지에 관계없이 지역시장에 어획물을 판매하고
조업하는 것을 포함하여 자유로운 활동을 했다는 것을 나타내는 역사적
자료가 충분히 있다.370)

---

367) *Ibid.*, para. 64.

368) *Ibid.*, para. 65.

369) *Ibid.*

370) *Ibid.*, para. 66.

홍해 양쪽 주민들의 삶에 영향을 주는 사회적·경제적 조건들이 이들 주민들에게 수세기에 걸쳐 상당히 심도 있게 그리고 공통된 사회적·법적 전통에 반영되는데, 이들 주민들은 19세기 후반까지 직·간접으로 오토만 제국의 지배하에 있었다. 재판소에 제출된 증거를 보면 수년에 걸쳐 예멘 어민들이 다락(Dahlak) 군도 및 자발 알-타이르(Jabal al-Tayr) 그리고 쥬바이르(Zubayr) 그룹 이북까지 그리고 모하바카스(Mohabbakahs), 헤이콕스(Haycocks) 및 사우스 웨스트 락스(South West Rocks) 서쪽 까지 활동하였다고 한다. 이러한 결론은 재판소가 전체적으로 이 지역에서의 전통적 조업제도 유지에 관심이 있다는 것에 영향을 준다.[371]

조업구역과 관련된 문제로서, 예멘과 마찬가지로 에리트레아 어민들이 자신들의 국적을 이유로 방해를 받음이 없이 홍해의 예멘 쪽 호데이다(Hodeidah)에 있는 주요 어시장에의 자유로운 그리고 공개적인 접근을 해왔다는 것이 증거를 통해 분명해졌다는 것을 주목해야 한다.[372]

◆ 주민의 어획물 소비

각 당사국이 제시한 어획물 소비에 관한 증거는 타방 당사국이 제시한 경계획정선을 재판소가 채택하는데 있어 최초 당사국 주민의 건강이나 음식에 심각한 위협을 줄 수 있다는 것을 목표로 하고 있을 것으로 보인다. 그러나 이 문제에 대한 증거가 확실하지 않고 상충되는 점도 많으며 또한 당사국들이 제시한 주장 사실이 혼동되므로 이로부터 일반화된 결론을 이끌어 내기는 어렵다.[373]

재판소는 막연하고 알 수 없는 증거에 비중을 두지 않거나 영양이론을 계산하지 않고도 현재 및 미래 잠재적 자원으로서의 물고기가 홍해 양쪽

---

371) *Ibid.*, para. 67.

372) *Ibid.*, para. 69.

373) *Ibid.*, para. 70.

각 당사국의 전체 및 지역 주민들에 중요하다는 것을 쉽게 결론 내릴 수 있었다. 재판소는 또한 상식적·법적 문제로서 식량원으로서의 수산발전 및 관심이 중요한 그리고 가치 있는 목적이라고 결론 내리게 되었다. 그러나 이러한 두 가지 결론을 기초로 재판소는 당사국 자신 또는 타방 당사국이 제시한 경계획정선에 관한 각 당사국 주장을 수용 또는 거절할 주요 근거 이유를 찾을 수 없었다.[374]

◆ 당사국들이 제시한 경계획정선의 효과

당사국 자신 또는 타방 당사국이 제시한 경계획정에 관한 당사국 주장의 수용 또는 거절에 있어 일반 조업의 역사적 관행, 어업에의 경제적 의존도 문제 또는 주민에 의한 어획물 소비형태 등 어업에 관한 사항이 경계획정에 관련이 있다는 어떠한 주요 근거 이유도 발견하지 못하였다. 양당사국 모두 타방 당사국이 제시한 경계획정선이 자국민의 어로 활동에 치명적이거나 형평하지 않아 자국민의 어업공동체 및 경제적 혼란에 심각한 영향을 줄 것이라는 것을 제대로 나타내지 못하였다.[375]

이러한 이유로 재판소가 어업을 근거로 하여 각 당사국이 제시한 경계획정선을 수용 또는 거절하는 것이 가능하지 않았다. 재판소는 각 당사국의 일반적인 과거 어업관행 고려를 이유로 경계획정선을 선택 했다는 것을 지지하는 또는 어업수역의 잠재적 박탈이나 어업자원에의 접근 또는 음식이나 기타 이유에서 연유된 내용을 지지하는 법적 이유에 대하여 어떠한 관련 영향도 발견할 수 없었다.[376]

상기 이유로, 어획 및 어업문제에 있어 당사국들이 제시한 증거와 주장들이 당사국간 형평한 해결을 도출하기 위하여 국제법상 적합한 재판

---

374) *Ibid.*, para. 71.

375) *Ibid.*, para. 72.

376) *Ibid.*, para. 73.

소의 경계획정 결정에 중요한 영향을 주지 못하였다.[377]

(2) 석유협정과 중간선

예멘과 에티오피아 또는 에리트레아에 의한 석유계약 및 양여계약 문제에 있어 당사국들은 서로 상이한 역할을 보여주었다.[378] 최초 단계에서, 예멘은 자신이 체결한 석유계약 및 양여계약에 대하여 큰 비중을 두었으며 이를 나타내는 여러 석유협정 및 지도들을 증거로 소개하였다.

일부 이들 협정들에서 일부 분쟁 도서가 있는 동쪽까지 서쪽 경계선을 구체화한 이래, 예멘은 주장하기를, 이들 협정들이 예멘과 석유계약 회사 모두 예멘이 이들 분쟁도서에 대한 영유권을 향유함을 보여준다고 하였다. 즉 예멘은 국가가 특정지역을 포함하는 양여계약을 체결하면 이 지역에 대한 영유권을 해당국가가 향유하기 때문에 이로부터 이러한 결과가 나온다는 것이다. 또한 영유권 판정에서도 "예멘의 연안 양여계약에 대하여 에티오피아와 에리트레아는 아무런 항의도 하지 않았으며 동 계약은 분쟁도서에 대한 예멘의 영유권 주장, 석유회사의 예멘 영유권을 근거로 한 투자 및 투자의 수용 그리고 에티오피아와 에리트레아의 승인을 확인하였다"라고 한다.[379]

최초 단계에서, 예멘과는 대조적으로 에리트레아는 외국 석유회사와 일 국가와의 석유계약이나 양여체결이 권원의 증거가 되지 않으며, 이는 기껏해야 단순한 주장에 불과하다고 주장하였다.[380] 그럼에도 불구하고

---

377) *Ibid.*, para. 74.

378) *Ibid.*, para. 75.

379) *Ibid.*, para. 76.

380) *Ibid.*, para. 77.

에리트레아는 그레이터(Greater) 및 레서 하니쉬(Lesser Hanish) 도서의 일부 또는 전부에 대하여 에티오피아가 체결한 양여계획 증거를 원용하여 예멘의 주장에 반박하였다. 에리트레아나 예멘 누구도 예멘과 에티오피아 또는 에리트레아가 체결한 많은 석유협정들이 개별 해안선 사이의 중간선까지 확장되었다는 사실의 중요성을 부가하지 않았다.381)

영유권 판정 시 재판소는 다음과 같이 결론 내렸다.

예멘 그리고 에티오피아와 에리트레아가 체결한 연안 석유계약은 분쟁도서에 대한 당사국 일방의 영유권 주장을 확립하거나 중요할 정도로 이를 강화시키지는 못한다. 이들 계약은 그러나 당사국들의 개별 관할권을 구분하는 도서를 고려하지 않고 그려진 에리트레아와 예멘의 대향 해안사이의 중간선을 지지한다.382)

변론 제2단계에서, 에리트레아는 판정 제438항 및 기타 문항에 중점을 두었으며 그 결과 여러 석유협정들이 중간선을 따라 그려지게 되었고 재판소 판정도 에리트레아와 예멘간의 해양경계선으로서 제시된 '역사적 중간선'을 지지한다고 하였다.

에리트레아는 강조하기를, 예멘이 체결한 여러 석유계약에서 계약지역은 분쟁도서의 기점을 고려하지 않고 그려진 것으로 동부에서는 예멘 본토 해안부터 홍해 중간선까지 확장되었다고 한다. 에리트레아는 자신이 체결한 계약과 예멘이 체결한 기타 계약에서 경계선이 중간선을 따라 그레이터 하니쉬(Greater Hanish)를 통과했다고 한다.383)

또한 예멘 양여계약 중의 하나에서 중간선을 포함하는데, 여기서 '에티오피아'를 서쪽에 그리고 '예멘'을 동쪽에 표시하였다고 지적하였다. 에리

---

381) *Ibid.*

382) *Ibid.*, para. 78.

383) *Ibid.*, para. 79.

트레아는 예멘과 에티오피아 및 에리트레아의 계약과 행위들이 중간 해양경계선의 상호수락에 해당하지 않음을 인정하였다. 그럼에도 불구하고 이들은 이 '중간수역' 분쟁도서의 영향을 받지 않고 홍해수역을 구분하는 '역사적 중간선'이 된다는 설득력 있는 근거를 제공한다.[384]

예멘은 이에 대하여 분쟁도서에 대한 예멘 영유권 증거로서 석유 고문(顧問)들의 지도를 원용하였으나 해양경계를 나타내지는 않았다. 또한 예멘은 양여계약이 "도서의 존재와 특별한 관련이 없으며 상업적 고려로 발간된"것이라는 재판소의 지지를 강조하였다.[385] 분쟁도서에 대한 영유권 재판과정에서 재판소는 석유계약이 "도서를 고려하지 않고 당사국 개별 관할권을 구분하는 에리트레아와 예멘의 대향 해안간 중간선 지지조치를 인정한다"라고 주장하였다.[386]

홍해에서 당사국간 석유협정 및 해양경계에 관하여, 재판소는 북해 대륙붕사건에서의 국제사법재판소 결정을 반추하는데, 이는 곧 대륙붕 경계획정은 서로 인접한 지역에서 중첩될 수 있다는 것이다. 국제사법재판소는 이러한 상황을 주어진 사실로 받아들여야하며, 이는 합의에 의해 해결되어야 한다는 것을 고려한다고 한다.[387]

이러한 관행은 현 사건에서 특히 적절히 적용될 수 있는바, 홍해는 대양(大洋)과 비유되어서는 안 된다. 에리트레아와 예멘은 상대적으로 좁은 범주에 걸쳐 서로 직면하고 있다. 양국 국민들은 오랫동안 그리고 주로 혼재되어 서로 이익을 주는 역사를 가지고 있으며, 이러한 역사는 어민의 자유로운 이동을 제한한 것이 아니라 종교가 동일한 것처럼 공통의 규율과 다양한 무역을 포함하였다. 상용 석유 및 가스가 에리트레아 및 예멘

---

384) *Ibid.*

385) *Ibid.*, para. 80.

386) *Ibid.*, para. 83.

387) *Ibid.*, para. 84.

사이에 존재하는 홍해수역 이원에서 지금까지 발견되지 않았으나, 당사국 일방 또는 모두가 이에 해당할 수도 있다.[388]

에리트레아는 재판소에서 다음 사항을 결정할 것을 요구하였다. 즉 "중간수역도서에서의 에리트레아 국민의 역사적 자원이용이 광물추출까지 포함한다"라는 것이다. 그러나 재판소는 중재판정에서 이러한 요구를 수용하는 입장이 아니었다. 반면 본안 판정으로 확립된 해양경계에 관하여 당사국들은 서로 통고해야하며, 당사국간 단일 해양경계선상 또는 인근 지역에서 석유 및 가스 그리고 기타 광물자원이 걸쳐 있을 수 있다는 것을 상호 논의해야 한다는 견해를 가지고 있다. 더구나 관련 주민간의 역사적 관련성 및 재판소의 영유권판정 이래로 회복되어온 당사국의 우호적 관계 등을 고려 시 에리트레아와 예멘은 이러한 자원의 공유, 공통 또는 연합비용을 위하여 모든 고려를 다해야 한다.[389]

(3) 전통적 어업제도

재판소는 영유권 및 분쟁범위 판정 제526항에 의거하여 다음과 같이 밝혔다.

각 당사국이 여러 도서에 대한 영유권을 향유하고 있는지를 발견함에 있어 재판소는 이러한 영유권이 이 지역의 전통적 어업제도유지에 유해한 것이 아니라 오히려 이를 수반한다고 강조한다. 현존 제도는 재판소에 제시된 증거가 충분히 입증된 것처럼 하니쉬(Hanish)와 쥬카(Zuqar) 도서 및 자발 알-타이르(Jabal al-Tayr)와 쥬바이르(Zubayr) 그룹 도서에 적용되었다. 이들 도서에 대한

---

388) *Ibid.*, para. 85.

389) *Ibid.*, para. 86.

영유권 행사시, 예멘은 에리트레아와 예멘 양국 어민이 자유로이 접근하고 향유하는 전통적 어업제도가 이들 생계에 유리하도록 보존되어야 함을 확실히 해야 한다.390)

이후 재판소는 "예멘내에 있다고 발견된 영유권은 에리트레아와 예멘 양국어민의 자유로운 접근과 향유를 포함 이 지역에서의 전통적 어업제도의 지속을 수반한다"라고 하였다.391) 에리트레아는 이러한 결정이 제2단계 판정에서 재판소가 경계획정을 해야 하는 공동 자원구역의 설정을 수반한다는 견해를 취하였고, 재판소로 하여금 당사국들이 어떤 결과를 달성하도록 협상을 지시해야 한다고 요구하였다.392)

예멘은 영유권 행사로 전통적 어업제도가 보존되었다는 것이 영유권 판정 제526항에서 분명히 나타난다는 견해를 취하였다. 1994년 및 1998년 협정이 영유권 행사를 위한 유용한 도구로 입증될 수 있는 한편, 예멘 영유권 문제가 조건적이지도 않았으며 본 제도와 관계되는 필요한 행정조치에 관한 어떠한 합의도 에리트레아와 체결한 적이 없다. 재판소도 공통 또는 공유자원수역이 있어야 한다는 어떠한 결정도 하지 않았으며, 예멘 영유권이 전통적 어업제도의 존속을 수반했다는 재판소 결정이 에리트레아와 예멘 어민들을 위한 결정이지 에리트레아만을 위한 것은 아니다.

중재협정 제2조 3항 및 원칙협정 제3조 1항을 보면 재판소가 에리트레아에 우호적임을 알 수 있다. 또한 예멘은 본 도서 주변에서 에리트레아의 중요어업이 전통적으로 행해지지 않았다고 주장하였다.393) 재판소는

---

390) *Ibid.*, para. 87.

391) *Ibid.*, para. 88.

392) *Ibid.*, para. 89.

393) *Ibid.*, para. 90.

지역의 전통이 영유권 판정 측면에 근거된 것이 무엇인가를 반추하면서 서쪽 및 동쪽해안 모든 주민들의 삶을 특징 지웠던 역사적 현실에 관한 풍부한 자료들이 제1단계 변론 시 중재재판소 판정에 언급되었다. 이러한 잘 확립된 사실적 상황이 홍해 양 연안 주민 간에 수세기 동안 우세했던 공통의 법적 전통에 깊이 뿌리박히게 되었는데, 이러한 현상은 오토만 제국의 직·간접 지배하에 있던 19세기 후반부까지 계속되었다.[394]

이러한 법적 개념의 직접적 수혜자가 어민 자신들이었다 하더라도 이는 이들의 상호관계에서 각국 모두에게 똑같이 적용된다. 재판소가 자발 알-타이르(Jabal al-Tayr), 쥬바이르(Zubayr) 그룹 및 쥬카-하니쉬(Zuqar-Hanish) 그룹에 대한 영유권을 예멘에게 인정한 판정이 물론 조건적인 영유권 판정은 아니나, 그럼에도 불구하고 이러한 영유권은 이 지역의 이슬람법 개념에 따른다.[395]

재판소의 영유권 판정이 본 도서 지역에서의 예멘이나 에리트레아 어획량의 평가에 근거하지 않았고 이들 국가의 어민들이 태고적부터 어로 및 관련활동을 위해 이들 도서를 사용했었는가에 관심이 있었다. 더구나 전통 어업제도에 관한 결정은 영유권 판정내용에서 정확히 언급되었는데 이는 고전적인 서구 영유권 개념이 영유권국가의 권한으로 이 수역에서 국적이 다른 어민들을 배제시키는 것을 허용하는 것으로 이해하였기 때문이다. 자발 알-타이르(Jabal al-Tayr), 쥬바이르(Zubayr) 그룹 및 쥬카-하니쉬(Zuqar-Hanish) 그룹에 대한 권원은 최근까지 미결정된 것으로 재판소가 알고 있었다. 또한 이들 도서는 당사국의 본토 연안에서 멀리 떨어져 있었는데 이러한 위치로 인하여 어민들의 피난처나 일시적 거주지로 특별히 사용되어 왔다는 것을 의미한 것이지 어업근거지를 의미한 것은 아니라는 것이다. 따라서 지역전통을 이루는 이러한 특별한 요인이 법의 존

---

394) *Ibid.*, para. 92.

395) *Ibid.*, para. 93.

중과 보호를 받을 자격이 있음을 의미한다.396)

중재합의가 재판소로 하여금 에리트레아 요구사항을 긍정적으로 수용할 것을 허용하지 않는다는 것은 분명하다. 그러나 에리트레아는 전통어업제도에 관한 재판소 결정이 제2단계에서 해양경계선 획정에 관련성을 가지고 있다고 제시할 자격이 있으며 재판소는 이러한 제시에 자유롭게 대응할 수 있다.397)

사실은 그렇게 해야만 하는데 왜냐하면, 이렇게 되지 않을 경우 제2단계에서 에리트레아는 물론 예멘이 한 제안에 대응할 위치에 있지 않기 때문이다. 중재를 두 단계로 나눈 것은 양 당사국이 전통어업제도에 관한 재판소 결정의 실질적 내용이 경계획정 책무와 어떤 관련성이 있는가의 문제를 계속 논의할 수는 없고 재판소가 침묵해야 하기 때문이다.398) 물론 영유권 판정 시 재판소는 해양경계획정을 예시하거나 기대하지는 않았는데 이는 당사국의 모든 변론 이후 제2단계에서 요구되는 사항이기 때문이었다. 중재합의 제15조에서도 이러한 견해를 지지하는 경향이 있는바 즉 제1항은 이를 다음과 같이 규정한다.

> 본 중재합의의 어떠한 규정도 재판소에 제출된 문제에 관하여 각 당사국의 권리나 법적 지위에 손상을 주는 것으로 해석될 수 없으며 재판소 결정이나 이러한 결정이 근거하고 있는 고려사항이나 이유에 대하여 영향을 주거나 불리하게 할 수 없다.399)

재판소가 영유권 판정에서 보여준 것처럼, 하니쉬(Hanish)와 쥬카(Zuqar) 도서 및 자발 알-타이르(Jabal al-Tayr) 및 쥬바이르(Zubayr) 그룹 도서 주변

---

396) *Ibid.*, para. 95.

397) *Ibid.*, para. 97.

398) *Ibid.*, para. 98.

399) *Ibid.*, para. 100.

에서의 전통어업제도는 에리트레아와 예멘 어민이 자유롭게 접근하고 향유해온 구역 중의 하나이다. 따라서 이 수역은 이들을 위해 보존되어야 한다. 그러나 이것이 예멘과의 외교적 접촉이나 재판소에의 제출 등으로 에리트레아가 자국민을 위해서 행동할 수 없다는 것을 의미하지는 않는 다.[400]

재판소는 따라서 전통어업제도의 실질적 내용과 중재 시, 재판소 책무 등에 관하여 당사국들이 본 단계에서 제시한 다양한 제안에 대하여 대응 한다. 이의 정확한 답변은 판정 그 자체에서 얻을 수 있으며, 특히 판정 제126-128, 340, 353-357 및 526항에 주목해야 할 것이다.[401]

전통어업제도는 자원공유자격도 아니며, 이들 간에 공유되는 권리도 아니고 이는 양국 어민들이 영유권 판정 시 재판소가 예멘에 귀속시킨 도서 주변에서의 어업에 종사할 자격을 주는 것에 불과하다. 여기에는 조개 및 진주 채취를 위한 숙련된 기술을 이용한 잠수를 포함하는 것으로 이해되어야 하며, 마찬가지로 이들 어민들은 이러한 목적으로 전통적으로 이용해 왔던 고기건조, 임시거주지, 피난처 및 수리 등으로 이 도서들을 자유로이 이용할 자격이 있다.[402]

이러한 내용이 이론적인 것이 아니라 실질적으로 되기 위해서는 전통 제도에서 특정 관련권리를 또한 인정하였는데, 이에는 관련도서에의 자유로운 입·출입, 즉 본 도서 영유권에 의하여 수역을 통한 방해받지 않는 통항 등이 포함되며, 예멘은 자국이 에리트레아 어업에 관하여 할 수 있는 것처럼 제3국에게 자국의 허가를 받고 동 수역에 진입할 것 등을 요구할 권리가 있다. 어민들의 이러한 자유로운 통항은 전통적으로 에리트레아 및 본 도서뿐만 아니라 본 도서 및 예멘 연안에서도 존재하였다.

---

400) *Ibid.*, para. 101.

401) *Ibid.*, para. 102.

402) *Ibid.*, para. 103.

관련 항구에 진입하여 고기를 판매하는 자격은 전통어업제도 중의 한 요소이다. 양국 간의 1994년 양해각서에서도 각 연안의 생선시장이 유용한 것으로 인지하였다. 예멘의 본 도서 주변에서 에리트레아나 예멘은 조업을 위해 예멘 연안에 있는 메이디(Maydi), 코바(Khoba), 호데이다(Hodeidah), 코카(Khokha) 및 모차(Mocha) 등에 자유로이 접근할 수 있으며, 이는 본 도서 주변에서 조업하는 예멘 어민이 에리트레아 연안에 있는 아사브(Assab), 티오(Tio), 다락(Dahlak) 및 마사와(Massawa) 등에의 방해받지 않은 통항 및 접근을 할 권리가 있다는 것과 동일하다. 일국의 국민들은 타국 항구에서 어떠한 차별도 없이 동일한 조건으로 판매할 권리를 가지고 있다.[403]

물론 예멘과 에리트레아는 이러한 전통어업제도 보호를 위한 규정합의를 자유로이 상호간에 할 수 있다. 환경적 고려를 위하여 향후 어떤 규제를 요구할 경우 이러한 전통적 권리에 영향을 주는 어떠한 행정조치라도 에리트레아 수역을 통하여 에리트레아 항구로 접근할 경우에는 에리트레아와의 합의를 통해서만 가능해야 한다.[404] 전통어업제도는 특정 도서수역에서만 제한된 것은 아니다. 따라서 본 제도는 양 당사국 영수(領水) 이원의 수역에서도 적용되며 또한 중재판정 제107항에서 특정하고 있는 범주 및 형태로 각국의 영수 및 항구에서도 적용된다.[405]

그러므로 본 제도는 이의 존재 또는 보호 목적에 관계없이 재판소의 국제경계 획선에 의해서 좌우되는 것이 아니다. 재판소 질의에 대한 예멘의 답변에서, 예멘은 재판소 결정이 전통어업제도에 관하여 해양경계 획정으로 어떠한 손해를 주어서도 안 된다는 것을 상당히 인정하였다. 예멘은 재판소에 통보하기를 "에리트레아와 예멘 어민의 전통어업제도의

---

403) *Ibid.*, para. 107.

404) *Ibid.*, para. 108.

405) *Ibid.*, para. 109.

지속에 관한 것을 포함한 모든 면에서 판정을 완전히 적용하고 이행한다"
라고 하였다. 영유권 판정에서 해양경계획정으로 이러한 제도에 조건을
제시한 결정은 하나도 없다.[406]

재판소가 상기에서 설명한 것처럼 상호자유 및 일방적으로 부과한 조
건이 없다는 것을 근거로 본 제도의 영속이 법적으로 필요하다는 것은
더 이상의 공동합의가 아니다. 그러나 1994년 양해각서 및 1998년 협정
에 예시된 협력을 통하여 에리트레아와 예멘이 전통제도를 유용하게 지
지할 수 있다는 것을 결정해야 하는 문제는 본 제도 내에서 어느 정도의
가능성을 선택할 수 있다.[407]

재판소는 절차국면에서 양당사국의 권리에 따라 양당사국이 행한 변론
에 대응하였다. 이의 답변은 영유권 판정이 재판소에 제기하였던 문제와
관련하여 어떻게 이해되어야 하는가를 나타내 준다.[408]

4. 판 결

(1) 개 요

재판소가 결정한 국제해양경계선이 예멘이 주장한 선이나 에리트레아
가 주장한 선과 일부 다르기 때문에 양 당사국이 주장한 경계선이 왜 그
리고 어디에서 판정 시 반영되지 못하였는가를 간단히 설명할 필요가 있
었다. 이를 위해 먼저 예멘 주장을 그리고 다음에 에리트레아 주장을 일

---

406) *Ibid.*, para. 110.

407) *Ibid.*, para. 111.

408) *Ibid.*, para. 112.

반적으로 고찰한다.409)

예멘은 모든 목적상 단일 국제경계선을 주장하였다. 예멘이 주장한 단일선은 '중간선'으로서 이는 예멘이 경계획정 목적상 관련 해안을 자국의 모든 해안도서와 서쪽에서 대향하는 해안으로 취급하였기 때문이다. 에리트레아 해안에 관하여 예멘은 에리트레아 본토 해안상의 기점을 이용하였고 따라서 경계획정 목적을 위한 에리트리 중간수역도서를 무시하였다.

예멘은 또한 주장하기를, 이 선은 해안 중간선으로 적절히 설명될 수 있다고 하였다. 예멘측은 관련 해안에 영유권 판정 도서뿐만 아니라 다락(Dahlak) 도서 사이에 있는 특정 도서까지 포함하였다. 따라서 에리트레아처럼 예멘은 다락(Dahlak)을 에리트레아 해안 일부로 취급하여 이 결과 도서그룹 최 외측을 형성하고 있는 소도 상의 기점을 이용하였다. 한편, 에리트레아가 '해안 중간선'이라고 언급한 것은 에리트레아 견해에서 보면 양 당사국의 본토 해안을 대표하는 해안 간의 중간선을 의미하였다. 동시에 에리트레아는 자신의 도서만을 기점으로 사용하여 역사적 중간선을 주장하였으며, 따라서 이는 예멘의 주장을 무시한 것이었고 이러한 차이 때문에 서로 상이한 중간선 주장이 제기되었다.410)

특히 경계선의 북쪽 부분에서 여러 마일의 차이를 보였는데, 이러한 선상의 경계선이 예멘 북쪽도서들 즉, 자발 알-타이르(Jabal al-Tayr)의 소규모 중간수역도서와 쥬바이르(Zubayr)라 불리는 도서 및 소도의 중간수역 그룹에 얼마나 영향을 주었는가가 문제되었다. 예멘은 이들에게 경계선에 있어서 완전한 효과를 허용하였으나 에리트레아는 이들에게 아무런 효과도 허용하지 않았다.411)

---

409) *Ibid.*, para. 113.

410) *Ibid.*, para. 114.

411) *Ibid.*, para. 115.

이러한 견해 차이를 고려 시, 반대되는 주장선 모두를 포함한 북쪽에서의 경계선이 예멘과 에리트레아 대륙붕 및 배타적 경제수역사이의 경계선이 되는 것이 바람직하며 또한 이는 해양법협약 제74조 및 83조에 의해 규율된다. 그러나 동 조항들의 해석에 관하여도 견해차이가 있어 제3차 유엔해양법회의에서도 상당한 논란이 되어 이에 관한 합의도출 노력을 한 것이 분명하며 이들 조항 또한 형평한 결과를 예상하고 있음도 분명하다.412)

형평한 결과 요구는 직접적으로 중간수역 도서 허용에 따른 효과문제를 제기시키는바, 즉 중간수역 위치로 인하여 완전한 효과 인정 시, 명백히 불균형적인 효과를 가져 올 수도 있거나 또는 사실상 합리적·균형적인 효과를 가져 올 수도 있다. 물론 여기에는 도서의 크기 및 중요성 등 일반적인 지리적 사항의 고려를 해야 할 것이다.413)

예멘은 이러한 문제를 명백히 이해하고 이들 중간수역 도서 및 소도가 소규모이고 무인도라 할지라도 상기 고려사항들이 잘 조화되거나 균형된다고 하면서 경계선의 에리트레아 쪽 기점이 된 다락(Dahlak) 그룹 외측 소도가 중요성이 덜하고 그 규모도 작다는 것을 보충 설명하였다. 그러나 이 다락(Dahlak) 소도의 상황은 중간수역 도서와는 매우 다르며, 다락(Dahlak) 외측 소도는 양 당사국이 에리트레아 본토 해안의 일부라고 합의한 광대한 도서 그룹의 일부이다.414) 결과적으로 소도와 본토간의 해양은 에리트레아 내수가 된다. 재판소는 그러므로 예멘의 '형평'주장을 거절함에 있어 어떠한 어려움도 없었다.415)

북부 도서 및 소도에게 주어진 '효과'의 형평성 평가에 있어, 재판소는

---

412) *Ibid.*, para. 116.

413) *Ibid.*, para. 117.

414) *Ibid.*, para. 118.

415) *Ibid.*

완전 효과를 허용한 또는 적어도 어느 정도의 효과를 중간선 획정에 허용한 예멘 요청을 수용하지 않기로 결정하였다. 본 결정은 어쨌든 이들 중간수역 도서가 서쪽에서 조차 정상적인 완전한 12마일 영해를 향유하는 것으로 확인되었다.[416] 북부 중간수역 도서에 관한 예멘 형평주장의 실질적인 결과는 예멘이 자국 본토 해안에 인접한 도서 상에 가능한 기점을 대안으로 주장하지 않았다는 것이다.[417]

이 선이 북쪽까지 뻗어가는 것에 관한 에리트레아 주장은 상대적으로 단순한데, 에리트레아는 예멘의 형평제안에 대하여 강하게 반박하여 본토 해안 중간선을 요구하였다. 먼저 에리트레아가 사용한 기점이 무엇인가가 분명하지 않았으나 재판소 질문의 답변에서, 에리트레아는 자국 해안과 예멘 해안의 양 기점을 제시하였다.

예멘 북쪽 부분이 중앙이 되는 $14°25'N$은 당사국들이 서로 상이하게 주장하는 또 다른 요인으로부터 초래된다. 이 위도선은 예멘이 무작위로 선택한 것이 아니며, 요점은 예멘 중간선이 기점으로서 쥬바이르(Zubayr)에 의해 더 이상 통제되지 않으며 쥬카(Zuqar) 도서 북서지점의 통제 하에 들어간다는 것이다. 에리트레아 선은 쥬카-하니쉬(Zuqar-Hanish) 그룹의 가능한 효과를 무시한 남쪽으로 계속된다. '역사적'중간선은 쥬카(Zuqar)를 지나가며 해안 중간선은 그레이터 하니쉬(Greater Hanish) 도서를 관통한다.[418] 재판소는 이러한 방식의 차이해결이 쉽지 않음을 알았으나 예멘의 쥬카-하니쉬(Zuqar-Hanish) 그룹 때문에 서쪽으로의 경계선 흐름이 강제될 때까지 본토 해안으로서 자체의 선을 계속 유지하기로 결정하였다(재판소의 선은 예멘선도 에리트레아 선도 아니다).[419]

---

416) *Ibid.*, para. 119.

417) *Ibid.*, para. 120.

418) *Ibid.*, para. 122.

419) *Ibid.*, para. 123.

에리트레아의 특정도서를 포함하는 해결책을 지지함에 있어서, 예멘은 에리트레아 도서의 상대적 크기와 중요성을 평가에 부가하였는데, 이는 경계선상의 이들 도서의 영향이 중복 영해수역에 있다는 것 때문이 아니라 협약 제74조 및 83조에 의해 평가되어야 한다는 것이다. 이러한 접근으로 예멘은 에리트레아의 '행해위험'이 예멘의 쥬카-하니쉬(Zuqar-Hanish) 그룹과 비교하면 중요하지 않다는 주장을 가능하게 하였으며, 따라서 사우스 웨스트 락스(South West Rocks)와 쥬카-하니쉬(Zuqar-Hanish) 그룹이 포함되어야 하며 경계선은 에리트레아 쪽으로 있게 되고 이 결과 양 위요지는 경계선의 예멘 쪽에서 고립된다.[420]

재판소는 제15조에 근거한 에리트레아 주장선호에 어려움이 거의 없었으며, 이러한 해결로 주요 국제통상로 주변의 애매한 위요지 필요성을 회피하는 이점을 갖게 된다.[421] 예멘의 '남쪽부분'은 13°20′N 선에서 시작하는데 이는 임의적인 선택이 아니다. 요점은 수율 하니쉬(Suyul Hanish)가 지금까지 통제해 왔던 예멘의 중간선이 예멘 본토해안 최근접점의 통제하에 들어왔다는 것이다. 예멘선은 남쪽부분을 통하여 해안 중간선으로 계속 이어졌다.[422]

그러므로 본 남쪽부분의 주요 부분은 예멘과 에리트레아 선간의 상세한 부분에 있어서의 차이만이 있을 뿐인데 이는 이러한 문제를 복잡하게 할 중간수역 도서가 없기 때문이다. 아사브(Assab) 만 및 그 주변도서가 상당히 복잡하나 예멘은 이 만이 예멘 연안의 일부이며 내수가 된다고 주장하며 따라서 통제기점은 외측 연안도서의 저조선상에 있게 될 것이라는 것이다.[423]

---

420) *Ibid.*, para. 124.

421) *Ibid.*, para. 125.

422) *Ibid.*, para. 126.

423) *Ibid.*, para. 127.

남쪽 지역 수평 연안 간에 상대적으로 단순하게 뻗쳐있는 중복 영해수역 통항과정에서, 예멘선은 다시 에리트레아 본토 연안과 마찬가지로 예멘 도서에 의해 통제된 중간선이었다. 그러나 재판소가 선호한 선은 인접 주요 통상로의 단순성을 염두에 두고 예멘 및 에리트레아 도서의 통항이 직접적으로 자유롭게 주목을 받게 될 것이라고 하였다. 이 수역에서의 에리트레아 중간선을 추적하는 것은 전통어업수역의 복잡한 구역 때문에 쉽지 않다. 사실상 당사국 주장과 이들에 대한 재판소 견해를 검토해 보면 전통어업수역 경계획정을 위하여 에리트레아가 주의 깊게 연구한 계획을 정당화하기에는 다소 부족하다.[424]

(2) 경계선

여기에서 사용된 '경계'란 용어는 중재 시, 양국 간의 국제해양경계를 표시하는 통상적이고 일반적인 의미라고 생각하는 것이 합리적이며, 영해나 접속수역 외측한계와 같이 이들의 한계가 국제경계로 변경되거나 이와 일치하는 장소가 된다하더라도 통상 '해양한계'라 불리는 것을 의미하는 것은 아니다.[425]

중재합의 제2조는 해양경계획정에 있어 재판소는 "영유권 문제, 유엔해양법협약 및 기타 관련 요소에 대하여 형성될 수 있는 견해를 고려해야만 한다"라고 규정한다. 영유권 판정 시, 고려 이유는 명백하며 양 당사국이 자신들의 변론 제2단계에서 제1차 판정에서 내린 결정을 재공개함에 아무런 문제가 없다는데 합의했다.

유엔해양법협약상의 고려요구는 에리트레아가 동 협약 당사국은 아니

---

424) *Ibid.*, para. 128.

425) *Ibid.*, para. 129.

나 중재합의 시, 동 협약 규정의 적용을 수용했고 현 단계에서 이의 적용
이 적절하다고 판단하였기 때문에 중요하다. 중재합의에서 해양에 대한
관습법 언급은 없으나 많은 관습법 관련 요인들이 동 협약규정에 포함된
다. 기타 '적절한 요소들'은 개념이 광대하여 비례성, 비 침해성, 도서의
존재 및 특정상황의 형평성에 영향을 줄 수 있는 기타 요인들과 같은 경
계획정 과정에 관련되는 것으로 일반적으로 인정되는 여러 요인들을 포
함한다.426)

대상국간에는 중간선이나 등거리선이 통상 동 협약 요구에 따라 형평
한 경계선이 됨을 규정하며 특히 제74조와 83조는 각자 대향 또 인접국
가간 배타적 경제수역 및 대륙붕의 형평한 경계획정을 규정하고 있다.
실제로 양 당사국은 본 사건에서 시작점이 달라 결과적으로 상이한 경계
선이 되었다 하더라도 형평방식에 기초한 경계선을 주장하였다.427)

재판소는 양 당사국이 제시한 모든 주장을 주의 깊게 고려한 후, 국제
경계는 중간선이 단일목적 경계선이 되어야 하며 실행 가능한 한 대향
본토 해안선간 중간선이 되어야 한다고 결정하였다. 이러한 해결책은 상
기와 같은 상황에서 볼 때 관행과 선례와도 일치하며 이미 양당사국에게
도 잘 알려진 내용이다. 재판소가 영유권 판정에서 본 것처럼 예멘 그리
고 에티오피아 및 에리트레아의 연안 석유계약에서 양당사국의 개별 관
할권을 구분하는 도서와 무관하게 그려진 에리트레아와 예멘 대향 해안
간 경계선이 중간선을 지지하는 경향이 있다.428)

현 단계에서 재판소는 석유양여 및 합의목적 뿐 아니라 모든 목적에
적용하는 단일 국제경계선을 결정해야 한다. 이러한 경계선을 위하여 도
서의 존재는 경계선에 미칠 수 있는 가능한 효과가 있기 때문에 주의 깊

---

426) *Ibid.*, para. 130.

427) *Ibid.*, para. 131.

428) *Ibid.*, para. 132.

은 고려가 요구된다. 최종 해결책은 국제해양경계선이 당사국의 본토 해안간 상당한 부분에서 중간선이 유지된다는 것이다.[429]

중간선은 해안선의 특정 부분이 되는데, 이는 양국 영해 폭이 측정되는 기준상의 최근접점으로부터 등거리에 있는 모든 점을 연결한 선으로 정의된다. 이와 동일한 정의가 여러 해양경계조약 및 전문가 논문에서 발견된다. 유엔해양법협약 제5조는 영해의 '통상기선'은 장기간의 관행 및 잘 확립된 관습 해양법과 일치하는 것으로서 "연안국이 공식적으로 인정하는 대축적 해도상에 표시된 연안 저조선"이라고 규정한다. 그러나 여기에서 이러한 목적의 '연안'이 무엇인지 특히 도서가 포함된 경우 문제가 제기되며 이 문제는 당사국들이 표시를 다르게 할 경우 재판소의 결정이 요구된다.[430]

첫째, 저조선에서 측정되는 이러한 일반규칙에 관하여 본 건에서 야기되는 복잡한 문제를 처리할 필요가 있다. 에리트레아 국내법상 영해의 정의는 자국의 영해를 "최고조시 최대 해양 쪽으로 확장되는" 수역으로 확정시킨 1953년 에리트레아 법령이 그대로 존속된다. 예멘 주장은 1953년 입법에서, 재판소가 에리트레아 연안을 따라 저조선 대신 고조선으로부터 중간 경계선을 측정해야한다는 것이다.[431]

이 문제에서 재판소는 저조선 사용이 동 협약 제5조의 일반규정으로 인정된다는 에리트레아 주장을 선호하였으며, 양 당사국도 재판소가 본 사건 결정시 동 협약 규정을 고려해야 한다고 합의하였다. 그러므로 중간경계선은 동 협약 제5조 규정에 따라 에리트레아와 예멘 해도에서 공식적으로 인정된 저조선으로부터 측정되었다.[432]

---

429) *Ibid.*

430) *Ibid.*, para. 133.

431) *Ibid.*, para. 134.

432) *Ibid.*, para. 135.

1) 경계선의 북부 및 남부 끝단

국제경계의 북부 및 남부 끝에 관하여는 문제점이 있기 때문에 따라서 재판소는 양 당사국간 중재합의에 따라 해양경계를 결정하게 되었다. 그러나 재판소는 경계를 양 당사국의 어느 일방 및 인접국가간 특정 지점에서 결정할 능력과 권위를 갖고 있지는 않다. 그러므로 경계선의 한 쪽 끝단을 다른 주장이 고려될 수도 있도록 하는 방법으로 종료시킬 필요가 있으나, 먼저 중간선 통제기점 선택을 고려할 필요가 분명히 있으며 그 다음 북부 및 남부 끝단에서 종료되는 선이 도출되었을 때 조심스럽게 종료문제를 관찰할 필요가 있다.[433]

북부에서부터 남부에까지 이르는 재판소가 결정한 국제단일경계선 형성은 다음과 같다.[434] 특히 세 가지 주요 문제 때문에 이 부분에서의 에리트레아와 예멘 주장선이 현저히 상이한데, 즉 에리트레아 쪽 다락 (Dahlak) 도서문제, 자발 알-타이르(Jabal al-Tayr)의 중간수역도서 및 자발 알-쥬바이르(Jabal al-Zubayr)의 중간수역 도서그룹 문제, 예멘 북부해안 밖 도서 및 암석그룹 문제 등이다. 이 세 가지 문제는 다음과 같이 고려되었다.[435]

◆ 다락스(Dahlaks)

조밀한 도서 및 소도집단으로 에리트레아가 도서 및 소도 카페트라고 부르는 이들은 큰 도서에는 상당한 인구가 있으며 일반적 해안 형상과 일체를 이루는 도서집단의 전형적인 예이다. 도서 내측수역은 내수나 국가수역이 될 것이며 영해기선은 도서 외측 어딘가에 있을 것이다.[436]

---

433) *Ibid.*, para. 136.

434) *Ibid.*, para. 137.

435) *Ibid.*, para. 138.

그러나 여기서 제기되는 문제는 다락(Dahlak) 인근 연안도서가 영해의 '통상기선'이 아닌 협약 제7조상의 '직선기선' 적용에 적합하다는 것이다. 직선기선 제도는 "적당한 지점을 연결하는 직선기선 방식"이라고 동 협약에 기술되어 있다. 예멘은 다락스(Dahlaks)가 직선기선제도 설정에 적합한 환경을 가지고 있다고 합의하는데 아무런 어려움도 없는 것으로 보인다.[437]

에리트레아는 재판소 질의에 대한 답변에서 자신이 주장한 '중간선'의 에리트레아 쪽 기점좌표를 제공하였다. 그러나 다락스(Dahlaks) 지역에서의 이들 기점은 외측도서 및 네기레(Negileh) 두 번째 또는 세 번째 부분을 지나는 선상에 위치해 있었으며 그 다음 계속하여 직선이 남·동 방향에서 해양 쪽으로 뻗어간다. 이는 에리트레아 주장에서 언급했던 '사변형' 직선기선제도의 일부가 된다.[438] 다락스(Dahlaks) 도서에 존재한다고 언급된 이러한 어느 정도 이상한 직선기선 체제의 현실성, 타당성 또는 정의에 관한 문제를 재판소가 결정해야 하는 것은 아니다.

재판소는 그러나 국제경계선 코스를 통제해야 하는 기점을 결정해야 한다. 예멘은 자신이 주장한 중간선 경계선 서쪽 기점 시 세가라(Segala), 다레트 세가라(Dahret Segala), 쥬베르(Zuber) 및 오칸(Aucan) 외측 소도의 고조선을 사용하였다. 이들 소도들은 통상적이고 친숙한 유형의 직선기선 체제에 합리적으로 포함될 수 있었다.[439]

그러나 에리트레아는 규모가 작으며 무인소도로서 이보다 더 큰 도서밖에 있는 네기레 락(Negileh Rock)이라 불리는 특징물을 제시하였다. 예멘은 영국 지도 171상에 이러한 특징물이 산호초로 나타나고 있으며 조

---

436) *Ibid.*, para. 139.

437) *Ibid.*, para. 140.

438) *Ibid.*, para. 141.

439) *Ibid.*, para. 142.

수와 관계없이 수면상에 나타나지도 않는다는 사실을 이유로 이러한 특징물의 사용을 거절하였다. 간출암이 아닌 산호초는 협약 제6조를 근거로 기점이 될 수 없다.[440]

주변에 산재한 산호초가 있는 도서나 환초상에 있는 도서의 경우 영해폭 측정기선은 동 산호초의 해양측 저조선으로서 이는 연안국의 공식적 해도에서 나타난다. 네기레 락(Negileh Rock)에 대한 이러한 어려움은 만일 정말로 다락스(Dahlaks) 도서의 존재로 직선기선체계가 존재할 경우 더욱 심화된다. 왜냐하면 동조 제7조 4항은 다음과 같이 규정하고 있기 때문이다.

> 직선기선은 간출지로부터 획선할 수 없다. 단 등대 또는 유사시설이 해상에 항구적으로 설치되어 있거나 또는 간출지로부터의 기선획선이 일반적으로 국제적 승인을 받는 경우에는 가능하다.[441]

에리트레아가 동 협약 당사국이 아니더라도 본 사건에 있어 본 조항 적용을 합의하였으며, 에리트레아가 직선기선 체제의 존재를 주장한 이래 이러한 주장은 영해기선으로서 저조시 수역을 갖지 못하는 산호초에 어떠한 권리도 부여하지 않는 것으로 보인다.[442]

재판소는 에리트레아 연안에 사용되기 위한 서쪽기점이 다락(Dahlak) 소도, 모제디(Mojeidi) 및 다레트 세가라(Dahret Segala) 동쪽 무인소도의 저조 상에 있어야 한다고 결정하였다.[443] 다음으로 알-타이르(al-Tayr) 및 쥬바이르(Zubayr) 중간수역 도서의 처리를 결정할 필요가 있는데, 이는 본

---

440) *Ibid.*, para. 143.

441) *Ibid.*, para. 144.

442) *Ibid.*, para. 145.

443) *Ibid.*, para. 146.

결정으로 예멘 연안기점 고려에 필요한 것이 무엇인가 하는 문제가 달려 있기 때문이다.444)

예멘은 기점 통제로서 알-쥬바이르(al-Zubayr)라 불리는 도서그룹과 알-타이르(al-Tayr)의 소규모 단일 도서를 원용하였는데 이렇게 함으로서 예멘 주장 중간선 경계가 이들 도서 서쪽 수역에서만이 '중간'이 된다. 더구나 이들 소도의 황량한 성격 및 그 위치가 해양 쪽으로 나가 있기 때문에 예멘과 에리트레아 간 경계선 설정이 고려되어서는 안 됨을 의미한다.445) 이러한 이유로 재판소는 알-타이르(al-Tayr) 단일 도서와 알-쥬바이르(al-Zubayr) 도서 그룹 모두가 중간선 국제경계선에 효과를 갖지 못한다고 결정하였다.446)

◆ 예멘 연안상의 기점들

이들은 자발 알-타이르(Jabal al-Tayr) 및 쥬바이르(Zubayr) 그룹 중간선 경계에 영향을 주지 않으므로 예멘 연안 쪽 기점을 결정할 필요가 있다. 즉 북쪽에는 연안도서 및 산호초의 광대한 수역이 시작되는 상당한 범위로 산재한 도서 및 소도가 있으며 이는 궁극적으로 사우디아라비아 연안 밖 대형도서 집단이나 체제의 일부를 형성하게 된다.447)

예멘 연안 밖 카마란(Kamaran)에는 상대적으로 크고 사람이 살지 않으며 중요도서가 또한 존재하는데, 도서는 본 도서 남쪽 본토의 대형갑(岬)과 더불어 중요한 만을 이루며 이러한 특징들이 예멘 연안과 일체가 되기 때문에 중간선을 통제해야 한다는 것은 의심할 수가 없다. 그러므로 하나의 중요 통제 기점은 카마란(Kamaran)의 최 서쪽 끝단에 있다. 또한

---

444) *Ibid.*

445) *Ibid.*, para. 147.

446) *Ibid.*, para. 148.

447) *Ibid.*, para. 149.

카마란(Kamaran)의 서쪽과 상기에서 언급한 갑의 서쪽에 있는 소규모 도
서들을 기점으로 사용하는 것이 합리적으로 보인다.[448]

문제는 카마란(Kamaran) 북쪽 도서이다. 상대적으로 큰 틱파쉬(Tiqfash)
소도와 쿠타마(Kutama) 및 우크반(Uqban) 서쪽 소규모 도서 모두가 연안
의 이 부분을 지키는 도서, 소도 및 산호초와 복잡하게 얽혀 있다. 재판
소의 견해로는 이것이 정말로 협약 제7조상의 '일련의 체제'라는 것인데,
예멘은 이와 같은 내용을 주장하지 않았다.[449] 재판소는 예멘 주장과 달
리 중간선 기점으로서 예멘 지도 12.1에서 나타난 카마란(Kamaran) 및 그
부속 소도들뿐만 아니라 우크반(Uqban)과 쿠타마(Kutama)라 불리는 북서
소도를 사용하는 것이 옳고 보았다.[450]

상기 결정으로 변환점 1과 13 사이 경계선을 북쪽으로 확장하여 기점
하는 것이 가능하다. 본 선의 전체적인 부분을 보면 경계는 본토 연안 중
간선 또는 등거리 선이 되어야 한다.[451] 그러나 변환점 13에서 단순한
본토·연안 중간선은 쥬카-하니쉬(Zuqar-Hanish) 그룹 도서에 영향을 줄 수
있는 수역까지 접근하므로 이러한 상황을 어떻게 처리해야 하는가에 대
한 결정이 분명히 있어야 한다.[452]

2) 경계선의 중간 확장 부분

재판소가 하니쉬(Hanish) 그룹 남서 끝단 및 모하바카스(Mobabbakahs),
하이 아일랜드(High Island), 헤이콕스(Haycocks) 및 사우스 웨스트 락스
(South West Rocks)의 에리트레아 도서간 좁은 수역에서의 경계선 문제를

---

448) *Ibid.*, para. 150.

449) *Ibid.*, para. 151.

450) *Ibid.*

451) *Ibid.*, para. 152.

452) *Ibid.*, para. 153.

먼저 결정해야 한다면 분명한 이유를 밝혀야 할 것이다. 이 부분의 경계에서는 중복 영해 수역의 경계획정에 부가하여 대륙붕 및 배타적 경제수역 경계획정 문제가 추가된다.[453)]

이것은 예멘 영유권에 귀속된 쥬카(Zuqar) 및 하니쉬(Hanish) 양자가 에리트레아 영유권으로 귀속된 헤이콕스(Haycocks) 및 사우스 웨스트 락스(South West Rocks)에 의해 영해가 중복되기 때문에 야기된다. 이는 예멘이 에리트레아 연안 고조선에 따라 자신이 선정한 에리트레아 기점에서부터 확장되는 엄격한 12마일 영해에서만 에리트레아의 권리가 있다고 판단하였기 때문이며 그 결과는 예멘의 지도 12.1에 나타난다.[454)] 이 결과 예멘에 따르면 헤이콕스(Haycocks)와 사우스 웨스트 락스(South West Rocks)는 에리트레아 영해 이원 그리고 그 외측에 고립되어 존재하게 될 것이다.[455)]

이러한 현상은 주요 국제통상로 인접의 행행위험과 도서주변에 제한된 위요지를 설정하는 것으로서 명백하게 비현실적인 것이다. 그러나 소규모이고 심지어 암석으로 규정되었다 하더라도 고조시에도 수면상에 있는 도서의 경우는 12마일 영해를 향유할 수 있음은 의심의 여지가 없다. 서로 떨어져서 24마일 이내에 군집한 일련의 도서는 계속적인 영해대를 가질 수 있으며, 이것은 사우스 웨스트 락스(South West Rocks)를 포함 에리트레아 도서에도 해당된다.[456)]

동 협약 제3조에 따르면 영해는 "본 협약에 따라 결정된 기선으로부터 측정하여 12마일을 초과하지 않는 범위까지 확장한다"라고 규정한다. 이것은 도서가 규모나 인간거주에 관계없이 영해가 측정되는 통상기선을

---

453) *Ibid.*, para. 154.

454) *Ibid.*

455) *Ibid.*

456) *Ibid.*, para. 155.

갖는 것을 허용하기 때문이다. 이러한 점은 에리트레아의 영유권 주장지지에서 강하게 원용되었으나, 이의 합리성은 영유권 판정 시 재판소에 의해 수용되지 않았다.[457]

본토 연안 고조선으로부터 12마일 한계 이원 수역에 에리트레아 도서를 포함시키자는 예멘제안 거절에 대한 추가적인 이유가 있다면 이는 기니아-기니아비소 사건의 비 침해원칙에서 찾을 수 있다.[458]

국제경계선은 그러므로 4~5마일을 넘지 않은 해대(海帶) 어딘가에 존재하여야만 한다고 보인다. 한편, 사우스 웨스트 락스(South West Rocks)와 헤이콕스(Haycocks) 그룹 이원까지 잠재적으로 확장되는 에리트레아 본토 연안 영해 수역과, 다른 한편으로 하니쉬(Hanish) 그룹의 예멘 도서에 의해 생긴 영해가 확실히 중복된다면 이러한 상황에서는 중간선 경계가 제시된다. 동 협약 제15조상 등거리 중간선을 긋기 위한 통상적인 방법은 역사적 권원이나 기타 특수사정으로 인하여 달리 변경이 될 수 있다. 따라서 재판소는 이러한 이유 및 사정을 고려하였으나 더 이상의 변동이 필요하지 않음을 발견하였다.[459]

경계획정의 전반적인 책무를 염두에 두면서, 재판소는 이 선이 전적으로 형평한 선이 될 것임을 알고 있다. 그러므로 재판소의 결정은 당사국들의 개별 영해의 중복수역을 관통하는 국제경계선이 중간선이라는 것이다.[460] 그러나 본토 연안 중간선과 중복 영해 획정선 사이를 연결해야 하는 경계선 문제는 여전히 남게 된다.

457) Ibid., para. 156.
458) Ibid., para. 157.
459) Ibid., para. 158.
460) Ibid., para. 159.

3) 변환점 13과 15를 연결하는 경계선

본토 연안 중간선이 변환점 13 남쪽으로 계속된다면 이는 먼저 쥬카 (Zuqar)의 영해를 단절시키고 다음에는 하니쉬(Hanish) 영해를 그리고 하니쉬(Hanish) 도서 육지 영토를 지나 단절시키게 된다. 그러므로 쥬카-하니쉬(Zuqar-Hanish) 그룹 주변 서쪽으로 우회해야 하며 또한 만일 이들 도서가 영해를 향유하는 것으로 간주될 경우 이들 도서의 영해를 존중해야 한다. 이들이 영해를 갖는 것으로 간주되어야 하는 것은 합리적인 것으로 보인다.[461]

여러 가능성을 재판소가 고려하여 국제경계가 변환점 13에서 확장되는 12마일 영해와 만나게 됨으로 이 수역의 영해를 존중하기 위하여 우회해야 한다면 이 선이 제15조 경계와 합류하기 위하여 다시 남쪽으로 방향을 바꾸어야 할 때까지 쥬카(Zuqar) 영해경계의 굴곡을 추적할 수 있었다. 그러나 재판소는 결정하기를, 이 선이 상기에서 기술한 영해 중간선과 만나기 위하여 남서쪽으로 벗어날 필요가 있는바, 기점 14와 기점 13을 연결하는 기하학적 선이 되는 것이 더 좋을 것이다라고 한다. 또한 재판소의 책무가 해양경계를 결정하는 것이므로 이에는 영해한계를 결정하는 것이 포함되지는 않는다.[462]

변환점 14로부터 국제경계와 남쪽 이탈은 협약 제15조 중간선이 되는 기점 14와 15를 연결하는 기하학적 선이 된다. 변환점 14와 15 사이에 재판소가 결정한 경계는 이 수역에서의 예멘 영해의 추정적 경계와 매우 가깝다. 그러나 이는 보다 단순하고 편리한 국제경계가 된다.[463]

---

461) *Ibid.*, para. 160.

462) *Ibid.*, para. 161.

463) *Ibid.*, para. 162.

4) 국제 경계선의 남쪽 부분

중복하는 영해 중간선 상의 최남쪽 변환점에 있는 변환점 20으로부터 경계선은 본토 연안 중간선과 재 합류하기 위하여 일반적으로 남·동쪽으로 전환될 필요가 있다. 이것은 변환점 20과 21을 연결하는 기하학적 선을 관통하며 후자의 경우는 확장된 중복 영해 중간선과 연안 중간선의 교차점이 된다. 이 결과 국제 경계선은 양 본토 연안에 의해 통제되는 중간선이 된다. 아사브(Assab) 만은 내수이므로 경계선의 통제기점이 본 만의 해양 쪽에 있게 된다.464)

[지도 4] 에리트레아·예멘간 해양경계선 1

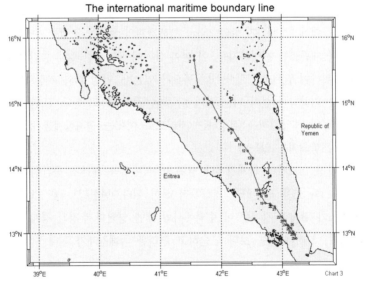

■ 출처 : www.pca-cpa.org/upload/files/chart 3

---

464) *Ibid.*, para. 163.

5) 경계선의 북쪽 및 남쪽 끝단점

제3국을 포함시킬 수 있는 수역까지 경계선이 확장해서는 안 될 필요성을 언급해야 한다. 재판소 결정이 경계선 설정 과정 시 중단된 기점은 북쪽 끝에서의 변환점 1과 남쪽 끝에서의 변환점 29이다. 물론 그 영향은 판정 지도의 3과 4에서 볼 수 있다. 재판소는 이들 종료기점들이 기타 제3국에 의해 분쟁이 될 수 있는 경계선이 되기에는 부족한 점이 많다고 믿고 있다.[465]

(3) 비례성 문제

비례성 원칙은 북해대륙붕 사건에서 국제사법재판소가 기술하였는바, 즉 "연안국에 접속된 대륙붕 범위와 해안선의 일반적 방향에서 측정된 해안선 길이의 형평성 원칙에 따른 경계획정 시 합리적인 정도의 비례성 요소로서 동일 지역 내 인접 국가 간 기타 대륙붕 경계획정에 실질적이거나 또는 장래에 영향을 미치게 되는 것을 고려해야 한다"는 것이다. 이는 경계획정의 독자적인 양상이나 원칙이 아니라 기타 수단에 의해 이루어지는 경계획정 형평성 척도인 것이다. 그러므로 영·불 수로사건 판정에서도 "적절한 기준이나 요소인 일반적인 비례성 원칙보다 오히려 불균형적인 것이다"라고 하였다.[466]

본 사건에서 당사국들은 이 문제에 대하여 강하게 일치하지 않았는바, 이는 개별 해안선 길이의 계산뿐만 아니라 '비례성' 의미에 대하여도 동일하였다. 재판소의 견해는 에리트레아가 본토 해안선을 보다 많이 수용

---

465) *Ibid.*, para. 164

466) *Ibid.*, para. 164.

하였다 하더라도 해안의 '일반적 방향'은 에리트레아 해안 길이 계산이 다락(Dahlak) 도서 그룹의 외측을 따라야 함을 의미한다는 것이다.[467]

보다 더 논의되어야 할 점은, 얼마나 북쪽으로 에리트레아 해안이 이동해야 하는가에 있다. 에리트레아는 비례성 계산이 자국의 모든 본토 해안을 위도선 16°N까지 포함하기를 희망하였으며, 실제로 이 선은 문제가 된 수역의 북쪽 부분 정의를 위해 예멘에 의해 사용되었다. 그러나 재판소는 비례성 척도를 북쪽으로 45°각도로 있는 홍해 구역을 구분하기 위한 수평선 사용의 적절성에 의심을 가지고 있다. 그러므로 재판소는 예멘과 대향한다고 하는 에리트레아 연안의 관련 부분을 이 연안의 일반적 방향이 예멘 연안의 일반적 방향과 같은 각도로 예멘 육지경계의 북쪽 종점이 되는 선으로부터 그은 선과 조우하는 곳에서 존중될 것을 고려하였다. 동일한 방식으로 재판소는 남쪽 끝점이 예멘 연안 길이 계산에 고려되어야 한다고 결정하였다.[468]

재판소는 전문가의 측지를 통하여 관련 해안의 길이비율을 계산하였는데, 이는 해안선의 일반적 방향을 참고 하였으며 당사국들에 귀속된 수역의 비례 등을 고려하여 측정되었다. 해안선 길이 최소비율은 예멘 : 에리트레아가 387,026 : 507,110 마일(1:1.31)이다. 영해를 포함한 수역의 비율은 예멘 : 에리트레아가 25,535㎢ : 27,944㎢(1:1.09)이다. 재판소는 자신이 결정한 경계획정선이 어떠한 불균형적 결과를 초래하지 않는다고 믿고 있다.[469]

---

467) *Ibid.*, para. 165.

468) *Ibid.*, para. 167.

469) *Ibid.*, para. 168.

[지도 5] 에리트레아·예멘 간 해양경계선 2

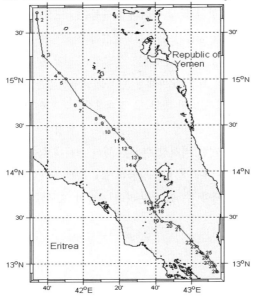

■ 출처 : www.pca-cpa.org/upload/files/chart 4

5. 평 가

본 사건에 관하여는 다음과 같이 몇 가지로 요약 평가할 수 있다.

첫째, 본토에서 멀리 떨어진 도서의 경우 경계획정 시 완전효과를 인정하지 않았다. 즉 완전효과 인정으로 명백한 불균형적인 결과를 초래할 경우 이는 형평한 결과가 되지 못하므로 도서의 경계획정 시 결과적으로 사실상의 합리적이고 형평한 결과를 강조하였다. 따라서 한·일 간 동해 해양경계획정 시 기점으로서의 독도 역할이 주목된다.

둘째, 국제경계는 중간선이 단일목적 경계선이 되어야하며, 이는 대향 본토 해안의 중간선이 되어야한다고 결정하였다. 따라서 서해 및 동해에서의 경계획정 시 한일 및 한중간의 대륙붕 및 EEZ 경계선이 단일 경계선으로 양국 해안의 중간선이 경계획정선이 될 수 있다. 이를 적용할 경우 서해의 경계획정 시 우리에게는 상당히 유리할 수가 있다.

셋째, 경계획정의 요소로 비례성 원칙을 적용하였는바, 특히 해안선의 길이비율, 해안선의 일반적 방향 및 경계획정으로 인한 수역의 범위를 상호 비교하여 이를 경계획정 시 고려함으로서 형평한 결과에 도달하려고 하였다. 그러나 이러한 비례성 원칙은 특히 서해에서의 중국과의 경계획정 시 적용될 경우 우리에게는 상당히 불리하게 작용할 수 있기 때문에 이를 극복하고 대체할 수 있는 논리의 개발이 요구된다.

III. 말레이시아·인도네시아 간 리기탄 및 시피단 도서 영유권 사건[470]

1. 사건 개요

1998년 11월 2일 인도네시아와 말레이시아는 1997년 5월 31일 쿠알라룸푸르에서 체결하고 1998년 5월 14일부터 발효된 양국 간의 특별합의를 법원에 제출하였다. 동 합의에서 당사국들은 국제사법재판소가 조약, 협

---

470) 본 내용은 2005년도 (사)해양법포럼 연구과제 수행 시 저자가 맡은 과제를 정리한 것임. 해양수산부, 〈국제해양분쟁사례연구 II〉, 대전 : 애드파워, 2005

정 및 당사국이 제출한 증거를 기초로 리기탄(Ligitan)과 시파단(Sipadan) 도서에 대한 영유권이 인도네시아 또는 말레이시아 중 어느 국가에 속하는가를 결정해 줄 것을 요청하였다. 이에 따라 동 재판소는 2001년 본 사건에 대한 판결을 하였다.

2. 지리적 및 역사적 배경

(1) 지리적 환경

리기탄과 시파단은 보르네오 섬 북동해안 밖 세레베스(Celebes)해에 위치하며 서로 약 15.5마일 거리에 있다. 리기탄은 다나완(Danawan) 및 시아밀(Si Amil) 도서에서 남쪽으로 뻗어있는 대형 별모양의 산호초 최남단에 있는 매우 작은 도서로서, 그 좌표는 4°09′N 118°53′E이다. 이 도서는 보르네오에 가장 가까운 지역인 셈포르나(Semporna) 반도의 탄정 투톱(Tanjung Tutop)에서 21마일 떨어져 있으며 항시 해면위에 나와 있고 모래로 되어있으며 일부 저지대 식물과 약간의 나무가 있을 뿐이며 사람이 상주하지는 않는다. 시파단은 리기탄 보다는 크나 여전히 소규모 도서로서 면적이 0.12㎢에 불과하다.

그 좌표는 4°06′N 118°37′E이며 탄정 투탑(Tanjung Tutop)에서 15마일 떨어져 있고 세바틱 도서 동쪽 해안에서 42마일 위치에 있다. 시파단은 화산도로서 나무가 많은 아열대 산으로서 높이가 600~700m나 되며 주변은 산호초로 둘러싸여 있다. 1980년대까지는 사람이 상주하지 않았고 이후 스쿠버다이빙 관광지로 개발되었다.

[지도 6] 인도네시아·말레이시아 간 영유권 분쟁 도서

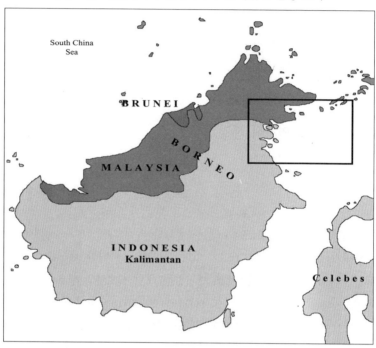

■ 출처 : 해양수산부, 〈국제해양분쟁사례연구종합 V〉, 대전 : 애드파워, 2006, p.172

(2) 역사적 배경471)

당사국간의 분쟁은 복잡한 역사적 배경이 있는바, 16세기 스페인이 필리핀을 정복하고 남쪽에 있는 도서로 영향력을 확장하기 시작하여 16세기말 스페인은 수루(Sulu)의 술탄에 대한 영향력을 행사하기 시작하였다.

---

471) ICJ, Reports of Judgements, Advisory opinions and Orders, *Case concerning Sovereignty over Pulau Ligitan and Pulau Sipadan(Malaysia/ Singapore)*, Judgment of 17 December 2002.

1836년 9월 23일 스페인은 술탄과 평화, 보호 및 상업 협정을 체결하였고 동 협정에서 스페인은 술탄의 보호를 보장하였다.

1851년 4월 19일 스페인과 술탄은 재복종법(Act of Re-Submission)을 체결하여 수루 및 그 부속도서들을 스페인에 병합시켰다. 동 법은 1878년 7월 22일 의정서에 의해 확인되었는바, 동 의정서에 의하면 술탄은 모든 수루 군도 및 그 부속도서에 대한 스페인 영유권을 인정하였다고 한다.[472]

네덜란드는 17세기 초 보르네오 섬에 정착하여 동인도회사를 설립하고 이 지역에서 상당한 상업적 이익을 향유하였으며 1602년 네덜란드는 자국 헌장으로 보르네오를 통합 영토로 인정하여 남동아시아에서의 공권력을 행사하였다. 동 헌장 상 동인도회사는 네덜란드 국무장관의 이름으로 이 지역의 왕자 및 왕과 협약을 체결 후 권한을 부여받았다.[473]

네덜란드 동인도회사가 17~18세기 보르네오에 설립되었을 때, 벤저마신(Banjermasin) 술탄의 영향력이 남동 보르네오 대다수 지역에까지 확장되었다. 동쪽 해안에서 벤저마신(Banjermasin) 통제 영토는 삼바리웅(Sambaliung), 구능타부르(Gunungtabur) 및 부룽간(Bulungan)을 포함한 베로우 왕국까지 포함되었다. 브루네이 및 수루(Sulu)의 술탄은 보르네오 북쪽 지역에 대한 영향력을 행사하였다.[474]

8세기 동인도회사의 소멸로 동 회사의 모든 영유권이 네덜란드 통합영토로 전환되었다. 나폴레옹전쟁 기간 중 영국은 아시아에서 네덜란드 통제권을 차지하였으며, 1814년 8월 13일 런던협약에 따라 새로이 설립한 네덜란드 왕국이 이전 대다수 네덜란드 영토를 회복하였다.[475]

---

472) *Ibid.*, para. 15.

473) *Ibid.*, para. 16.

474) *Ibid.*

475) *Ibid.*, para. 17.

1817년 1월 3일 벤저마신(Banjermasin) 술탄과 네덜란드가 체결한 계약에 의하면, 동 계약 제5조에서 베로우 및 모든 부속 영토를 네덜란드로 양도한다고 규정하였다.[476] 다음해에 베로우 왕국이었던 3개 영토 즉, 삼바리웅(Sambaliung), 구눙타부르(Gunungtabar) 및 부룽간(Bulumgan)이 분리되었고, 1834년 9월 27일 선언으로 부룽간(Bulungan)의 술탄은 네덜란드 동인도 정부당국에 직접 제출하였다. 1844년 3개 영토는 각각 독립왕국으로서 네덜란드 정부에 의해 인정되었다.[477]

1850년 네덜란드 동인도 정부는 3개 왕국의 술탄과 조공계약을 체결하여 그 결과 이들은 각자의 영토왕국에서 영지를 부여 받았으며, 부룽간(Bulungan) 술탄과의 계약체결은 1850년 11월 12일에 있었다.

동 계약에서 최초로 부룽간(Bulungan) 술탄이 통치하는 지리적 범위가 기술되었는바, 동 계약 제2조는 베로엔간(Boeloengan)의 영토는 "게노엥-테보르(Goenoeng-Tebor)와 수루(Sulu) 영토 내에 위치한다고 규정하며, 테라칸(Terakkan), 넨세칸(Nenoekkan) 및 세비티크(Sebittkh) 도서는 베롱간(Boeloengan)에 속해야 한다"라고 하였다.[478]

신 조공계약이 1878년 6월 2일 체결되었으며, 이는 1878년 10월 18일 네덜란드 동인도 총독에 의해 비준되었다. 동 계약 제2조는 부룽간(Bulungan)의 영토를 "동 계약 부속 성명에 기술된 육지 및 도서로 구성된다"라고 규정하였다. 동 성명은 1893년 개정되어 영국과 네덜란드간의 1891년 협약과 일치하도록 새로운 성명으로 대치되어 다음과 같이 기술하였다.

타라칸(Tarakan) 및 난세칸(Nanoekan) 도서 그리고 세바틱 도서 지역은 상기 경계선 남쪽에 위치하며, 이들이 동 경계선 남쪽에 위치하는 한, 1892년

---

476) *Ibid.*

477) *Ibid.*

478) *Ibid.*, para. 18.

'인디쉬 스타트발트(Indisch Staatsblad)' 제114호에 의해 상기 도서에 속하는 소도는 물론 베롱간(Boeluengan)에 속한다.[479]

영국은 이 지역에서 상업적 이익이 있었으나 19세기까지 보르네오에 정착하지는 않았다. 1814년 8월 13일 영·네덜란드 협약 이후 보르네오에 대한 영국과 네덜란드 간 영토 주장이 중복되기 시작하였다. 1824년 3월 17일 영국과 네덜란드는 이 지역 상업 및 영토 문제를 해결하기 위한 시도로 새로운 조약을 체결하였다.[480]

1878년 1월 20일 부르나이의 술탄은 보르네오를 3개로 나누어 이중 북보르네오의 가장 큰 지역을 알프레드 덴트(Alfred Dent)와 오버벡 남작(Baron von Overbeck)에게 인정하였다. 여기에는 수루(Sulu)의 술탄 및 알프레드 덴트(Alfred Dent)와 오버벡 남작(Baron von Overbeck)이 주장한 보르네오 북쪽 해안 영토부분까지 포함되었는데, 이 때문에 이 문제에 관한 합의를 수루의 술탄과 체결할 것을 결정하게 되었다.

1878년 1월 22일 수루(Sulu)의 술탄은 알프레드 덴트(Alfred Dent)와 오버벡 남작(Baron von Overbeck)에게 영국 회사의 대표로서 다음과 같은 모든 그의 권리와 권한을 인정하는데 합의하였다.

마루데(Malude) 만 서쪽 판다산(Pandassan) 강에서 시작하여 마루데(Malude) 만과 하는 모든 지역을 포함한 남쪽 시부코(Sibuco) 강 동쪽 해안까지 확장되는 보르네오 섬 본토의 모든 조공 지역 및 영토 그리고 시부코(Sibuco)강과 다벨(Darvel) 만이 경계하는 남쪽의 기타 영토와 국가 및 이들 해안 3해리 이내에 속하는 모든 도서.[481]

---

479) *Ibid.*

480) *Ibid.*, para. 19.

481) *Ibid.*, para. 20.

오버벡 남작(Baron von Overbeck)은 상기에서 언급된 영국 회사에 대한 모든 자신의 권리와 이익을 포기하였으며, 알프레드 덴트(Alfred Dent)는 이후 이들 영토를 관리하고 그 자원을 이용하기 위해서 영국 정부가 만든 왕립헌장을 원용하였다.

1882년 5월 동 회사는 영국의 보르네오북부회사(British North Borneo Company : BNBC)라는 이름으로 공식적으로 합병되었다. 보르네오북부회사는 그 당시 1878년 양여에서 언급된 3마일 한계 이원의 특정 도서에까지 행정권 행사를 확대하기 시작하였다.[482] 1877년 3월 11일 스페인, 독일 및 영국은 이들 간에 야기되었던 상업분쟁을 해결할 목적으로 수루해(海)에서의 자유무역 및 항행을 확립하는 의정서를 체결하였다. 동 의정서 상 스페인은 영국, 독일 및 수루 군도에서의 타국의 선박과 시민들의 자유무역, 자유어업 및 자유항행 보장을 규정하였다.[483]

1888년 5월 12일 영국정부는 북 보르네오 국가 창립을 위하여 BNBC와 합의를 하였으며, 동 합의에 의하면 북 보르네오가 영국의 보호 하에 놓이게 되었고 그 결과 영국정부가 외교문제에 대한 책임을 지게 되었다.[484] 1891년 6월 20일 네덜란드와 영국은 보르네오 섬의 영국 점유지와 영국 보호 하에 있었던 도서 국가들과의 경계를 명확하기 위한 목적의 협약(이후부터 1891년 협약)을 체결하였다.[485]

스페인·미국과의 전쟁 종결로, 스페인은 필리핀 군도를 1898년 12월 10일 파리 평화조약에 의거 미국에 양도하였다. 1900년 11월 7일의 조약(이후부터 1900년 조약)에서 스페인은 1898년 평화조약 제3조에 기술된 선박에 있는 필리핀 군도에 속하는 모든 도서를 미국에 양도하였다.[486]

---

482) *Ibid.*

483) *Ibid.*, para. 21.

484) *Ibid.*, para. 22.

485) *Ibid.*, para. 23.

1903년 4월 22일 수루의 술탄은 영국의 북 보르네오 정부 양도확인협
정을 체결하여 1878년 알프레드 덴트(Alfred Dent)와 오버벡 남작(Baron
von Oberbeck)에게 인정한 최초 양도에 포함된 것으로 간주되어 온 특정
도서들의 이름을 명기하였다.

언급된 도서들은 무리안긴 케칠(Muliangin Kechil), 말라와리(Malawali), 테
가부(Tegabu), 빌리안(Bilian), 테가이필(Tegaypil), 랑 카얀(Lang Kayen), 보안
(Boan), 레히만(Lehiman), 바쿵간(Bakungan), 바쿵간 케칠(Bakungan Kechil),
리바란(Libaran), 타가낙(Taganack), 베구안(Beguan), 만탄부안(Mantanbuan),
가야(Gaya), 오마달(Omadal), 시 아밀(Si Amil), 마볼(Mabol), 케파라이 및 디
나완(Kepalai and Dinawan)이며 상기에 언급한 도서주변이나 근처의 기타
도서들은 1878년 양도에 포함되었다고 규정하였다. 이들 모든 도서들은
3마일 이원에 위치하였다.[487]

1915년 9월 28일 영국과 네덜란드는 1891년 협약 제5조에 따라 북 보
르네오 국가 및 보르네오의 네덜란드 점유지의 경계에 관한 합의에 서명
하였다.[488] 1928년 3월 26일 영국과 네덜란드는 1891년 협약 제5조에 따
라 1891년 6월 20일 런던에서 서명된 협약 제3조에서 설정한 경계를 획
정할 목적에서 또 다른 합의를 체결하였다.[489]

1930년 1월 2일 미국과 영국은 필리핀 군도와 북 보르네오 국가 간의
경계를 획정하는 협약(이후부터 1930년 협약)을 체결하였다. 동 협약은 5개
조항으로 구성되어 있는데, 제1조는 필리핀 군도와 북 보르네오 국가에
속하는 도서를 구분하는 선을 정의하였고, 제3조는 "언급된 선의 북쪽과
동쪽의 모든 도서 및 언급된 선을 횡단하는 모든 도서와 암석이 필리핀

---

486) *Ibid.*, para. 24.

487) *Ibid.*, para. 25.

488) *Ibid.*, para. 27.

489) *Ibid.*

군도에 속하며, 언급된 선의 남쪽과 서쪽에 있는 모든 도서는 북 보르네 오 국가에 속한다"라고 규정하였다.[490]

1946년 6월 26일 보르네오북부회사는 영국과 합의를 이행하여 동 회사 는 북 보르네오 국가에 관한 자신의 이익, 권한 및 권리를 영국에게 양도 하였고, 그 결과 북 보르네오 국가는 영국 식민지가 되었다.[491] 1963년 7 월 9일 말레이시아 연방, 영국 및 북 아일랜드, 북 보르네오, 사라와크 및 싱가포르는 말레이시아에 관한 합의를 체결하였는데, 동 합의 제1조에 의하면(1963. 9, 16 발효) 북 보르네오 식민지가 사바(Sabah) 국가로서 말레 이시아 연방의 현존국가와 연방되었다.[492]

독립 이후, 인도네시아와 말레이시아는 1960년대 보르네오 동쪽 해안 밖 수역에서의 석유시추허가를 인정하기 시작하였다. 인도네시아가 관련 수역에서 외국회사에게 인정한 최초의 석유허가는 인도네시아 국영회사 인 페탄방간 민약 나쇼날(P.N.Pertambangan Minjak Nasional ; 이후부터 페르미 나(Permina))과 일본 석유탐사회사(Japex) 간에 1966년 10월 6일 체결된 생 산량 공유협정이었다.

협정 수역 중 하나인 북부 경계는 해양으로 27마일 떨어진 $4°09'30''N$ 의 세바틱 도서 동쪽 해안에서 직선으로 동쪽으로 향해 있다. 1968년 말 레이시아는 차례로 사바 테세키(Sabah Teiseki) 석유회사에 석유시추허가를 승인하였다. 테세키(Teiseki)에게 승인한 해양 양여 남쪽 경계는 $4°10'30''N$ 에 위치해 있다.[493]

현재의 분쟁은 1969년 양국 간 개별 대륙붕 경계확정에 관한 논의 과 정에서 구체화되었으며, 협상에 따라 경계합의가 1969년 10월 27일 이루

---

490) *Ibid.*, para. 28.

491) *Ibid.*, para. 29.

492) *Ibid.*, para. 30.

493) *Ibid.*, para. 31.

어졌고, 이는 1969년 11월 7일 발표되었다. 그러나 이것이 보르네오 동쪽에 있는 지역까지 적용되지는 않았다.[494]

1991년 10월 당사국은 리기탄 및 시파단 도서 문제를 연구하기 위한 공동실무그룹을 결성하였으나, 합의에 이르지 못하고 1996년 6월 양 당사국의 특사에게 맡겼고, 이 문제는 결국 상호합의에 국제사법재판소에 부탁한다는 내용의 특별 협정을 체결하여 1997년 5월 31일 서명하였다.

3. 당사국 주장

(1) 주장의 근거

인도네시아의 리기탄 및 시파단 영유권 주장은 주로 영국과 네덜란드 간의 1891년 협약에 근거하며, 또한 인도네시아는 일련의 실효적 지배 및 네덜란드와 인도네시아에 의한 전통적 권원행사를 들고 있다. 구두변론에서 인도네시아는 다른 주장을 통하여 재판소가 1891년 협약에 근거한 권원이 거절된다하더라도 부룽간(Bulungan)의 술탄 승계자로서 분쟁도서에 대한 주권을 여전히 주장할 수 있다고 하는데, 이는 부룽간(Bulungan)의 술탄이 이 도서들에 대한 권한을 소유하였기 때문이라는 것이다.[495]

한편, 말레이시아는 과거 지배자인 수루(Sulu)의 술탄이 최초로 주장한 권원이 이전됨에 따라 리기탄 및 시파단 도서에 대한 영유권을 획득하였다고 주장한다. 말레이시아는 동 도서의 권원이 계속하여 스페인, 미국으

---

494) *Ibid.*

495) *Ibid.*, para. 32.

로 그리고 북 보르네오 국가는 영국으로 이전되었으며 최종적으로 말레
이시아로 이전되었다고 주장한다. 또한 말레이시아는 이러한 일련의 법
적 제도에 근거한 권원이 이 도서들에 대한 영국과 말레이시아의 실효적
지배에 의해 확인된다고 주장한다. 기타 대안으로 말레이시아는 주장하
기를, 만일 재판소가 분쟁도서가 본래 네덜란드에 속한다고 결정한다면,
이의 실효성은 결국은 네덜란드의 권원을 바꾸게 되었을 것이라고 한
다.496)

(2) 영국·네덜란드 간 1891년 협약

인도네시아는 1891년 협약을 기초로 리기탄 및 시파단 도서에 대한 영
유권을 주장하는바, 즉 "협약의 용어, 내용 및 목적으로 보아 동 협약은
오늘날 문제가 되고 있는 지역에서의 각 당사국 점유지를 구분하는 선으
로 4°10′N 북쪽에 위치한 도서를 포함한 육지 지역은 영국 영토로, 그 남
쪽 지역은 네덜란드 영토임을 고려한 것이다"라고 한다. 분쟁도서가 이
평행선 남쪽에 위치하게 됨으로서 "이들 도서에 대한 협약상의 권원이
네덜란드에 귀속되며, 따라서 결국 오늘날은 인도네시아에 귀속 된다"497)
라고 하였다.

인도네시아는 주장하기를, 1891년 협약의 두 당사국만이 이 지역에서
의 유일한 활동국가였으므로, 이점에 관해서 보면 스페인은 분쟁도서에
대한 권원이 없으며 수루 군도 남쪽에 어떠한 관심도 보이지 않았다고
한다.498)

---

496) *Ibid.*, para. 33.

497) *Ibid.*, para. 34.

498) *Ibid.*

인도네시아 견해에 의하면, 동 협약은 영토양여와 관련된 것이 아니라 오히려 당사국의 의도는 이 선의 개별 당사국 쪽에 있을 도서와 보르네오에서의 타방 당사국의 권원을 인정하는 것이며 이들에 관한 어떠한 주장도 포기하는 것이었다. 인도네시아에 따르면, "양 당사국은 합의한 선의 자기 측 부분에 있은 영토는 이미 자기들 것이며 양여조약에 의해 자신들의 영토가 되는 것이 아니라는 데는 의심의 여지가 없다"라고 한다. 또한 주장하기를, 어쨌든 1891년 이전의 입장이 무엇이든 간에, 양 식민지 국가 간의 협약이 기존 권원에 우선하는 권원이 된다는 것에는 이론이 없다는 것이다.[499]

이에 관하여 말레이시아는 주장하기를, 인도네시아의 리기탄 및 시파단 주장은 1891년 협약내용이나 동 협약 해석에 사용된 어떠한 문서에서도 지지를 받고 있음을 찾을 수 없다고 한다. 말레이시아는 지적하기를, 1891년 협약은 전체적으로 보아 경계선이 세바틱 도서의 최근 동쪽 지점에서 끝나게 된 이래로 당사국들이 보르네오와 세바틱 도서에 대한 개별 육지 영토간의 경계를 분명히 해야 한다는 것을 나타낸다. 또한 "조약 및 관련법규의 통상적 및 자연적 해석을 하게 되면 인도네시아의 주장에 당연히 반박을 할 수 있으며, 1891년 협약의 비준 및 그 이행이 인도네시아의 입장을 지지하지 않음을 1915년 합의를 통해서도 현저히 나타난다"고 한다.[500]

말레이시아는 이에 부가하여 주장하기를, 1891년 협약이 세바틱 동쪽으로 영토를 구분하는 것처럼 해석된다 하더라도 이러한 구분은 당시 스페인에 속한 도서에 관해서는 어떠한 결과도 가질 수 없다고 한다. 말레이시아의 견해에서는, 영국이 1878년 승인에서 언급한 3해리선 이원에 있는 네덜란드 도서를 양도하는 것을 상상할 수 없었다는 것이며, 이 선

---

499) *Ibid.*

500) *Ibid.*, para. 35.

은 1885년 영국과 스페인간의 의정서에도 명백히 인정되었다고 한다.[501]

1891년 6월 20일 네덜란드와 영국은 보르네오 섬에 있는 네덜란드 점유지와 영국 보호 하에 있던 도서 국가 간의 경계를 분명히 하기 위한 목적에서 협약을 체결하였다. 동 협약은 8개 조항으로 되어 있으며, 제1조는 "보르네오에 있는 네덜란드 점유지와 동일 도서에 있는 영국 본토 국가의 점유지간 경계는 보르네오 동쪽 해안 북위 4°10′에서 시작해야 한다"라고 규정하였다. 제2조는 "경계선이 서쪽으로 계속되어야 하며"라고 규정한 다음, 그 선의 첫 번째 지역의 방향을 기술한다.

제3조는 제2조가 끝나는 점으로부터 경계선의 최서쪽 방향과 보르네오 서쪽 해안상의 탄동-다테(Tandjong-Datoe)를 기술한다. 제5조는 "이전 4개 조항에서 기술된 것처럼, 경계선의 정확한 위치는 상호합의에 의해 이후 결정되어야 하는데, 이와 동시에 네덜란드와 영국 정부가 옳다고 생각할 수 있는 것이 되어야 한다"라고 규정하였다. 제6조는 보테-티나갓(Batoe-Tinagat)과 시베케(Siboekoe) 강 사이의 수역을 흐르는 모든 강에 대한 당사국의 자유항행을 보장한다. 제7조는 경계선 북쪽으로 부룽간(Bulungan)의 술탄 사람들에게 일정한 권리를 인정한다.[502]

인도네시아는 본질적으로 리기탄 및 시파단 도서 주장을 지지함에 있어 1891년 협약 제4조에 의존하였는바, 동 규정은 다음과 같다.

> 동쪽 해안 북위 4° 10′ 으로부터 경계선이 이와 평행하게 동쪽으로 세비틱 도서를 가로질러 계속되어야 한다. 이 평행선 북쪽에 위치한 도서지역은 영국의 북부 보르네오 회사에 그리고 이 평행선 남쪽 지역은 네덜란드에 속해야 한다.[503]

---

501) *Ibid.*

502) *Ibid.*, para. 36.

503) *Ibid.*

1) 1891년 협약의 해석

당사국들은 동 규정의 해석에 관하여 일치를 하지 않는바, 재판소는 언급하기를, 인도네시아는 1969년 5월 23일의 조약법에 관한 비엔나협약 당사국이 아니나, 동 협약 제31조 및 32조에 투영된 국제관습법에 따라 해석할 것이라고 하였다.

조약은 조약상의 문맥 및 조약의 대상과 목적으로 보나 그 조약의 문면에 부여되는 통상적 의미에 따라 성실하게 해석되어야 한다. 조약의 교섭 기록 및 그 체결시의 사정을 포함한 해석의 보충적 수안에 의존할 수 있다.

또한 제31조 3항에 관하여, 재판소는 동 규정이 관습법을 반영하며 조약 당사국의 추후의 합의나 관행을 규정하고 있다고 언급하였다.[504] 인도네시아는 이들의 적용규칙 여부를 다투지는 아니하며 제31조 2항에 나와 있는 규정의 적용 가능성을 어느 당사국도 다투지 아니하였다. 재판소는 이러한 규정의 측면에서 1891년 협약 제4조의 해석을 계속해 나갈 것이다.[505]

2) 1891년 협약 제4조의 원문

제4조의 문구에 관하여 인도네시아는 동 조항이 경계선이 세바틱 도서 동쪽 해안에서 끝난다는 것을 제시한 것은 하나도 없다고 주장한다. 이와는 반대로, 또 주장하기를 "이 선이 규정된 평행선을 따라 동쪽으로 계속되어야 한다는 규정은 협약 목적을 달성하기 위하여 필요한 선의 연장을 요구한다"라는 것이다. 이점에 있어 인도네시아는 협약 당사국이 의도

---

504) *Ibid.*, para. 37.

505) *Ibid.*, para. 38.

한 것은 세바틱 동쪽 해양 밖으로 구분선을 긋는 것이 아니라 동 해안의 한 지점에서 선을 종료시키는 것임을 지적하면서 이러한 내용이 제3조의 경우처럼 명백히 규정했을 것이라고 지적한다. 나아가 인도네시아는 제4조를 다음과 같이 해석한다.

> 동쪽 해안 북위 4° 10′ 으부터의 경계선은 세바틱 도서를 가로질러 동 위도와 평행하게 동쪽으로 계속되어야 한다. 이 평행선 북쪽에 위치한 도서지역은 영국 북 보르네오 회사에 그리고 이 평행선 남쪽지역은 네덜란드에 귀속되어야 한다.506)

말레이시아는 이에 관하여 주장하기를, 1891년 협약 제4조는 경계선이 북위 4°10′과 평행하게 동쪽으로 계속된다는 것을 규정한 것이며, 따라서 이는 단순히 확장지점이 보르네오 동쪽 해안에서도 시작하며 세바틱을 가로질러 동쪽으로 이어짐을 의미한다. 그러나 이는 같은 지점에서 시작하여 서쪽으로 향하는 경계선의 주요지역과는 대조를 이룬다. 말레이시아에 따르면, '세바틱 도서를 가로질러'라는 문구의 평범한 통상적인 의미는 세바틱을 가로지르는 선이 서쪽해안에서 동쪽해안으로 그리고 이보다 더 동쪽으로 나간다는 것을 기술한 것이라고 한다.

나아가 말레이시아는 1891년 협약 당사국들이 의도한 것은 구분수역을 설정하는 것으로서 즉, 당사국간에 구분되어야 하는 문제수역 밖에 있는 도서에 대한 영유를 가능케 하는 협약상의 공해상에 설정한 이론적인 선에 불과하다는 것이다. 또한 말레이시아는 '구분수역'은 조약 내용에서도 명시하고 있지 않으므로 이점에 관하여 1891년 협약도 이와 동일하게 그러한 의도를 포함하고 있지 않다고 한다.507)

재판소는 1891년 협약 제4조 첫 번째 문단의 'across(영어)'와 'over(네덜

506) *Ibid.*, para. 39.

507) *Ibid.*, para. 40.

란드)'의 당사국간 해석상 차이가 있음을 언급하면서 조약상의 선을 도서를 가로질러 이러한 도서의 해안에서 끝나거나 그 이원으로 계속될 수 있다고 한다.[508]

당사국 역시 "경계선은 북위 4°10′평행선을 따라 동쪽으로 계속되어야 한다"라는 동일 문장의 해석에 차이를 보이고 있다. 재판소 견해로는 "계속되어야 한다"라는 문구가 전혀 애매성이 없는 것은 아니라고 한다. 협약 제1조는 양국 간의 한 부분에서 다음 부분으로 계속되어야 하는가를 규정한다. 따라서 제4조가 경계선은 북위 4°10′평행선을 따라 보르네오 동쪽 해안으로부터 세바틱 도서를 가로질러 계속되어야 한다고 규정하는데, 이것은 인도네시아 주장과는 달리 이 선이 세바틱 이원의 하나의 구분선으로서 계속되어야 한다는 것을 반드시 의미되지는 않는다.[509] 재판소는 또한 1891년 협약 제4조의 두 가지 해석상의 차이가 세바틱 도서 동쪽 해양으로 그 선의 확장이 가능한가에 관한 협약내용의 의미를 분명히 하는데 도움이 되지 않는다고 한다.[510]

재판소는 협약에서 세바틱 동쪽해안 이원으로 북위 4°10′평행선이 네덜란드 주권 하에 있는 도서를 구분하는 선이 된다는 것을 명백히 규정하였다면 어느 정도의 애매성을 피할 수 있다고 한다.[511] 또한 재판소가 추측하기를 통상적 의미에서의 '경계'란 세바틱 도서 이원 해양으로 제4조가 설정한 것으로 생각되는 구분선이 인도네시아에 귀속된다는, 즉 이 지역에 있는 도서에 관하여 당사국들의 영유권을 구분하는 그러한 기능을 갖는 것은 아니라는 것이다.[512]

---

508) *Ibid.*, para. 41.

509) *Ibid.*

510) *Ibid.*

511) *Ibid.*, para. 42.

512) *Ibid.*, para. 43.

3) 1891년 협약 제4조의 내용

인도네시아는 1891년 협약의 내용이 제4조에 대한 자국의 해석을 지지한다고 주장한다. 이점에 관하여, 인도네시아는 1891년 협약 비준을 목적으로 네덜란드 국무장관에게 제출된 법률초안에 부속된 석명청원서에 첨부된 지도에 관한 영국과 네덜란드 정부간의 '상호작용'을 언급한다. 이러한 목적은 제안한 조약의 중요성을 국무장관에게 설명하고 그 결정이 네덜란드에 왜 이익이 되는가를 설명하기 위한 것이었다.

인도네시아는 주장하기를, 북위 4°10′과 평행한 육지영토에 그려진 선의 세바틱 동쪽 해안으로의 연장을 나타내는 이 지도가 자국 외교 관리를 통해 영국 정부에 제기되었다. 이를 지지하면서 인도네시아는 이 지도가 공식적으로 영국 외무장관에게 전해졌고 그는 이에 관해 특별한 관심이 있었다고 한다. 인도네시아에 의하면, 이러한 공식적 전달이 의무성의 어떤 반응을 유도하지는 않았다. 따라서 인도네시아는 이것이 영국 협약선의 묘사에 있어 반박할 수 없는 묵인임을 암시하는 것이라고 결론내리고, 이로 인하여 1891년 협약이 보르네오 동쪽 도서들이 영국과 네덜란드 양국으로 구분되었다는 것을 수용한 것이라고 한다. 이점에 있어, 인도네시아는 우선 주장하기를, 이러한 상호작용은 세바틱의 영국·네덜란드 경계 동쪽 해양방향에 관한 양국 정부 간 합의를 설정한다고 한다. 또한 이러한 상호작용에서 문제의 지도가 조약관련 문서로서 영국정부에 의해 수락되었다고 한다.513)

이에 관하여 말레이시아는, 네덜란드 정부의 석명청원서에 첨부된 지도가 1891년 협약의 내용요소로 간주될 수 없다고 주장한다. 말레이시아 견해에서 이 지도는 국내적 목적으로만 준비된 것이므로 동 지도가 네덜란드 정부에 의해 공표되지도 않았고 네덜란드 정부나 의회에서 이를 협약에 포함시키려하지도 않았다고 한다.514)

---

513) *Ibid.*, para. 44.

말레이시아는 또한 주장하기를, 문제의 지도가 양국 정부 간, 협상 주제가 결코 아니었으며 네덜란드 정부가 영국 정부에 공식적으로 통보한 사실도 없다고 주장한다. 따라서 말레이시아는 결론내리기를, 문제의 지도가 타방 당사국이 수락한 합의나 문서도 아니며 조약과도 관련성이 없다는 것이다.515) 재판소는 이 석명청원서가 1891년 협약 비준을 목적으로 네덜란드 국무장관에게 제출된 법률안 초안에 첨부된 것으로서, 동 협약이 체결되는 기간 중 출판된 협약관련 유일한 문서로서 여러 가지 측면에서 유용한 정보를 제공한다는 것이다.516)

먼저, 동 청원서는 사전 협상과정에서 영국대표가 경계선이 세바틱 및 동부 나우칸(East Naunkan) 사이를 지나 북 보르네오 동쪽 해안에서부터 동쪽으로 그어져야 한다고 제안했던 사실을 언급한다. 세바틱과 관련하여 동 청원서는 설명하기를, 도서의 구분은 네덜란드 정부의 제안으로 합의되었으며 각 당사국으로 구분된 연안지역의 접근에 필요한 것이었다. 청원서는 동쪽에서 벗어나 있는 기타 도서의 분포에 관하여는 아무런 언급도 없으며, 특히 리기탄이나 시파단에 대한 언급이 없다.517)

석명청원서에 첨부된 지도와 관련하여, 재판소는 이 지도가 4가지 다른 색깔의 선으로 되어있다고 한다. 청색선은 본래 네덜란드가 주장한 경계이며, 황색선은 보르네오북부회사가 주장한 경계, 녹색선은 영국 정부가 제안한 경계이며, 적색은 궁극적으로 합의가 되어야하는 경계를 나타낸다. 청색과 황색선은 해안에서 멈추며, 녹색선은 해양 쪽으로 짧게 계속되고 적색선은 마불(Mabul) 도서 남쪽으로 북위 4°10″과 평행하게 해양으로 계속된다. 석명청원서에서는 적색선의 확장이 해양으로 얼마나

---

514) *Ibid.*, para. 45.

515) *Ibid.*

516) *Ibid.*, para. 46.

517) *Ibid.*

되는지에 관한 언급이 없었으며 네덜란드 의회에서 논의되지도 않았다.[518]

재판소는 이 지도가 북위 4°10″과 평행하여 북쪽에 있는 여러 도서들만을 나타내는 것이지 일부 산호초를 표시하지는 않았으며 어떠한 도서도 이 선의 남쪽에서 나타나지는 않았다고 한다. 따라서 재판소는 결론 내리기를, 네덜란드 의회 의원들이 두개의 작은 도서가 이 평행선 남쪽에 있었으며 적색선이 이외 구분선으로 될 수 있다는 것을 거의 알지 못하였다. 이점에 있어 재판소는 리기탄 및 시파단 또는 마불(Mabul)과 같은 기타 도서들이 협약체결 당시 영국과 네덜란드간의 분쟁 영토였음을 제시하는 어떠한 사례도 없다고 한다. 그러므로 재판소는 리기탄 및 시파단이 네덜란드에 귀속되어야 한다는 결과를 가지고 세바틱 이원 수역에서의 분쟁을 해결하기 위하여 적색선이 확장되었다는 것을 수용할 수 없다는 것이다.[519]

재판소는 네덜란드 정부의 석명청원서에 첨부된 지도의 법적 가치에 관한 인도네시아의 주장을 수용할 수 없다. 재판소는 석명청원서 및 지도가 네덜란드 정부에 의해 영국 정부로 결코 전송되지 않았으나 단순히 헤이그에 있던 외교관 호레이스 럼볼트(Horace Rumbold)에 의해 영국으로 보내졌던 것이라고 한다. 럼볼트(Rumbold)는 여러 선 중 지도상에 그려진 적색선의 의미에 관하여 주목을 하지 않았으며 영국 정부도 이러한 국내적 송신에 반응하지 않았다. 이러한 상황에서 청원서에 첨부된 지도상의 선에 대한 반응의 부재가 이 선을 묵인하는 것이 된다고 볼 수는 없다는 것이다.[520]

그러므로 이 지도는 비엔나협약 제31(2)(a)항의 의미에서 보면, 조약체

---

518) *Ibid.*, para. 47.

519) *Ibid.*

520) *Ibid.*, para. 48.

결과 관련하여 모든 당사국간에 이루어진 합의도 아니며, 비엔나협약 제
31(2)(b)항의 의미 에서 보면, 동 조약과 관련된 문서로서 타방당사국이
수용한 그리고 조약체결과 관련하여 당사국간에 이루어진 문서로도 고려
될 수 없다는 것이다.[521]

1891년 협약의 목적과 대상에 관하여 인도네시아는 당사국들의 의도가
해양에 있는 도서를 포함 보르네오 북동 지역에 있는 자신들의 도서 점
유지간의 구분선을 그리는 것이었다고 주장한다.[522]

4) 1891년 협약의 대상과 목적

동 협약의 주목적이 미래에 분쟁을 피하기 위하여 불확실한 것을 해결
하기 위한 것인데, 이에 관하여 인도네시아는 경계문제 해결을 조약규정
의 해석기준으로서 여러 경우에 재판소(ICJ, PCIJ)에 의존해 왔음을 상기하
였다.[523]

인도네시아는 협약의 목적과 대상에 관한 자신의 해석을 정당화하기
위하여 여러 다른 주장을 제기하였는바, 1891년 협약 서문에서 당사국들
이 보르네오에 있는 네덜란드와 영국 점유지간의 경계를 분명히 하는 것
이 바람직하다고 언급하였으며 이는 보르네오 도서뿐만 아니라 기타 영
토도 의미하는 것이라고 주장한다. 따라서 인도네시아는 협약 제4조에서
설정된 선이 재판 이전에 분쟁이 된 도서뿐만 아니라 이 지역에 있는 기
타 도서와도 관련 있다고 주장한다. 나아가, 인도네시아는 제4조에서 이
선의 끝점을 설정하지는 않았으나 세바틱 도서의 동쪽으로 확장되는 선
을 규정하였기 때문에 이 선이 무한히 동쪽으로 확장된다는 것을 의미하
지는 않는다고 한다. 인도네시아 견해에 의하면, 동쪽으로의 확장한계는

---

521) *Ibid.*

522) *Ibid.*, para. 49.

523) *Ibid.*

이 지역에서의 영-네덜란드 영토차이 해결을 목적으로 하는 협약의 목적에 의해 결정되었다고 한다.[524]

한편, 말레이시아는 1891년 협약의 목적과 대상이 서문에서 나타났듯이 보르네오 섬에 있는 네덜란드 점유지역과 영국 영토 하에 있는 보르네오 국가 간의 경계를 정하는 것이라고 주장한다. 세바틱 도서에 관한 규정을 언급하면서, 말레이시아는 협약 교섭당사자들 관심 중의 하나가 강으로의 접근 및 자유 항쟁을 보장하는 것이었음을 부연한다. 따라서 말레이시아는 1891년 협약이 전체적으로 볼 때 육상 경계조약을 의도한 것이지 해양수역을 구분하거나 원래 도서를 귀속시키는 것을 제시하는 것은 아니라고 결론을 내린다.[525]

재판소는 1891년 협약의 목적과 대상이 협약서문에 나타나있는 것처럼, 즉 당사국들은 보르네오 도서의 네덜란드 점유지와 영국 영토하의 동 도서에 있는 국가 간의 경계를 정하는 것이라고 규정하고 있듯이, 보르네오 도서 내에 있는 당사국들의 점유지간 경계획정을 하는 것이라고 한다. 이러한 해석이 재판소 견해에 의하면 1891년 협약에 의해 지지된다고 한다. 제1조는 명백히 "경계는 보르네오 동쪽 해안에서 북위 4°10′에서 출발해야 한다"라고 규정하였다. 제2조의 제3은 이어서 제3에서 고정한 서쪽해안 끝점이 있는 서쪽으로 향하는 경계선을 기술한다. 경계선의 시작점과 직접 반대 방향에 위치하였으며 강으로의 접근을 통제했던 세바틱 도서의 지위에 관한 차이점이 발견된 이래로 당사국들은 이 문제를 해결하기 위하여 추가규정을 수용하였다.

그러나 재판소는 당사국들이 보르네오 및 세바틱 도서 동쪽에 있는 자신들의 점유지간 경계를 확정하거나 또는 기타 도서들에 대한 영유권 귀속을 할 의도가 있었음을 제시하는 내용이 협약상 어디에서도 찾아볼 수

---

524) *Ibid.*

525) *Ibid.*, para. 50.

없다고 하였다. 리기탄 및 시파단이 관련되는 한, 재판소는 또한 1891년 협약 서문 내용이 인도네시아와 말레이시아가 알고 있었던 것처럼 이들 도서에 적용하기는 어려우며 영국과 네덜란드 간 분쟁의 대상도 아니었다고 한다.526)

재판소는 따라서 결론 내리기를, 1891년 협약의 내용과 목적 및 대상 측면에서 볼 때 동 협약 제4조가 세바틱 도서 동쪽 해양으로 있는 도서에 대한 영유권을 결정하는 구분선을 설정하는 것으로 해석될 수 없다고 한다.527)

5) 확인 가능한 재판소 해석의 보충 수단

종전의 견해에서는 재판소가 해석의 보충수단, 즉 1891년 협약 체결상황 등을 동 협약 의미결정에 필요한 것으로 고려하지 않았으나, 다른 사건에서와 동일하게 재판소는 협약내용 해석의 확실한 가능성을 추구하기 위하여 이러한 보충수단에 의존할 수 있음을 고려하였다(예를 들면, Territorial Dispute(Libyan Arab Jamahiriya/Chad), ICJ Reports 1994, p.27, para 55; Maritime Delimitation and Territorial Questions between Qatar and Bahrain(Qatar v. Bahrain), Jurisdiction and Admissibility, Judgment, ICJ Reports 1995, p.21, para 40).528)

인도네시아는 1891년 협약 체결 이전에 부룽간(Bulungan)의 술탄이 "북위 4°10′까지 그리고 타완(Tawan) 해안 북쪽내륙까지 분명한 주장을 했으며, 이는 1891년 협약 제7조에서 합의한 대로 술탄이 일정한 계속적인 잠정적 권리를 항유한다는 것을 영국이 인정하였다"고 한다.529)

---

526) *Ibid.*, para. 51.

527) *Ibid.*, para. 52.

528) *Ibid.*, para. 53.

529) *Ibid.*, para. 54.

또한 인도네시아는 네덜란드가 궁극적으로 북위 4°10′선 북쪽까지 확장하는 영유권 주장을 입증하는 지역에서 활동하였다고 하며, 나아가 양국에 속하는 영토의 정확한 범위에 관하여는 그 당시 거의 확실하지 않았다고 언급하며, 이러한 불확실성의 결과로 영국·네덜란드 간에 간헐적인 충돌이 발생하였다고 한다.[530]

인도네시아는 주장하기를, 1891년 협약 제4조의 해석을 통해서도 리기탄 및 시파단이 영국이나 네덜란드에 속한다는 것이 명확하게 나타나 있지 않았다고 한다.[531]인도네시아 견해에 의하면, 동 협약 서명 협상기간 중 양 당사국, 특히 영국은 경계선이 보르네오 도서 동쪽 해양으로 계속된다는 데는 의문의 여지가 있을 수 없다고 한다. 이러한 주장을 지지하면서, 인도네시아는 협상기간 중 당사국 대표들이 원용한 여러 지도들을 제시하였는바, 이 지도상에 경계선이 궁극적으로 어디에 있든 간에, 관련 위도와 평행선을 따라 해양으로 확장되는 선인 이른바 제시된 해결선과 일치하는 형태의 선이라는 것을 나타내준다.[532]

그러나 말레이시아는 인도네시아의 이와 같은 접근을 부인하면서, 해안 경계선이 바투 티나갓(Batu Tinagat) 동쪽 도서까지 적용하도록 확장되지는 않았다고 한다. 말레이시아는 또한 1891년 협약 상, 세바틱 도서를 구분하기 위해 제시된 선은 경계선으로 구분선이 아니며 이 선은 북위 4°10′선 이후 타협안으로 채택된 것으로 보르네오 본토 경계선으로서 합의된 선이었다고 하며, 문제의 선은 세바틱 도서에만 관련된 선이지 동쪽의 기타 도서와는 관련이 없다고 한다. 말레이시아는 지적하기를, 어쨌든 이것은 공해에서 경계선을 긋는 문제가 될 수 없었는데, 이는 당시에 해양경계획정이 영수 이원으로 확장될 수 없었기 때문이었다는 것이다.[533]

---

530) *Ibid.*

531) *Ibid.*

532) *Ibid.*

재판소는 관찰하기를, 보르네오북부회사가 보르네오 도서 북동해안에 위치한 영토에 관한 권리를 알프레드 덴트(Alfred Dent)와 오버벡 남작 (Baron von Overbeck)으로부터 획득하였다고 주장하였는바, 당시 동 회사 와 네덜란드 간에는 분쟁이 있었고, 네덜란드는 티도엥(Tidoeng) 영토를 포함한 부룽간(Bulungan)의 술탄 소유지에 관한 권리를 주장하였다. 영국 과 네덜란드는 이러한 분쟁해결 합의근거를 논의하기 위하여 1889년 합 동위원회를 설치하였는데, 특히 동 위원회는 보르네오 도서 북동해안 네 덜란드 동인도 소유지와 영국 북 보르네오회사 귀속 영토 간 분쟁 경계 선 문제를 고려하기 위하여 설치되었다.

동 위원회는 또한 '만족스런 양해를 할 경우' 양 정부는 "보르네오에 있 는 네덜란드 소유지를 사라왁(Sarawak), 브루네이 및 영국 북 보르네오 회 사에 각각 속하는 영토로부터 분리되는 내륙 경계선"을 제시하였다. 따라 서 공동위원회 임무는 보르네오 북동해안 분쟁지역에만 국한되었으며, 일단 이에 관한 분쟁이 해결되면 내륙경계는 당사국간 이견이 전혀 없었 던 것처럼 완전히 결정될 수 있다는데 합의하였다.[534]

공동위원회는 세 번의 모임을 갖고 북동해안 분쟁지역에 관한 문제해 결에 거의 배타적으로 기여하였다. 1889년 7월 27일 최종 회의에서 영국 대표는 경계가 세바틱 도서와 나투칸 동부(East Nanukan)를 지나야 한다고 제안하였다. 그러나 재판소는 위원회 이후의 외교서신을 통하여 네덜란 드가 영국 제안을 거절했음을 주목한다. 북위 4°10′평행선을 따라 구분된 세바틱 도서에 관한 특별한 생각이 이후에 도입만 되었을 뿐, 1891년 2 월 2일 런던 주재 네덜란드 외교관이 영국 외무장관에게 보낸 서신에서, 네덜란드는 동 구분에 합의한다고 언급하였다.

외무장관은 1891년 2월 11일의 답신에서 이러한 양해를 인정하였고 합

---

533) *Ibid.*, para. 55.

534) *Ibid.*, para. 56.

의 초안을 완성하였다. 초안 제4조는 실질적으로 1891년 협약 제4조와
동일하다. 동 초안 합의에서, 제4조의 두 문장이 세미콜론(;)으로 분리되
었다. 영국 초안에는 세미콜론이 콜론(:)으로 바뀌었는데 그 변경 이유를
밝히지는 못하였다. 결과적으로 확실한 추론을 이러한 변화에서 얻을 수
있으며, 이 결과 이후 더 이상의 어려움 없이 1891년 6월 20일 서명되었
다.535)

협상 중 당사국들은 자신들의 제안 및 의견을 나타내기 위한 여러 약
도들을 사용했는데, 이들 중 일부는 평행선을 따라 그린 선으로 이는 한
계점까지 계속 진행되기도 하였다. 약도를 포함한 보고서가 더 이상의
설명을 제공해 주지 않았기 때문에 재판소는 이들 선의 길이로부터 어떤
것을 유도해내기가 불가능하다는 것을 알았다.536) 따라서 재판소는 결론
내리기를, 협약이나 협약 체결상황 어느 것도 인도네시아가 협약 당사국
이 육지경계의 코스뿐만 아니라 세바틱 동쪽 해안 이원이 구분선까지 합
의했다고 주장하는 입장을 지지하는 것으로 간주될 수 없다고 하였
다.537)

(3) 추후의 관행

1891년 협약 당사국들의 관행에 관하여, 인도네시아는 동 협약 비준을
허가하는 법률초안에 첨부된 네덜란드 정부의 석명청원서 지도를 다시
언급하는바, 인도네시아는 이 지도가 조약법에 관한 비엔나협약 제31조
3항 (a)와 (b)항의 목적상 추후의 합의 또는 추후의 관행으로 볼 수 있다

---

535) *Ibid.*

536) *Ibid.*, para. 57.

537) *Ibid.*, para. 58.

고 한다.[538]

말레이시아는 지적하기를, 양국 국무성에 네덜란드 정부가 제출한 동 석명청원서 지도가 1891년 협약에 첨부되지 않았으며, 이에 관한 언급이 동 협약에 없었다고 한다. 말레이시아는 이것이 협약 당사국이 합의한 지도가 아니라고 결론을 내리고 석명청원서에 첨부된 네덜란드 지도는 사전 논의 기간 중 특별한 언급대상이 아니었으며 특별한 반응을 요하지 도 않았다고 언급한다. 그러므로 말레이시아에 따르면, 이 지도는 조약법 에 관한 "비엔나협약 제31조 3항 (a)와 (b)항의 목적상 추후의 합의나 추 후의 관행"으로 볼 수 없다는 것이다.[539]

재판소는 1891년 협약 비준을 위해 네덜란드가 제출한 법률 초안에 첨 부된 네덜란드 정부의 석명청원서에 부속된 지도의 법적 구속력을 고려 하였다. 이와 같은 이유로 재판소는 이 지도가 비엔나협약 제31조 3항 (a)와 (b)항의 목적상 추후의 합이나 추후의 관행으로 볼 수 없다고 한 다.[540]

인도네시아 견해에 의하면, 부룽간(Bulungan) 술탄과의 1850년과 1898 년 조공계약에 대한 1893년의 개정이 1891년 협약에 대한 네덜란드 정부 의 해석에 추가적인 징표를 제공하는바, 동 개정의 목적은 1891년 협약 규정을 고려하기 위하여 부룽간(Bulungan) 술탄의 영토범위를 다시 정의 하기 위한 것이었다고 주장한다.

1893년의 새로운 정의에 따르면, 타라칸과 나노에칸 도서 및 상기 경 계선 남쪽에 위치한 세바틱 도서의 일부가 베롱간(Boeloengan)에 속하며 경계선 남쪽에 위치한 상기 도서에 속하는 소규모 도서들도 역시 베롱간 (Boeloengan)에 속한다. 인도네시아에 따르면, 이러한 내용이 네덜란드 정

---

538) *Ibid.*, para. 59.

539) *Ibid.*, para. 60.

540) *Ibid.*, para. 61.

부가 1891년 협약의 목적이 도서와 관련하여 해양 쪽으로 확장되는 영토 귀속선을 설정한 것임을 고려하였다는 것을 나타내준다고 한다. 또한 인도네시아는 영국 정부가 이러한 해석을 묵인하였는데, 그 이유는 1893년 개정내용이 어떠한 대응 회의도 없이 1895년 2월 26일 영국정부에게 공식적으로 전달되었기 때문이라고 한다.[541]

말레이시아는 1893년 개정에서 언급된 도서들이 3개의 명백히 지정된 도서 즉, 타라칸 나누칸(Tarakan Nanukan) 및 세바틱에 속하는 도서이며 이들은 이에 따라서 결정된 경계의 남쪽에 위치해 있다고 한다.[542] 재판소는 네덜란드와 부룽간(Bulungan) 술탄과의 관계가 이들 간에 발효된 일련의 계약에 의해 지배되는바, 1850년 11월 12일 및 1878년 6월 2일의 계약에서 술탄의 관계를 규정하였다.

이들 한계는 육지경계의 북쪽까지 확대되었으며 이는 최종적으로 1891년에 네덜란드와 영국 간에 합의되었다. 이러한 이유로, 네덜란드는 영국과 협약을 체결하기 전에 술탄과 상의를 하였으며 1893년에는 1891년 경계획정을 고려하기 위하여 1878년 계약의 수정을 해야만 했다. 새로운 내용에는 타라칸(Tarakan)과 나누칸(Nanukan) 도서 및 경계선 남쪽의 세바틱 도서 일부분이 소규모 도서들과 함께 부룽간(Bulungan)에 속하였으며 이들 소규모 도서들은 경계선의 남쪽에 위치하였다. 재판소는 이들 3개 도서가 여러 소규모 도서들에 의해 둘러싸여 있었는데, 이 때문에 이들이 지리적으로 소규모 도서들에 속한다고 말할 수 있다고 한다.

그러나 재판소는 이것이 문제의 도서들과 40마일 떨어져 있는 리기탄 및 시파단에는 적용할 수 없다고 한다. 그러므로 이들 도서의 사실상 범주가 무엇이든 간에 영국과의 조약 관계에서 보면 네덜란드는 이를 원용할 수 없음을 알게 된다.[543]

---

541) *Ibid.*, para. 62.

542) *Ibid.*, para. 63.

인도네시아는 1891년 협약 제5조에 따라 북 보르네오국가와 보르네오의 네덜란드 소유지간 경계에 관한 1915년 9월 28일의 영국과 네덜란드 간에 체결된 협정을 인용하면서 강조하기를, 이것은 정의상 경계의 내륙 부분에만 관계된 경계합의임을 강조한다. 인도네시아에 따르면, 본 협정이 세바틱 도서 동쪽 경계를 언급하지 않는다는 사실이 1891년 협약이 해양 쪽 동쪽경계를 설정하지 않았다는 것을 암시 하는 것은 아니라고 한다. 보르네오와 세바틱 도서의 경우와는 달리 경계가 물리적으로 가능한 곳에서 이러한 내용은 세바틱 동쪽 해양에서 가능하지 않다고 한다.[544]

최종적으로 인도네시아는 위원들의 작업이 세바틱 동쪽 해안에서 시작되었다고 해서 1891년 협약선이 거기에서 시작했다는 것을 의미하지는 않는다는 점을 강조하면서, 경계의 약 20%만을 해결한 후에 작업이 끝났다는 사실은 경계가 더 이상 지속되지 않았다는 것을 의미하는 것으로 해석될 수 있다고 한다. 말레이시아가 제시한 것과는 반대로, 인도네시아는 위원들의 보고서가 세바틱의 동쪽 해안에서 경계가 시작되었다는 것이 아니라 "세베틱 도서를 횡단하여 국경선이 북위 4°10′평행선을 따른다"는 것을 나타낸다고 한다.[545] 인도네시아는 구농 아피(Gunong Api)와 구농 라야(Gunong Raya) 정상 간에 체결된 협약 제3조에서 정의된 것처럼 1891년 협약 당사국들이 보다 정확한 경계획정에 합의하였기 때문에 동일한 내용이 1928년 합의에도 적용된다고 주장한다.[546]

1915년 및 1928년 합의에 첨부된 지도에 관하여, 인도네시아는 이 지도들이 1891년 협약 제4조에서 언급한 북위 4°10′평행선을 따르는 선의 해양 쪽 확장을 보여주지 않고 있음을 인정한다. 나아가 인도네시아는

543) *Ibid.*, para. 64.

544) *Ibid.*, para. 65.

545) *Ibid.*

546) *Ibid.*, para. 66.

이들 지도가 협정의 총체적 내용의 일부를 이루며 따라서 당사국간 합의의 구속력과 동일한 법적 구속력을 갖는다는 점을 인정한다. 그럼에도 불구하고 인도네시아는 1915년 및 1928년 합의에 첨부된 지도들은 1915년 및 1928년 합의 범주를 넘는 1891년 협약과 관련한 네덜란드 석명청 원서에 있는 지도보다 우월한 위치에 있는 것으로 고려되어서는 안 된다는 것이다.[547]

말레이시아는 영국과 네덜란드 간 1915년 및 1928년 합의에 대하여 인도네시아와의 해석을 공유하지는 않으며, 이와 반대로 오히려 말레이시아는 이들 합의가 1891년 협약 제4조에 대하여는 인도네시아의 해석과 모순된다고 한다.[548]

1915년 합의에 관하여, 말레이시아는 동 합의가 "국경선이 경계표시에 의거 동·서쪽으로 표시된 북위 4°10′평행선을 따라 세바틱 도서를 횡단하며 다시 서쪽으로 평행선을 따라간다"고 언급하면서 시작된다는 것을 지적한다. 말레이시아 견해에 의하면, 이는 동쪽으로 향하는 선의 배타적 연장이라는 것이며, 동 합의 서문에 언급된 그리고 동 합의에 첨부된 지도가 경계선이 세바틱 도서 동쪽 해안에서 시작된 것이지 리기탄 및 시파단과는 관련이 없다는 것을 확실히 해준다고 한다.

이에 관하여 말레이시아는 이 지도상에 경계선 동쪽 끝이 세바틱 동쪽 해안에 위치하였으며, 이 지도는 해양으로 확장되는 선에 대해서는 아무런 표시가 없다고 한다. 그러나 말레이시아는 경계의 서쪽 끝점으로부터 지도는 남쪽으로 계속 시작함을 보여준다고 한다. 말레이시아는 이러한 점으로부터 결론을 내리기를, "위원들이 1891년 협약이 구분선에 의해 동쪽으로 향하는 경계선의 확장을 규정하였다고 생각하였다면, 이들은 마찬가지로 경계의 다른 끝에서 시작했던 것과 동일하게 그러한 선의 시작

---

547) *Ibid.*, para. 67.

548) *Ibid.*, para. 68.

을 나타냈을 것이다"라고 한다. 말레이시아는 위원들이 지도상에 선을 확장하지 않으려고 하였을 뿐만 아니라 적십자로 지도상에 경계선 끝을 표시하였다는 점을 강조한다. 또한 말레이시아는 1915년 합의에 첨부된 지도의 증거가치는 "당사국들이 합의한 유일한 공식적인 지도"이기 때문에 더욱 크다고 한다.[549]

말레이시아는 또한 1915년 합의가 배타적인 경계협정으로 고려될 수 없음을 주장하면서 이를 설명하기를, 위원들은 엄격한 의미에서 경계획정작업을 수행하지 않았는바, 이들은 육지경계의 여러 점에서 1891년 협약 내용을 임의대로 취하였으며 이러한 지나침이 1915년 합의 서명국들에 의해 추후에 보증되었다고 한다. 그 하나의 예로서, 말레이시아는 트로산 탐베(Troesan Tamboe) 강 입구 중간에 도달할 목적에서 세바틱 서부 해안과 보르네오 본토 간 수로에서의 경계에 관하여 위원들이 취한 변화를 언급하였다.[550]

구농 아피(Gunong Api)와 구농 라야(Gunong Raya) 정상 간의 내륙부분 경계와 관련된 1928년 합의에 관하여, 말레이시아는 네덜란드 정부가 희망하였을 경우 1915년 지도 및 합의를 개정할 기회를 가질 수 있게 된 이래 동 합의가 1915년 합의를 확인해 준다고 한다.[551]

재판소는 1891년 협약이 향후 당사국들이 보다 정확히 경계선 방향을 정의할 수 있을 것이라고 규정하는 조항을 포함했다는 것을 상기할 것이다. 따라서 동 협약 제5조는 "4개의 앞 조항에서 기술된 대로 경계선의 정확한 위치는 네덜란드와 영국정부가 적합하다고 생각하는 시점에 상호 합의에 의해 이후 결정되어야 한다"고 언급한다.[552] 이러한 최초합의가

---

549) *Ibid.*

550) *Ibid.*

551) *Ibid.*, para. 69.

552) *Ibid.*, para. 70.

1915년 9월 28일 영국과 네덜란드에 의해 런던에서 체결되었는바, 동 합의는 북 보르네오국과 보르네오의 네덜란드 소유지간 경계를 내용으로 하고 있다.

1915년 합의에 따라 양국은 공동보고서를 인정하고 확인하였으며 이를 합의로 수용하여 여기에 혼합위원회가 그린 지도를 첨부하였다. 위원들은 세바틱 동쪽 해안에서 작업을 시작하여 동쪽에서 서쪽으로 이동하였고, 합의서문에 나타나 있듯이 1891년에 합의한 점에서 경계를 획선하기 시작하였다. 재판소 견해로는, 위원들의 과제가 단순 경계 작업이 아니라 1891년 협약의 일반 문구상의 관점에서 부정확할 수 있는 선의 방향과 이 선의 길이를 분명히 하는 것이었다. 재판소는 1891년 경계 및 경계 작업의 보충적인 성격이 합의내용을 주의 깊게 검토함에 따라 보다 분명하게 된다는 것을 알게 되었다. 그러므로 동 합의는 "물리적인 특징이 1891년 6월 20일 경계조약 규정과 일치할 수 있는 자연적 경계를 나타내지 않았던 곳에서 위원들이 다음의 경계표시를 세웠다"는 것을 나타낸다.[553]

또한 재판소는 1915년 합의에서 최종적으로 채택된 경계선 방향이 전적으로 1891년 협약과 상응하지 않는다는 것을 알았다. 따라서 말레이시아는 1891년 협약 제4조 상의 세바틱 및 보르네오 간 경계부분이 북위 4°10′과 평행한 직선을 따르는 것이었다고 지적한다. 1915년 합의는 다음과 같이 규정한다.

> 세바틱 도서 서쪽 해안선의 경계표시에서 시작하여, 경계는 트레산 탐베(Troesan Tamboe) 입구 중간에 이를 때까지 중간 수로 방향을 유지하면서 동 수로의 중간에 이를 때까지 북위 4° 10′ 서쪽으로 평행하게 달린다. 트레산 탐베(Troesan Tamboe) 입구로부터 경계선은 트레산 시카펠(Troesan Sikapal) 중간으로 지나가는 유사선에 의해 교차될 때까지 본 트레산(Troesan) 중간까지 계속된

---

553) *Ibid.*, para. 71.

다. 그 다음 경계선은 시밍가리스(Simingaris)와 세레동(Seroedong) 강 사이의 분
기점과 후자가 만나는 트레산 시카팔(Troesan Sikapal)을 통해 이 선을 따라가며
트레산 시카팔(Troesan Sikapal)의 중심선에 수직인 선으로 이 분기점과 최종적
으로 연결된다.554)

종전의 견해에서, 재판소는 1915년 합의가 순수한 경계합의였다는 인
도네시아의 주장을 수용할 수 없었으며, 인도네시아가 본 합의를 기초로
그린 지도도 수용할 수도 없었다.555)

합의와 관련하여, 재판소는 1891년에 설정된 선이 세바틱 동쪽 해안에
서 종결되었음을 나타내는 여러 요소들을 주목한다.556) 먼저 1915년 합
의 제목이 문구상으로 보아 매우 일반적인 성격을 띤다는 것이다. 따라
서 동 합의 서문은 합의로 수용되는 공동보고서와 부속지도를 언급하는
데, 이는 추가적인 표시 없이 "북 보르네오국과 보르네오의 네덜란드 소
유지간 경계에 관한 것"이다. 이와 유사하게 공동보고서 제1항과 3항은
위원들이 1912년 6월 8일~1913년 1월 30일까지 경계 부근을 여행했다
라고 언급하면서 다음과 같이 기술하였다.

1905년 네덜란드와 영국 정부 간에 상호 수락된 조약 제2조의 해석에 의해
보완된 경계조약에서 기술된 것처럼 네덜란드 영토와 영국 북 보르네오 국가
간 경계를 결정했다.557)

또한 공동보고서 제3항 (1)항은 1891년 협약 제4조에서 고정된 경계선
을 다음과 같이 기술한다.

---

554) *Ibid.*

555) *Ibid.*

556) *Ibid.*, para. 72.

557) *Ibid.*

세바틱 도서를 횡단하며, 경계선은 경계조약 제4조에서 고정되었고 경계표
시에 의해 동쪽 및 서쪽 해안에 이미 표시된 것처럼 북위 4° 10′ 과 평행한
다.[558]

요약하면, 1915년 합의는 '네덜란드 영토와 영국 북 보르네오국' 사이
의 모든 경계를 다루었으며 위원들은 세바틱의 동쪽 끝에서 자신들의 임
무수행을 시작하였다. 재판소 견해에 의하면, 경계가 세바틱의 동쪽으로
계속되었다면 최소한 이에 관한 어느 정도의 언급이 동 합의에서 기대될
수 있었다.[559]

재판소는 1915년 합의에 첨부된 지도의 검토로 동 합의에 대한 재판소
해석을 강화시킨다고 하며, 1928년 합의에 첨부된 지도와 함께 동 지도
가 1891년 협약 당사국간에 합의된 유일한 것이었음을 알게 된다. 재판
소는 네덜란드 소유지와 영국 보호하에 있는 타국간 경계를 나타내는 선
이 최초에 남쪽으로 확장된 것이 1915년에 정의한 경계의 서쪽 끝점 이
원에서 나타난다는 것을 주목하며, 이와 유사한 확장이 세바틱 동쪽 해안
에 있는 지점 이원에서는 나타나지 않는다는 점을 주목하였다.[560]

새로운 합의가 1928년 3월 26일 1891년 협약으로 당사국에 의해 체결
되었는바, 본 합의가 일반적인 용어의 제목으로 되었다 하더라도 동 합의
는 1915년 합의보다 더욱 제한된 목적을 가지고 있다. 동 합의 제1조는
다음과 같다.

1891년 6월 20일 런던에서 서명된 동 협약 제3조에 정의된 경계는 본 협약
에 첨부된 지도에 나타난 것처럼 그리고 다음 조항에 기술된 것처럼 구농 아피
(Gunong Api)와 **구농 라야**(Gunong Raya) 정상 간에 획정된다.[561]

---

558) *Ibid.*

559) *Ibid.*

560) *Ibid.*

재판소는 이것이 경계조약만이 아니라 문제 지역에서의 보다 정확한 경계 및 국경을 규정하는 합의라는 것을 고려한다. 그러나 재판소는 1928년에는 이것이 다만 제한된 육상경계지역의 상세한 경계와 국경을 확정하는 문제라는 것을 알게 된다. 따라서 재판소는 1891년 협약 제4조 해석상 1928년 합의가 구분선으로서 세바틱 동쪽 해양으로 확장되는 경계선 문제에 관하여 아무런 언급도 하지 못한다는 사실 때문에 어떠한 결론도 도출할 수 없었다.[562)

재판소는 1891년 협약에서 설정된 선의 방향에 관하여 영국과 네덜란드 간에 추후에 어떠한 합의도 체결되지 않았음을 알게 된다.[563) 그러나 인도네시아는 1922~1926 네덜란드정부 내에서 있었던 논쟁, 즉 세바틱 도서 동쪽 해안 밖 영수의 경계획정 문제가 영국 정부에게 제기되어야 하는지의 논쟁을 언급한다. 인도네시아는 이점에 관하여 여러 가지 선택 사항을 제시하였는데, 그 중 하나가 1891년 협약이 또한 영해 경계를 해안에서 3마일로 설정했다는 것을 고려한다는 것이다. 기타는 육지경계의 종점에서 해안으로 수직인선을 그리는 것인데 이는 당시에 적용될 수 있었던 일반국제법원에 의해 권고된 내용인 것이다.

인도네시아는 또한 수직선을 채택했던 네덜란드 외무장관이 1926년 9월 표현했던 최종 견해가 영국정부에게 이 문제를 제기하는 것은 적절치 않다라고 한 내용을 제기한다. 인도네시아에 따르면, 이 내부적 논의를 통해서 보면 네덜란드 당국이 현 사건에 있어 인도네시아와 동일 입장을 취했으며 1891년 선이 해양경계선이 아니라 이를 구분선으로 보았다는 것이다. 인도네시아는 또한 지적하기를 네덜란드의 내부 결의는 단지 세바틱 도서 밖 영수의 경계획정에 국한되었고 리기탄 및 시파단 도서를

---

561) *Ibid.*, para. 73.

562) *Ibid.*

563) *Ibid.*, para. 74.

포함하지는 않았다는 것이다.564)

말레이시아는 육지경계의 끝점으로부터 해안에 수직인 선으로 영수를 획정하려는 네덜란드 당국의 제안이 오히려 네덜란드 정부가 북위 4°10′ 평행선을 따라 구분선의 남쪽에 위치한 원거리 도서들에 대한 추후의 영유권 주장을 더 어렵게 만들 것임을 주목한다. 따라서 말레이시아는 주장하기를, 이러한 논의에서 보면 1926년 네덜란드 당국이 영수의 어떤 경계획정이나 구분선의 방향이 1891년 또는 그 이후 영국과 네덜란드 간 합의에 의해 제공되었다라고 하는 것을 주장하기는 어렵다고 한다. 이러한 논의를 통해 결론내리기를, 네덜란드 당국이 분명한 견해가 있었는바, 즉 어떠한 국제법 규정도 북위 4°10′ 육지경계의 세바틱 동쪽 해안 이원으로의 연장을 요구하지 않았으며 당국도 네덜란드 이익에 반대가 된다는 것을 고려하여 이러한 해결책을 선호하지 않았다.565)

재판소는 이러한 내부 논의가 당시 세바틱 도서 영토의 법적 상황에 관한 여러 네덜란드 당국의 견해를 분명히 해주었음을 주목한다. 즉 재판소의 견해로는 1920년대에 가장 잘 알려진 네덜란드 당국이 북위 4°10′ 평행선을 따라 육지에 그려진 선의 해양쪽 확장에 관하여 1891년에 합의가 있었다는 것을 고려했지 않았음을 제시한다.566)

최종적으로 인도네시아는 주장하기를, 이 지역 석유양여허가에 있어 양 당사국들은 항시 각자의 관할권 한계로서 북위 4°10′을 존중하였다는 것이다. 따라서 인도네시아의 견해로는, 제펙스/토탈(Japex/Total)에 대한 허가승인은 자국의 관할권이 북위 4°10′선까지 확장되었다는 것을 의미한다고 한다. 인도네시아는 말레이시아도 1968년 유사한 형태로 활동하였는바, 특히 테세키(Teiseki)에게 석유양여를 승인하였을 때 이 양여의 남쪽

---

564) *Ibid.*, para. 75.

565) *Ibid.*, para. 76.

566) *Ibid.*, para. 77.

한계가 사실상 평행선과 일치한다는 것을 지적한다. 그러므로 인도네시아에 따르면, 당사국들이 인도네시아와 말레이시아 개별수역간의 분리선으로 북위 4°10′평행선을 인정하고 존중하였다는 것이다.[567]

이에 관하여 말레이시아는, 1860년에 석유양여는 영해 경계와는 관련이 없고 리기탄 및 시파단 도서는 이 양여범위에 포함되지도 않았다고 하면서, "인도네시아 양여에 따른 어떠한 활동도 이들 도서와 관련된 것이 없다"는 점을 부연한다.[568]

재판소는 주목하기를, 보르네오 동쪽 지역에서 당사국들이 승인한 석유양여의 한계는 리기탄 및 시파단 도서를 포함하지 않았다고 한다. 또한 인도네시아가 1966년에 승인한 탐사양여의 북부한계와 말레이시아가 1968년에 승인한 남부한계는 북위 4°10′평행선과 일치하지 않고 동 평행선 양 쪽에 30″으로 고정되었다.[569]

재판소는 그러므로 석유양여 인정시의 당사국 관행으로부터 1891년 협약 제4조 해석 목적상 어떠한 결론도 도출할 수 없다고 한다.[570] 이전의 모든 견해를 통해서 볼 때, 재판소는 1891년 협약 당사국의 추후의 관행 검토로부터 결론을 얻기를, 동 협약 제4조의 해석에 관하여는 제52항 (para 52)의 결론에 도달하였음을 확인하였다.[571] 결국 양 당사국은 1891년 협약 제4조에 대한 자신들 각자의 해석을 지지하기 위해 여러 성격과 기원의 다양한 지도를 제출하였다.[572]

인도네시아는 1891년 네덜란드 석명청원서에 첨부된 지도와 1953년

---

567) *Ibid.*, para. 78.

568) *Ibid.*

569) *Ibid.*, para. 79.

570) *Ibid.*

571) *Ibid.*, para. 80.

572) *Ibid.*, para. 81.

인도네시아 지도책에서 나온 지도와 같은 '네덜란드' 또는 '인도네시아' 기원의 지도들을 제출하였다. 둘째, 인도네시아는 1891년, 1903년 및 1904년 스탠포드가 출판한 3장의 지도, 1965년 영국이 만든 타와우 (Tawau) 지도, 말레이시아가 기원인 1966 말레이시아 지도 2장, 1967년에 출판된 셈포르나(Semporna)의 말레이시아 지도, 국제경계를 나타내는 1968년 석유양여에 관한 공식적인 말레이시아 지도, 1972년 말레이시아 국립지도청에서 만든 기타 말레이시아 지도 등을 제출한다. 셋째, 인도네시아는 팔마스 도서 중재 사건시 미국이 첨부한 1877년의 미국 지도책에서 나온 지도에 의존하였다.[573]

인도네시아는 주장하기를, 자국이 제시한 지도가 "리기탄 및 시파단 도서의 알려진 위치 북쪽 해안으로 확장하는 경계선을 묘사한 것과 일치하며 따라서 이는 오늘날 이선의 인도네시아 쪽에 남아있다"는 것이다. 인도네시아는 "분쟁이 제기된 직후, 말레이시아의 지도가 자국에게 유리한 형태로 변모를 시작한 것이 1979년 이었다"고 강조한다.[574]

인도네시아는 자국이 제시한 지도의 법적 가치에 관하여, 이들 중 여러 지도가 '국가 또는 관련 국가 의지의 물리적 표현 범주'에 해당하며 "이들 지도가 그 자체로 영토권원이 되지는 않는다 하더라도 당사국들의 도서를 포함한 영토소유지를 분리하는 1891년 조약에 나와 있는 내용과 일치한다는 측면에서 상당한 비중이 있다"고 한다.[575]

말레이시아는 인도네시아가 제출한 지도들의 증거 가치에 관하여 언급하기를, "인도네시아는 도서가 인도네시아에 귀속된다는 것을 나타내는 단 하나의 네덜란드 또는 인도네시아 지도를 제출하지 못하였다"고 한다. 말레이시아 견해로는, 인도네시아 주장과는 달리 1897~1904년 및 1941

---

573) *Ibid.*, para. 82.

574) *Ibid.*, para. 83.

575) *Ibid.*

년 네덜란드 지도가 분명히 세바틱 동쪽 해안에서 끝나는 경계를 보여준
다고 한다. 또한 말레이시아는 강조하기를, 1960년 인도네시아의 공식적
인 군도주장 지도가 이들 도서를 인도네시아 도서로 취급하지 않는다고
한다. 말레이시아는 1909년에 출판된 인도네시아 지도조차도 이들 도서
가 인도네시아 도서라는 것을 보여주지 못한다고 한다. 그러나 일부 현
대 지도는 이와 반대로 해석될 수 있음을 인정하나, 이들은 상대적으로
그 수가 적으며 그 법적 효력도 이들 지도 각자가 경계의 정확성에 관한
단서조항을 포함하고 있다는 사실에서 감소된다. 말레이시아는 또한 이
들 지도 중 대다수는 리기탄 및 시파단이 나와 있지도 않거나 또는 잘못
된 곳에 있거나 말레이시아 또는 인도네시아에 속하는 것으로 표기되어
있지도 않다고 주장한다.576)

　1891년 협약 제4조를 지지함에 있어, 말레이시아는 특히 북부 노르웨
이국과 보르네오의 네덜란드 소유지간 경계에 관한 영국과 네덜란드 정
부간의 1915년 협약에 부속된 지도에 의존한다. 말레이시아에 따르면,
이 지도가 당사국들이 합의한 유일한 공식적 지도라고 한다. 말레이시아
는 또한 기원이 다양한 일련의 기타 지도들에도 의존하는바, 먼저 네덜란
드 지도 중 특정한 것, 즉 1905년의 〈보르네오 동부 해안의 타라칸
(Tarakan) 도서에서 네덜란드·영국 경계까지〉라는 제목의 지도, 남부 및
동부 보르네오 거주지 행정구조를 나타내는 1913년의 2장의 지도, 네덜
란드 관리 칼토펜(Kaltofen)이 만든 1917년의 〈북부 보르네오〉 지도, 손으
로 그린 〈보르네오 인종〉 지도, 1935년의 〈네덜란드 동부 보르네오〉 지
도 및 1941년의 〈북부 보르네오〉 지도가 이에 해당된다고 한다.

　둘째, 말레이시아는 영국 기원인 특정한 지도에 의존하는데, 즉 1952년
에 출판된북 보르네오 식민지가 만든 지도, 1953년의 북 보르네오 식민
지 행정구역을 나타내는 모형도 및 로스(S. M. Ross)가 1958년에 만든 〈셈

---

576) *Ibid.*, para. 84.

페르나(Semporna) 경찰구역도〉 등이다. 셋째, 말레이시아는 인도네시아
지도 즉, 〈1960년 인도네시아 대륙붕 지도〉를 인용한다. 마지막으로,
〈반다르 세리 베가완(Bandar Seri Begawan)〉이라는 제목의 말레이시아 기
원인 1976년 지도에 의존하였다.577)

말레이시아는 이들 모든 지도에서 분명히 이 지역에서의 네덜란드와
영국 소유지간의 경계선이 세바틱 동쪽 해양으로 확장되지 않았으며, 리
기탄과 시파탄 모두 영국 또는 말레이시아 도서로 기간에 따라 간주되었
다고 한다.578)

말레이시아가 제시한 지도의 증거가치에 관하여, 인도네시아는 먼저
실제로 이들 지도 중 어느 것도 리기탄과 시파단이 말레이시아 소유라는
것을 나타낸 것은 없다고 한다. 또한 지적하기를, 분쟁도서를 말레이시아
소유라고 묘사하는 지도만이 "말레이시아가 이 지역에 관한 영유권 주장
을 하기 위하여 1979에 만든 지도"라고 한다. 인도네시아는 이점에 관하
여 1969년에 구체화된 도서 분쟁 이후 10년 동안 출판된 이 지도가 본
사건과는 법적 관련성이 없다고 주장한다.

둘째, 인도네시아는 말레이시아가 의존하는 지도들이 1891년 선을 해
양으로 확장하는 것으로 묘사하지 않았으며 시파단 또는 리기탄 도서의
영토귀속에 관하여 완전히 중립적이었다는 것을 지적한다. 특히 1915년
합의에 부속된 지도에 관하여, 인도네시아는 이 지도가 보르네오 도서의
영토상황과 관련된 이래 북위 4°10′평행선을 따라 세바틱 도서 동쪽으로
확장하는 선을 나타내서는 안 된다는 것이 논리적이라고 한다. 최종적으
로 〈기타 지도들〉이란 제목 하에 말레이시아가 제시한 지도에 관하여,
인도네시아는 이들 중 어느 것도 두 도서 영유권에 대하여 말레이시아의
주장을 지지하는 것은 없다고 주장한다.579)

---

577) *Ibid.*, para. 85.

578) *Ibid.*, para. 86.

재판소는 지도의 법적 가치에 관하여 다음과 같은 언급을 하였다.

지도는 단지 사건에 따라 정확성이 다양한 정보를 갖고 있다. 그 자체 및 이들의 존재 이유가 영유권을 나타내는 것은 아니며 영토에 대한 권리를 설정할 목적의 내부적 법적 효력을 갖는 국제법상 보증된 문서에 불과하다. 물론 일부의 경우 지도들은 이러한 법적 효력을 가질 수 있으나, 이러한 법적 효력도 본질적인 이점으로부터 나오는 것이 아니다. 이는 이러한 지도가 해당 국가 또는 관련 국가의지의 물리적 표현범주에 해당하기 때문이다. 이것은, 예를 들면, 지도가 전체 문서를 이루는 공식적 내용에 첨부된 경우이다. 이러한 분명히 정의된 경우 이외에, 지도는 실제 사실을 확립 또는 재구성하기 위하여 다른 증거와 함께 사용될 수 있는 확실성 또는 불확실성을 변화시키는 외형적 증거에 불과하다.[580]

본 사건의 경우 재판소는 당사국들의 합의된 견해에 영향을 미치는 어떠한 지도도 1891년 협약에 첨부되지 않았다. 동 협약은 구분선으로서 세바틱 도서 동쪽 해양 밖으로의 경계선 연장에 관한 영국과 네덜란드의 의지를 공식적으로 표현한 것이라고 한다.[581]

변론과정에서 당사국들은 두 개의 지도를 특별히 언급하였는데, 1891년 협약 비준용으로 네덜란드 정부의 법률초안에 근거한 첨부도와 석명청원서에 부속된 지도 그리고 1915년 합의에 부속된 지도이다. 재판소는 이들 지도의 법적 가치에 관하여 이미 결정을 한바 있다(제47, 48 및 72항).[582]

당사국이 제시한 기타 지도를 보면, 인도네시아가 북위 4°10′평행선을 따라 세바틱 도서 동쪽 해안 밖 해양으로 계속되는 선을 나타내는 1891

---

579) *Ibid.*, para. 87.

580) *Ibid.*, para. 88.

581) *Ibid.*

582) *Ibid.*, para. 89.

년 협약 이후 출판된 여러 지도들을 제출하였다. 이들 지도에는, 예를 들면, 1894년, 1903년, 1904년 스탠포드 제작 보르네오 지도 그리고 석유시추허가를 나타내는 말레이시아 국토 자원부가 출판한 1968년 지도들이다.[583]

재판소는 이들 지도가 국토경계를 이루는 선의 해양쪽으로의 계속을 나타낸다는 측면에서는 서로 다양하다는 것을 주목하였다. 또한 해양으로 확장되는 선의 길이가 상당히 다양하다. 어떤 지도상에는 리기탄 및 시파단 자오선에 거의 반쯤에서 중단하기 전 수 마일에 걸쳐 계속되고, 다른 지도는 필리핀과 말레이시아 간 경계로까지 거의 확장된다.[584]

이에 관하여 말레이시아는, 이 지역에서의 영국과 네덜란드 소유지간 경계선이 세바틱 도서 동쪽 해안에서 멈추는 여러 지도들을 제출하였다. 이들 지도들에는 1907년 영국과 미국 간 교환각서에 부속된 영국 북부 보르네오 지도, 남동 보르네오 거주지 행정구역을 나타내는 1913년의 네덜란드 지도 및 1916년 네덜란드 식민지의 공식적 관보에 출판된 1915년의 경계선 등이 포함된다.[585]

그러나 재판소는 이들 지도 각자가 특별한 목적으로 제작되었으며 따라서 이들 지도로부터 세바틱 도서 동쪽으로 확장된 1891년 협약 제4조에 정의된 선에 관한 분명한 그리고 최종적 결론을 이끌어 낼 수 없음을 주목한다. 더구나 말레이시아는 인도네시아가 제출한 지도들에 대한 자신의 비판을 항시 정당화 할 수 있었던 것은 아니다. 따라서 말레이시아는 1894년, 1903년 그리고 1904년 스탠포드 지도상에서 나타난 선 즉 북위 4°10′평행선을 따라 해양으로 확장되는 선이 북 보르네오 행정경계선과 일치하였으나 문제의 평행선을 따라 국가의 행정경계선이 계속된다는

---

583) *Ibid.*, para. 90.

584) *Ibid.*

585) *Ibid.*

것을 지지하는 것으로서의 1891년 협약 이외의 어떠한 근거도 인용할 수 없었다.586) 요약하면, 1915년 합의(제72항)에 부속된 지도를 제외하고는 당사국이 제출한 지도 자료는 1891년 협약 제4조 해석에 관하여 결정적이지 못하다.587)

재판소는 동 협약의 내용해석 및 목적의 측면에서 제4조가 세바틱 도서의 최동단까지의 당사국간 경계선을 결정하는 것이며 그 이상의 동쪽으로 어떠한 구분선을 설정하지는 않는다는 결론에 궁극적으로 도달한다. 이 결론은 1891년 협약 당사국의 추후의 행위 및 협약 자체에 의해 확인된다.588)

(4) 승계에 의한 권원 취득

재판소는 인도네시아 또는 말레이시아가 승계에 의해 리기탄 및 시파단에 관한 권원을 취득하였는가의 문제를 검토할 것이다.589) 인도네시아는 2차 구두변론 기간 중 재판소가 1891년 협약을 근거로 분쟁중인 도서에 관한 자국의 주장을 무시하려 한다면 네덜란드가 승계자로서 권원을 갖게 될 것이며 이어서 최초의 권원 보유자인 부룽간(Bulungan) 술탄과의 계약으로 그 권원을 획득하였다고 주장한다.590) 말레이시아는 리기탄 및 시파단이 결코 부룽간(Bulungan) 술탄의 소유가 되지 않았다고 주장하였다.591)

---

586) *Ibid.*

587) *Ibid.*, para. 91.

588) *Ibid.*, para. 92.

589) *Ibid.*, para. 93.

590) *Ibid.*, para. 94.

재판소는 1891년 협약 고려 시, 네덜란드와 부룽간(Bulungan)의 술탄 간에 체결한 여러 조공계약을 이미 다루었음을 알게 된다(제18항 및 64항). 재판소는 1878년 계약에서 술탄의 도서 소유가 여러 도서와 함께 타라칸 (Tarakan), 나네칸(Nanoekan) 및 세바틱(Sebatik)으로 기술되었다고 한다.

1893년의 개정으로 본 리스트는 1891년 협약을 근거로 세바틱의 분할 을 고려하는 유사한 조건에서 3개 도서와 주변 소도를 언급한다. 재판소 는 또한 '이에 속하는 소도들'이란 용어는 이름으로 언급된 3개 도서 부 근의 소규모 도서를 언급하는 것으로 해석될 수 있으며 40마일 이원에 있는 도서가 아니라고 상기에서 이미 언급하였다고 한다.

재판소는 그러므로 인도네시아가 이들 계약 즉 동 계약에서 기술된 대 로 부룽간(Bulungan)의 술탄이 네덜란드 인도의 부분을 이룬다고 언급한 계약을 통하여 네덜란드로부터 분쟁도서에 관한 권원을 승계 받았다는 인도네시아의 주장을 수락할 수 없었다.592)

이에 관하여 말레이시아는 이전 영유권자인 수루(Sulu)의 술탄이 본래 향유한 권원의 이점을 통하여 리기탄 및 시파단 도서에 대한 권원을 획 득하였다고 주장하면서, 북 보르네오 국가의 이러한 권원은 차례로 스페 인, 미국, 영국으로 그리고 최종적으로 말레이시아로 이전되었다고 한다. 말레이시아에 따르면 이것은 "권원의 연속"으로 조약에 근거한 리기탄 및 시파단 권원을 제공한다고 한다.593)

최초 권원에 관하여 말레이시아는 "18~19세기를 거쳐 1878년 까지 북 동 보르네오의 해안영토와 그 인접 도서들은 수루 술탄에 속한다"고 주 장한다.594) 이러한 통제는 지역주민의 충성에서 나왔고, 술탄은 지역 통

---

591) *Ibid.*, para. 95.

592) *Ibid.*, para. 96.

593) *Ibid.*, para. 97.

594) *Ibid.*, para. 98.

치자를 임명하였으나, 문제 지역에 대한 그의 권위는 다른 국가 특히 스페인과 네덜란드에 의해 인정되었다고 말레이시아는 언급한다.[595]

말레이시아는 19~20세기 중 보르네오 북동 해안을 따라 있는 도서와 산호초에 바자우 라우(Bajau Laut) 또는 시 깁시스(Sea Gypsies) 사람이 살고 있었고 또한 이들을 이용하였다고 하며, 이들은 대부분 보트에 살거나 수상가옥에 정착하며 어업을 하거나 산에서 나는 것들을 수집하고 거래하면서 살았다고 한다. 특히 리기탄 및 시파단에 관하여, 말레이시아는 이들 도서가 이들에 대한 영주권에 관하여 주요 결정적인 사건 당시 항구적으로 사람들이 살지는 않았으나, 19세기 후반 및 20세기에 들어 사람들이 자주 이곳을 방문하였고 바자우 라우트(Bajau Laut) 해양경제의 일부가 되었다고 한다.[596]

인도네시아는 권원소유자의 연속으로 주장하여 언급한 것들 중 분쟁이 된 도서권원이 유효한 것으로 입증될 수 없다면 말레이시아의 "권원의 연속" 주장의 법적 근거는 사라지게 된다고 한다.[597]

이점에 관하여, 인도네시아는 분쟁도서가 문제 당시 수루(Sulu)의 술탄이 지배한 지역에 해당한 것으로 볼 수 없다고 한다. 왜냐하면 술탄은 1891년 영국과 네덜란드간의 협약이 체결되었을 때, 경기가 침체되었던 경우를 제외하고는 다벨 만(Darvel Bay) 이남에 나타난 적이 없었다고 한다. 인도네시아는 수루(Sulu)의 술탄과 일부 바자우 라우트(Bajau Laut) 그룹 간에 동맹이 유지되었으나 이들의 관계는 성격상 사적이었으며 분쟁도서의 영유권을 확립하기에 충분한 것이 아니었다라고 한다.[598]

수루(Sulu)의 술탄이 스페인으로 리기탄 및 시파단 도서 주권을 이양한

---

595) *Ibid.*

596) *Ibid.*

597) *Ibid.*, para. 99.

598) *Ibid.*

것에 관하여, 말레이시아는 1878년 7월 22일의 평화 및 항복 근거를 확인하는 의정서 제1조에서 수루(Sulu)의 모든 군도 및 이의 부속도서에 관한 스페인 주권은 논의 밖의 것으로 선언하였다고 한다. 말레이시아는 나아가 주장하기를, 1885년 3월 7일 스페인, 독일 및 영국과 체결된 의정서에 따라 후자의 2개 당사국이 동 의정서 2조에서 정의한 대로 모든 수루(Sulu) 군도에 대한 스페인 주권을 인정하였다고 한다.

동 규정에 따르면, 동 군도에는 민다나오 도서의 서쪽 끝과 보르네오 대륙과 파라구아 도서를 연결하는 모든 도서 및 제3조에 나와 있는 도서를 제외한 모든 도서를 포함하였다. 말레이시아는 이러한 군도의 정의가 1836년 9월 23일 스페인 정부와 수루(Sulu)의 술탄 간에 서명된 조약 제1조에 나와 있는 내용과 일치한다고 한다. 또한 1878년에 그 입장이 무엇이든 간에 수루(Sulu) 군도 및 부속도서에 대한 스페인 주권은 1985년에 명백히 확립되었다고 한다.[599]

인도네시아는 이에 대해 반박하기를, 리기탄 및 시파단이 스페인 소유였다는 어떠한 증거도 보이지 않는다고 하면서, 이러한 주장을 뒷받침 하는 근거로서 인도네시아는 분쟁 도서가 스페인과 술탄 간에 체결된 합의의 어떤 내용에 있어서 일치하지 않는다고 한다. 나아가 스페인, 독일 및 영국 간에 체결된 1885년 의정서를 인용하는바, 동의정서 제1조는 "독일과 영국 정부는 수루(Sulu) 군도 중 아직 점유되지 않은 곳은 물론이고 효과적으로 점유된 곳에 대하여 스페인 주권을 인정한다"는 규정을 인용하였다.

인도네시아의 견해로는 이것은 상기 3국간에 체결된 1877년 의정서 정신에 반영되었는바, 동 의정서는 수루 군도의 도서점유에 대하여 사전에 독일과 영국에게 통고할 것을 스페인에게 요구하였다. 동 규정은 1885년 의정서 제4조를 반복하였다. 인도네시아에 따르면, 사실상 스페인은 결코

---

599) *Ibid.*, para. 100.

1885년 의정서 체결 이후 리기탄 및 시파단 도서를 점유하지 않았으며 따라서 타방 체약당사국들에게 이러한 통고를 할 위치에 있지도 않았다고 한다.[600]

스페인이 미국으로 리기탄 및 시파단을 이양하였다는 것에 관하여, 말레이시아는 이들 도서가 1898년 평화조약에 규정된 구분선 범위 내에 있지 않았다는 것이 일반적으로 인정된다고 주장한다. 말레이시아는 또한 주장하기를, 수루의 술탄은 그럼에도 불구하고 1899년 8월 20일의 합의로 모든 수루 군도 및 그 부속도서에 대한 미국의 주권을 명백히 인정하였다고 한다. 말레이시아에 따르면, 1898년 평화조약에서 생략된 부분은 스페인과 미국 간의 1900년 조약에 의해 보완되었으며, 동 조약은 "필리핀 군도에 속하는 어떠한 그리고 모든 도서 및 특히 쿠가얀 수루(Cugayan Sulu) 및 시부투(Sibutu) 도서 그리고 그 부속도서"를 미국에게 양도하였다는 것이다. 말레이시아의 견해로는, 1900년 조약당사국들의 의도가 1898년 평화조약에 규정된 선내에 없었던 지역에 있는 모든 스페인 도서를 1900년 조약 적용범위 내로 끌어들이는 것이었다라고 한다.

1900년 조약의 해석을 지지함에 있어, 말레이시아는 1903년 이 지역에 미국 군함 퀴로스(Quiros) 호의 방문 이후 미국 수로국이 시부코(Sibuko)만 북부 해안 해도를 발간하였는데, 여기에 분쟁도서가 영국 영토와 미국 영토를 분리하는 선 중 미국 측에 있음을 보여준다는 것에 주목하였다. 말레이시아는 이러한 것을 통하여 결론내기를, 1903년 해도가 1900년 조약하에서 미국에 양도된 추가 도서에 대한 미국 영유권의 공식적 주장을 나타낸 것이라고 하면서 동시에 이러한 영유권 주장에 대하여 네덜란드로부터 아무런 반응이 없었다고 한다.[601]

말레이시아는 또한 퀴로스(Quiros) 호의 항해 이후 보르네오북부회사

---

600) *Ibid.*, para. 101.

601) *Ibid.*

의장이 영국 외무성에 항의서한을 발송하였는바, 동 서한에서는 동 회사
가 스페인으로부터의 아무런 반대도 없이 3마일 선 이원에서 북부 보르
네오 도서를 평화적으로 행정관할 하여왔다고 한다. 말레이시아에 따르
면, 보르네오북부회사는 동시에 수루(Sulu)의 술탄으로부터 3마일 이원 도
서에 대한 권한을 확인하기 위한 조치를 취하였다.

술탄은 1903년 4월 22일 서명한 인증서 확인을 해주었다고 한다. 말레
이시아는 언급하기를, 외무성은 그럼에도 불구하고 술탄의 1903년 인증
서의 국제법적 효력에 대해 의문을 가졌다고 하면서 이로 인해 1900년
조약상 이들 도서에 대한 미국의 주장과 직면하게 되었다고 한다. 그러
나 동 조약에서 영국은 오히려 보르네오북부회사 행정관할의 계속성을
보증하려고 미국과의 조율을 희망하였다.[602]

말레이시아는 미국과 영국이 1907년 7월 10일자 제3교환각서를 통하
여 이들의 행정관할 및 동 도서 영유권에 관한 문제를 해결하려고 하였
다는 것에 주목한다. 영국은 스페인 승계자인 미국이 3해리 이원 도서에
대한 계속적 영유권을 인정하였다고 한다. 이에 관하여 미국은 이들 도
서가 보르네오북부회사에 의해 사실상 행정관할 되었으며 12개월 통고
합의를 당사국들이 종료할 권리에 따라 이러한 상황의 계속 허락에 합의
를 하였다고 한다.

말레이시아는 주장하기를, 모든 관련 서류에서 분명히 1907년 교환각
서가 적용되는 도서에 3해리 선 이원의 북 보르네오 해안에 인접한 모든
도서 그리고 리기탄과 시파단이 이들 도서 중 일부라는 것을 나타내준다
고 한다. 말레이시아는 특히 1907년 교환각서에 의존하는바, 즉 그로부
터 나온 지도 및 동 각서에서 영국과 미국 행정관할하의 도서를 구분하
는 선의 영국 측에 리기탄과 시파단이 있다고 주장한다. 나아가 1907년
교환각서가 당시 미국과 영국에 의해 출판되었으며 네덜란드 정부로부터

---

602) *Ibid.*, para. 103.

이에 관한 아무런 항의도 없었다고 말레이시아는 지적한다.[603)

인도네시아는 이에 관하여 반박하기를, 1900년 조약은 단지 1898년 조약에서 합의한 선 밖에 있는 필리핀 군도에 속하는 도서와 관련이 있고 특히 카가얀 수루(Cagayan Sulu), 시부투(Sibutu) 및 이들의 부속 도서가 스페인에 의해 미국으로 양도된 영토 중의 하나임을 규정한 것이 1900년 조약이라고 한다. 그러나 인도네시아에 따르면, 리기탄과 시파단은 필리핀 군도의 일부로 고려될 수 없으며 북쪽으로 멀리 떨어져 있는 카가얀 수루(Cagayan Sulu) 및 시부투(Sibutu)의 부속 도서로도 볼 수 없다고 한다. 그러므로 분쟁도서는 1898년과 1900년 조약상 스페인 주장처럼 미국에 양도된 영토 중의 일부라고 생각할 수 없다.[604) 인도네시아는 이에 부가하여, 자신의 입장이 추후의 사건들로 지지를 받는다고 하며, 미국은 자신이 스페인으로부터 얻었던 소유지의 정확한 범주에 관하여 불확실하다고 한다.[605)

미국의 불확실성에 관하여, 인도네시아는 1903년 10월 미 해군성이 국무성과의 협의 후 미국 해도상에 경계선이 생략되었다라고 권고한 점을 주목한다. 인도네시아에 따르면, 이러한 권고가 특히 퀴로스(Quiros) 함 항해 이후 1903년 6월 미 수로국이 발행한 '시부코(Sibuko) 만의 북부해안 해도'와 관련되었다는 것이 중요하다고 한다. 인도네시아의 견해로는, 1903년 수로국 해도가 말레이시아가 제시한 것처럼, 미국 영유권의 공식적 주장과는 거리가 먼 것으로 일시적인 국내적 입장에 불과한 것이 분명하다고 한다. 그러므로 1903년 해도를 공식적인 문서로 볼 수 없으며, 이에 관한 네덜란드의 어떠한 반응도 제기되지 않았다는 사실에서 얻을 수 있는 것은 아무것도 없다는 것이다.[606)

---

603) *Ibid.*

604) *Ibid.*, para. 104.

605) *Ibid.*

1907년의 미-영 교환각서에 관하여, 인도네시아는 이것이 단지 첨부 지도상에 나타난 선의 서쪽 및 남서쪽에 위치한 특정도서의 행정관할이 보르네오북부회사에 유리하다는 미국의 입장을 나타낸 일시적인 합의에 불과하다고 한다. 따라서 이것이 문제도서의 영유권 문제에 아무런 영향을 주지는 않는다는 것이다.[607]

북 보르네오의 리기탄 및 시파단 영유권의 미국으로부터 영국으로의 이전에 관하여, 말레이시아는 1970년 교환각서가 1878년 오버벡 남작 (Dent von Overbeck) 승인에서 규정된 3마일 선 이원에 있는 도서에 대한 영유권 문제를 완전히 해결하지는 않았다고 주장한다. 또한 이 문제는 1932년 12월 13일 발효된 1930년 1월 2일 협약에 의해 최종적으로 해결되었다고 한다. 동 협약상, 필리핀 군도에 속하는 도서와 북 보르네오 국에 속하는 도서가 10개의 특정한 지점을 지나는 선에 의해 분리된다는데 합의를 하였다. 말레이시아는 지적하기를, 1930년 협약 상 "이 선의 북쪽과 동쪽 모든 도서가 필리핀 군도에 속하며 남쪽과 서쪽의 모든 도서는 보르네오 국에 속한다"는 것이다. 말레이시아 견해에서는, 리기탄 및 시파단이 분명히 1930년 선의 남쪽과 서쪽에 존재하였으며 이들은 영국 본토 하에 있던 북 보르네오로 공식적으로 이전되었다는 것이다.[608]

말레이시아는 1930년 협약이 미국과 영국 양자에 의해 발표되었고 이는 국제연맹 조약집에도 수록되었으며, 동 협약은 "네덜란드의 주장으로 도서 문제가 처리될 수 있는지를 우리가 기대할 수 있으나, 네덜란드로부터 어떠한 반응도 없었다"는 것을 지적한다.[609] 마침내, 말레이시아는 영국정부와 보르네오북부회사간의 1946년 6월 21일 체결된 합의로 "후자가

---

606) *Ibid.*

607) *Ibid.*

608) *Ibid.*, para. 105.

609) *Ibid.*

모든 주권과 북 보르네오의 모든 자산을 영국에게 양도하였다"는 것을
알게 된다.[610]

이에 관하여, 인도네시아는 1930년 협약 교섭 문서에서 미국이 시부투
(Sibutu) 북쪽에 있는 지역에서만이 북 보르네오 해안에서 3마일 이원에
있는 도서에 대한 권원을 갖는다는 것을 분명히 보여준다고 주장한다.
그러나 인도네시아는 1930년 협약 체결에 이르는 교섭에서는 단지 터틀
(Turtle) 도서 및 망세(Mangsee) 도서의 지위에만 초점이 맞추어졌다고 주
장한다. 또한 1930년 협약에서 고정된 경계의 남쪽한계는 북위 4°10′북쪽
과 리기탄 및 시파단 북쪽에 있다는 것이다.[611]

말레이시아는 영국 권원의 말레이시아 이전에 관하여 언급하기를, 말
레이시아, 영국, 북 보르네오, 사라왁(Sarawak) 및 싱가포르 간의 1963년
7월 9일 합의로(1963년 9월 16일 발효) 북 보르네오는 사바(Sabah)라는 이름
으로 말레이시아로 편입되었다고 한다.[612]

재판소는 분쟁도서가 권원의 연속적 이전을 입증하기 위하여 말레이시
아가 제출한 국제법률문서 어디에도 이름이 없으며 당사국들이 이를 다
투지도 않았다는데 주목하며, 또한 재판소는 수루(Sulu)의 술탄이 3마일
한계 이내에 있는 도서를 포함 보르네오에 있는 그의 소유지에 대한 모
든 권한과 권리를 1878년 1월 22일 알프레드 덴트(Alfred Dent)와 오버벡
남작(Baron von Overbeck)에게 양도했다는 사실에는 이들 도서가 포함되어
있지 않다고 한다.[613] 최종적으로 재판소는 양 당사국이 리기탄 및 시
파단이 문제의 기간에 무주지가 아니었다고 하며, 따라서 이는 전혀 반대
되는 이론을 근거로 이들 도서에 대한 각자의 권원 주장을 하는 것으로

---

610) *Ibid.*

611) *Ibid.*, para. 106.

612) *Ibid.*, para. 107.

613) *Ibid.*, para. 108.

볼 수 있다고 한다.[614]

재판소는 먼저 리기탄 및 시파단이 수루(Sulu)의 술탄 소유였는지에 관한 문제를 다룬다. 지리적으로 이들 도서가 수루(Sulu) 군도에 속하지 않는다는 것에 대해서는 어느 당사국도 다투지 않는다. 그러나 모든 관련 서류에서 술탄의 영지는 변함없이 '수루의 군도와 그 부속도서' 또는 '소로(Sooloo) 도서와 그 부속 도서'로 기술된다. 이들 여러 문서에서 영토 범위는 민다나오 도서 서쪽 끝단과 보르네오 및 파라구아 도서 사이에서 발견되는 모든 도서를 포함하는 것으로 애매하게 정의되어 있다. 그러므로 이들 문서는 수루의 본토에서 상당한 거리에 있는 리기탄과 시파단이 술탄 영지의 일부였는지에 관한 문제의 답을 주지 못한다.[615]

말레이시아는 북 보르네오 해안 밖 도서에 살았으며 때때로 이들 두 무인도서를 이용했을 수도 있었던 수루(Sulu)의 술탄과 바자우 라우트(Bajau Laut) 간의 동맹관계에 의존한다. 그러나 재판소는 그러한 관계가 있을 수 있으나 수루(Sulu)의 술탄이 두 도서에 대한 영유권을 주장했다거나 자신의 소유지 일부로 고려했다는 증거를 제공하기에는 충분치 않다라고 한다. 술탄이 실제로 리기탄과 시파단에 대한 권한을 행사했는가에 대한 아무런 증거도 없다.[616]

리기탄 및 시파단 영유권의 스페인으로의 이전 주장에 관하여 보면, 재판소는 1878년 7월 22일 평화와 항복 근거를 확인하는 스페인과 수루 간 의정서에서, 수루(Sulu)의 술탄은 분명히 '수루(Sulu) 군도와 그 부속 도서'들을 스페인에 양도하였다. 스페인, 독일 및 영국과 체결한 1885년 3월 7일 의정서에서, 북 보르네오 영토 및 3마일 이내 인접도서에 대한 모든 영유권 주장이 1878년 덴트와 오버벡(Dent-von-Over beck) 승인에서 언급되

---

614) *Ibid.*

615) *Ibid.*, para. 109.

616) *Ibid.*, para. 110.

었는바, 이에 따르면 영국과 독일이 제2조에서 경계선이 결정된 수루 군도 중 효과적으로 점유하였으나 점유하지 않은 곳까지 스페인 영유권을 인정하였다.

그러나 제2조는 제109항에서 언급한 것보다 오히려 더 애매한 정의를 내포하고 있다.[617] 스페인이 당시 분쟁도서나 인접도서에 관심을 보이지 않았으며 이들 도서에 대한 권한도 확장하지 않았다는 것은 당사국간 이견이 없었다. 스페인이 1885년 의정서 제4조에 규정된 절차에 따라 이들 도서 점유를 통고했다는 징표는 전혀 없다. 1878년 이후 여러 해 동안 보르네오북부회사는 점차적으로 3마일 이원에 있는 도서에 대한 행정관할을 확대하였으나, 이들에 대한 영유권 주장은 하지 않았고 스페인으로부터 항의도 전혀 없었다.[618] 그러므로 재판소는 스페인이 자국과 수루(Sulu) 술탄간의 1878년 의정서에서 리기탄 및 시파단에 적용되거나 독일과 영국이 1885년 의정서상 이들에 대한 스페인 영유권을 인정했다는 증거는 없다라고 결론내릴 수밖에 없다.[619]

그러나 수루(Sulu)의 술탄이 스페인을 위해 모든 그의 소유지에 대한 영유권을 포기했으며, 따라서 북 보르네오 해안 3마일 이원에 있는 도서에 대한 모든 권원을 잃게 된다는 것에는 다툼이 있을 수 없다. 그러므로 그는 1903년에 이들 도서가 1878년 알프레드 덴트(Alfred Dent)와 오버벡 남작(Baron von Overbeck) 승인에 포함되었다고 선언할 위치가 아니었다.[620] 그러므로 재판소는 스페인이 관련 문서로 보아 리기탄과 시파단 권리를 주장했을 수 있던 유일한 국가이나 실제로 그렇게 했는가에 대한 증거는 없다는 견해이다. 또한 당시 북 보르네오 국가를 대표하여 영국

---

617) *Ibid.*, para. 111.

618) *Ibid.*, para. 112.

619) *Ibid.*, para. 113.

620) *Ibid.*

과 네덜란드도 명백히 또는 묵시적으로라도 리기탄과 시파단에 대한 주장을 제기하지는 않았다는 것을 알게 된다.[621]

스페인은 1898년 12월 10일 평화조약에 의해 효력이 미치지 않았던 "필리핀 군도에 속하는 모든 도서에 대한 권원주장을 미국에 대해 포기했다"라는 내용을 담고 있는 미국과 스페인 간 1900년 11월 7일 조약이 이러한 권원 이전의 연속성과 어떠한 관련이 있는가가 문제된다. 특히 카가얀 수루(Cagayan Sulu) 및 시부투(Sibutu) 도서에 대하여는 특별한 언급이 있었으나 북 보르네오 해안에 보다 가까이 위치한 기타 도서에 대한 이름을 언급하지는 않았다.[622]

재판소는 먼저 리기탄과 시파단이 1898년 평화조약 범주 내에 있지 않았다는 것이 논쟁의 여지가 없다하더라도 1900년 조약에서는 스페인이 미국에 양도한 카가얀 수루(Cagayan Sulu) 및 시부투(Sibutu) 그리고 그 부속 도서 이외의 도서를 명기하지 않는다는 점에 주목한다. 스페인은 그럼에도 불구하고 동 조약에 의해 리기탄과 시파단 또는 북 보르네오 해안에서 3마일 이원의 기타 도서에 대한 어떠한 주장도 포기했다고 한다.[623]

추후의 사건에서 미국은 1900년 조약상 어떠한 도서에 대해 자신이 권원을 획득하였는가에 대하여 확실하지 않음을 보여준다. 미 군함 퀴로스(Quiros)의 항해 이후 그리고 시파단과 리기탄을 미국으로 귀속시키는 미국과 영국 소유지를 구분하는 선을 포함한 최초의 출판물인 미 수로국 지도의 재발간 이후 미 국무장관, 전쟁장관 및 해군장관과의 교신에서 미 국무성이 스페인에서 취득하였던 필리핀 군도 및 그 영해의 범위에 관하여는 분명한 생각이 없음을 보여준다.

621) *Ibid.*, para. 114.

622) *Ibid.*, para. 115.

623) *Ibid.*, para. 116.

이에 관하여 재판소는 미 국무장관이 1903년 10월 23일자 전쟁장관 대리에게 보내는 서신에서, 영국과의 양자협정은 개별관할권을 포기하는 선을 추적하는데 필요하며 시파단에 관하여 그는 분명히 언급하기를, 자신은 "시파단과 이에 포함된 도서들이 수루(Sulu)의 점유지내에 있는 것으로 인정되었는지"에 관하여 결정할 위치에 있지 않다고 한다.624)

영국과 미국 간의 잠정합의가 1907년 교환각서형태로 되었는바, 동 각서는 영유권 이전을 포함하지는 않았으며 북 보르네오 해안에서 3마일 이원에 있는 도서에 대한 보르네오북부회사의 지속적 행정관할을 규정하였으나, 이들 도서가 어느 당사국에 속하는가의 문제는 해결되지 않은 채로 남아 있었다. 보르네오북부회사가 행정 관할했던 도서 중 미국이 권원을 주장한 도서가 어떠한 것인가에 대한 표시가 없었으며 그 결과 영유권 문제도 결정되지 않았다. 그러므로 리기탄 및 시파단 영유권에 관해서는 1907년 교환각서로부터 아무런 결론도 도출할 수 없다.625)

본 잠정합의는 1930년 1월 2일까지 유효하였는데, 이 당시 동 협약이 영국과 미국 간에 체결되어 필리핀 군도에 속하는 도서와 북 보르네오국에 속하는 도서를 분리하는 선이 그어졌다. 동 협약 제3조는 이 선의 남쪽과 서쪽에 있는 모든 도서가 북 보르네오국에 속해야한다고 언급하였다. 리기탄 및 시파단 북동지점으로부터 경계선이 북쪽과 동쪽으로 확장되었다. 동 협약은 미국 영유권으로 선언되었던 터틀(Turtle)과 망세(Mangsee) 도서 이외에는 어떠한 도서도 거명하지 않았다.626)

1930년 협약 체결로 미국은 리기탄 및 시파단과 인접 도서에 대해 제기 가능한 어떠한 주장도 포기하였다. 그러나 재판소는 1907년 교환각서나 1930년 협약 또는 미국이 이들 도서 영유권을 주장했던 기간에 미행

---

624) *Ibid.*, para. 117.

625) *Ibid.*, para. 118.

626) *Ibid.*, para. 119.

정부로부터 나온 어떠한 문서로부터도 결론을 내릴 수 없었다. 그러므로 1930년 협약에 의해 말레이시아가 주장하는 것처럼, 미국이 리기탄과 시파단 권원을 영국에 이전했다는 것을 확실하게 말할 수는 없다.[627]

한편 재판소는 1930년 협약의 결과, 영국이 BNBC를 대표하여 터틀(Turtle)과 망세(Mangsee) 도서를 제외하고 동 회사가 관리하여왔던 3마일 이원 모든 도서 영유권을 획득하였다는 견해를 가지고 있다는 것을 방관할 수 없다. 3해리수역 이원에 있는 어떠한 도서에 대하여도 공식적인 주장이 과거에 제기된 적은 없었다. 리기탄과 시파단 및 인접도서의 경우 그 권원이 1930년 협약의 결과로 획득되어지는가의 문제는 동 협약 효력에 대한 영국의 입장이 타국에 의해 다투어지지 않았다는 사실 보다는 그 관련성이 덜하다.[628]

북 보르네오 국가는 1946년에 식민지로 전락되었으며, 이후 1903년 7월 9일 합의 제4조에 의거 영국은 "이러한 조치를 취하는 것이 적절하며 북 보르네오, 사라와크 및 싱가포르에 관한 영국의 주권과 관할권 포기를 규정하는 영국의회법률 시행을 확실히 하는 것이 가능하다"는데 합의하였다.[629]

1969년 인도네시아는 리기탄 및 시파단에 대한 말레이시아 권원에 도전하여 1891년 협약을 근거로 이 두 도서에 대한 권원을 갖는다고 주장하였다.[630] 종전의 견해에서 보면, 재판소는 권원의 본래 소유자인 수루(Sulu)의 술탄이 말레이시아에 권원을 이전한 것에 대하여 아무런 방해도 없었다는 말레이시아 주장을 수용할 수 없다는 결론을 내린다. 왜냐하면 리기탄과 시파단이 수루의 술탄 소유이거나 추후에 권유 소유자라고 주장하는

---

627) *Ibid.*, para. 120.

628) *Ibid.*, para. 121.

629) *Ibid.*, para. 122.

630) *Ibid.*, para. 123.

자가 이들 도서에 대한 조약상의 권원을 갖고 있었다는 데에는 어떠한 확신도 없다는 것이다. 그러므로 재판소는 말레이시아가 승계자인 영국으로부터 조약에 근거한 권원을 승계하였다는 것을 발견할 수 없다.[631]

재판소는 이미 1891년 협약에서 인도네시아에게 조약에 근거한 권원을 제공하지도 않으며 동 도서 권원이 네덜란드와 부룽간(Bulungan) 술탄의 계승자로서 인도네시아로 양도되지도 않았다는 것을 알게 되었다.[632]

(5) 실효적 지배

재판소는 실효적 지배에 관한 당사국 제공 증거가 리기탄 및 시파단 영유권 문제에 관하여 특별합의에서 요구한대로 실효적 지배 결정의 근거가 될 수 있는가의 여부를 고려하게 되었다. 재판소는 실효적 지배와 영토권원의 법률적 관계에 관하여는 이미 여러 사건에서 판결이 나왔다는 것을 알고 있었다.[633]

양당사국은 자신들이 의존하는 실효성이 조약에 근거한 권원만을 확인한다고 주장한다. 대체적 근거에 관하여, 말레이시아는 리기탄 및 시파단에 대한 권원을 인도네시아나 이의 권원 승계자의 반대 없이 계속적이며 평화적인 점유 및 행정관할에 의해 취득하였다고 주장한다.[634] 재판소는 어느 당사국도 리기탄 및 시파단의 조약에 근거한 권원을 가지고 있다는 것을 발견하지 못하였기 때문에 실효성 문제를 독립적이고 분리된 문제로 고려하였다.[635]

---

631) *Ibid.*, para. 124.

632) *Ibid.*, para. 125.

633) *Ibid.*, para. 126.

634) *Ibid.*, para. 127.

인도네시아는 지적하기를, 양국의 개별 대륙붕 경계획정에 관한 1969
년 교섭에서 말레이시아가 리기탄 및 시파단 도서 영유권 주장을 하였다
고 한다. 인도네시아는 따라서 이 당시가 현 분쟁의 '결정적 기일'이 되었
다고 한다. 또한 주장하기를, 양 당사국은 1969년 9월 22일 교환 서신에
서 분쟁도서에 관한 현상을 변경시킬 수 있는 어떠한 행위도 삼가 할 것
을 보증한다고 한다. 그러므로 인도네시아는 1969년부터 당사국의 개별
주장은 '법적으로 중립적'이며, 따라서 당사국의 추후 성명이나 행동이 현
절차와 관련되지 않는다고 한다.[636]

인도네시아는 또한 말레이시아가 1969년 상황을 존중하기로 했던 의도
와는 근본적으로 다른 일방적인 조치를 취하였다고 한다. 한 예로, 인도
네시아는 말레이시아가 출판하여 제시한 지도가 초기 지도와는 달리 분
쟁도서를 말레이시아 도서로 표기하고 시파단에 여러 관광시설을 설립하
였다는 것을 나타내고 있다고 언급한다. 인도네시아는 말레이시아가 이
러한 일방적 조치를 했을 때마다 항시 항의를 하였다고한다.[637]

인도네시아는 링스(Lynx) 함장이 동인도 해군사령관에게 제출한 보고서
에서 네덜란드 당국이 리기탄과 시파단 도서를 네덜란드 주권 하에 있는
도서로 간주하였다는 것에 주목하며, 이와는 달리 1891년 선 북쪽에 위
치한 기타 도서는 영국 도서로 고려되었다라고 한다. 인도네시아는 또한
네덜란드가 수행한 수로측량, 특히 1903년 10월과 11월에 리기탄 및 시
파단 지역을 포함 이 지역 전체에 걸쳐 마카세르(Macasser) 함정의 측량
활동을 언급한다.[638]

자신의 활동에 관하여, 인도네시아는 "1969년 분쟁시작 이전에 인도네

---

635) *Ibid.*

636) *Ibid.*, para. 128.

637) *Ibid.*

638) *Ibid.*, para. 129.

시아 해군이 이 지역에서 활동하였으며 또한 여러 차례 시파단을 방문하였다"고 한다.[639] 어로활동에 관하여 인도네시아는 자국 어민들이 전통적으로 리기탄과 시파단 도서 주변에서 조업을 해왔다고 한다. 인도네시아는 당사국간 분쟁이 시작된 이후 1950년 말부터 1960년 초 심지어 1970년대 초까지 이들 도서를 간헐적으로 방문했다는 기록을 갖고 있는 일련의 구술서를 제출하였다.[640]

최종적으로, 인도네시아의 군도기선을 나타내고 있는 1960년 2월 18일 공포된 인도네시아 수역에 관한 법률 제4조에 관하여, 인도네시아는 그 당시에는 리기탄 또는 시파단이 기선의 기점목적, 군도수역과 영해의 한계획정 등의 목적에서 이를 포함하지 않았음을 인정하였다.

결정적 기일에 관하여, 말레이시아는 주장하기를 당사국들의 대륙붕 경계획정에 관한 1969년 논의에 앞서 인도네시아나 그 승계국 누구도 이들 도서에 관심을 표명하거나 주장을 한바가 없다고 한다. 그러나 결정적 기일의 중요성이 증거용인과 관련하여서가 아닌 "결정적 기일에 주어지게 될 비중"임을 강조한다. 그러므로 말레이시아는 문제의 활동이 결정적 기일 이전 시기에 시작되어 그 이후에도 계속되었다는 것을 당사국이 제출하여 나타낼 경우 결정적 기일 이후의 활동도 고려할 수 있다고 주장한다. 시파단에서의 수중잠수 활동에 관하여, 말레이시아는 이러한 스포츠에서 발생된 관광 사업이 이것이 유명해지자 그때부터 나타나기 시작하였고 방문객의 기본 욕구충족은 물론 도서의 환경보호를 보장할 주권책임을 수락했음을 알게 된다.[641]

실효적 지배에 관한 주장을 지지함에 있어, 인도네시아는 자국 해군함정에 의한 이 지역 초계를 인용하였는바, 즉 네덜란드 정부가 의회에 제

---

639) *Ibid.*, para. 130.

640) *Ibid.*

641) *Ibid.*

출한 연례 식민지 보고서를 근거로 1895~1928년간 이 지역에 있었던 네덜란드 선박명단을 언급하며 특히 1921년 12월과 11월 네덜란드 구축함 링스(Lynx)가 이 지역에 출현하였다는 것에 의존한다. 인도네시아는 링스(Lynx) 초계팀이 시파단 해안으로 이동하였고 항공기가 링스(Lynx)를 탑재하고 리기탄 및 주변수역 상공을 횡단한 반면, 시 아밀(Si Amil)과 영국 통치하의 기타 도서의 3마일 수역은 존중되었다라고 한다.

이와 관련하여 인도네시아는 1960년 법률이 성급하게 준비되었는데, 이는 1960년 3월 17~4월 26일간의 제2차 유엔해양법회의 이전에 군도수역 개념인정의 선례를 만들기 위한 필요에 의해 그렇게 되었다고 설명한다. 인도네시아는 가능한 한 현존 해양법을 존중하려고 하였으며 이러한 원칙 중의 하나가 기선획선은 해안의 일반적 방향에서 현저히 벗어날 수 없다는 것이다.[642]

말레이시아는 네덜란드와 인도네시아가 주장한 해군활동이 그 수에 있어 상당히 제한적이었다고 하면서, 이들 활동이 리기탄 및 시파단 도서 영유권 주장의 징표가 될 수 있는 정부 활동의 계속적 행사 증거로 간주될 수 없다고 주장한다.[643] 식민지 이후의 관행에 관하여, 말레이시아는 독립 후 최초 약 25년간 인도네시아가 리기탄 및 시파단에 대하여 아무런 관심도 보이지 않았다고 하면서, 인도네시아는 "이 지역에 명백히 출현하지도 않았고 동 도서에 대한 행정행위도 하려고 하지 않았으며 이에 관한 어떠한 법률도 제정하지 않았고 이들 두 도서 또는 인접 수역에 관한 명령이나 규칙도 만들지 않았다"고 주장한다.[644]

말레이시아는 또한 1960년 2월 18일 인도네시아 법률 제4호에 첨부된 지도에서 기선 좌표목록으로 인도네시아 영수(領水)의 외측 한계를 규정

---

642) *Ibid.*

643) *Ibid.*, para. 131.

644) *Ibid.*

하지도 않았다고 한다. 그러나 인도네시아도 분쟁도서를 기선 참고점으로도 사용하지 않았다. 말레이시아는 상기 법률과 지도를 통하여 리기탄과 시파단이 인도네시아에 속하는 것으로 간주될 수 없다고 한다. 그러나 인도네시아가 문제의 두 도서를 충분히 고려한 방식으로 1979년 대륙붕경계를 공표하였다는 점을 말레이시아는 지적한다.[645]

리기탄 및 시파단 도서의 실효적 지배에 관하여, 말레이시아는 거북이와 거북이알 수집에 대한 통제를 언급하면서, 수집된 거북이 알이 여러 해 동안 시파단의 가장 중요한 소득원이 되었다고 한다. 1914년 초 영국이 리기탄 및 시파단에서의 거북이 알 수집을 규제하고 통제하는 조치를 영국이 취했으며, 이로 인하여 말레이시아는 거북이 알 수집에 관한 분쟁 해결에 관련된 사람이 영국의 북 보르네오 관리였다는 사실을 강조한다. 동 도서 주변 수역 어로에 사용되는 보트의 허가제가 확립되었다.

말레이시아는 1933년 시파단에 섬이 조류 피난처로 설정되었음을 강조하며, 영국의 북 보르네오 식민지 당국이 1960년대 초 리기탄과 시파단에 등대를 건설했다고 하며 이들은 지금까지도 존재하고 말레이시아 당국이 이 등대를 관리한다고 한다. 최종적으로 말레이시아는 시파단에 대한 자국 정부의 관광법령 및 1997년 9월 25일부터 리기탄과 시파단이 말레이시아 보호 구역령에 있는 보호 구역으로 되었다는 사실을 인용한다.[646]

인도네시아는 개별적이든 전체적이든 말레이시가 신뢰했던 행위가 말레이시아에 유리한 영유권 설정이 가능한 도서의 계속이고 평화적인 점유 및 행정관할 행사를 확립하기에 충분하다는 것을 부인하였다.[647] 거북이 알 수집에 관하여, 인도네시아는 말레이시아가 언급한 사실을 다투

---

645) *Ibid.*

646) *Ibid.*, para. 132.

647) *Ibid.*, para. 133.

지는 아니하나, 영국이 발표한 규정과 이 지역 거주민간의분쟁 규정을 확
립한 규칙이 영토 관할권이라기보다는 오히려 개인적인 행사의 증거라고
주장한다. 인도네시아는 또한 영국 당국에 의한 조루피난처 설정의 증거
가치가 시파단과 관련하여 주권행사라고 보는 것에 이의를 제기한다. 이
와 유사하게, 인도네시아 견해에서는, 말레이시아의 등대건설 및 관리가
주권행위의 증거가 되지 않는다고 하며, 어쨌든 말레이시아의 이러한 활
동에 반대하지는 않았는데, 이는 항해상의 편의를 위한 일반적인 관심사
항이었기 때문이다.[648]

재판소는 먼저 동부 그린란드 법적 지위 사건의 상설국제사법재판소
성명을 원용하였다.

> 할양조약과 같은 권원이나 특별한 행위에 근거하지 않고 권한의 계속적 전
> 개에만 근거하는 영유권 주장 시, 제시하여야하는 두 가지 요소가 있다. 주권
> 행위로서의 의도와 의지 그리고 이러한 권한의 실질적 행사나 전개이다. 특정
> 영토에 대한 영유권 주장 판결을 해야 하는 재판소가 고려해야 하는 또 다른
> 상황은 그러한 영유권 주장을 타국이 어느 정도까지 주장하였는가이다.[649] 타
> 국이 보다 우월한 주장을 내놓을 수 없다면, 여러 경우에 재판소가 주권의 실
> 질적 행사 과정에 거의 만족하지 않았음을 알지 못한 채 영유권에 관한 결정적
> 기록을 판단하기는 불가능하다. 특히 인구가 적거나 정착민이 없는 국가에 있
> 는 지역의 영유권 주장의 경우에 그러하다(PCIJ Series A/B No. 53. pp.45-46).[650]

특히 인간이 거주하기 않거나 상주하지 않는 리기탄과 시파단과 같은
소규모 도서이며 경제적 중요성도 거의 없을 경우 그 실효성은 일반적으
로 기대하기 어렵다.[651] 재판소는 당사국간 분쟁이 구체화된 일자 이후

---

648) *Ibid.*

649) *Ibid.*, para. 134.

650) *Ibid.*

에 발생한 행위를 고려할 수는 없다는 것이며, 다만 그러한 행위가 정상
적인 이전 행위의 계속이며 당사국들이 의존하는 법적 입장을 개선할 목
적으로 시도되지 않는 경우는 예외라고 한다. 그러므로 재판소는 당사국
들이 리기탄 및 시파단에 관한 주장이 충돌했다고 주장한 해인 1909년
이전 기간부터의 실효성 문제를 먼저 분석한다.[652]

재판소는 마침내 분쟁도서에 대한 특별한 언급에 관하여 의심의 여지
가 없는 권한의 표시가 되는 행위를 고려할 수 있다는 것을 알게 된다.
그러므로 규정이나 일반적 성격의 행정행위가 리기탄 및 시파단에 적합
한 조건이나 효과에서 나온 것이 분명하다면 이들 도서에 관한 실효적
지배로 간주될 수 있다.[653]

인도네시아가 의존해 왔던 실효적 지배에 관하여, 재판소는 주장된 실
효성 중 어느 것도 입법적 또는 규범적 성격을 가진 것은 없다는 것을 지
적한다. 또한 재판소는 인도네시아의 군도기선을 획선한 1960년 2월 8일
의 법률 제4호와 그 부속지도가 관련기점 또는 변환점으로서 리기탄 및
시파단을 언급 또는 지칭하지 않는다는 사실을 무시할 수 없다.[654]

인도네시아는 먼저 리기탄 및 시파단 주변수역에서의 네덜란드와 인도
네시아 해군의 계속적 존재를 인용하며, 특히 1921년 11월 자국 구축함
링스(Lynx)의 항해를 원용한다. 본 항해는 보르네오 수역에서의 해적 퇴
치를 위한 영국과 네덜란드의 합동작전의 일부였는바, 링스(Lynx) 함장에
의하면, 무장 소형선박이 해적활동 정보 수집을 목적으로 시파단에 파견
되었고, 수상항공기가 동 도서 상공 정찰비행을 하였으며, 이어 리기탄
상공으로도 비행하였다. 인도네시아는 이러한 작전을 통하여 결론내리기

---

651) *Ibid.*

652) *Ibid.*, para. 135.

653) *Ibid.*, para. 136.

654) *Ibid.*, para. 137.

를, 네덜란드가 동 도서 상공을 자국 영공으로 간주하였으므로 동 도서는
따라서 네덜란드 영토가 된다라고 한다.[655]

재판소의 견해로는, 링스(Lynx) 함장의 보고서나 네덜란드가 인도네시
아 해군의 정찰 및 초계활동과 관련하여 인도네시아가 제출한 기타 문서
어느 것으로부터도 해군당국이 리기탄 및 사파단 그리고 주변 수역이 네
덜란드나 인도네시아 주권에 속한다고 추론할 수 없다고 한다.[656]

마침내 인도네시아는 리기탄 및 시파단 주변수역이 전통적으로 인도네
시아 어민들에 의해 사용되어 왔다고 언급한다. 그러나 재판소는 사인(私
人)에 의한 활동은 동 활동이 정부권한으로 또는 공식적 규정을 근거로
이루어지지 않는다면 실효성이 있는 것으로 볼 수 없다고 한다.[657]

4. 판 결

재판소는 결론 내리기를, 인도네시아가 주장했던 활동들은 영유권 취
득 의도에 영향을 미치는 주권적 권원이 되지 못한다고 한다.[658] 말레이
시아가 주장했던 실효적 지배에 관하여, 재판소는 1930년 협약에 따라
미국이 리기탄 및 시파단에서 향유할 수 있는 모든 권리도 포기하였고,
어느 국가도 당시 이들 도서에 대한 영유권을 주장하지도 않았으며 북
보르네오 국가의 계속적 행정 관할에 반대하지도 않았다고 한다. 재판소
는 또한 동 협약 체결 전에 일어났던 활동들이 주권적 권원의 행위로 볼
수 없으며, 영국은 당시 3마일 한계 이원의 도서에 대하여 북 보르네오
국가를 대표하여 영유권을 주장하지도 않았다라고 한다. 그러나 보르네

---

655) *Ibid.*, para. 138.

656) *Ibid.*, para. 139.

657) *Ibid.*, para. 140.

658) *Ibid.*, para. 141.

오북부회사가 동 도서들을 행정관할 자격이 있다는 입장을 취하고, 1907
년 이후 미국에 의해 공식적으로 인정되었다는 입장을 취한이래, 이러한
행정 활동은 어느 것도 무시될 수 없다고 한다.[659]

　동 도서들에 대한 실효적 지배의 증거로서, 말레이시아는 리기탄 및
사파단에서의 거북이 알 수집 통제 및 규제 그리고 북 보르네오 국가가
취한 조치들과 당시 이 지역에서의 일부 경제적으로 중요한 활동들을 인
용하였다. 특히 말레이시아는 1917년의 거북이 보존법령을 언급하는데,
동 법령의 목적은 거북이 생포를 "북 보르네오 국가 또는 그 영수내"로
제한하는 것이었다. 재판소는 동 법령이 이에 관하여 허가제를 규정하고
거북이 알 수집을 위하여 유보지(留保地)를 만들었고 이들 유보지 중 하나
에 포함된 도서에 시파단이 등록되었다.[660]

　말레이시아는 1917년 거북이 보존법령이 적어도 1950년까지 적용되었
다는 문서를 인용하면서, 그 인용의 예로, 법령 제2부에 따라 거북이 생
포를 허가하는 투와우(Tuwau) 지방관리가 발행한 1951년 4월 28일의 허
가증을 든다. 재판소는 이 허가증에 시파단, 리기탄, 카파라트(Kapalat),
마불(Mabul), 디나완(Dinawan) 및 시 아밀(Si Amil) 도서를 포함한 지역에
적용되었다고 한다.[661]

　또한 말레이시아는 1930년 이전과 이후 특별한 경우에 행정 당국이 시
파단에서의 거북이 알 분쟁을 해결했다는 것을 언급한다.[662] 말레이시아
는 1930년 토지법 제28에 따라 1933년 시파단이 '조류 보호목적 유보지'
로 되었다는 사실을 언급하였다.[663] 재판소는 거북이 알 수집을 규제하

---

659) *Ibid.*, para. 142.

660) *Ibid.*, para. 143.

661) *Ibid.*

662) *Ibid.*

663) *Ibid.*, para. 144.

고 통제하기 위해 취한 조치 및 조류 유보지 설정시에 시파단 명칭이 명기되었으므로 이를 이 지역에 대한 행정당국의 규제 및 행정조치로 볼 수 있다는 견해이다.[664]

또한 말레이시아는 북 보르네오 식민지가 1962년 시파단에 등대를 그리고 1903년에 리기탄에 또 다른 등대를 건설했다는 사실을 상기하면서, 이 등대들이 오늘날까지 존재하며 독립 이래 말레이시아 당국에 의해 관리되어 왔다고 한다. 말레이시아는 이러한 등대의 건설과 관리가 관련 지역에 대한 국가권리 행사의 적절한 형태라고 주장하였다.[665]

재판소는 등대 및 항해 보조기구의 건설과 운용이 명백한 국가 권한행사의 정상적인 표시로 고려되지는 않는다고 한다. 그러나 재판소는 카타르·바레인 간 해양경계 및 영토문제 사건의 판결을 인용한다. 동 판결은 다음과 같이 언급한다.

> 지하수 시추와 같은 바레인이 제기한 일정한 형태의 활동이 주권적 권원을 행사한 행위로 본다는 것은 논쟁이 될 수 있을 것이다. 한편, 항해 보조기구의 건설은 소규모 도서의 경우 법률적 관련성이 있을 수 있다. 본 사건에서 퀴타 자라다(Qit'at Jaradah)의 규모를 고려해 볼 때, 동 도서에서의 바레인 활동은 이에 대한 주권을 향유한다는 바레인 주장을 지지하기에 충분한 것으로 고려되어야 한다(Judgment, Merits, ICJ, Repots 2001, para, 197).[666]

재판소는 현 사건에도 상기와 같은 고려가 적용된다는 견해이다. 재판소는 말레이시아가 자신의 이름으로 그리고 영국의 승계국 이름으로 수행하여왔던 활동들이 수적으로는 적당하였으나 그 성격이 다양하며 입법적, 행정적 및 준 사법적 활동까지도 포함하고 있다고 한다. 이들 활동이

---

664) *Ibid.*, para. 145.

665) *Ibid.*, para. 146.

666) *Ibid.*, para. 147.

상당한 기간에 걸쳐 이루어지고 다양한 행정행위를 한 것으로서 이들 행위가 양 도서에 관하여 국가기능을 행사하려는 의도를 나타낸 것이라고 볼 수 있다.[667]

또한 재판소는 당시 이러한 활동이 수행되었을 때 인도네시아나 그 승계국인 네덜란드도 이러한 활동에 대한 불일치 또는 항의를 표명하지 않았던 사실을 무시할 수 없다. 이에 관하여 재판소는 1962년과 1963년 인도네시아 당국이 북 보르네오 식민지 당국 또는 독립 이후 말레이시아를 상기시키지도 않았으며, 그 당시 등대 건설이 인도네시아 영토라고 고려되었던 영토에서 건설되었다는 점에 주목하였다. 인도네시아나 말레이시아가 북 보르네오 밖 수역에서의 안전항해에 특히 중요한 지역에 설치된 것이 이들 등대라고 하더라도 이러한 행위는 통상적이지 않다고 하였다.[668]

따라서 본 사건의 주어진 상황과 특히 당사국들이 제공한 증거를 통하여, 재판소는 말레이시아가 상기에 언급한 실효적 지배를 근거로 리기탄 및 시파단에 대한 영유권을 향유한다는 판결을 내렸다.[669]

5. 평 가

본 사건은 말레이시아와 인도네시아 간에 발생한 리기탄 및 시파단 도서에 대한 영유권 분쟁에 관한 것으로, 양국은 역사적 사실, 승계에 의한 권원 취득 및 실효적 지배 등을 이유로 자국의 영유권을 주장하였다.

특히 당사국들은 1891년 6월 20일 체결된 "네덜란드·영국 간 보르네오

---

667) *Ibid.*, para. 148.

668) *Ibid.*

669) *Ibid.*, para. 149.

섬의 영국 점유지와 영국 보호 하에 있었던 도서 국가들과의 경계를 명확하기 협약(1891년 협약)"의 해석을 둘러싸고 이견을 표출하였으나, 재판소는 당사국들이 보르네오 및 세바틱 도서 동쪽에 있는 자신들의 점유지 간 경계를 확정하거나 또는 기타 도서들에 대한 영유권 귀속을 할 의도가 있었음을 제시하는 내용이 동 협약상 어디에서도 찾아볼 수 없다고 하였고, 그 결과 리기탄 및 시파단이 관련되는 한 재판소는 1891년 협약 서문 내용이 인도네시아와 말레이시아가 알고 있었던 것처럼 이들 도서에 적용하기는 어려우며 영국과 네덜란드 간 분쟁의 대상도 아니었다고 하여 불명확한 조약의 법적 가치를 인정하지 않았다.

재판소는 지도의 증거능력 및 가치에 관하여 언급하기를, 지도란 단지 사건에 따라 정확성이 다양한 정보를 갖고 있는 것으로서 그 자체 및 이들의 존재 이유가 영유권을 나타내는 것은 아니며 영토에 대한 권리를 설정할 목적의 내부적 법적 효력을 갖는 국제법상 보증된 문서에 불과하다. 물론 일부의 경우 지도들은 이러한 법적 효력을 가질 수 있으나, 이러한 법적 효력도 본질적인 이점으로부터 나오는 것이 아니라고 한다. 그러나 지도가 전체 문서를 이루는 공식적 내용에 첨부된 경우 이외에, 지도는 실제적 사실을 확립 또는 재구성하기 위하여 다른 증거와 함께 사용될 수 있는 외형적 증거에 불과하다고 한다.

분쟁 도서의 실효적 점유나 지배에 관하여는, 재판소는 사인(私人)에 의한 활동은 동 활동이 정부권한으로 또는 공식적 규정을 근거로 이루어지지 않는다면 실효성이 있는 것으로 볼 수 없으며 따라서, 인도네시아가 주장했던 활동들은 영유권 취득 의도에 영향을 미치는 주권적 권원이 되지 못한다고 하였다.

결론적으로 재판소는 말레이시아가 자신의 이름으로 그리고 영국의 승계국 이름으로 수행하여왔던 활동들이 그 성격상 다양하며 입법적, 행정적 및 준 사법적 활동까지도 포함하고 있으며, 이들 활동이 상당한 기간

에 걸쳐 이루어지고 다양한 행정행위를 한 것으로서 이들 행위가 양 도
서에 관하여 국가기능을 행사하려는 의도를 나타낸 것이라고 볼 수 있다
고 하였다. 또한 재판소는 당시 이러한 활동이 수행되었을 때 인도네시
아나 그 승계국인 네덜란드도 이러한 활동에 대한 불일치 또는 항의를
표명하지 않았던 사실을 무시할 수 없다고 하여 분쟁도서 영유권 주장에
대한 항의나 이의제기의 법적 가치를 인정하고 있음을 알 수 있었다.

　본 사건은 분쟁도서에 대한 말레이시아의 실효적 점유를 이유로 영유
권 문제를 국제사법재판소에 부탁하여 해결한 사건으로, 향후 한·일 간
독도영유권 문제 발생 시 우리가 법적 근거로 원용할 수 있는 중요한 국
제판례라고 사료된다.

Ⅳ. 말레이시아·싱가포르 간 페드라 브랑카(Pedra Branca)/ 푸라우바투 푸테(Pulau Batu Puteh), 미들 락스(Middle Rocks) 및 사우스 레지(South Ledge) 영유권 사건

1. 사건 개요

　말레이 본토에서 7.7마일, 싱가포르 해안에서 25.5마일에 위치한 도서
로서 말레이 이름은 푸라우 바투 푸테(Pulau Batu Puteh : PBP, White Rock
Island)이며, 포르투갈 이름으로는 페드라 브랑카(Pedra Branca : PB, 싱가포르
사용)인 도서와 미들락스(Middle Rocks) 및 사우스 레지(South Ledge)에 대하
여 1980년 이래 말레이시아가 싱가포르를 상대로 영유권을 주장하여
2003년 7월24일 국제사법재판소(ICJ)에 제소한 사건이다.[670]

싱가포르는 영유권 주장의 근거로서, 푸라우 바투 푸테에 대하여는 19
세기 중엽 동 도서에 설치한 등대건설(Johor의 허가) 및 동 등대의 지속적
운영 및 관리를, 미들 락스(Middle Rocks) 및 사우스 레지(South Ledge)에 대
하여는 1993년부터 주장하였으며 이는 정부활동에 근거한 것이 아닌
PBP와의 인접성에 기초하였다.[671]

한편, 말레이시아는 다음과 같은 네 가지 사항을 주장의 근거로 제시
하였다.

(1) 1844년 푸라우 바투 푸테(Pulau Batu Puteh) 등대 건설시 동 도서는 조
호르(Johor)의 영유권에 속하였다. 1844년 조호르(Johor)의 권원은 16
세기 초 조호르(Johor) 술탄의 영토를 동 도서 남쪽 및 싱가포르 해협
까지 확장하였으며, 이 권원은 말레이 지역에서의 영국과 네덜란드
영역을 구분한 1824년 영국·네덜란드 조약에서 확인되었고, 동 도서
는 네덜란드 영향력 하에 있지 않았으며, 동 도서가 영국 영향력 하
에 있었다는 사실은 단지 조호르(Johor)에 대한 영국의 영유권 행사와
유사한 정도였다. 영국의 싱가포르에 대한 영유권 주장은 1824년 조
호르(Johor)와 체결한 크로퍼드(the Crawfurd) 조약에 기초하였고, 이로
인하여 조호르(Johor)가 명백히 영국에게 양도되었으며 동 해안 10마
일 이내 도서도 동일하였으나, 동 조약에 푸라우 바투 푸테(Pulau Batu
Puteh)는 포함되지 아니하였다.

(2) 1844년 영국이 조호르(Johor) 술탄의 권원을 인정하였다. 당시 등대건
설을 위해 술탄이며 영주인 테멘강(Temenggong)의 허가요청이 있었고,
추후 이에 대한 이들의 영토 양도에 대한 명백한 표현은 사실은 찾기

---

670) *International Court of Justice, Case Concerning Sovereignty over Pedra Branca/Pulau
Batu Puteh, Middle Rocks and South Ledge, Malaysia/Singapore, Memorial of
Malaysia*, Vol 1, 23 March 2004, para. 5;

671) *Ibid.*, para.6.

어려웠고 조호르(Johor) 당국이 인정한 것은 등대 건설 허가에 불과했다는 것이다.

(3) 국제법상으로도 말레이시아 영유권이 인정된다. 단순 등대 건설 및 운영이 등대 운영자의 영유권을 확정하지는 아니하며, 1844년의 상태가 160년간 지속(현상의 변경에 영향을 주지 아니함)되었고, 영국도 싱가포르도 법적 지위 변경을 요구하지 않았으며, 조호르(Johor)와 말레이시아는 원시적 법적 지위 확인시도를 하지 않았고, 조호르(Johor)가 동 도서 중 하나에 등대 건설 및 운영을 동의하였다.

(4) 싱가포르의 행위도 말레이시아 영유권을 인정하였다. 싱가포르가 푸라우 바투 푸테(Pulau Batu Puteh)에 대한 주권을 향유하였다면 말레이시아의 행위에 대한 공식적인 대응이 있었을 것이 기대되나 구체적 행위가 없었고, 싱가포르는 1927년 조호르(Johor)와 1973년 인도네시아와의 영해경계획정 시, 푸라우 바투 푸테(Pulau Batu Puteh)를 언급하지 않았고, 1990년대 중엽까지 싱가포르는 푸라우 바투 푸테(Pulau Batu Puteh)가 자신의 영토임을 나타내는 어떠한 지도도 제시하지 않았다. 그러나 이와 반대로, 말레이시아는 푸라우 바투 푸테(Pulau Batu Puteh)가 조호르(Johor)의 일부였음을 분쟁이 정형화되기 오래 전부터 지도를 통하여 제시하였다.[672]

따라서 말레이시아가 오랫동안 푸라우 바투 푸테(Pulau Batu Puteh)에 대한 원시적 권원을 향유하였고, 동 도서는 조호르(Johor) 말레이시아 국가의 일부였으며 말레이시아의 영유권 변경에 대한 아무런 사건도 발생되지 아니하였다. 특히 싱가포르의 등대 건설 및 유지 목적으로 동 도서에의 출현사실만으로는 영유권 귀속에 충분하지 않다는 것이다.[673]

---

672) *Ibid.*, paras. 8-11.

673) *Ibid.*, para. 12.

분쟁의 최초 시작은 1980년 2월 14일에 있었는바, 싱가포르는 1979년 푸라우 바투 푸테(Pulau Batu Puteh)가 말레이시아에 속한다고 출판된 말레이시아 해양경계 지도에 대하여 항의하였고 이후 이 문제가 법원에 의해 해결되어야 함에 합의하였다.[674]

[지도 7] 페드라 브랑카(Pedra Branca), 미들 락스(Middle Rocks) 및 사우스 레지(South Ledge)

■ 출처 : Singapore Memorial PPT Show, p.4

1993년 2월 5일 쿠알라룸푸르에서 개최된 제1차 회담 시 싱가포르는 분쟁이 푸라우 바투 푸테(Pulau Batu Puteh)에만 국한된 것이 아니라 미들 락스(Middle Rock) 및 사우스 레지(South Ledge)까지 미침을 분명히 언급하였으나, 싱가포르는 이 당시까지 이들에 대해 어떠한 관할권이나 행정권을 행사하지 아니하였고 공개적으로 이들에 대한 주장도 하지 아니하였다.[675]

---

674) *Ibid.*, para. 13.

영유권에 관한 분쟁에서, 재판소는 분쟁이 시작된 결정적 기일의 중요
성을 강조한 바, 이 문제는 리기탄 및 시파단 사건에서 재판소가 1967년
이후의 실효성을 다룬 점에서 분명히 나타났듯이 본 사건에서는 1980년
2월 14일에 푸라우 바투 푸테(Pulau Batu Puteh) 분쟁이 정형화되었고, 기타
두개의 실체는 1993년 2월 6일에 정형화 되었다.676) 이에 따라 재판소는
2003년도에 제소된 본 사건을 2008년에 판결하였다.

[사진 1] 미들 락스(Middle Rocks) 1

■ 출처 : Singapore Memorial PPT Show, p.23

---

675) *Ibid.*, para. 14.

676) *Ibid.*, para. 15.

2. 당사국 주장

(1) 말레이시아의 주장

1) 역사적 사실

말레이시아는 1824년 영국에 속했던 싱가포르 및 주변도서가 싱가포르의 원시적 권원지에 포함되지 않았거나 싱가포르 남쪽에 있는 것으로 동인도회사에 속한 모든 연안 도서 이외의 도서가 조호르(Johor)의 술탄에 속하는 것으로 간주하였다.[677]

[사진 2] 미들 락스(Middle Rocks) 2

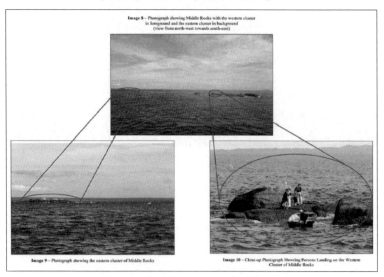

Image 8 – Photograph showing Middle Rocks with the western cluster in foreground and the eastern cluster in background (view from north-west towards south-east)

Image 9 – Photograph showing the eastern cluster of Middle Rocks

Image 10 – Close-up Photograph Showing Persons Landing on the Western Cluster of Middle Rocks

■ 출처 : Singapore Memorial PPT Show, p.11

677) *Ibid.*, para. 18.

조호르(Johor)의 영토범위와 연안도서에 대한 그 확장은 영국이 여러 번 인정하였으며, 조호르(Johor)의 허가로 푸라우 바투 푸테(Pulau Batu Puteh)에 대한 등대 또는 기타 편의시설 건설을 시도하여 획득한 것은 술탄의 영토 내에 있었으나, 이 허가로 영토 양여가 되지는 않았다. 1851년 10월 15일 이후, 호스버그(Horsburgh) 등대는 싱가포르에 있는 관련 행정기관이 운영하였으나, 이 사실이 동 도서에 대한 주권 주장을 내포하지는 아니하였다.678)

싱가포르는 분쟁이 야기된 1980년 이전에 푸라우 바투 푸테(Pulau Batu Puteh)에 대한 영유권을 주장한 시기가 없으며, 국내외적으로도 본 도서에의 단순 출현한 행위를 한 적은 없다. 반면, 말레이시아는 이 기간 중 본 도서를 포함 인근 지역에 대한 영유권을 행사하였으며, 이점에 관해서 보면 본 도서가 조호르(Johor)의 여러 인근도서 중의 하나에 속하는 것으로 간주되었다.679) 미들 락스(Middle Rocks)와 사우스 레지(South Ledge)의 경우, 이들은 푸라우 바투 푸테(Pulau Butu Puteh)와는 다른 바, 이는 말레이시아 영토의 일부로 항시 고려되어 왔으며, 1993년 싱가포르가 최근에 주장한 내용은 권원이나 행위에 근거하지 아니하였다.680)

지도의 증거능력에 관하여, 싱가포르는 이들 2개의 실체가 1994년 이전 자국에게 속해 있었다는 지도를 제시하지 못하였으나, 반면에 말레이시아는 이들이 조호르(Johor)의 일부이며 싱가포르의 일부가 아님을 지도를 통하여 제시하여 지도의 증거로 이들 양자가 말레이시아 영유권에 해당함을 지지해 준다.681)

---

678) *Ibid.*, para. 19.

679) *Ibid.*, para. 20.

680) *Ibid.*, para. 21.

681) *Ibid.*, para. 22.

2) 조호르(Johor)의 영토범위 및 도서영유권

1824년 이전까지 조호르(Johor)는 수세기동안 싱가포르 남과 북까지 미치는 광범위한 술탄의 영지가 되었었다. 이에는 실질적인 영토 즉 말레이반도 일부, 수마트라 도서 일부, 싱가포르 해협 입구 및 그 안쪽의 모든 도서 그리고 나투나스(Natunas), 아남바스(Anambas) 및 탐베란스(Tambelans)를 포함한 중국해 여러 도서까지 포함되었다.(682)

1616년 3월 17일 조호르(Johor)는 네덜란드와 조약을 체결하여 조호르(Johor)를 독립 국가로 인정하였으며, 1819년 영국소식통에 의하여 싱가포르해협을 통한 말라카해협의 모든 도서 및 중국해에 이르는 특정한 거리까지 존재하는 모든 도서를 조호르(Johor)의 술탄에 속한다고 여겼다. 그러나 이 도서 중 어느 것도 말레이반도 3마일 밖에 존재하는 것은 없었으며 따라서 이른바 무주지로 간주되었다.(683)

조호르(Johor)는 본질적으로 해양 국가였으나, 그 통제는 연안·강 및 도서 등에 국한되었고 도서 이원으로까지 확장되지는 않았고, 말레이반도의 술탄 영지에 대한 실질적 통제 확장은 1830년대 테멘공이 시도하였다. 조호르(Johor)의 술탄과 그 주요 관리들은 본토 건설노동을 위한 여러 도서로부터의 노동력 징발 및 조세권을 소유하였다.(684)

3) 조호르(Johor)의 허가로 호스버그(Horsburgh) 등대건설

1836년 수로학자 제임스 호스버그(James Horsburgh)가 사망하자, 그를 기리기 위해 상인 및 해운관계자들이 남지나해 입구에 등대건설 기금을 마련하기로 결정하였고, 중국기금(China Fund) 관리자가 해협정착지 총독

---

682) *Ibid.*, para. 77.

683) *Ibid.*, paras. 78-79.

684) *Ibid.*, para. 79.

인 본암(S. G. Bonham)에게 1842년 3월 1일 보낸 서신에서, 중국해 입구의 페드라 브랑카(Pedra Branca) 등대건설은 영국정부의 감독 하에만 유효하게 수행되고 유지될 수 있다고 하였다.[685] 이러한 등대건설은 사적인 동기였으며 등대위치는 1846년까지 미확정되었고, 의사결정과정 초기 및 과정 중에 푸라우 바투 푸테(Pulau Batu Puteh) 위치는 호스버그(Horsburgh) 등대건설의 주요 선택사항 중의 하나로 여겨졌다.[686]

영국 당국은 중국해에 있는 싱가포르 해협입구가 싱가포르 영토범위 밖에 있음을 잘 알고 있었기 때문에 이곳에서의 등대건설을 위하여는 조호르(Johor) 당국의 허가를 필요로 하였다. 이는 영국과 조호르(Johor)는 국제관계에 있었으며, 영국은 조호르(Johor)에 대한 주권을 주장 또는 행사하지 않았기 때문에 이 결과 영국은 등대건설 허가를 얻고자 하였다. 즉 영국 당국은 해협정착지 영토 밖에서의 등대건설을 희망했으며 동시에 관련 말레이 지배자의 허가를 얻고자 하였는바, 이는 호스버그(Horsburgh) 등대건설 뿐만 아니라 케이프 라차도(Cape Rachado) 및 푸라우 피상(Pulau Pisang)에서의 건설 그리고 예정된 푸라우 아오르(Pulau Aor) 등대건설에서도 동일하였다.[687]

1844년 11월 25일 술탄과 조호르(Johor) 테멘공(Temenggong)은 등대건설을 허가하였고[688], 19세기 초, 버터워스(Butterworth) 총독이 조호르(Johor) 당국의 허가를 구하려고 했던 것은 남중국해 싱가포르해협 입구지역의 영토가 조호르(Johor)의 주권 하에 있었기 때문이었다. 푸라우 바투 푸테(Pulau Batu Puteh)가 술탄과 테멘공(Temenggong)의 허가 범위 내에 있음은 의심의 여지가 없는바, 그 이유는 첫째, 푸라우 바투 푸테(Pulau Batu

---

685) *Ibid.*, paras. 107-109.

686) *Ibid.*, para. 116.

687) *Ibid.*, paras. 118-119.

688) *Ibid.*, para. 120.

Puteh)는 포인트 로마니아(Point Romania)에서 7.7마일 근처에 있었고 동시에 푸라우 바투 푸테(Pulau Batu Puteh)와 가장 근접한 해안에 있었으며 둘째, 푸라우 바투 푸테(Pulau Batu Puteh)가 포인트 로마니아(Point Romania)부터 가까운 곳에 있지 않다 하더라도, 적절한 다른 곳에까지 동의가 확대됨으로 해서 푸라우 바투 푸테(Pulau Batu Puteh)도 이에 포함 될 것이었다.[689]

등대건설 허가는 조호르(Johor)가 하였고 영국이 이를 인정하였음은 의문의 여지가 없었다. 본 내용에서 버터워스(Butterworth)가 언급한 양해에 영유권 이전이 포함되지는 않았으며 이는 단순히 등대건설에 불과하였다. 또한 싱가포르 영국당국은 술탄과 테멘공(Temenggong)이 부여한 동의 범주가 푸라우 바투 푸테(Pulau Batu Puteh)에 적용되는 것으로 이해하였다.[690]

인도의 영국 당국은 술탄과 테멘공(Temenggong)이 부여한 동의에 푸라우 바투 푸테(Pulau Batu Puteh)가 포함되었음을 알았는바, 즉 페드라 브랑카(Pedra Branca)가 건설 가능한 호스버그(Horsburgh) 등대 위치로 인정되어 왔음이 술탄과 테멘공(Temenggong)의 서신에 포함되어 있다. 따라서 술탄과 테멘공(Temenggong)이 조호르(Johor) 영토에 등대건설을 승인한 것 이외에는 아무것도 없다는 것이다.[691]

특히, 조호르(Johor)의 신하인 오랑 라우트(Orang Laut)는 동 섬을 자주 방문하였으나, 이들의 방문을 장려하거나 건물진입을 허용하지도 않았다. 만일 이 섬이 영국지배 하에 있었다면, 등대만이 아니라 이 섬 자체에 대한 이들의 방문 가능성을 부인하는 것이 논리적일 것이다. 이는 섬에 대한 영유권과 등대소유권이 분명한 차이가 있다는 증거가 된다.[692]

---

689) *Ibid.*, para. 124.

690) *Ibid.*, para. 133.

691) *Ibid.*, para. 136.

이후 30명의 부하와 함께 테멘공(Temenggong)의 푸라우 바투 푸테 (Pulau Batu Puteh) 방문은 등대 주춧돌 설치 이후 9일 만에 있었으며 시간을 정하지 않고 이곳에 체류하려는 그의 의도는 대단히 중요하였다. 일부 군대와 함께 이 섬에 체류하며 대부분 낚시로 시간을 보냈다는 것은 그가 자신의 영토에 있음을 고려한 것이었음을 암시하는 것이었다.

그러나 푸라우 바투 푸테(Pulau Batu Puteh)에서의 이들의 활동에 대해 아무런 반대도 없었는바, 즉 테멘공(Temenggong)의 출현에 대한 어떠한 허락시도나 허락이 이루어진 것이 없었다.[693] 이로서 푸라우 바투 푸테 (Pulau Batu Puteh)를 포함한 이 지역에서의 테멘공(Temenggong)의 대 해적 활동과 그의 동 도서 방문은 푸라우 바투 푸테(Pulau Batu Puteh)가 등대건설 허가이전 및 그 이후에도 조호르(Johor)의 주권 하에 있었음을 확인해 준다.[694]

싱가포르의 영국 당국이 푸라우 바투 푸테(Pulau Batu Puteh)에 대한 영유권을 취득하지 않았다고 고려한 기타 증거가 호스버그(Horsburgh) 등대건설 및 운영의식에서 기원할 수 없는바 즉, 영국의 관행상 호스버그 (Horsburgh) 등대의 건설 및 운영인식과 영유권 가정과는 완전히 다른 것이었으며 또한 푸라우 바투 푸테(Pulau Batu Puteh)를 해협식민지로 내포하려는 어떠한 의도도 없었다.[695]

영유권과 소유권의 차이는 19세기에 잘 알려졌었다. 전자는 국가의 최고 권력이고, 후자는 땅이나 부동산에 관한 소유관계이다. 정의상 전자는 국가에 귀속되나, 후자는 개인 및 정부에 귀속된다. 즉 소유권은 공적이며 사적일 수 있다.[696] 호스버그(Horsburgh) 등대건설에 대한 영국당국의

---

692) *Ibid.*, para. 145.

693) *Ibid.*, para. 149.

694) *Ibid.*, para. 150.

695) *Ibid.*, para. 151.

행위는 재산권과 영유권 간의 차이를 인정한 것으로[697], 이는 타국 및 재
판소 판결과 마찬가지로 영국의 관행은 등대건설 및 유지 또는 기타 항
해 보조물 그 자체가 영유권의 명시로 고려되지 않음을 보여준다.[698] 따
라서 푸라우 바투 푸테(Pulau Batu Puteh)는 무주지가 아니라 조호르(Johor)
의 영토 일부였으며, 호스버그(Horsburgh) 등대건설 역사상 이것이 영국영
토에 건설 되었다거나 영유권 획득으로 여겨진 어떠한 증거도 없고, 이의
유일한 목적은 항해 편의를 위한 것이었으며, 등대건설로 동인도회사가
획득한 모든 것은 재산에 불과한 것이었다.[699]

상기 내용을 종합하면 다음과 같은 결론을 내릴 수 있다.

① 호스버그(Horsburgh) 등대건설 의도는 수로학자를 기리고 항해를 돕
고자한 것으로 영유권 문제와 관련 없는 사적인 것이었다.
② 푸라우 바투 푸테(Pulau Batu Puteh)는 처음부터 그리고 의사결정의
모든 과정에서 가장 바람직한 등대장소였다.
③ 영국 당국은 이 지역이 조호르(Johor)의 주권 하에 있었기 때문에 싱
가포르 해협 중국해 입구에의 등대건설을 위해 테멘공(Temenggong)
과 조호르(Johor)의 술탄으로부터 동의를 얻으려 하였다.
④ 동 허가에 푸라우 바투 푸테(Pluau Batu Puteh)가 포함되었다.
⑤ 등대건설은 영국 영토도서의 소유가 동반되지 아니하였다.
⑥ 기타 영유권 주장도 영국영토를 위한 것이었다.
⑦ 단순한 등대건설 및 유지가 영유권 행위나 표명이 되지 않으며 점
유의사도 암시하지 아니하였다.

---

696) *Ibid.*, para. 165.

697) *Ibid.*, para. 169.

698) *Ibid.*, para. 171.

699) *Ibid.*, para. 176.

⑧ 동인도회사가 호스버그(Horsburgh) 등대 소유권을 획득했으나 푸라우 바투 푸테(Pulau Batu Puteh) 영유권 획득은 아니었다.

⑨ 결국, 조호르(Johor)는 호스버그(Horsburgh) 등대건설 이후 푸라우 바투 푸테(Pulau Batu Puteh) 영유권을 향유하였다.[700]

4) 당사국 행위

푸라우 바투 푸테(Pulau Batu Puteh)를 포함한 인접도서에 대한 조호르(Johor)의 권원은 싱가포르 도서 경계를 특정한 1824년 크로퍼드(Crawfurd) 조약 및 1824년 영국-네덜란드 조약에 의해 확인된다. 푸라우 바투 푸테(Pulau Batu Puteh)는 동 조약 및 조호르(Johor)의 술탄 영토지역 밖에 있었고, 조호르(Johor)나 말레이시아가 동 권원을 포기한 어떠한 의도의 증거도 없으며, 싱가포르 행위의 어떤 증거도 동 권원을 포기하기에 충분한 것은 아니었다. 이와 반대로, 1980년 이전까지 싱가포르의 관행은 말레이시아 주권을 인정하였다.[701]

◆ 싱가포르 및 말레이시아의 제도발전

해협정착지 및 조호르(Johor) 영수(領水)합의에서 '싱가포르 정착지' 영수와 조호르(Johor) 영수의 경계는 해협정착지 및 1927년 10월 19일의 합의에 분명히 기술되었다. 1927년 합의의 목적은 최초에 조호르(Johor)가 영국 동인도회사에 양도했던 '일정해역, 해협 및 도서'를 조호르(Johor)에 다시 반환하기 위한 것이었다.[702]

---

700) *Ibid.*, para. 177.

701) *Ibid.*, para. 188.

702) *Ibid.*, para. 190.

푸라우 바투 푸테(Pulau Batu Puteh)는 싱가포르 해안에서 약 25.5마일 떨어져 있었고, 이는 1927년 협약에 따라 싱가포르 정착지 영수 내에 포함되지 않았다. 만일 푸라우 바투 푸테(Pulau Batu Puteh)가 싱가포르 정착지 영토의 일부였다고 이해하였다면 이는 합의 조건에 쉽게 반영되었을 수 있었다. 1824년 크로퍼드(Crawfurd) 조약은 영토합의의 반영이고, 1927년 합의는 푸라우 바투 푸테(Pulau Batu Puteh) 및 그 인접수역이 싱가포르 영토의 일부가 아니었음을 계속적으로 나타낸 증거이다.703)

1946년 싱가포르 식민칙령에 의하면 '싱가포르 정착지'를 "1942년 2월 15일자 싱가포르 도서 및 부속도서, 크리스마스 도서, 코코스 또는 키링 도서와 모든 도서 및 장소"로 정의하였고, 이는 이들 정착지의 일부로 알려졌고 이에 인접한 영수로서 행정관할 되었다.704) 동 칙령은 싱가포르 도서 영수경계 내에 있는 수역을 1927년 합의와 동일하게 기술하였다.705)

커퓨(The Curfew) 칙령의 범위에는 명확하게 싱가포르의 육지영토와 영수를 포함하였으나, 푸라우 바투 푸테(Pulau Batu Puteh)와 그 주변수역은 동 칙령 범주 내에 해당되지 않았다. 즉 1927년 합의를 보면, 푸라우 바투 푸테(Pulau Batu Puteh)는 싱가포르 영토 일부가 아니었으며, 따라서 1958년에도 그대로 유지가 되었고 싱가포르의 상세한 지리적 기술 및 정의를 포함한 여러 영국 및 싱가포르 입법조치 상, 푸라우 바투 푸테(Pulau Batu Puteh)가 싱가포르 영토 범주 내에 있다는 증거는 아무것도 없다.706)

1946년 3월 27일 싱가포르 식민지가 설정된 날에 말레아 연합이 설립 되었는바, 동 칙령에 의하면, 조호르(Johor) 술탄의 영토에 푸라우 바투 푸

---

703) *Ibid.*, para. 192.

704) *Ibid.*, para. 193.

705) *Ibid.*, para. 194.

706) *Ibid.*, para. 197.

테(Pulau Batu Puteh)가 포함되며 이는 말레아 연합의 일부였다는 것이다.[707] 1948년 1월 21일 말레아 연방합의로 말레아 연합을 대체하게 되었는바, 이에는 조호르(Johor) 국가가 포함되었으며, 동 합의로(푸라우 바투 푸테를 포함) 조호르(Johor)가 말레아 연방의 일부가 되었다.[708] 1957년 8월 5일 말레아 연방합의 제2조에 조호르(Johor) 국가가 말레아 국가의 일부로 정의되었으며, 동 합의로(푸라우 바투 푸테를 포함) 조호르(Johor)가 말레아 연방의 일부로 남게 되었다.[709]

1963년 7월 9일 말레아 연방, 영국, 북 보르네오, 사라와크 및 싱가포르 간 말레이시아에 관한 합의, 즉 1963년 말레이시아 법률 제4장에 "연방국가에는 말레아 국가, 즉 조호르(Johor), 말라카… 포함 된다"[710]고 규정하였다. 싱가포르 국가는 1963년 9월 16일 말레이시아 연방의 일부가 되었으며 이후 독립공화국이 되는 1965년 8월 9일까지 연방에 그대로 남아 있었다. 따라서 이 사건은 싱가포르의 영토범위 또는 말레이시아 영토 내에서의 싱가포르의 재산권에 영향을 주지 않았다.[711]

여러 문서에서의 '싱가포르 식민지 일부로서 행정 관할된 도서'에 대한 언급이 싱가포르가 호스버그(Horsburgh) 등대를 관리한 것처럼 푸라우 바투 푸테(Pulau Batu Puteh)가 이에 포함된다고 보아야 한다는 주장이 있을 수 있다.

그러나 첫째, 싱가포르는 동 도서를 행정 관할하지 않았고 다만 등대만을 통제하였다. 둘째, 싱가포르가 동 도서를 행정 관할하였다고 하더라도, 이는 자국 영토의 일부로서 한 것이 아니라 단지 호스버그(Horsburgh)

---

707) *Ibid.*, para. 198.

708) *Ibid.*, para. 199.

709) *Ibid.*, para. 200.

710) *Ibid.*, para. 205.

711) *Ibid.*, para. 206.

등대의 관리 및 통제의 결과일 뿐이다. 셋째, 분쟁이 정형화되기 이전에
는 싱가포르는 호스버그(Horsburgh) 등대관리를 이유로 푸라우 바투 푸테
(Pulau Batu Puteh)가 자국의 일부가 된다는 견해를 취하였다는 어떠한 제
시도 하지 않았다.712) 1972년판 〈싱가포르 실상 및 묘사(facts and
pictures)〉란 공식출판물에서는 "싱가포르는 싱가포르 도서 및 영수 내 54
개 소도서로 구성 된다"라고 언급하였는바, 동 도서 목록에는 푸라우 바
투 푸테(Pulau Batu Puteh)가 명기되지 않았다.713)

　이후 출판된 판에서도 계속 싱가포르 도서 목록에 빠져 있다가 1992년
에 처음으로 언급되었다. 따라서 초기부터 목록에 없다가 1992년에야 비
로소 삽입한 것으로 볼 때 1992년 이전에 푸라우 바투 푸테(Pulau Batu
Puteh)가 싱가포르의 일부였다 라는 믿음이 없음을 입증한다.714)

◆ 말레이시아 권원을 확인시켜주는 양자행위

　푸라우 바투 푸테(Pulau Batu Puteh) 및 그 주변 수역은 1927년 합의에
의한 것이며 싱가포르의 일부가 아니었다. 만일 이 당시 동 도서 권원이
싱가포르에 귀속된다고 이해되었다면 이를 동 합의에 반영하는 것은 쉬
운 문제일 것이나 이에 관한 어떠한 징표도 없었다. 따라서 어느 당사국
도 푸라우 바투 푸테(Pulau Batu Puteh)가 싱가포르 영토의 일부라고 고려
하지 않았음을 알 수 있다.715)

　1953년 6월 12일 싱가포르 식민장관은 푸라우 바투 푸테(Pulau Batu
Puteh) 문제에 관하여 조호르(Johor) 술탄은 영국고문에게 다음과 같은 서
신을 보냈다.

---

712) *Ibid.*, para. 207.

713) *Ibid.*, para. 211.

714) *Ibid.*, para. 212.

715) *Ibid.*, para. 221.

나는 호스버그(Horsburgh) 등대가 있는 페드라 브랑카(Pedra Branca)로 알려진 싱가포르에서 약 40마일 떨어진 암석에 대한 정보요청 지시를 받았다. 이는 식민지 영수의 경계결정에 관련되어 있다. 이 암석은 1824년 조약상 술탄 후 세인과 다토 테멘공(Dato Tumunggong)이 동인도회사에 싱가포르를 양도한 한계 밖에 있는 것으로 보인다.··· 페드라 브랑카(Pedra Branca)의 지위를 분명히 하고 자 한다. 그러므로 이 암석이 조호르(Johor) 국가 정부에 의해 양도되었는지 아 니면 다른 방식으로 처리되었는지에 관하여 또는 동 암석의 임대나 승인을 나 타내는 어떤 문서가 있는지 알려주시면 감사하겠습니다.[716]

조호르(Johor) 외무장관 대리는 1953년 9월 21일 "조호르(Johor) 정부는 페드라 브랑카(Pedra Branca) 소유권을 주장하지 않는다"라고만 언급하는 답변을 하였다. 연이는 싱가포르의 내부 서신에서 조호르(Johor) 외무장관 대리의 서신을 근거로 "우리는 페드라 브랑카(Pedra Branca)를 싱가포르 영 토로 주장할 수 있다"라는 견해를 취하였다. 싱가포르 법무장관도 이 견 해와 일치하였다.[717] 이러한 교신은 여러 군데서 볼 수 있는데 첫째, 싱 가포르가 푸라우 바투 푸테(Pulau Batu Puteh)는 싱가포르 영토 일부였다는 견해를 가지고 있지 않았다는 것이 1953년 6월 12일 싱가포르 식민총독 의 편지에서 자명하게 나타난다.

둘째, 인접도서에 대한 싱가포르 주권의 범위가 1824년 영국과 네덜란 드 및 크로퍼드(Crawfurd) 조약과 1927년 합의에 의해 결정되었음을 싱가 포르 식민총독은 이해하였다. 셋째, 푸라우 피상(Pulau Pisang) 위치에 대 한 싱가포르 식민총독의 서신을 보면 등대관리가 등대가 건설된 영토의 주권적 지위결정이 아니며 이와 거리가 멀다는 것을 총독이 이해하였음 을 나타낸다. 넷째, 조호르(Johor) 외무장관 대리의 답장에 대한 싱가포르 내무장관의 서신은 싱가포르가 "페드라 브랑카(Pedra Branca)를 주장할 수

---

716) *Ibid.*, para. 235.

717) *Ibid.*, para. 236.

있다"라고 표현했다. 그러나 조호르(Johor) 외무장관 대리는 답신에서 페드라 브랑카(Pedra Branca)가 이미 싱가포르 영토의 일부임을 확인하는 언급을 하지는 않았다. 동 서신의 내용은 따라서 싱가포르가 페드라 브랑카(Pedra Branca)에 대한 주장을 사전에 하지 않았거나 자국이 이에 대한 주권이 있다는 어떤 감각을 갖고 있었음을 암시한다.718)

싱가포르 법무장관의 관측에도 불구하고, 싱가포르는 동 서신에 따라 푸라우 바투 푸테(Pulau Batu Puteh)에 대한 어떠한 조치도 취하지 않았는데, 이것은 동 도서가 싱가포르 영토에 없었다는 자신의 인식에 아무런 영향도 주지 않았다. 1972년 〈싱가포르 실상과 묘사〉에 나와 있는 도서를 보면, 싱가포르가 1980년 이전까지는 푸라우 바투 푸테(Pulau Batu Puteh)가 자국 영토의 일부였다는 어떤 확신을 표명하지 않았음을 입증한다.719) 1953년 9월 21일 외무장관 대리의 서신이 비록 분명한 것은 아니었으나, 여기서는 푸라우 바투 푸테(Pulau Batu Puteh)에 대한 주권이 아닌 이의 소유권을 언급하였다.720)

결론적으로, 당사국간 양자관계에 있어 싱가포르가 푸라우 바투 푸테(Pulau Batu Puteh)에 대한 영유권을 향유하였다는 것을 명백히 인정한 시기는 없었고, 싱가포르는 동 도서에 대한 권리와 의무의 범위에 대하여도 분명하지 않았으며, 1927년 합의에 푸라우 바투 푸테(Pulau Batu Puteh)는 싱가포르 영토한계 내에 해당되지 않았으며 싱가포르는 이와 반대되는 견해도 표명하지 않았다. 해협등대체계에 관한 주장을 보면, 등대가 건설된 영토에 대한 주권과 등대관리와는 무관함을 확인시켜준다. 싱가포르는 권원주장의 기초로 호스버그(Horsburgh) 등대관리 사실에 의존할 수 없었다. 가장 중요한 것은 1953년 서신을 통해 싱가포르가 동 도서에 대한

---

718) *Ibid.*, para. 237.

719) *Ibid.*, para. 242.

720) *Ibid.*, para. 243.

권원을 이 당시 향유하였다는 어떠한 인식도 없었음이 분명하다. 이후의
싱가포르 관행에서도 이와 다른 이해를 보여주는 것은 없다.[721]

◆ 말레이시아 권원을 확증해주는 싱가포르의 일방적 행위

1957년 등대세법 제6(4)항이 호스버그(Horsburgh)와 푸라우 피상(Pulau
Pisang) 등대를 명백히 언급하고 있는 것을 보아, 페드라 브랑카(Pedra
Branca)와 푸라우 피상(Pulau Pisang)은 싱가포르의 이들 등대관리 및 통제
에도 불구하고 싱가포르 영토밖에 있었다는 것이 법률 입안자들의 견해
였음이 분명하다.[722]

1957년 칙령개정이 1969년 싱가포르 등대조세법에서 확인되었는바, 동
법은 최초 싱가포르공화국 독립으로 채택되었으며 동법 중 '싱가포르 등
대조세위원회'는 그 의무를 다음과 같이 규정하였다.

> 싱가포르 도서 및 1959년 6월 2일 당시의 모든 도서와 지역을 포함한 싱가
> 포르공화국은 싱가포르 일부 및 이와 인접한 모든 영수를 행정관할 한다.[723]

이러한 싱가포르 등대조세법은 말라카 및 싱가포르 그리고 싱가포르
인접지역 및 싱가포르 수역에 있는 등대의 행정관할을 언급하는 특별법
이므로 영유권 관련 문제에 있어 상당히 중요한 법률이다.[724]

1973년 5월 25일 인도네시아와 싱가포르는 싱가포르해협 영해경계선
을 규정하는 협약을 체결하였는바(1974년 8월 29일 발효)[725], 싱가포르가 이

---

721) *Ibid.*, para. 244.

722) *Ibid.*, para. 250.

723) *Ibid.*, para. 251.

724) *Ibid.*, para. 255.

725) *Ibid.*, para. 264.

당시 푸라우 바투 푸테(Pulau Batu Puteh)에 대한 영유권을 가지고 있었다
면, 동 도서에서 남쪽으로 7.5마일 떨어진 인도네시아의 푸라우 빈탄
(Pulau Bintan)에 인접한 푸라우 바투 푸테(Pulau Batu Puteh) 도서주변 수역
에 대한 어떤 언급이 있었을 것이다. 동 협정은 푸라우 바투 푸테(Pulau
Batu Puteh)를 언급하지 않았으며 푸라우 바투 푸테(Pulau Batu Puteh)와 푸
라우 빈탄(Pulau Bintan) 간의 영해경계도 지지하지 않았고 따라서 이는
1973년에 싱가포르가 푸라우 바투 푸테(Pulau Batu Puteh)에 대한 영유권을
가졌음을 고려하지 않았다는 결론을 지지해준다.[726]

한편, 말레이시아와의 양자관계에 있어 싱가포르의 일방적 행위를 보
면 싱가포르가 1980년 전까지 푸라우 바투 푸테(Pulau Batu Puteh)에 대한
권원을 가지고 있지 않았음을 확인해 준다. 이러한 행위는 해협등대체계
의 일부를 이루는 등대관리 및 통제와 관련하여 그러하다. 1973년 인도
네시아·싱가포르 영해협정을 보면, 푸라우 바투 푸테(Pulau Batu Puteh)에
인접한 해양경계의 내용에서조차 싱가포르가 동 도서에 관한 자신의 권
리를 유보할 필요조차 고려하지 않았음을 보여준다.[727]

◆ 말레이시아의 행위

푸라우 바투 푸테(Pulau Batu Puteh) 주변을 포함한 말레이시아 영수를 표
기한 해군해도를 보면, 동 해도 제2403호는 "호스버그(Horsburgh) 등대 남
쪽 구분선은 1958년 제네바협약에 따라 말레이시아 영수 외측한계를 나타
낸다. 즉 사우스 레지(South Ledge)와 탄정 사딩(Tanjong Sading) 북쪽에 가까
운 일부 암석간의 중간선으로 남쪽 끝까지 연결되는 선"이라고 한다.[728]
즉 상기 해도는 푸라우 바투 푸테(Pulau Batu Puteh), 사우스 레지(South

---

726) *Ibid.*, para. 266.

727) *Ibid.*, para. 267.

728) *Ibid.*, para. 271.

Ledge)와 미들 락스(Middle Rocks)가 말레이시아 영수에 분명히 해당됨을 보여준다.[729] 이 기간 중 싱가포르가 동 도서에 대한 영유권 주장을 표명하지 않았다는 것을 보면, 말레이시아 국내행위는 계속적·의도적인 점유를 나타낸다.[730]

다음으로 1968년 말레이시아 정부와 말레이시아 대륙정유회사 간에 석유협정이 체결되었는바, 즉 1968년 4월 16일 말레이시아는 서 말레이시아 동쪽해안에 인접한 거의 24,000평방 마일의 대륙붕을 포함한 인근수역에 대하여 말레이시아 대륙정유회사와 석유협정을 체결하였다.

해양쪽으로 양여수역은 푸라우 바투 푸테(Pulau Batu Puteh) 이원까지 확장되었는데, 이에는 푸라우 바투 푸테(Pulau Batu Puteh) 및 조호르(Johor), 파항(Pahang) 및 트렝가누(Trengganu)의 기타 도서까지 포함한다. 그러나 이 모든 도서의 영토 및 영수가 양여수역에서 명백히 배제되었다. 동 협정은 말레이시아가 동 협정이 적용되는 모든 수역에 대한 주권적 권한을 갖고 있음을 분명히 이해하는 증거임을 나타낸다.[731]

한편 푸라우 바투 푸테(Pulau Batu Puteh) 주변수역에서의 말레이시아 영해경계획정에서, 1969년까지 말레이시아는 3마일 영수를 주장하였다. 그러나 1969년 에너지법령에 따라 말레이시아는 영수를 12마일로 확정하였으나, 해양경계획정에 따라 말라카해협, 수루해 및 세레비스해에서의 새로운 영수한계 적용은 유보하였다.

동 법률은 말레이시아 영수를 푸라우 바투 푸테(Pulau Batu Puteh) 이원까지 확장하였고 이 당시 푸라우 바투 푸테(Pulau Batu Puteh) 및 그 주변수역이 말레이시아 영토 이외의 것이라는데 대한 의식은 없었다. 동 법률은 다음의 두 가지 의미를 시사한다. 첫째, 당사국간 푸라우 바투 푸테

---

729) *Ibid.*, para. 272.

730) *Ibid.*, para. 273.

731) *Ibid.*, para. 274.

(Pulau Batu Puteh)에 관한 권원분쟁이 없었던 시기에는 이 지역에 관한 입법권을 제한하는 방해요소가 없었음을 말레이시아가 확신하였음을 나타낸다. 둘째, 말레이시아가 어떤 형태에서 싱가포르 영토 이해관계를 건드렸다는 싱가포르의 인식이 부재하였음을 입증해 준다.[732]

요약하면, 말레이시아의 과거사례에 보듯이, 말레이시아는 푸라우 바투 푸테(Pulau Batu Puteh) 및 주변수역에 관한 자국입장을 지속적으로 보여주었으며, 동 행위와 이에 대한 싱가포르의 무반응은 호스버그(Horsburgh) 등대의 싱가포르 관리가 고려되지 않았음을 확인해 주는바, 이는 등대가 있는 도서에 대한 영유권 문제와도 동일하다.[733]

◆ 결 론

① 1884년 푸라우 바투 푸테(Pulau Batu Puteh)에의 등대건설을 조호르(Johor)가 허락할 때까지는 싱가포르나 그 이전 국가도 동 도서에 대한 영유권 주장을 하지 않았다.

② 등대관리에 있어 싱가포르의 행위는 등대관리 및 통제허락 범위 내에서 지속적으로 이루어졌다.

③ 말레이시아와의 양자 거래참여를 포함한 싱가포르의 행위는 푸라우 바투 푸테(Pulau Batu Puteh)가 말레이시아 이외의 다른 국가에게 속한다는 확신을 명백히 하지 않았다.

④ 이러한 행위는 1946~1965년 싱가포르 헌법발전기간을 포함 20세기 전체에 걸쳐 이루어졌으며 이 기간 이외에 싱가포르 당국이 자국 영토범위에 대해 진전된 의식을 상당히 보여주었다.[734]

상기 모든 것을 통해 당사국이 푸라우 바투 푸테(Pulau Batu Puteh)를 말

---

732) *Ibid.*, para. 279.

733) *Ibid.*, para. 282.

734) *Ibid.*, para. 283.

레이시아 영토로 취급하였거나, 그렇지 않더라도 싱가포르의 영유권에
속하지는 않는 것으로 취급하였다는 말레이시아 주장을 지지한다는 것이
다. 주요 내용을 연도별로 정리하면 다음과 같다.

- ·1854 : 1854년 인도법률 제8호로 영국은 해협등대체계 창설
- ·1912 : 동 해협체계기금에 관한 해협정착식민지국과 말레아 연방국간
    합의에 따라 해협등대체계관리에 관한 합의를
    등대해협칙령으로 개정.
- ·1927 : 싱가포르 영토범위의 상세한 석명방식으로 싱가포르와
    조호르(Johor) 간 경계의 정의
- ·1948 : 1948년 커퓨(Curfew : 조호르 해협, 싱가포르) 칙령으로
    조호르(Johor) 해협이 싱가포르 도서 영수경계 내에 속한다고
    정의
- ·1952 : 싱가포르 국내교신에서, 싱가포르 영토범위는 1824년
    영국·네덜란드 및 크로퍼드(Crawfurd) 조약과 1927년
    합의(조호르 영수합의)로 정의
- ·1953 : 싱가포르 식민장관과 조호르 외교장관대리와의 교신
- ·1953~56 : 싱가포르 지방위원회가 발간한 모든 도서목록 즉
    싱가포르 식민지 영수내에 속하는 유무인 관계없이 모든
    소도서 목록이 이를 지지
- ·1950/1969 : 싱가포르 등대조세법 개정
- ·1964 : 호스버그(Horsburgh) 및 기타 등대에 관한 말레아 해양국장과
    싱가포르 해양국 장관의 교신
- ·1966 : 호스버그(Horsburgh) 등대에 관한 파비트(Pavitt)의 논문 발간
- ·1968 : 싱가포르의 항의 없이 푸라우 바투 푸테(Pulau Batu Puteh)
    인근수역까지 미치는 말레이시아 대륙석유회사의 양여계약
    승인

·1969 : 싱가포르의 항의 없이 푸라우 바투 푸테(Pulau Batu Puteh) 인근
   대륙붕 경계획정에 관한 인도네시아·말레이시아 간 협정
   체결
·1972~1980 : 싱가포르 도서의 상세목록이 담긴 싱가포르 실상 및
   묘사 출판
·1973 : 인도네시아·싱가포르 영해협정 서명[735]

싱가포르 행위가 푸라우 바투 푸테(Pulau Batu Puteh)에 관한 말레이시아 권원에 대한 믿음을 반영함에 있어서 일치하는 것과 마찬가지로, 말레이시아의 행위도 자국 영토주권 하에 있다는 견해와 일치한다. 싱가포르와 말레이시아 행위를 보면, 푸라우 바투 푸테(Pulau Batu Puteh)의 원시적 권원이 말레이시아에 있음은 의심의 여지가 없다는 것이다.[736]

5) 미들 락스(Middle Rocks) 및 사우스 레지(South Ledge)에 관한 입장

◆ 푸라우 바투 푸테(Pulau Batu Puteh)와 이들 양자와의 관계

미들 락스(Middle Rocks)와 사우스 레지(South Ledge)는 푸라우 바투 푸테(Pulau Batu Puteh)에서 각각 0.6마일과 2.2마일, 그리고 말레이시아 본토에서 8마일과 7.9마일 떨어져 있으며, 싱가포르의 가장 가까운 해안이 미들 락스(Middle Rocks)에서 25.6마일 그리고 사우스 레지(South Ledge)에서 2.5마일에 있다.[737]

미들 락스(Middle Rocks)는 0.6~1.2미터 높이의 암석으로 구성되어 있다. 사우스 레지(South Ledge)는 3개의 간출암으로 되어 있는바, 최북단 것

---

735) *Ibid.*, para. 284.

736) *Ibid.*, para. 285.

737) *Ibid.*, para. 288.

이 저조시 2.1미터 높이이며 기타는 그렇지 아니하며 이들 모두는 말레이시아 영수 내에 위치해 있다.738)

이들 3개 개체가 페드라 브랑카 락스(Pedra Branca Rocks) 또는 호스버그(Horsburgh Rock) 그룹의 일부로 언급된 증거가 없으며 미들 락스(Middle Rocks)도 사우스 레지(South Ledge)도 푸라우 바투 푸테(Pulau Batu Puteh) 부속도서로 고려되지는 않았다.739) 이들 3개 개체는 그룹이나 도서 또는 그 부속도서로 공식적으로 명명되거나 집단적 권원이 주어진 기록은 없으나, 이들은 북쪽 또는 남쪽으로의 안전항해를 위하여 피해야하는 위험요소로 식별되고 그렇게 알려져 왔다. 1870년에 사우스 레지(South Ledge)와 미들 락스(Middle Rocks) 간 폭이 1.5마일이며 깊이가 15~20 파담이라고 항해자에게 권고하였다.740)

◆ 두 개체에 대한 말레이시아 권원의 근거

미들 락스(Middle Rocks)와 사우스 레지(South Ledge)는 조호르(Johor)/말레이시아 관할권에 속하는 것으로 고려되어 왔는바, 이들은 1824년 영국·네덜란드 조약 당시 조호르(Johor) 주권 하에 있었고 동 조약으로부터 야기된 영국의 영향력 범위 내에 있었다. 그러나 이들에 대한 별도의 주목을 하지 않았는데, 이는 이들이 조호르(Johor) 내에 있는 다양한 도서에 속하는 것으로 여기고 있었기 때문이었다.741) 말레이시아는 또한 이들에 대해 다음과 같이 일관되게 주권행사를 하였으며, 싱가포르는 말레이시아의 이러한 명백한 주권행사에 항의하지 않았다.742)

---

738) *Ibid.*, para. 289.

739) *Ibid.*, para. 291.

740) *Ibid.*, para. 293.

741) *Ibid.*, para. 294.

742) *Ibid.*, para. 295.

① 1968년 7월 16일 선언서에서 해군장관은 말레이시아 영수를 나타내
는 해도를 첨부하였는데, 여기에 사우스 레지(South Ledge)는 말레이
시아 영수의 외측한계를 결정하는 기점으로 취급되었다.

② 1968년 4월 16일 말레이시아 정부와 말레이시아 대륙석유회사 간
석유협정과 같은 석유양여 승인 시, 사우스 레지(South Ledge)와 미
들 락스(Middle Rocks) 지역까지 적용범위가 확대되었다.

③ 1958년 어업법에 따라 이들은 말레이시아 어업수역 내에 포함되었다.

◆ 싱가포르의 말레이시아 영유권 인정(싱가포르의 미항의)

싱가포르는 말레이시아의 주권명시에 대해 항의하지도 않았고 푸라우
바투 푸테(Pulau Batu Puteh)가 싱가포르 영토라는 주장이 제기된 이후조차
미들 락스(Middle Rocks)와 사우스 레지(South Ledge) 소유에 대한 어떠한
주장도 하지 않았다. 1980년 2월 14일 싱가포르가 최초로 푸라우 바투
푸테(Pulau Batu Puteh) 영유권을 주장하였을 때도 사우스 레지(South Ledge)
와 미들 락스(Middle Rocks)에 대한 언급이 없었다. 이때 이들 양자는
1979년 12월 21일 말레이시아 발간 지도에 말레이시아 영수 내에 있었
다. 또한 말레이시아가 1984년 동일지도를 재출판하였을 때도 마찬가지
였다. 싱가포르는 1989년 항의를 하였으나 이 항의는 푸라우 바투 푸테
(Pulau Batu Puteh)에만 국한되었다. 743)

◆ 요 약

기록을 보면 미들 락스(Middle Rocks)와 사우스 레지(South Ledge)는 당시
오늘날의 말레이시아인 조호르(Johor) 일부로 여겨졌으며, 말레이시아 행
위는 미들 락스(Middle Rocks)와 사우스 레지(South Ledge) 영유권에도 집중

---

743) *Ibid.*, para. 296.

되었다. 그러나 이와는 대조적으로 이들에 대한 최근 싱가포르의 주장은 푸라우 바투 푸테(Pulau Batu Puteh) 영유권 주장이 주목적이었다. 말레이시아 주권행위에 대한 항의부재는 이들 양자 및 1993년 싱가포르가 행한 새로운 주장에 대한 말레이시아 주권을 싱가포르가 묵인하였음을 나타낸다.[744]

본 사건에서 법적 효력을 갖는 지도는 없었으나, 17세기부터 지도상에 이들 개체를 실질적으로 묘사한 기록이[745] 1620년 수마트라의 네덜란드 지도에서 나타난다.[746] 1727년의 영국지도는 조호르(Johor) 해안, 루마니아 그룹도서와 푸라우 바투 푸테(Pulau Batu Puteh) 간을 현대적인 시각에서 가깝게 연결하고 있다.[747]

다음 지도로는 푸라우 바투 푸테(Pulau Batu Puteh)와 로마니아 지점(Point Romania)을 근접하게 연결한 것으로 1755년 프랑스 지도제작자가 그린 것이다.[748] 1813년 영국 동인도회사 호스버그(Horsburgh) 지도에는 페드라 브랑카(Pedra Branca)가 식별가능하며 1826년 추가판에서 페드라 브랑카(Pedra Branca) 및 사우스 락(South Rock)이 식별가능하다.[749]

1824년 영국·네덜란드 조약은 조호르(Johor)의 술탄 영향력 지역을 둘로 나누었는바, 이는 싱가포르해협 북쪽과 남쪽으로, 푸라우 바투 푸테(Pulau Batu Puteh)를 포함한 싱가포르 입구나 그 안쪽에 있는 도서들은 영국의 범주 내에 있는 것으로 항상 여겨졌다.[750] 1850년 지도는 호스버그

---

744) *Ibid.*, para. 300.

745) *Ibid.*, para. 304.

746) *Ibid.*, para. 306.

747) *Ibid.*, para. 307.

748) *Ibid.*, para. 308.

749) *Ibid.*, para. 309.

750) *Ibid.*, para. 310.

(Horsburgh) 등대건설과 동시대의 것으로 이 지역의 정치적 구분을 나타낸다.[751] 1824년 술탄과 조호르(Johor)의 테멘공(Temenggong) 간 합의에 따라 싱가포르 도서 및 그 부속도서를 정한 지도에는 상기와 다른 특징이 있다. 1849년 지도는 싱가포르 도서가 싱가포르에서 10마일 내에 있음을 보여주나, 푸라우 바투 푸테(Pulau Batu Puteh)에 추가된 도서가 싱가포르의 원래 영토였음을 나타내는 것은 없다.[752]

6) 말레이시아 주장 요약

말레이시아의 3개 개체, 즉 푸라우 바투 푸테(Pulau Batu Puteh), 미들 락스(Middle Rocks) 및 사우스 레지(South Ledge) 대한 영유권주장은 다음과 같이 요약할 수 있다.

① 이들 3개 도서와 싱가포르해협 내 및 그 주변의 기타 도서는 1824년 조호르(Johor) 술탄의 일부였다. 이는 동 해협 남쪽도서와 영토에만 관련된 1824년 영국·네덜란드 조약으로 영향을 받지 않는다.

② 술탄의 주권과 이의 인근도서로의 확장은 영국이 반복하여 승인하였다.

③ 이러한 상황은 1824년 크로퍼드(Crawfurd) 조약에서 확인되었는바, 동 조약으로 싱가포르도서 및 모든 도서 그리고 싱가포르에서 10마일 내에 있는 암석을 영국에 양도하였으나, 그 이외는 조호르(Johor) 영토에 영향을 미치지 않았다.

④ 푸라우 바투 푸테(Pulau Batu Puteh)는 무주지가 아니었으나 어로 및 기타 목적으로 조호르(Johor) 신하였던 말레아 사람들이 사용하였다. 조호르(Johor)는 1824년 이전 및 이후 동 도서에 대한 주권을

---

751) *Ibid.*, para. 311.

752) *Ibid.*, para. 312.

행사하였고 그예는 해적통제 내용에서 볼 수 있다.

⑤ 영국 동인도회사는 호스버그(Horsburgh) 등대건설을 위해 조호르 (Johor)의 술탄과 테멘공(Temenggong)의 허가를 받으려했고 그리고 허가를 받았다. 본 허가는 등대에 좋은 장소였던 푸라우 바투 푸테 (Pulau Batu Puteh)까지 확장되었다. 이는 해협정착지 영유권에 있어 영토양도를 포함하지는 않았다.

⑥ 등대건설 및 운영에 동의를 구했던 영국은 푸라우 바투 푸테(Pulau Batu Puteh)에 대한 주권을 행사한 적이 없다. 등대의 소유, 관리 및 운영은 영토주권의 동의를 받았을 때와 같은 주권행사를 포함하지 않는다.

⑦ 영국도 싱가포르도 현 분쟁(1980년 푸라우 바투 푸테(Pulau Batu Puteh) 사건, 1993년 기타 두 가지 사건)에 관련하여 결정적 기일 이전 어느 때도 이들 3개 내용에 대한 영유권을 주장한 적이 없다. 반면 싱가포르 유력관리의 성명과 마찬가지로 싱가포르의 법률과 그 관행 그리고 출판물 및 지도에서 세 가지 내용이 싱가포르 영토가 아니었으며 싱가포르 영토 일부로 행정 관할되지도 않았음을 확인시켜 주었다.

⑧ 이와는 대조로, 조호르(Johor)와 그 계승자인 말레이시아는 이들에 대한 주권을 포기하지 않았고 오히려 이 지역의 광범위한 도서에 대한 통제를 행사하였다. 호스버그(Horsburgh) 등대운영의 지속적 허가와 마찬가지로 푸라우 바투 푸테(Pulau Batu Puteh)의 소규모 상부노출부분과 기타 개체로서의 특성이 있기 때문에, 이러한 주권은 말레이시아 해양수역의 결정 및 사용 분야에서 특히 경계획정에 관한 양자조약결정 및 석유양여승인과 같은 분야에 본질적으로 명시되었다. 이는 출판된 지도에 의해서 지지된다. 말레이시아는 결코 포기한 적이 없다.[753]

(2) 싱가포르의 주장

1) 역사적 배경

19세기 초 싱가포르 도서와 조호르(Johor) 강 주변 말레이반도는 테멘공(Temenggong)이란 직위를 가진 원주민의 족장인 압둘 라만(Abdul Rahman)의 통제하에 있었다. 테멘공(Temenggong)은 조호르(Johor)-리아우(Riau)-링구(Linggu) 영지 술탄의 가신이었으며, 1819년 영국은 동인도회사를 설립하였다.[754] 1824년 8월 2일 동인도회사는 술탄 후세인과의 양여조약을 체결하였고, 테멘공(Temenggong)은 동인도회사로부터 일정액을 받고 다음을 양도하였다.

> 동인도회사, 이들의 상속인 및 승계자에게 모든 주권과 재산, 싱가포르 본토 해안에서 10마일 정도까지의 인접수역, 해협 및 도서포함 말라카해협에 위치한 싱가포르의 도서.[755]

1826년 싱가포르와 기타 두개의 영국정착지가 소위 '해협정착지'로 불리는 단일행정체로 통합되었고, 싱가포르 영국식민당국은 1847년 페드라 브랑카(Pedra Branca)를 합법적으로 소유하고 동 도서에 대한 주권을 획득하였다.[756] 해협정착지는 1942년과 1945년 일본침투 및 점령 시까지 왕립식민지였고[757] 1940년 영국 군사정부의 종료로 해협식민지가 해체되었다. 싱가포르는 1946년 4월 1일 개별식민지가 되었다(1946년 3월 27일 싱

---

753) *Ibid.*, para. 328.

754) *Ibid.*, paras. 3.2-3.3.

755) *Ibid.*, para. 3.5.

756) *Ibid.*, para. 3.6.

757) *Ibid.*, para. 3.8.

가포르 평의회 식민명령).758)

1959년 싱가포르 식민지는 영국이 자치정부로 승인하고 싱가포르국가로 명명하였다. 싱가포르 국가는 1958년 싱가포르 법률에 따라 1959년 6월 3일 공식적으로 설립되었고759) 1903년 7월 9일 영국은 말레이시아를 독립국으로 인정하였다. 말레이시아 법률 제4(3)는 말레이시아에 포함되는 국가로 조호르(Johor) 국 및 싱가포르국가라고 정의하였다.760)

1965년 8월 7일 말레이시아와 싱가포르 정부는 싱가포르로부터 말레이시아를 분리시키는 합의를 체결하였고 1965년 8월 9일 싱가포르는 주권국가로 독립하였다. 1965년 12월 22일 싱가포르 의회는 1965년 법률의 해석에서 '싱가포르'를 다음과 같이 정의하였다.

> '싱가포르'는 싱가포르공화국을 의미하며 이에는 싱가포르 도서 및 모든 도서와 1959년 6월 2일 싱가포르의 일부로서 행정관할 되었던 지역과 이에 인접한 모든 영수를 포함한다.761)

2) 1847~1851년 페드라 브랑카(Pedra Branca)의 권한 취득

페드라 브랑카(Pedra Branca) 등대건설 결정은 인도의 영국 식민정부가 하였고 건설계획 및 비용을 실제로 지불하였으며 1851년 9월 27일 인도 정부관리가 공사완료 점검을 하였다. 인도정부는 적절한 등대건설 도서를 선택하였다.762)

---

758) *Ibid.*, para. 3.9.

759) *Ibid.*, para. 3.10.

760) *Ibid.*, para. 3.12.

761) *Ibid.*, para. 3.14.

762) *Ibid.*, para. 5.2-5.3.

싱가포르의 주장은 1824년 양여조약에 근거하지는 않았는바, 동 조약
은 싱가포르 본토 및 그 주변만을 다루었고 이는 페드라 브랑카(Pedra
Branca) 주변지역까지 확장하지 않았다. 대신, 싱가포르의 경우 1847~
1851년까지 영국왕실이 페드라 브랑카(Pedra Branca)를 합법적으로 소유하
였으며 이후 계속하여 영국식민지는 페드라 브랑카(Pedra Branca)에 관한
국가권한을 행사하였다. 이러한 실효적 및 평화적 국가권한행사는 식민
지의 합법적 소유로 1847~1851년 기간 중 취득한 권원을 확인시켜주었
고 관리하게 하였다.763)

인도정부는 등대유지 및 건설기금을 위한 세금부과문제에 대하여 동인
도회사 감독청의 승인을 받았고 페드라 브랑카(Pedra Branca) 등대기금, 건
설 및 위치결정은 영국왕실 및 인도정부가 하였다.764) 등대이름 결정 및
건설작업도 동인도회사 감독청 및 인도정부가 하였다.765). 1850년 4월 22
일(등대건설 시작)부터 1851년 4월 9일(최종작동)까지 페드라 브랑카(Pedra
Branca)를 정부관리가 19번 방문하였고766) 등대건설 준비과정에서 4척의
정부선박이 지속적인 군수지원을 하였다.767) 또한 정부는 작업 시에 항
상 2척(Charlotte, Nancy)의 군함을 배치시켰다.768)

인도정부의 등대장비 및 도구를 독점적으로 지원하였고, 건설계약도
인도정부총독 버터워스(Butterworth)와 벵갈(Bengal) 정부차관 간에 체결되
었다(1844. 11. 20).769) 정부조사관인 톰슨(Thomson)은 페드라 브랑카(Pedra

---

763) *Ibid.*, para. 5.5.

764) *Ibid.*, para. 5.26.

765) *Ibid.*, para. 5.29.

766) *Ibid.*, para. 5.66.

767) *Ibid.*, para. 5.69.

768) *Ibid.*, para. 5.71.

769) *Ibid.*, para. 5.74.

Branca) 운영책임을 맡고 있었고 부근 질서유지에 관한 일반적 권한을 갖고 있었다.[770] 건설완료 후, 1851년 7월 8일 싱가포르 주의원인 토마스 처치(Thomas Church)가 정부선박으로 페드라 브랑카(Pedra Branca)를 방문하였으며, 1851년 9월 27일 해협정착지 총독이 공식적으로 방문하였다.[771]

페드라 브랑카(Pedra Branca)를 영국이 소유하였다는 것은 1847~1851년 독점적 소유를 나타내는 여러 행위를 통하여 확인된다.[772] 즉 1851년 9월 24일 호스버그(Horsburgh) 등대 항행통보가 있었는바, 동 문서는 등대가 위치한 도서가 영국영토이고 싱가포르의 일부가 된다는 자료에 근거한 것이었다. 이는 싱가포르 주둔 최고위급 영국 관리인 버터워스(Butterworth) 대령이 발행한 것이었다.[773]

다음, 합법적 소유의 충분한 형태로서의 영국왕실 의지가 발현되었는바, 등대장소로 페드라 브랑카(Pedra Branca)를 선정하고 그 건설준비, 지속적인 관료방문, 주춧돌 설치행사 및 등대 점등식 등은 영국왕실이 페드라 브랑카(Pedra Branca)를 합병시키려는 분명한 증거가 된다. 등대건설 및 유지 목적으로 페드라 브랑카(Pedra Branca)를 합법적으로 소유한 것은 1847년에 시작되었다.

이후 버터워스(Butterworth) 총독이 1847년 도서를 방문하고 블록건설이 페드라 브랑카(Pedra Branca)에 대한 실질적인 최초의 행위가 된다고 벵갈(Bengal) 정부에게 1847년 10월 1일 서면으로 보고하였다. 등대완성 및 1851년 9월 27일 해협정착지 총독방문 내용이 1851년 9월 23일 스트라잇 타임즈(Straits Times) 및 1851년 9월 30일 싱가포르 저널(Singapore

---

770) *Ibid.*, para. 5.79.

771) *Ibid.*, para. 5.83.

772) *Ibid.*, para. 5.85.

773) *Ibid.*, para. 5.88.

Journal of Commerce)에 보도되었다.774)

다음, 타국의 반대 없이 소유를 했다는 것으로 영국의 페드라 브랑카(Pedra Branca) 소유에 대한 반대기록은 전혀 없었으며 이 지역 어느 국가도 항의를 하거나 권리를 유보하지 않았다. 이러한 반대부재는 특히 싱가포르 신문에 나타난 영국 활동의 공공성 및 등대건설을 언급한 측면에서 현저히 나타난다.775)

다음, 등대에 관한 내용으로 싱가포르가 제시한 권원의 근거가 국가행위의 증거로 등대역할을 전제로 하지 않았는지 여부를 분명히 하는 것이 법원에게는 도움이 될 수 있다. 본 사건에 있어, 등대 및 그 부속시설 건설목적으로 페드라 브랑카(Pedra Branca)를 합법적으로 소유하며 항구적으로 시설을 유지하는 것이 독자적이며 자체적으로 충분한 권원이 된다. 이는 합법적 소유 및 1847~1851년까지의 이익향유로 등대건설이 영국왕실의 의도였으며 항구적으로 이를 전유(專有)하고자 하였다는 점을 확인시켜준다.776)

페드라 브랑카(Pedra Branca) 권원은 1847~1851년 기간에 영토취득의 법원칙에 따라 영국이 취득하였는바, 싱가포르의 페드라 브랑카(Pedra Branca) 권원의 근거는 다음과 같다.

① 영국왕실의 허가로 등대건설장소를 페드라 브랑카(Pedra Branca)로 선정한 것은 영유권원인 고전적 소유가 된다.
② 동 권원은 1849~1851 영토취득을 지배하는 법원칙에 따라 영국왕실이 취득하였다.
③ 1847~1851년에 취득한 권원은 영국왕실 및 그 계승국인 싱가포르공

---

774) *Ibid.*, paras. 5.91-5.98.

775) *Ibid.*, para. 5.99.

776) *Ibid.*, para. 5.101.

화국에 의해 유지되어 왔다.[777]

특히 19세기 후반 법원칙을 보면, 1847~1851년에 영국왕실이 독점적으로 사용하기 위해 페드라 브랑카(Pedra Branca)를 전유했다는 것이 점유의 권원 즉 소유권 취득에 의한 권원이 된다는 것은 의심의 여지가 없다.[778] 싱가포르는 다음과 같은 사실 및 법적 고려를 기초로 결론을 제시하였다.

① 페드라 브랑카(Pedra Branca)에 관한 영유권 주장근거는 1847년 7월 9일~21일까지 톰슨(Thomson)이 페드라 브랑카(Pedra Branca)에 최초 상륙하였고 1851년 9월 27일 등대의 공식적 점등으로 종료되는 1847~1851년 기간 중 일련의 공식적인 행위에 의해 페드라 브랑카(Pedra Branca)를 합법적으로 소유한다.
② 페드라 브랑카(Pedra Branca) 등대건설 결정은 영국왕실의 공식기관으로서 동인도회사의 감독청(The Court of Directors)이 행하였다.
③ 계획·장소 선정 및 건설 전 과정은 영국왕실 및 그 대표자의 배타적 통제 및 승인에 의하였다.
④ 1847~1851년 중 행위형태 및 공식적인 방문은 호스버그(Horsburgh) 등대건설 및 장치건설과 이들의 항구적인 관리를 목적으로 페드라 브랑카(Pedra Branca)에 관한 영유권 주장을 하려는 영국 왕실의 명백한 의지표명이다.
⑤ 소유행위는 평화적 및 공개적이며 타국으로부터 반대가 없었다.
⑥ 페드라 브랑카(Pedra Branca) 권원은 1847~1851년 기간 중 영토취득을 지배하는 법원칙에 따라 영국 왕실이 취득하였다.[779]

---

777) *Ibid.*, para. 5.103.
778) *Ibid.*, para. 5.109.
779) *Ibid.*, para. 5.112.

3) 1851년 이후 페드라 브랑카(Pedra Branca)에 대한 국가권한의 계속적, 평화적 및 실효적 행사

◆ 국가권한의 계속적 행사 내용

주권행사에 있어 싱가포르 및 그 이전 국가들은 페드라 브랑카(Pedra Branca)에 관한 일련의 법률을 제정하여 시행하였는바, 동 조치에는 호스버그(Horsburgh) 등대설치 및 유지비용 징수, 여러 정부기관 관할권 하의 등대 통제부여 및 도서 거주민, 방문객 및 인부들 활동규제에 관한 법률행위가 포함된다. 이러한 모든 조치는 공개적으로 알려졌으며 정부의 공식문서로 발행되었다. 이들 중 어느 것도 말레이시아로부터 항의를 받은 것은 없었다.780) 즉 싱가포르 및 그 이전 국가들은 페드라 브랑카(Pedra Branca)의 합법적 소유가 유효화 된 이래 페드라 브랑카(Pedra Branca) 주변 영수에 관한 다양한 활동들을 통제하고 행정관할하였다.781)

영국왕실 및 그 이후 싱가포르가 페드라 브랑카(Pedra Branca) 등대 및 기타 시설유지, 개선 및 직원을 관리하였는바, 1851년 이후 페드라 브랑카(Pedra Branca) 행정통제 및 호스버그(Horsburgh) 등대 유지는 영국정부가 그리고 그 이후는 싱가포르가 하였다.782) 싱가포르 및 그 이전 국가들은 1851년 등대완성 이래 페드라 브랑카(Pedra Branca) 등대관리에 대한 배타적 책임을 계속지고 있었다고 여겨왔다.783)

페드라 브랑카(Pedra Branca) 체류인에 대하여 싱가포르가 규제권 및 관할권을 행사하였는바, 싱가포르 정부 및 그 이전 계승국들은 페드라 브랑카(Pedra Branca)에 대한 주권행사 및 평화와 질서유지를 위한 법률을 제

---

780) *Ibid.*, para. 6.10.

781) *Ibid.*, para. 6.26.

782) *Ibid.*, para. 6.27.

783) *Ibid.*, para. 6.33.

정하였고 이곳에 체류하는 사람들에 대한 활동을 규제하였는데, 이에는 형사관할권까지 포함되었다.[784]

등대 이외의 전체적인 도서와 관련하여서도 페드라 브랑카(Pedra Branca)에 대한 영국과 싱가포르의 국가행위가 있었는바, 싱가포르 당국의 기상자료수집소로서 페드라 브랑카(Pedra Branca)를 이용하였고, 영국 해양기 및 독립 이후 페드라 브랑카(Pedra Branca)에 싱가포르기를 게양하였으며,[785] 페드라 브랑카(Pedra Branca) 방문 및 기타 공적목적의 동 도서 사용에 대하여 싱가포르가 배타적 통제를 하였다.[786] 또한 페드라 브랑카(Pedra Branca) 영수에서 활동하는 외국에게 허가를 부여하였고[787] 페드라 브랑카(Pedra Branca) 주변수역에서의 싱가포르 해군의 초계 및 훈련 및 페드라 브랑카(Pedra Branca) 군사통신장비 설치를 하였다.[788] 싱가포르는 페드라 브랑카(Pedra Branca) 영수에서의 항해위험물 및 난파물을 조사하였고, 페드라 브랑카(Pedra Branca) 밖 사망사고에 대하여 싱가포르 검시법원이 조사하였다.[789]

◆ 페드라 브랑카(Pedra Branca)에 대한 장기간 및 평화적 소유의 법적 결과

싱가포르는 페드라 브랑카(Pedra Branca)에 대해 '더 유리한 권원'을 갖고 있다고 주장하지 않고 오히려 자국의 권원은 1847~1851년 영국이 이 도서를 소유하기 이전의 결과로 이미 확립되었다고 한다.[790]

---

784) *Ibid.*, para. 6.35.

785) *Ibid.*, paras. 6.47-6.52.

786) *Ibid.*, paras. 6.54-6.64.

787) *Ibid.*, para. 6.65.

788) *Ibid.*, para. 6.72.

789) *Ibid.*, paras. 6.76-6.77.

790) *Ibid.*, para. 6.94.

그 증거로서, 페드라 브랑카(Pedra Branca) 등대건설 및 지속적 관리로 동 도서에 대한 싱가포르 주권을 확인하였으며 페드라 브랑카(Pedra Branca)에 대한 국가권한행사로 싱가포르 및 그 이전 국가들의 주권행사 의도를 지속적으로 현시하였다. 즉 페드라 브랑카(Pedra Branca)에 대한 입법권한의 행사, 페드라 브랑카(Pedra Branca) 및 그 영수 내에서 여러 주권적 행위(등대유지, 확장 및 수리, 페드라 브랑카에 건선거 설치, 싱가포르 정부 관리의 공식적 방문, 외국인 방문규제, 해군함정초계 및 주변수역 군사훈련, 군용통신장비설치, 기상자료수집, 사망사고 사건조사 및 페드라 브랑카 수역 간척사업 연구 등)를 하였다.[791]

◆ 말레이시아의 주권적 행위

1849~1851년 영국이 페드라 브랑카(Pedra Branca)를 획득한 이후 말레이시아가 페드라 브랑카(Pedra Branca)에 대한 국가권한을 행사한 단 하나의 사례도 제시할 수 없음을 싱가포르는 믿고 있었다.[792] 말레이시아나 그 이전 국가들도 최근까지 말레이시아 및 영국이 행한 국가권한의 항구적이며 명백한 발현에 대해 항의한 적이 없었다. 최초 항의는 말레이시아의 대륙붕을 묘사하는 1979년 지도 출판 이후 거의 10년 후인 1989년 7월 14일에 있었다.[793] 싱가포르 주권행사의 평화적 및 방해받지 않는 지속성은 말레이시아의 행위와 주장의 거부로 해석될 수 있다.[794]

◆ 요 약

상기에 근거하여 다음과 같이 요약할 수 있다.

---

791) *Ibid.*, paras. 6.100-6.105.

792) *Ibid.*, para. 6.112.

793) *Ibid.*, para. 6.113.

794) *Ibid.*, para. 6.121.

① 페드라 브랑카(Pedra Branca)에 대한 권원은 1847~1851년 동 도서에
서 있었던 공식적 기록의 결과로 이미 영국왕실 및 그 이후 싱가
포르에 귀속되었다.

② 그 이후 영국과 싱가포르는 동 권원을 확인하고 유지시킨 페드라
브랑카(Pedra Branca)에 관한 공개적이며 지속적인 형태의 국가 활
동을 계속하였다.

③ 이러한 활동은 공식적 성격이었으며 주권적 권원으로 시도되었다.

④ 문제의 활동은 도서전체 및 그 영수와 관련된 다양한 국가기능의
전개를 포함하였다.

⑤ 여러 사례에서, 페드라 브랑카(Pedra Branca)에 대한 싱가포르의 행
정관할 및 통제는 동 도서 방문을 위해 싱가포르의 승인을 얻으려
했던 말레이시아 관리의 동 도서 방문통제를 포함하였다.

⑥ 약 140년 동안 이러한 활동이 공개적이며 평화적인 성격임에도 불
구하고 말레이시아로부터 어떠한 항의도 없었다.

⑦ 말레이시아는 자국이 1979년 지도에 페드라 브랑카(Pedra Branca)를
자국관할에 포함시킨 사실만으로 페드라 브랑카(Pedra Branca)에 대
한 주장을 하였다.

⑧ 말레이시아 이후 동 도서에 대한 '백지주장'을 시도한 것은 분쟁이
이미 정형화되고 싱가포르가 항의한 이후 취한 이기적인 성격의
것이었다.

⑨ 이와는 대조적으로, 1979년 이후 페드라 브랑카(Pedra Branca) 및 그
영수에 대한 싱가포르의 활동은 이 시기 이전 싱가포르가 장기간
행정관할을 계속한 것임을 나타낸 것에 불과하였다.795)

---

795) *Ibid.*, para. 6.122.

4) 페드라 브랑카(Pedra Branca)에 대한 싱가포르 주권의 말레이시아 인정

◆ 말레이시아의 페드라 브랑카(Pedra Branca)에 대한
싱가포르 주권의 명백한 인정

1847년 이래 싱가포르는 페드라 브랑카(Pedra Branca)에 대한 자국의 원시적 권원을 확인하는 국가권한행위를 지속적으로 하여 왔으며 이는 페드라 브랑카(Pedra Branca)에 대한 싱가포르 주권확립에 충분하다. 동 도서에 대한 주권의 계속적 행사는 조호르(Johor) 및 이후 말레이시아와는 상당히 대조적이며 이는 당시 말레이시아가 싱가포르 행위와 경합되는 어떠한 활동도 수행하지 않았던 이른바 실효성의 부재였다. 이러한 싱가포르의 활동은 공개적으로 수행되었다.[796]

싱가포르는 페드라 브랑카(Pedra Branca) 소유 및 호스버그(Horsburgh) 등 대건설로 페드라 브랑카(Pedra Branca)의 주권적 권원을 합법적으로 소유하였고, 여러 방식으로 1851년 이후 페드라 브랑카(Pedra Branca)와 관련한 국가권한을 공개적으로 행사하여 왔다.[797] 그러나 말레이시아는 1979년까지 싱가포르 국가권한의 분명하고 공개적이며 지속적인 현시에 대하여 항의한 적이 없었다. 조호르(Johor)나 말레이시아는 페드라 브랑카(Pedra Branca)에 대한 영국 및 싱가포르 국기게양에 대해 항의한 적이 없다.[798]

또한 1847년 이래 말레이시아는 페드라 브랑카(Pedra Branca)에 대한 싱가포르 주권의 분명하고 공개적인 발현에 관해 장기간 침묵한 것은 말레이시아에 속한 도서인 푸라우 피상(Pulau Pisang)에 싱가포르가 행정관할하는 등대에 싱가포르 해양기를 게양하는 것에 대한 말레이시아의 반응

---

796) *Ibid.*, para. 7.5.

797) *Ibid.*, para. 7.7.

798) *Ibid.*, para. 7.8.

과는 상당히 대조적이다. 즉 1968년 말레이시아는 푸라우 피상(Pulau Pisang) 등대에 싱가포르 기 게양을 반대하였으며, 이러한 반대에 따라 싱가포르는 동 등대에 자국기 게양을 중단하였다. 그러나 이와는 대조적으로 말레이시아는 페드라 브랑카(Pedra Branca)에 대한 싱가포르 기 게양에 대해 항의한 적이 없었다.[799]

말레이시아 인정의 또 다른 중요 사례는 페드라 브랑카(Pedra Branca) 부근 수역에서의 경찰 및 안보에 관한 말레이시아의 태도에 있다. 여기에는 말레이시아 경찰 및 안보활동이 없었을 뿐 아니라 이 문제가 싱가포르 관할임을 말레이시아는 항시 합의하여 왔고 싱가포르에 맡겨왔다.[800] 말레이시아는 페드라 브랑카(Pedra Branca)에 관한 자국주장을 표명 또는 유보하지 않았고 심지어 자국이 이러한 주장을 할 수 있다는 암시조차 하지 않았다. 본 사건에서 말레이시아의 묵인의 성격과 지속으로 볼 때 말레이시아가 페드라 브랑카(Pedra Branca) 및 싱가포르에 대해 아무런 권원도 가지지 않았음을 인정한 것과 동등하다.[801]

페드라 브랑카(Pedra Branca)에 대한 싱가포르 주권을 말레이시아가 공식적으로 인정하였는바, 1953년 9월 21일 싱가포르 식민장관에게 조호르(Johor) 외무장관대리가 보낸 서신에서 말레이시아의 이전 국가들이 페드라 브랑카(Pedra Branca)에 대한 권원을 명백히 포기하였다고 하는데, 이는 말레이시아가 싱가포르 주권을 공식적으로 인정한 것이 된다.[802] 말레이시아의 싱가포르 주권인정은 페드라 브랑카(Pedra Branca)에 대한 싱가포르 주권행위에 대한 말레이시아의 침묵뿐만 아니라 말레이시아는 여러 경우 싱가포르의 주권을 명백히 인정하였다.[803]

---

799) *Ibid.*, para. 7.12.

800) *Ibid.*, para. 7.18.

801) *Ibid.*, para. 7.23.

802) *Ibid.*, para. 7.29.

페드라 브랑카(Pedra Branca) 및 그 수역 접근허가를 말레이시아가 싱가
포르에게 요청하였는바, 1974년 3월 1일 말레이시아 관리는 페드라 브랑
카(Pedra Branca) 및 호스버그(Horsburgh) 등대방문 허가를 요청하였고,
1978년 싱가포르 주재 말레이시아 고등판무관이 자국 정부선박의 싱가포
르 영수진입 허가요청을 싱가포르 외무부에 보냈다. 1979년 말레이시아
지도 출판 이후에도 말레이시아는 페드라 브랑카(Pedra Branca) 주변수역
진입을 싱가포르로로부터 얻으려 계속 추구하였다.[804]

◆ 페드라 브랑카(Pedra Branca)에 대한
싱가포르 주권을 인정하는 말레이시아의 공식지도

1979년 이전 말레이시아는 페드라 브랑카(Pedra Branca)가 싱가포르에
귀속된다는 공식적인 지도를 계속 발행하였고 그 결과 동 도서가 싱가포
르에 속함을 인정하였다.[805] 페드라 브랑카(Pedra Branca)가 싱가포르에
귀속됨을 나타내는 여러 공식적인 말레이시아 지도가 있다. 즉 1962년
말레이시아 연방 조사국장이 출판한 지도에는 페드라 브랑카(Pedra
Branca)가 싱가포르에 속한다는 표시로 ( )로 표기하였으며 1962, 1965,
1974년 지도에서도 페드라 브랑카(Pedra Branca)를 싱가포르 영토로 표기
하였다.[806]

결국 말레이시아 자체의 지도는 페드라 브랑카(Pedra Branca)가 싱가포
르 영토 일부가 됨을 확신해 준다. 말레이시아 지도청 및 그 이전 국가들
에 의해 양 당사국간 분쟁이 나타나기 이전에 이들 지도가 출판되었으며
따라서 이들 지도는 말레이시아 정부의 이해관계에 반해서 인정된 가장

---

803) *Ibid.*, para. 7.30.

804) *Ibid.*, paras. 7.31-7.33.

805) *Ibid.*, para. 7.39.

806) *Ibid.*, para. 7.47.

강한 증거가치가 있다.807)

◆ 요약

상기 내용으로부터 다음과 같이 요약할 수 있다.

① 1847년 이래 그리고 1989년까지 페드라 브랑카(Pedra Branca) 및 그 인접수역에 대한 싱가포르의 지속적이고 분명한 주권현시에 대한 말레이시아의 일정한 항의부족은 싱가포르주권의 분명한 인정이 된다.

② 말레이시아는 동 도서에 대한 싱가포르 주권을 침묵뿐 아니라 적극적이고 분명한 행위, 특히 페드라 브랑카(Pedra Branca) 방문 및 주변수역에서 활동에 대한 싱가포르 허가요청을 통해 페드라 브랑카(Pedra Branca) 및 그 주변수역에 대한 싱가포르 관할권에 복종하였다.

③ 1979년 이전 발행된 말레이시아의 공식적 지도는 동 도서가 싱가포르에 속함을 인정하였다.808)

5) 페드라 브랑카(Pedra Branca) 권원에 대한 조호르(Johor)의 명백한 포기

◆ 개 요

1953년 9월 21일 싱가포르 식민지의 조호르(Johor) 외무장관 대리는 서신에서 다음 두 가지 사항을 분명히 확약하였다.

---

807) *Ibid.*, para. 7.50.

808) *Ibid.*, para. 7.51.

① 조호르(Johor) 정부는 페드라 브랑카(Pedra Branca)에 대한 어떠한 권
원주장도 하지 않았다.

② 1953년 이전 권원주장의 가능성이 있다하더라도 조호르(Johor)는 오
늘 이를 포기한다.

또한 싱가포르의 동 도서 소유내용 및 제3국에 의한 어떤 주장이나 이
해관계 부재측면에서 조호르(Johor)의 포기는 싱가포르 권원의 분명한 인
정에 해당된다.[809]

◆ 1953년 9월 21일 조호르(Johor) 외무장관 서신의 법적 성격

1953년 페드라 브랑카(Pedra Branca)에 대하여 조호르(Johor)가 포기
(abandoned or relinquished)했던 것은 싱가포르에 해당되지 않음이 강조되
어야 한다. 권원의 포기는 기존권원이 존재시 가능한 바, 1953년 조호르
(Johor) 서신이 나타낸 것은 권원이나 주장 또는 소유권 포기가 아니라 조
호르(Johor)가 페드라 브랑카(Pedra Branca)에 대한 소유권 주장을 하지 않
았음을 분명히 선언한 것이었다. 싱가포르의 동 도서 소유 및 제3국에 의
한 주장이나 이해관계 부재내용도 강조되어야 한다. 조호르(Johor)의 배제
에 따라서 싱가포르 권원의 분명한 인정으로 간주될 수 있다.[810]

◆ 요 약

1953년 서신은 다음과 같이 매우 중요하다:

① 싱가포르 식민장관은 1953년 6월 12일 서신에서 조호르(Johor) 정부

---

809) *Ibid.*, para. 8.2.
810) *Ibid.*, para. 8.16.

에게 페드라 브랑카(Pedra Branca)의 법적 지위에 대한 석명화를 추
구하였다.

② 동 서신내용은 싱가포르주재 식민당국은 싱가포르가 동 도서에 대
한 주권적 권리를 가짐을 알고 있었다는 것이었다.

③ 조호르 외무장관 대리는 1953년 9월 21일 서신에서, "조호르(Johor)
정부는 페드라 브랑카(Pedra Branca) 소유권을 주장하지 않는다"고
선언하여 싱가포르 입장을 확인시켜 주었다.

④ 조호르(Johor)가 동 도서에 대한 주권을 갖고 있지 않으며 필요한 관
련 내용에 의해 조호르(Johor)가 싱가포르 주권을 분명히 수락했다
는 점을 배제를 통해 알 수 있다.

⑤ 이 배제는 조호르(Johor) 계승자인 말레이시아를 완전히 구속한다.[811]

3. 판 결

(1) 페드라 브랑카(Pedra Branca)/
푸라우 바투 푸테(Pulau Batu Puteh) 영유권

재판소는 1979년 12월 21일 말레이시아가 〈말레이시아의 영수 및 대
륙붕 경계〉라는 지도(1979년 지도)를 출간하여, 이 지도에서 푸라우 바투
푸테(Pulau Batu Puteh)를 자국 영수 내에 있는 도서로 묘사하였다고 언급
하였다. 싱가포르는 1980년 2월 14일 외교노트에서 말레이시아의 페드라
브랑카(Pedra Branca) 영유권 주장을 부인하면서 1979년 지도를 수정할 것
을 요구하였다.

---

811) *Ibid.*, para. 8.40.

이후 일련의 외교교신 및 정부 간 교섭이 1993~1994년에 있었으나 문제해결로 이르지는 못하였다. 1993년 2월 첫 번째 회담 중 미들 락스(Middle Rocks)와 사우스 레지(South Ledge)의 부속문제가 제기되었고, 양자교섭이 진전을 보지 못하자 당사국들은 분쟁해결을 위한 국제사법재판소 제소에 합의하였다.812)

재판소는 분쟁이 구체화되기 시작한 날짜의 중요성을 감안하여 1980년 2월 14일 싱가포르가 말레이시아의 지도 출판에 항의한 날짜를 페드라 브랑카(Pedra Branca)에 대한 분쟁이 시작된 결정적 기일로 삼았다. 미들 락스(Middle Rocks)와 사우스 레지(South Ledge)의 영유권에 관하여 재판소는 싱가포르가 양국 양자교섭 시, 페드라 브랑카(Pedra Branca)에 대한 영유권을 주장하여 이들 해양개체를 언급한 1993년 2월 6일을 결정적 기일로 삼았다.813)

말레이시아는 서면 변론에서 "자국이 장기간 푸라우 바투 푸테(Pulau Batu Puteh)에 대한 원시적 권원을 향유하여 왔으며 항상 말레이시아 조호르국의 일부였다"고 언급하며, 이에 대한 말레이시아 영유권을 대신할 어떠한 사건도 발생하지 않았다고 하였다. 싱가포르가 등대 건설 및 유지 목적만으로 본 도서에 출현한 것은 영유권 인정에 충분하지도 않으며 또한 동 도서는 무주지로 간주될 수도 없었으며 그 결과 점유취득이 가능하지도 않다고 하였다.

싱가포르는 1947년 영국식민왕국의 허가로 등대건설 장소를 페드라 브랑카(Pedra Branca)로 선정한 것이 "주권적 권원인 소유의 고전적 취득"이 된다고 주장하였다. 싱가포르에 따르면, 도서의 권원은 그 당시의 법원칙에 의거하여 영국식민왕국이 취득하였으며 이 결과 "영국식민왕국 및 그 계승국인 싱가포르 공화국이 이를 유지하여 왔다"는 것이다.

---

812) *Ibid.*, p. 4, paras. 30-36.

813) *Ibid.*

싱가포르의 청원서 및 답변서에서 페드라 브랑카(Pedra Branca)가 명백히 무주지라는 언급은 어디에도 없었으며, 싱가포르의 재 답변서에서도 "1847년에 페드라 브랑카(Pedra Branca)의 지위는 무주지였음이 분명하다"라는 점을 지적하였다.

이러한 점에서, 재판소는 말레이시아가 1847~1851년 사이 즉 싱가포르의 활동 이전 기간까지 자국의 원시적 권원을 확립할 수 있었는지 그리고 싱가포르가 영국식민왕국의 대리인으로서 시작한 등대건설 시점인 19세기 중반부터 "페드라 브랑카(Pedra Branca)에 대한 법적 소유를 했다"라는 주장을 확립할 수 있는지의 여부에만 제한적으로 초점을 맞추었다.

재판소는 1512년부터 조호르의 술탄이 남동아시아 일부에서 자국 영유권 하에 있는 특정구역을 주권국가로 확립했다는 사실은 논쟁이 없었다고 하였다. 당사국들의 주장을 검토한 뒤, 재판소는 적어도 17세기부터 19세기 초까지 조호르(Johor) 왕국의 영토 및 해양구역은 말레이반도의 상당한 구역을 포함하였으며 이는 싱가포르 해협까지 확장되었고, 페드라 브랑카(Pedra Branca)/푸라우 바투 푸테(Pulau Batu Puteh)가 위치한 동해협지역에 있는 도서와 암석까지 포함했던 것으로 알려져 있다. 따라서 재판소는 말레이시아가 주장한 페드라 브랑카(Pedra Branca)/푸라우 바투 푸테(Pulau Batu Puteh)의 원시적 권원이 법적으로 근거가 있는지의 여부를 확인해야 했다.

중요한 것은 페드라 브랑카(Pedra Branca)/푸라우 바투 푸테(Pulau Batu Puteh)가 싱가포르 해협에서의 항해 위험지역으로 알려져 왔다는 사실이다. 그러므로 동 도서는 분명히 무주지가 아니었다. 따라서 조호르(Johor) 술탄의 모든 역사를 통해서 싱가포르 해협에 있는 동 도서에 대한 영유권 주장이 경합되었다는 증거가 없다는 사실 또한 다른 중요한 요인이었다.

재판소는 경합주장 부재의 중요성에 관한 동부 그린란드 법적 지위 (Legal Status of Eastern Greenland)에 관한 사건에서 상설국제사법재판소

(PCIJ)의 선언을 상기하였다. 재판소는 "영토주권 주장이 관련된 대부분 사건에서, 두 개의 경합되는 영유권 주장이 있어 왔으나, 1931년까지 덴마크 이외의 어떠한 국가도 그린란드 영유권을 주장하지 않았다"는 점을 언급하였다. 그러므로 재판소는 "비식민지 지역에 대한 국가 접근의 불가능 특성을 고려하여, 덴마크와 노르웨이 국왕이 1721~1814년까지 자국에게 타당한 영유권 주장을 부여하기에 충분할 정도로 그 권위를 나타냈으며 그린란드에 대한 국왕의 권리는 식민지역에만 한정되지 않았다"는 결론을 내렸다.

재판소는 이러한 결론이 16세기경에서 19세기 중반까지의 기간에 어떤 국가에 의해서도 아무런 영유권 주장이 제기되어 오지 않았던 무인소도가 관련된 본 사건에도 적용된다는 점을 주목하였다. 이 점에 있어 재판소는 또한 국가의 권위가 반드시 팔마스 도서 사건(Island of Palmas, Netherlands / United States of America)에서 나타난 것처럼 영토의 모든 곳에서 매 순간에 사실상 반드시 구현될 필요는 없다는 점을 주시하였다.

재판소는 결론내리기를, 조호르 술탄의 영토가 페드라 브랑카(Pedra Branca)/푸라우 바투 푸테(Pulau Batu Puteh)를 포함한 싱가포르 해협내의 모든 도서와 암석까지 원칙적으로 해당된다고 하였다. 술탄의 동 도서 소유는 이 지역의 기타 국가에 의해 변경되지 않았고 모든 상황에서 "영토주권의 계속적이고 평화적인 현시 조건"을 만족시킨 것으로 볼 수 있다는 점을 재판소는 발견하였다. 따라서 재판소는 조호르 술탄이 페드라 브랑카(Pedra Branca)/푸라우 바투 푸테(Pulau Batu Puteh)에 대한 원시적 권원을 향유한다는 결론을 내렸다.

조호르 술탄과 싱가포르 해협에서 어업 및 해적행위를 해왔던 오랑 라우트(Orang Laut) 간에 존재한 충성관계를 분석한 결과, 재판소는 영국 관리의 공식보고서에서 나타난 양자 간 관계의 성격 및 관계정도의 묘사를 통해 페드라 브랑카(Pedra Branca)/푸라우 바투 푸테(Pulau Batu Puteh)를 포함한 이들 도서에 대하여 조호르 술탄이 고대부터 원시적 권원을 향유하였음을 확인시켜주었다는 점을 발견하였다.

또한 1824년 영국·네덜란드 조약의 법적 중요성[814]에 관하여 첫째, 재판소는 당시 술탄의 재산변동이나 영토의 정확한 지리적 범주의 변화에도 불구하고 1512~1824년까지 동일한 주권적 실체로서 조호르 술탄이 계속 존재하였음을 문서증거를 통해 결정적으로 보여주고 있으며, 이러한 변화는 조호르 술탄의 영토 내에 항시 존재하였던 싱가포르 해협 지역과 관련된 법적 상황에 아무런 영향도 미치지 않았음에 주목하였다.

둘째, 재판소는 1824년 영국·네덜란드 조약에서 이 지역을 양분하였는데 하나는 네덜란드 영향권으로 그리고 다른 하나는 영국 영향권에 속하는 것으로 하였다는 당사국간의 공통된 근거를 관찰하였다. 그러나 싱가포르는 조약이 해협 전체를 별도로 하고 페드라 브랑카(Pedra Branca)/푸라우 바투 푸테(Pulau Batu Puteh)는 조호르 구술탄의 분할 결과 무주지가 되었기 때문에 따라서 1847~1851년 기간 중 영국에 의한 페드라 브랑카(Pedra Branca)/푸라우 바투 푸테(Pulau Batu Puteh)의 '합법적 소유'를 위한 여지를 남기게 되었다고 주장하는 것으로 보인다.

1824년 영국·네덜란드 조약 내용을 주의 깊게 분석한 다음, 재판소는 동 조약이 조호르의 구 술탄 영토를 둘로 나누어 각 술탄의 영향력 하에 두게 한다는 양식민지 국가 간의 정치적 해결에 법적 영향이 있었다고 결론 내렸다. 따라서 이 계획상 이들 두 술탄의 영향력 범위 간에 도서를 합법적으로 소유하기 위한 자유행동의 법적 여지가 있을 가능성이 없었다는 것이다.

동 조약 제12조의 일반적 언급이 "싱가포르 해협 남쪽 기타 도서"라고 하였는데, 이 기타 도서는 동 해협내의 영국 영향력 범위 내에 해당하는 모든 도서 및 암석임을 암시한다. 이것은 자연적으로 페드라 브랑카

---

814) *Ibid.*, p. 6, paras. 81-101.

(Pedra Branca)/푸라우 바투 푸테(Pulau Batu Puteh) 도서에도 적용되는바, 즉
이 도서는 구 술탄의 분리 이후 '조호르의 술탄'으로 계속 불리던 부분으
로 남아 있었다는 것이다.

한편, 1824년 크로포드(Crawfurd) 조약의 관련성815)에 관하여, 재판소는
조호르 술탄과 조호르(Johor) 테멘공이 싱가포르 도서를 동인도회사에 양
도했다는 '크로포드(Crawfurd) 조약'의 분쟁관련성을 고려하였다. 재판소는
동 조약이 말레이시가가 주장한대로 페드라 브랑카(Pedra Branca)/푸라우
바투 푸테(Pulau Batu Puteh)를 포함하여 "싱가포르 해협 내, 그 주변의 모
든 기타 도서에 대한 조호르 술탄의 계속적인 주권을 영국이 이전부터의
인식"을 확립한 것으로 될 수 없다고 한다. 그러나 재판소는 이러한 것이
동 조약 제11조 범주 밖에 있는 싱가포르 해협 내 도서가 무주지이며 따
라서 '합법적 점유'를 통해 취득할 수 있다는 것을 의미하는 것은 아니라
고 한다. 무주지 문제는 조호르 구 술탄의 분리가 싱가포르 해협 내 도서
에 어떠한 법적 효과를 미치는가의 내용에 특히 1824년 영국·네덜란드
조약 및 1825년 술탄 압둘 라만으로부터 술탄 후세인형에게 보낸 소위
'기부'편지의 법적 관련성 측면에서 따라서만 판단될 수 있다는 것이다.

또한, 1825년 '기부' 서한의 법적 중요성816)에 관하여, 술탄 압둘 라만
이 자신의 형인 후세인에게 보낸 '기부' 서한이 영유권 이전에 어떠한 법
적효과가 있는지를 재판소가 검토하였는바, 재판소는 소위 압둘 라만이
후세인에게 보낸 '기부' 서한은 1824년 영국·네덜란드 조약에서 합의한
분리를 확인한 것이며 따라서 법적 효과가 없다는 것임을 주목하였다.

재판소는 결론내리기를, 말레이시아는 영국이 1844년 페드라 브랑카
(Pedra Branca)/푸라우 바투 푸테(Pulau Batu Puteh)에 등대건설을 준비하기
시작한 시점부터 본 도서가 조호르 술탄의 주권 하에 있었다는 것을 만

---

815) *Ibid.*, p. 6, paras. 102-107.

816) *Ibid.*, p. 7, paras. 108-116.

족스럽게 확립하였다라고 하였다.[817]

1840년 이후 페드라 브랑카(Pedra Branca)/푸라우 바투 푸테(Pulau Batu Puteh) 영유권 문제에 관하여[818] 먼저 그 적용법률 문제를 보면, 주권의 이전은 분쟁 당사국가간의 합의방식으로 이루어진다는 점을 주목하였다. 이러한 합의는 1824년 크로포드(Crawfurd) 조약과 1927년 협정과 같은 조약의 형태를 취한다. 동 협정은 비공식적으로 진행되거나 당사국행위로부터 야기될 수 있었다. 이 문제에 있어 국제법은 어떤 특별한 형태를 요구하지는 않으나 당사국 의도에 중점을 둔다.

영토주권은 특정상황에서 타국의 주권적 권원행위를 반박하기 위하여 그리고 타국 영토주권의 명백한 현시를 구체화함에 있어 그 주권을 향유한 국가가 이에 실패한 결과로 주권이 이전될 수 있다. 이러한 명백한 주권현시는 분쟁 국가가 반대하지 않을 경우 상응하는 결과를 가져오게 되는바, 즉 반응이 없다는 것은 묵인으로 해당할 수 있으며 침묵이란 언급을 할 수는 있으나, 단지 타국의 행위가 반응을 불러일으키게 할 수 있는지 만을 언급할 수 있다. 당사국 행위에 대한 재판소의 평가는 국제법 및 영토에 대한 국가주권의 관계 그리고 동 주권의 안정성과 확실성에 중요하다는 것이다. 이 때문에 당사국 행위를 근거로 한 영토주권의 어떤 이전은 의심의 여지없이 그 행위와 관련사실로 인하여 분명해야 한다.

다음, 호스버러 등대장소 선정과정 문제는[819] 1836년 상인과 해운업자들은 동인도 수로학자 제임스 호스버러를 추모하는 등대건설을 희망하여, 그 결과 1836년 11월 '페드라 브랑카(Pedra Branca)'가 적절한 장소로 식별되었고 1842년 3월 1일 싱가포르 총독에게 보낸 편지에서, 페드라 브랑카(Pedra Branca)가 유일하게 언급된 특별장소였다. 이러한 최초의 공

---

817) *Ibid.*, p. 7, para. 117.

818) *Ibid.*, p. 7, paras. 118-125.

819) *Ibid.*, p. 7, paras. 126-148.

식적 대화에서, 사기업들은 영국 정부가 동 제안을 유효하게 할 것이며 추가로 기금을 제공할 것을 인정했다는 사실을 재판소는 주목하였다.

신청자와 영국 당국간의 여러 교신에서 대체장소가 논의되었고, 1844년 10월 피크 록(Peak Rock) 도서가 가장 적합한 장소로 확인되었다. 1843년 해협정착지 총독이 된 버터워스(Butterworth)는 같은 해 11월 말 조호르 술탄과 테멘공에게 보낸 편지의 답장을 받았으나, 당사자들의 광범위한 조사에도 불구하고 총독들의 서한들은 발견되지 않았고, 당사자들은 재판소에 1844년 11월 25일자의 번역복사본을 제공하였는바, 여기에서 술탄과 테멘공은 정확한 위치를 언급하지 않았고 다만 싱가포르해협에서의 등대건설에 동의하였다.

영국이 상기에 언급한 목적으로 선정하려는 등대건설 및 운영 장소에 대한 주권을 조호르가 영국에게 양도하였는지 또는 건설 및 운영만을 허가하였는지를 검토한 후, 재판소는 이에 관한 교신이 결정적이지 아님을 발견하였다. 따라서 등대유지 형태 및 건설 예정도서에 관한 문서합의 부재로, 재판소는 1844년 11월 이 문제에 관한 가능한 합의를 할 위치에 있지 않았음을 고려하였다.

다음, 호스버러 등대건설 및 위임(1850~1851)[820]에 관하여는, 건설계획 및 건설 그 자체는 버터워스 총독에 의해 본 계획의 건축가로 지명된 싱가포르 정부조사관인 존 톰슨(John Thomson)의 손에 달려 있었다는 점을 재판소는 주목하였다. 1849년 12월 정부조사관은 건설조직을 하기 시작했고 1850년 5월 24일 주춧돌을 묻었으나, 이때 조호르 당국자들이 본 행사에 전혀 나타나지 않았음을 재판소는 주목하면서 이들이 총독에 의해 참석초청을 받았는지를 나타내는 근거도 없었다는 점을 발견하였다. 이는 페드라 브랑카(Pedra Branca)/푸라우 바투 푸테(Pulau Batu Puteh)에서의 이들 활동을 조호르에게 통보할 필요가 있음을 영국과 싱가포르 당국

---

820) *Ibid.*, p. 8, paras. 149-163.

자들이 고려하지 않았다는 것을 의미할 수 있다.

조호르 테멘공은 동 암석을 한번 방문하였고 주춧돌 설치 이후 9일 만에 30명의 동료들과 함께 방문하였다. 등대건설 및 위임양식을 기술한 이후, 주권에 관한 어떠한 결론도 이끌어낼 수 없었음을 재판소는 주목하였다. 오히려 이러한 사건들을 페드라 브랑카(Pedra Branca)/푸라우 바투 푸테(Pulau Batu Puteh) 주권에 대한 조호르 및 싱가포르 당국자들 견해의 발전과정으로 인식하였다.

다음, 당사국 행위(1852~1952)[821]에 관하여는, 법률상 등대는 일국의 영토에 건설되고 동 국가의 동의하에 타국에 의해 관리될 수 있다. 말레이시아 주장의 중심은 호스버러 등대가 영국 당국의 모든 행동은 통제했던 도서에 건설되었고 영국 당국을 따라 싱가포르 당국은 등대운영의 정상적 과정에 참여했다는 것이다. 이와 반대로 싱가포르는 일부 이러한 활동이 등대운영 문제가 아니라 부분적이든 전체적이든 주권적 권원행사의 문제라는 것이었다.

싱가포르는 자신의 입법 및 권원의 승계자로서 등대설치 및 운영 비용 징수, 여러 정부기관에 의한 등대의 통제 및 페드라 브랑카(Pedra Branca)/푸라우 바투 푸테(Pulau Batu Puteh)에서의 거주민, 방문객 및 근로자 활동을 규제하였음을 언급하였다. 그러나 재판소의 견해로는 싱가포르가 원용한 규정들이 이들 지역에 대한 영국의 주권을 현시하는 것은 아니라고 하였는바, 즉 이들은 페드라 브랑카(Pedra Branca)/푸라우 바투 푸테(Pulau Batu Puteh) 상의 등대와 마찬가지로 조호르 영토상에 있는 등대에도 동일하게 적용했기 때문이었으며 또한 주권에 대해서 명백히 언급하지도 않았다는 것이다.

다음, 1927년 해협정착지 및 조호로 영수협정을 포함하여 말레이시아가 원용한 여러 제도적인 발전에 관하여 재판소는 이들이 페드라 브랑카

---

821) *Ibid.*, p. 8, paras. 164-191.

(Pedra Branca)/푸라우 바투 푸테(Pulau Batu Puteh) 영유권문제 해결에 도움이 되지 않는다고 하였다. 동 협정의 목적은 1824년 조호르가 동인도회사에 양도했던 싱가포르 본토 10마일 이내의 특정지역을 조호르에 양도하는 것이었음을 관측하였으며 여기에는 페드라 브랑카(Pedra Branca)/푸라우 바투 푸테(Pulau Batu Puteh)가 포함되지 않았고 본 도서는 동 협약범주 내에도 없었다.

테멘공이 조호르와 싱가포르에 있는 영국당국과의 교환각서에서 나타난 것처럼 등대건설 이후 페드라 브랑카(Pedra Branca)/푸라우 바투 푸테(Pulau Batu Puteh) 주변에서 서로 통제를 계속해왔다는 말레이시아의 주장에 관하여, 재판소는 동 서신이 싱가포르도서 10마일 내에서 발생하는 사건에 관계된다는 점을 관측하였다. 그러므로 싱가포르 당국이 본 내용상 페드라 브랑카(Pedra Branca)/푸라우 바투 푸테(Pulau Batu Puteh) 수역에 대한 관할권을 언급하지 않았다는 사실에서는 아무것도 얻을 수가 없었다.

다음, 1953년 서신[822]에 관하여는, 1953년 6월 12일 싱가포르 식민장관은 조호르 술탄 영국고문관에게 서신을 작성하여 '식민지 영수 경계결정'의 내용상 "페드라 브랑카(Pedra Branca)로 알려진 싱가포르에서 40마일 떨어진 암석에 대한 정보를 직접 문의"하였다. 푸라우 피상(Pulau Pisang)의 경우는, 식민지조약 한계 밖에 있는 도서로서 "조호르의 주권포기가 없었음"이 분명하다는 점을 인정하면서, 장관은 동 섬이 조호르 정부로 양도되었거나 또는 다른 방식으로 처리되었는지 또는 동 암석의 임대나 무상 공여한 사실을 나타내는 문서정보가 있는지에 대하여 문의하였다.

몇 달 후 조호르 술탄의 영국고문장관이 싱가포르 식민장관에게 자신이 조호르 외무장관에게 편지를 전달했다고 하면서, 조호르 외무장관은 "의심할 여지없이 토지 및 광산국장과 조사국장과의 논의를 희망하며 총리의 견해를 제시하기 전에 기존 고문서를 참고하기를 희망할 것이다"라

---

822) *Ibid.*, pp. 9~10, paras. 192-230.

고 언급하였다는 것을 싱가포르 식민장관관에게 조언하였다. 1953년 9월
21일 서신에서, 외교장관 대리는 "조호르 정부는 페드라 브랑카(Pedra
Branca)의 소유권을 주장하지 않았다"라고 답변하였다.

재판소는 이러한 서신과 그 해석이 페드라 브랑카(Pedra Branca)/푸라우
바투 푸테(Pulau Batu Puteh) 영유권에 대한 양 당사국간의 이해 결정에 중
요하다는 것을 고려하였다. 1953년 6월 12일의 싱가포르 서신은 전체로
서의 '암석'에 대한 정보를 추구하는 것이었지 동 도서에 대한 영유권 문
제인 식민지 영수 결정 측면에서의 등대에 대해서만은 아니었음을 주목
하였다. 동 서신은 1953년 싱가포르 당국이 이해했던 점을 조호르 당국
이 주목하게 하는 효과를 가져왔는바, 즉 싱가포르의 이전국가는 페드라
브랑카(Pedra Branca)/푸라우 바투 푸테(Pulau Batu Puteh)가 술탄과 테멘공
에 의해 동인도제도로 무상으로 양도되었다고 생각했다는 점을 재판소는
주목하였다. 재판소는 이 편지가 싱가포르 당국이 수세기전에 일어난 사
건을 알지 못하였고 이들의 기록이 완전하다는 확신도 없었음을 보여주
는 것으로 이해하였다.

조호르 외무장관 대리의 답변에 관하여, 재판소는 말레이시아 주장을
기각하게 되었는 바, 즉 영국식민국과 조호르 술탄과의 조호르협정규정
및 영국식민국과 말레이 국가와의 말레이연합협정규정상, 외무장관 대리
는 "분명히 권한이 부여되지 않았고" "1955년 서신을 작성하거나 조호르
영토 일부의 권원을 포기, 주장 또는 확인할 법적 능력"이 없었다는 것이
다. 재판소는 동 서신이 당시 외국으로 인정되지 않았던 영국여왕 정부
의 대표에 의해 시작되었기 때문에 조호르 협정은 관련이 없다는 점을
재판소가 고려하면서, 또한 최초의 서신을 술탄의 외무장관에게 전달했
던 자가 조호르 술탄의 영국고문관이었다 라는 점을 고려하였다. 재판소
는 또한 말레이연합협정은 정보요청 대응행위가 집행권한의 행사가 아니
었기 때문에 말레이시아 주장을 뒷받침하지 않는다는 견해를 가지고 있

었다. 또한 말레이시아가 싱가포르와의 양자교섭 기간 중 그리고 구두변
론절차에 있어서까지 이러한 주장을 원용하지 못한 것은 싱가포르가 원
용한 추정적 내용에 지지를 제공해주게 된다는 것이다.

1953년 서신내용을 검토해보면, 재판소는 조호르 답변이 그 의미에서
분명하다는 것인데, 즉 조호르는 페드라 브랑카(Pedra Branca)/푸라우 바투
푸테(Pulau Batu Puteh) 소유권을 주장하지 않았다는 견해를 분명히 표현하
고 있다는 것이다. 본 답신은 도서전체에 관련되는 것이지 등대만이 관
련된 것은 아니었다. 조호르 서신은 동 도서의 영유권 문제를 언급하는
바, 따라서 재판소는 조호르 답신이 1953년에 조호르는 페드라 브랑카
(Pedra Branca)/푸라우 바투 푸테(Pulau Batu Puteh)에 대한 주권을 가지고
있지 않았다는 것으로 이해했다는 것을 보여준다고 결론 내렸다. 조호르
답신의 측면에서, 싱가포르 당국은 영국이 동 도서에 대한 주권을 가졌다
는 것을 의심할 이유가 없었다.

본 최종 답신에 대해 싱가포르 당국이 취한 조치는 조호르 당국에게
알려지지 않았다. 사건기록을 보면, 조호르 답신 수령증상에 싱가포르 식
민장관이 내부각서를 법무장관에게 보냈는데 여기서 그는 "우리가 페드
라 브랑카(Pedra Branca)를 주장할 수 있다"고 말하였고 법무장관도 동의한
다고 말하였다. 그러나 싱가포르는 사건 기록에 대한 추가조치는 하지
않았다.

다음, 1953년 이후 당사국행위[823]에 관하여는, 재판소는 먼저 싱가포
르의 주장을 고려하였는데, 즉 싱가포르 및 그 이전국가들이 페드라 브랑
카(Pedra Branca)/푸라우 바투 푸테(Pulau Batu Puteh) 도서 영수 내에서 난
파선을 조사함으로써 동 도서에 대한 주권을 행사하였다고 한다. 이러한
행위가 싱가포르 측에는 중요한 지지내용이 된다고 결론 내렸으며, 재판
소는 또한 2003년 6월 재판소에 분쟁을 부탁하는 특별협정이 발효된 이

---

823) *Ibid.*, pp. 10~11, paras. 231-272.

후 말레이시아는 싱가포르의 이러한 행위에 대해 항의하였다.

싱가포르의 동 도서 방문 및 타국 출신은 물론 싱가포르 출신 관료들의 동 도서 이용을 배타적으로 싱가포르가 통제를 행사했다는 주장을 분석한 후, 재판소는 싱가포르인의 여러 번 방문은 등대의 유지 및 운영과 관련된 것이었고, 따라서 본 사건에는 중요하지는 않다라고 하였다. 그러나 1978년 동 도서 주변수역 조사시 말레이시아 관료의 방문 허락 여부에 관한 싱가포르의 행위는 주권적 행위로 보여지며, 이는 싱가포르의 페드라 브랑카(Pedra Branca)/푸라우 바투 푸테(Pulau Batu Puteh) 주권주장에 중요한 근거가 된다는 것이다.

양 당사국은 페드라 브랑카(Pedra Branca)/푸라우 바투 푸테(Pulau Batu Puteh) 주변에서의 자국 해군의 초계 및 훈련이 동 도서에 대한 자국주권의 현시가 된다고 주장하였다. 재판소는 이러한 활동이 어느 쪽에도 중요하다고 보지는 않았다. 싱가포르 항구에서부터 작전하는 해군함정은 종종 지리적 필요성 때문에 페드라 브랑카(Pedra Branca)/푸라우 바투 푸테(Pulau Batu Puteh) 근처를 통과해야만 했을 것이라는 점이 관측되었다.

등대 점등 시부터 오늘까지 호스버러 등대에 영국과 싱가포르 국기를 게양한다는 것은 명백한 주권의 표현이라는 싱가포르 주장에 대하여, 재판소는 국기게양이 통상적인 경우 주권의 발현은 아니라고 언급하였다. 그러나 말레이시아가 호스버러 등대에 게양된 국기에 대해 항의하지 않았다는 사실에 어느 정도 비중을 둘 수 있음을 고려하였다.

재판소는 이어서 1977년 5월 싱가포르 해군이 설치한 중계소를 검토하였는데, 그 이유는 군용방송국이 페드라 브랑카(Pedra Branca)/푸라우 바투 푸테(Pulau Batu Puteh) 도서에 있었기 때문이었다. 싱가포르는 동 시설이 공개적으로 설치되었다고 주장하나, 말레이시아는 동 시설이 비밀리에 행해졌고 이를 싱가포르의 청원서 수령으로 알게 되었다고 주장한다. 재판소는 말레이시의 동 시설 인지에 대한 양국 주장의 강도를 평가할 수는 없었다.

1970년대에 여러 번 고려되어 왔던 페드라 브랑카(Pedra Branca)/푸라우 바투 푸테(Pulau Batu Puteh) 주변 간척계획에 관하여, 재판소는 간척이 진행되지 않았고 일부 서류는 공개되지 않은 반면 그 광고는 공개적이었으며 반응을 이끌었다라는 점을 관찰하였다. 나아가 광고란에 제시한 행위가 등대유지 및 운영을 벗어난 것으로 이는 싱가포르를 지지하게 되는 행위였다는 것이다.

1968년 말레이시아 정부와 말레이시아 대륙석유회사는 서부 말레이시아 동쪽해안의 모든 대륙붕 지역에서의 석유탐사허가협정을 체결하였다. 그러나 영토적 제한과 양여의 특성 그리고 좌표의 일부 공개 등으로 재판소는 양여에 대한 비중을 줄 수 있다고는 고려하지 않았다. 1969년 말레이시아가 영수를 3해리에서 12해리로 확장한 입법에 관하여, 말레이시아는 동 입법으로 자국 영수가 푸라우 바투 푸테(Pulau Batu Puteh) 밖 또는 푸라우 바투 푸테(Pulau Batu Puteh)까지 확장되었다고 주장하였다. 그러나 재판소는 언급된 법률은 가장 일반적 의미를 제외하고는 동 법률이 적용되는 지역을 식별하지 않았다(이는 단지 당시 "말레이시아를 통하여" 적용된다고만 하였다).

말레이시아는 페드라 브랑카(Pedra Branca)/푸라우 바투 푸테(Pulau Batu Puteh) 영유권 주장을 옹호하는 여러 영토 합의를 원용하였는바, 즉 1969년 인도네시아·말레이시아 간 대륙붕협정, 1970년 영해협정 및 1973년 인도네시아·싱가포르 간 영해협정 등이다. 재판소는 이들 협정들이 페드라 브랑카(Pedra Branca)/푸라우 바투 푸테(Pulau Batu Puteh) 영유권과 관련하여 이들이 본 문제에 해당되지 않기 때문에 어떤 비중을 줄 수 있을지를 고려하지 않았다. 이와 유사하게, 재판소는 싱가포르가 원용한 1971년 인도네시아, 말레이시아 및 싱가포르간의 말라카 및 싱가포르해협에서의 협력합의를 중요한 합의라고 보지는 않았다.

재판소는 또한 자국 영토라고 묘사하는 싱가포르 정부의 비권위적이고 서술적인 특정한 공식적인 출판물을 기각하였는데, 말레이시아의 견해에서 보면, 싱가포르가 묘사한 60개 도서 중 페드라 브랑카(Pedra Branca)/푸라우 바투 푸테(Pulau Batu Puteh)에 대한 언급이 없었다는 것이 놀라울만 하다는 것이다.

마지막으로 재판소는 당사국들이 제출한 수백 개의 공식적 지도를 검토하였다. 말레이시아는 재판소에 제출한 모든 지도들 중 싱가포르 정부가 발행한 하나의 지도에 페드라 브랑카(Pedra Branca)/푸라우 바투 푸테(Pulau Batu Puteh)를 자국영토 내에 있는 것으로 묘사하였으나, 이 지도는 1995년까지 출판되지 않았다. 재판소는 1995년까지 싱가포르가 페드라 브랑카(Pedra Branca)/푸라우 바투 푸테(Pulau Batu Puteh)를 자국영토 내에 포함하는 지도를 출판하지 않았음을 상기하였다. 그러나 재판소의 견해에서는 이러한 행위를 하지 못하였기 때문에 1962~1975년 사이 말레야 및 말레이시아가 출판한 지도에는 비중을 훨씬 적게 두었다.

결론적으로824), 재판소는 당사국 행위를 포함한 관련 사실들이 페드라 브랑카(Pedra Branca)/푸라우 바투 푸테(Pulau Batu Puteh) 권원에 관한 당사국 입장을 집중적으로 발전시키게 하였다는 견해를 갖게 되었다. 재판소는 특히 싱가포르 행위 및 그 이전 국가들의 주권적 행위를 언급하면서 싱가포르 및 그 이전 국가들의 행위에 대한 말레이시아의 반박 실패를 포함한 말레이시아 및 그 이전 국가들의 행위를 동시에 고려해 볼 때 1980년까지 페드라 브랑카(Pedra Branca)/푸라우 바투 푸테(Pulau Batu Puteh)에 대한 주권은 싱가포르로 이전 되었다라고 결론 내렸다. 이러한 이유로 페드라 브랑카(Pedra Branca)/푸라우 바투 푸테(Pulau Batu Puteh)에 대한 주권이 싱가포르에 속한다고 재판소는 결론 내렸다.

---

824) *Ibid.*, pp. 11~12, paras. 273-277.

(2) 미들 락스(Middle Rocks) 및 사우스 레지(South Ledge) 영유권

먼저 당사국들은825), 미들 락스(Middle Rocks)와 사우스 레지(South Ledge)에 관한 영유권 문제는 페드라 브랑카(Pedra Branca)/푸라우 바투 푸테(Pulau Batu Puteh) 영유권과 함께 한다는 싱가포르 입장을 재판소는 주목하였다. 싱가포르에 따르면 페드라 브랑카(Pedra Branca)/푸라우 바투 푸테(Pulau Batu Puteh) 소유자가 미들 락스(Middle Rocks)와 사우스 레지(South Ledge)를 소유한다는 것인 바, 즉 싱가포르의 주장은 이들이 페드라 브랑카(Pedra Branca)/푸라우 바투 푸테(Pulau Batu Puteh)의 부속도서이며 미들 락스(Middle Rocks)는 사우스 레지(South Ledge)와 함께 하나의 그룹으로 해양개체를 형성한다는 것이다. 반면 말레이시아는 이들 3개의 개체가 역사적 및 지리적 관점에서 하나의 식별 가능한 도서그룹을 구성하지 않으며 이들은 항상 조호르/말레이시아 관할권 내에 있는 개체들로 고려되고 있었다고 한다.

다음, 미들 락스(Middle Rocks)의 법적 지위826)에 관하여는, 본 사건에서 중요한 문제로 합리적인 내용에서 평가되어야 한다고 재판소는 보았다. 재판소는 페드라 브랑카(Pedra Branca)/푸라우 바투 푸테(Pulau Batu Puteh)에 대한 영유권이 본 사건을 둘러싼 특정상황 하에서 싱가포르에 있다는 결론에 도달하였다. 그러나 이러한 상황은 페드라 브랑카(Pedra Branca)/푸라우 바투 푸테(Pulau Batu Puteh) 근처, 즉 미들 락스(Middle Rocks)와 사우스 레지(South Ledge)에는 분명히 적용되지 않는다. 상기 판결내용의 검토를 통해서도 당사국의 어떠한 행위도 미들 락스(Middle Rocks)의 경우에는 적용된 적이 없음을 알 수 있다. 그러므로 재판소는 미들 락스(Middle Rocks)에 대한 원시적 권원이 조호르 술탄의 계승자인 말레이시아에 있다고 한다.

---

825) *Ibid.*, p. 12, paras. 278-287.

826) *Ibid.*, p. 12, paras. 288-290.

[사진 3] 사우스 레지(South Ledge)

■ 출처 : Singapore Memorial PPT Show, p.13

다음, 사우스 레지(South Ledge)에 관하여[827) 재판소는 사우스 레지(South Ledge)가 간출암으로서 특별한 지리적 개체에 해당하므로 고려되어야 할 특별한 문제가 있음에 주목하였다. 재판소는 유엔해양법협약 제13조를 원용하였으며 과거 판례의 당사국주장 증거들도 고려하였다. 사우스 레지(South Ledge)는 말레이시아 본토, 페드라 브랑카(Pedra Branca)/푸라우 바투 푸테(Pulau Batu Puteh) 및 미들 락스(Middle Rocks)가 만들어내는 서로 중복되는 영수 내에 분명히 존재한다. 특별협정 및 최종제출에서 당사국들은 이들 3개 해양개체 각자에 대한 영유권 문제를 별도로 결정해 줄 것을 요청하였다.

동시에 재판소는 문제수역에서의 말레이시아와 싱가포르 영수에 관한 경계선 획정을 당사국으로부터 해달라는 부탁을 받지 않았음을 주시하였다. 이러한 상황에서 재판소는 간출암인 사우스 레지(South Ledge)에 대한 영유권은 이것이 위치한 영수국가에게 속한다고 결론지었다.

상기의 논리를 근거로[828) 재판소는 다음과 같이 판결하였다.

---

827) *Ibid.*, p. 12, paras. 291-299.

(1) 페드라 브랑카(Pedra Branca)/푸라우 바투 푸테(Pulau Batu Puteh) 영유권을 싱가포르에 속한다(12:4).

(2) 미들 락스(Middle Rocks) 영유권은 말레이시아에 속한다(15:1).

(3) 사우스 레지(South Ledge) 영유권은 이것이 위치한 영수국가에 속한다(15:1).

4. 평 가

말레이시아·싱가포르 간의 페드라 브랑카(Pedra Branca)/푸라우 바투 푸테(Pulau Baru Puteh), 미들 락스(Middle Rocks) 및 사우스 레지(South Ledge) 영유권 사건은 가장 최근의 도서 영유권에 관한 국제사법재판소 판결로서 우리에게 시사하는 바가 크다고 할 수 있겠다.

첫째, 본 사건은 분쟁 당사국 모두 식민지 지배를 받은 국가로서 그 상황이 우리와 유사한바, 특히 제국주의 국가가 식민지 지배 당시 체결한 조약의 효력이 가장 중요한 법적 효과를 발생했던 것으로 판단되었다. 이 결과 1953년 조호르(Johor)는 자신이 페드라 브랑카(Pedra Branca)/푸라우 바투 푸테(Pulau Baru Puteh)에 대한 소유권 주장을 하지 않았음을 공식적으로 선언하였고, 이 배제는 말레이시아를 구속하며 그 효과가 그대로 인정되었다.

둘째, 페드라 브랑카(Pedra Branca)/푸라우 바투 푸테(Pulau Baru Puteh)에 관한 양 당사국 행위의 일관성 문제로서, 싱가포르는 페드라 브랑카(Pedra Branca)/푸라우 바투 푸테(Pulau Baru Puteh)에 관한 자신의 주권과 완전히 일치하는 태도로 줄곧 국가행위를 행사하여 왔다. 특히 싱가포르는 150

---

828) *Ibid.*, p. 13, para. 300.

년 이상 동 도서에 대한 주권자로 행위 하였으나, 이와는 달리, 말레이시아는 1979년 이전에, 자신이 페드라 브랑카(Pedra Branca)/푸라우 바투 푸테(Pulau Baru Puteh) 권원을 가졌음을 암시한 적이 없으며 동 도서와 관련한 어떠한 주권행위도 행사한 적이 없었고 공식적으로 동 도서 소유권을 주장하지도 않았다. 또한, 페드라 브랑카(Pedra Branca)/푸라우 바투 푸테(Pulau Baru Puteh)가 싱가포르에 속하는 것으로 표시된 공식적 지도도 발행하지 않았으며 동 도서에 대한 싱가포르의 계속적 행정 및 통제에 대해 침묵을 지켜왔다. 따라서 분쟁이 시작되기 이전의 실효적 지배 행위 즉 국가행위 계속성이 영유권 문제 해결의 중요한 법적 근거가 된다는 것이다.

셋째, 국가권원의 승계, 국가권한의 계속적·평화적 및 실효적 행사 사실이 영유권 결정에 가장 중요한 요인으로 등장하는 바, 이 점에서 싱가포르의 주장이 다소 설득력이 있었고, 이 경우 일본과의 독도문제에 있어 우리로서는 상대적으로 상당히 유리할 수 있다.

넷째, 지도의 증거능력이나 지도가 증거로 채택되어 영유권 결정에 미치는 영향은 다소 적을 것으로 판단되었기 때문에 향후 국제적으로 공인된 국가의 공식적 지도발굴은 중요할 수 있다.

다섯째, 역사적 사실 문제는 입증의 객관적 어려움 및 주장 내용의 현격한 차이 등으로 증거채택에 어려움이 상존하는바, 객관적으로 공인될 만한 역사적 자료의 발굴이 중요할 것으로 보인다.

결국 독도문제에 있어 일본이 강하게 주장하는 샌프란시스코 조약상의 독도 영유권문제 미삽입 사실 및 도근현 고시에 의한 독도의 일본영토 편입조치 등의 국제적 해석이 일본에게 유리하지 않도록 반박하는 내용의 자료 발굴 및 활용이 중요할 수 있으며, 1905년 이전 우리의 실효적 지배사실 발굴 및 독도가 선점의 대상인 무주지가 아니었다는 사실 입증이 노력이 필요하다 하겠다.

V. 루마니아·우크라이나 간 흑해 해양경계획정 사건[829]

1. 사건 개요

신해양법협약 체제하의 해양경계획정문제는 오늘날 모든 연안국들이 안고 있는 가장 중대한 국가적 명제 중의 하나이나, 그 해결이 쉽지만은 않는 것이 사실이다.[830] 이는 해양경계획정이 국가의 해양관할수역을 결정하는 것이므로 오늘날과 같이 해양자원 특히 광물자원이나 석유자원 등이 국가경제에 있어 커다란 몫을 차지하고 있는 현실적 요구 등을 고려할 때 더욱 민감한 문제로 남을 수밖에 없다.

특히 경계획정 대상수역 내에 분쟁도서나[831] 자원중첩구역이 존재할 경우 또는 안보적 이해관계 등이 중복될 때는 그 해결이 더욱 어려워진다. 물론 가장 이상적인 경계획정 문제의 해결방식은 당사국간 합의를[832] 통하는 것이나 이 역시 당사국간 이해관계의 충돌로 인하여 단기

---

829) 본 내용은 「해사법연구」 제21권 2호에 게재한 것을 재정리하여 수록한 것임.

830) 해양경계획정에 관한 기술적·법적 문제의 구체적인 설명에 관하여는, *United Nations, Handbook on the Delimitation of Maritime Boundaries* (New York : UN, 2000) 참조.

831) Derek W. Bowett, *The Legal Regime of Islands in International Law* (New York : Oceana Publication, 1979); R. R. Churchill & A. V. Lowe, *The Law of the Sea* (Manchester : Manchester University Press, 1999); G. Blake, *Maritime Boundaries and Ocean Resources* (London : Croom Helm, 1987); M. D. Evans, *Relevant Circumstances and Maritime Delimitation* (Oxford : Clarendon, 1989); J. P. Jagota, *Maritime Boundary* (Dordrecht : Nijhoff, 1985); R. W. Smith, *Exclusive Economic Zone Claims: An Analysis and Primary Documents* (Dordrecht : Nijhoff, 1986) 참조.

832) Jonathan I. Charney and Lewis M. Alexander (eds.), *International Boundaries*

간 내에 해결이 어려운 것이 현실이다. 결국 이러한 제반 관련사정을833) 고려할 시 해양경계획정분쟁을 조속히 해결하기 위해서는 분쟁의 강제적 해결방식인 사법적 해결을 시도할 수밖에 없다는 결론이 자연스럽게 나오게 된다.834)

2009년 2월 3일 국제사법재판소는 루마니아 對 우크라이나 간의 세르팡섬(Serpent's Island/Snake Island)을 둘러싼 흑해에서의 해양경계획정 사건에 대해 판결을 한 바 있다.835) 동 사건은 1997년 2월에 체결된 양국간 우호조약(the Treaty on Good Neighbourliness and Co-operation: 우호조약)에 따라 1998년부터 6년간의 협상 끝에 2004년 루마니아 제소하였고, 이에 양국이 이를 수용하여 재판소가 소송을 진행하게 되었다.

소송배경을 보면, 루마니아는 흑해에서의 루마니아와 우크라이나 간 대륙붕 및 배타적 경제수역 경계획정에 관한 소송을 2004년 9월 16일 사무국에 접수하였다.836) 소송제기 시, 루마니아는 자국과 우크라이나 간에 합의된 1997년 2월의 교환각서에 의한 추가합의 제4(h)항 규정에 따라 재판소의 관할권을 구하고자 하였으며, 동 추가합의는 1997년 우호조약 제2조에 근거한 것이었다.

루마니아는 특별재판관으로 잔-피에르(Jean-Pierre)를 우크라이나는 옥스만(Oxman)을 선정하였다.837) 재판소는 루마니아의 변론 및 우크라이나의

Vol. I & Vol. II (Dordrecht : Nijhoff, 1993), *Vol. III* (Dordrecht : Nijhoff, 1998); Jonathan I. Charney and Robert W. Smith (eds.), *International Boundaries Vol. IV* (Dordrecht : Nijhoff, 2002); David A. Colson and Robert W. Smith (eds.), *International Boundaries Vol. V* (Dordrecht : Nijhoff, 2005) 참조.

833) Prosper Weil, *The Law of Maritime Delimitation-Reflections* (Cambridge : Grotius Publications Limited, 1989), pp.208-268 참조.

834) 유엔해양법협약 제74조 및 83조 참조.

835) http://www.icj-cij.org/docket/files/132/14987.pdf 참조 (2009.7.19 방문).

836) *Ibid.*, para. 1.

답변을 2005년 8월 19일 및 2006년 5월 19일로 할 것을 결정하였고[838)
루마니아의 답변 및 우크라이나의 재답변을 2006년 12월 22일 및 2007년
6월 15일 각각 허용하였다. 그러나 루마니아의 답변은 지정된 기일내로
확정되었으나, 우크라이나는 자신의 요구로 재답변 기간을 2007년 7월 6
일까지 연장하였고 이후 우크라이나는 재답변서를 제출하게 되어[839)
2008년 9월 2일~9월 19일 까지 공개재판이 진행되었다.[840) 이에 따라
재판소는 2004년에 제소된 본 사건을 2009년에 판결하였다.

　본 사건에 있어 경계획정 대상수역은 북해의 북서쪽에 위치한 흑해인
바, 흑해는 다다넬스 해협, 마르마라 및 보스포러스 해협으로 둘러싸인
지중해와 연결되어 있다. 흑해는 40°56′N, 46°33′N 및 27°27′E 및 41°42′E
사이에 위치한다. 흑해는 수면 면적이 432,000㎢이며 흑해 북서쪽 다뉴
브 델타 동쪽으로 약 20해리 떨어진 거리에 세르팡도서라 불리는 섬이
있는데, 이 섬은 고조시 수면 상에 있으며 그 면적이 0.17㎢이고 둘레는
약 2,000m이다. 본 사건의 분석은 양국간 해양경계획정 사건에 관한 국
제사법재판소의 판결내용을 사안별로 즉, 해양경계획정 시, 도서의 효과,
해양경계획정절차 및 방식문제, 해양경계획정에 관한 당사국간의 기존합
의의 효력, 관련해안의 역할 문제, 관련사정이 해양경계에 미치는 영향
및 비례성 문제 등을 중점을 두었다.

---

837) *Ibid.*, para. 4.

838) *Ibid.*, para. 5.

839) *Ibid.*, para. 6.

840) *Ibid.*, para. 7.

2. 당사국 주장 경계선

(1) 루마니아 주장

루마니아는 흑해에서 루마니아와 우크라이나간 대륙붕 및 배타적 경제수역의 단일 경계획정을 다음과 같이 요구하였다.

(1) 세르팡 도서 주변 12해리상의 45°05′21″N ; 30°02′27″ 점에서 45°14′20″N ; 30°29′12″E 지점까지

(2) 루마니아의 우크라이나 인접해안 등거리 선상의 Y지점에서부터 45°09′45″N, 31°08′40″E의 T지점까지

(3) 루마니아와 우크라이나 대향해안 중간선상의 T지점에서부터 43°26′50″N, 31°20′10″E의 Z지점까지.

또한 루마니아는 2008년 9월 16일 공청회에서 흑해에서의 자국과 우크라이나간 단일 해양수역 획정을 다음과 같이 요구한다고 답변하였다.

(1) 세르팡도서 주변 12해리상의 45°05′21″N, 30°02′27″E에 있는 F지점에서부터 45°14′20″N, 30°29′12″E에 있는 X지점까지

(2) 직선부분의 X지점으로부터 45°11′59″N, 30°49′16″E에 있는 Y지점까지

(3) 다음, 루마니아와 우크라이나 인접해안 간 등거리선상의 Y지점으로부터 45°09′45″N, 31°08′40″E에 있는 T지점까지

(4) 다음 루마니아와 우크라이나 대향해안 중간선상의 T지점으로부터 43°26′50″N, 31°20′10″E에 있는 Z지점까지.[841]

---

841) Ibid., para. 12.

(2) 우크라이나 주장

우크라이나는 루마니아의 주장을 거부하면서, 당사국간 대륙붕 및 배타적 경제수역 경계획정을 다음과 같이 판결 및 선언해 줄 것을 요청하였다.

> 45° 05′ 21″ N, 30° 02′ 27″ E 좌표를 갖는 2003년 조약 제1조에서 확인된 지점으로부터 경계선은 남동방향에서 제2지점으로 확장되는 즉 44° 54′ 00″ N, 30° 06′ 00″ E 및 동 경계선이 제3국의 이해관계가 상충되는 지점까지 미치는 동일 방위까지.[842]

2008년 9월 19일 공청회에서 우크라이나는 또한 다음과 같이 변론하였다. 우크라이나는 재판소가 우크라이나와 루마니아간 대륙붕 및 배타적 경제수역 경계선이 다음과 같아야 함을 판결하고 선언해 줄 것을 요청한다.

(1) 우크라이나·루마니아 간 국가제도에 관한 양국간의 2003년도 조약 제1조에서 확인된 것과 동일한 지점(지점 1, 45°05′21″N, 30°02′27″E)으로부터 직선으로 지점 2(44°54′00″N, 30°06′00″E)까지 나아간다.

(2) 156°도 방위선을 따라 이어지는 선인 지점2로부터 43°20′37″N, 31°05′39″E의 지점 3까지 그리고 이어서 제3국의 이해관계가 상충되는 지점에 이를 때까지 동일 방위를 따라 계속된다.[843]

---

842) *Ibid.*

843) *Ibid.*, para. 13.

[지도 8] 루마니아와 우크라이나 주장 해양경계선

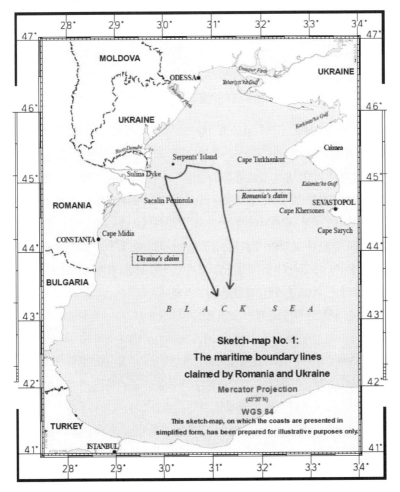

■ 출처 : http://www.icj-cij.org/docket/files/132/14987.pdf, p.9

3. 주요 쟁점

(1) 관할권 문제

1) 루마니아 주장

루마니아는 재판소규칙 제36조 1항 및 추가합의 제4조(h)항을 재판소 관할권의 근거로 원용하였는바, 즉 "이러한 교섭이 시작 이후 2년을 넘지 않는 합리적 기간 내에 합의체결을 결정하지 않을 경우, 루마니아와 우크라이나는 대륙붕 및 배타적 경제수역 문제가 당사국 일방의 요청으로 국제사법재판소에서 해결되어야 한다고 합의하였으며, 이는 양국간 국가 경계제도에 관한 조약이 발효될 경우를 전제로 한다."[844] 2003년 6월 17일 루마니아·우크라이나 국경제도 경계문제에 관한 협력 및 상호원조에 관한 조약은 2004년 5월 27일에 발효하였다.[845]

재판소 관할권 범위문제는 "F지점(2003년 국경제도조약으로 확립된 루마니아와 우크라이나 영해구분점이라고 루마니아가 언급하는 점)과 X지점(루마니아에 따르면, 세르팡도서 주변 12해리상에 합의된 경계의 끝점) 간의 세르팡도서 우크라이나 영해로부터 루마니아 경제수역과 대륙붕을 분리하는 경계선의 시작 부분"으로서, 루마니아의 관점에서 보면, "재판소가 경계획정을 하기위한 적절한 방식"은 이들 두 지점 간의 경계를 확인하는 것이며 그 다음에 양국에 의해 확립되지 않는 기타 부분에서의 경계획정선 결정절차를 진행하는 것이라고 하였다.[846]

---

844) *Ibid.*, para. 20.

845) *Ibid.*, para. 21.

846) *Ibid.*, para. 23.

2) 우크라이나 주장

우크라이나는, 재판소 관할권이 "당사국의 대륙붕 및 배타적 경제수역 경계획정으로 제한되어 있다"는 것이다. 이점에서 재판소는 당사국 일방에 속하는 기타 해양수역 특히 각자의 영해 해양수역을 경계획정할 관할권을 갖지 않는다는 것이다. 또한 "경계획정은 양국의 영해 외측한계에서부터 시작해야 하며" 재판소가 그은 선은 "대륙붕과 배타적 경제수역을 분할하는 선이 되어야 한다"라고 하면서 "재판소가 타국의 대륙붕과 배타적 경제수역으로부터 일국의 영해를 분할하는 선을 그리는 것이 배제되어야 한다"고 한다. 이러한 이유로 우크라이나는 재판소가 관할권이 없다고 주장하였다.[847]

3) 재판소 견해

재판소는 우크라이나가 국제법상 원칙의 문제로서 일국의 영해를 타국의 배타적 경제수역과 대륙붕으로부터 분리시키는 경계획정이 될 수 없다는 것을 고려하고 있지 않다고 한다.[848] 우크라이나는 오히려 추가합의 제4(h)항의 용어에 오히려 의존하는바, 이 점에 있어 "당사국들은 재판소가 세르팡도서 주변 우크라이나 영해의 외측한계를 따라 다목적적 해양경계획정이 요구될 것임을 고대하지 않았다"는 것이다.[849]

추가합의 제4(h)항의 문구는, "대륙붕 및 배타적 경제수역 경계획정 문제는 국제사법재판소에 의해서 해결되어야 한다"는 것이며, 재판소는 추가합의[850] 규정 제4(h)항이 동 합의 목적과 그 내용상 재판소에 관할권

---

847) *Ibid.*, para. 24.

848) 사실상 이러한 선은 최근의 해양경계획정사건(2007년 10월 8일 카리브해 니카라과 및 온두라스 간 영토 및 해양분쟁 판결)에서 나왔다.

849) http://www.icj-cij.org/docket/files/132/14987.pdf, para. 26 (2009.7.19 방문).

을 부여하는 것으로 해석해야 한다는 견해이다.851)

(2) 적용법률문제

1) 루마니아 주장852)

루마니아는 1949년, 1963년 및 1974년 소련과 체결한 의정서가 당사국들을 법적으로 구속한다는 견해에는 일치한다고 한다. 루마니아는 해양경계의 시작 부분을 설정한 이들 합의가 유엔해양법협약 제74조 4항 및 제83조 4항에 근거하여야 한다고 주장하면서, 또 다른 합의는 세르팡도서 주변에 작도된 12해리 원호로 루마니아 영해경계를 획정한 2003년 국가경계제도조약으로, 이들이 당사국들을 구속하게 되며 재판소도 동 합의 내용을 분명하게 적용할 수 있다는 것이다.853)

루마니아는 1997년 추가합의에서 당사국들이 인정한 원칙은 양국간 외교교섭 및 재판소에 의한 분쟁의 궁극적 해결 목적에 적용된다고 주장한

---

850) 동 합의는 루마니아와 우크라이나 간 선린우호조약과 같은 날 체결되었는데, 동 제2조 2항은 다음과 같다; "당사국은 양국간 국경제도에 관한 분리조약을 체결해야하며 동 조약의 서명과 동시 효력이 발생하는 외교당국자간 교환각서로 합의한 원칙과 절차를 근거로 흑해에서의 대륙붕 및 배타적 경제수역 경계획정문제를 해결해야한다. 동 교환각서에 포함된 양해내용은 동 조약 효력발생과 동시에 유효하여야 한다."

851) http://www.icj-cij.org/docket/files/132/14987.pdf, para. 27 (2009.7.19 방문).

852) 루마니아 및 우크라이나 양국 모두 유엔해양법협약 당사국이다. 루마니아는 1996년 12월 17일에, 우크라이나는 1999년 7월 26일 각각 비준서를 기탁하였다. 루마, 니아는 유엔해양법협약 제74조 및 83조가 배타적 경제수역 및 대륙붕 경계획정과 관련되어있다고 한다. *Ibid.*para. 31.

853) *Ibid.*, para. 32.

다. 이들 원칙은 1997년 추가합의 제4항에 다음과 같이 열거되어 있다.

① 국가관행 및 국제판례법에서 원용된 1982년 12월 10일 유엔해양법협약 제121조에 언급된 원칙
② 해안이 인접한 경계획정 대상지역에서의 등거리선 원칙 및 해안이 대향한 지역에서의 중간선 원칙
③ 대륙붕 및 배타적 경제수역에 관한 국가관행 및 국제재판소 판결에 원용된 형평 및 비례성원칙
④ 경계획정 대상지역에 인접한 영토에 대하여 어느 체약당사국도 타방 체약당사국의 영유권을 다투지 않는다는 원칙
⑤ 경계획정 대상지역의 특수 환경 고려 원칙[854]

(2) 우크라이나 주장

우크라이나는 재판소가 재판소규정 제38조 1항에 규정된 것처럼 국제법에 따라 분쟁을 해결할 의무가 있다는 것이다. 현 사건과 같은 해양경계획정과 관련하여 "적용 가능한 국제법 규칙은 주로 유엔해양법협약 규정과 재판소 판례로 확립된 특정규칙을 주로 포함한다"라는 것이다.[855] 1997년 추가합의가 당사국을 구속하는 국제조약이나 "그 규정은 현 소송절차와 관련된 합의가 아니다"라는 것이다. 여기에 나오는 원칙들은 당사국들이 경계획정 교섭의 근거가 되나 이후의 사법절차에 적용되는 것으로 당사국들이 합의하지는 않았다.[856]

---

854) *Ibid.*, para. 33.

855) *Ibid.*, para. 36.

856) *Ibid.*, para. 37.

또한 1949, 1963 및 1974년 의정서 및 1997 추가합의는 대륙붕 및 배타적 경제수역 경계합의가 아니었기 때문에 유엔해양법협약 제74조 4항 및 제83조 4항에서 언급된 합의가 되지는 아니한다.857) 동 협약 서명 및 비준시 제121조에 관하여 루마니아는 선언을 하였는바, 우크라이나는 동 선언과 유보의 차이를 지적하면서 언급하기를, 선언은 "당해 조약의 법적 효과를 변경하지 아니하며" 그리고 타방 체약 당사국의 어떠한 반응도 요구하지 아니한다. 따라서 재판소는 루마니아의 선언을 고려할 필요가 없다는 것이다.858)

(3) 재판소 견해

단일 해양경계획정이 무엇이 될는지를 결정함에 있어, 재판소는 당연히 당사국간 합의를 고려하였다. 1949년, 1963년 및 1974년 루마니아와 소련 간에 체결된 의정서가 유엔해양법협약 제74조 4항 및 제83조 4항 의미 내의 경계획정에 관한 합의가 되는지의 여부는 재판소가 결정할 사항인바, 루마니아에 의하면 이 결정이 재판소가 결정해야 하는 해양경계의 시작부분이 된다는 것이다.859)

추가합의 제4(a)~(e)항에 열거된 원칙에 관하여, 재판소는 "다음의 원칙과 절차를 근거로 혹해에서의 대륙붕 및 배타적 경제수역 경계획정에 관한 합의를 우크라이나와 루마니아가 해야 한다"고 규정하는 조항의 내용은 이러한 원칙들을 당사국들이 해양경계획정 교섭시 고려해야 함을 의도한 것이었으나, 그렇다고 이것이 재판소가 적용해야하는 법률이 되

---

857) *Ibid.*, para. 38.

858) *Ibid.*, para. 39.

859) *Ibid.*, para. 40.

지는 아니한다는 것이다. 그러나 이들 원칙들이 본 사건에 아무런 적용
도 되지 않는다는 것을 반드시 의미하지는 않는다. 이들은 국제법 관련
규칙의 일부라는 정도에서 적용될 수 있다. 당시 당사국간에 유엔해양법
협약이 유효하므로 본 사건에서 재판소가 적용해야하는 해양경계획정의
원칙이 바로 동 협약 제74조 1항 및 제83조에 의해 결정된다는 것이
다.[860]

(4) 기존 해양경계획정의 효과

1) 루마니아 주장

루마니아는 자국과 소련 간에 체결된 여러 합의가 있음을 설명하면서
이중 가장 중요한 것은 양국간의 국가경계를 규정한 1949년 9월 27일의
일반 의정서라는 것이다. 1949년에 획정된 경계는 1963년과 1974년 소
련·루마니아 의정서 및 1949년과 1961년 양국간의 경계조약에서 확인되
었으며, 이들 합의가 승계방식에 의해 우크라이나를 구속하며 이는 세르
팡도서 12해리를 따라 해양경계의 최초부분이 설정되었다고 한다.[861]

또한 루마니아는 언급하기를, 루마니아와 소련 간 해양경계의 최종점
이 특정 지리적 좌표로 확인되지는 않았으나 합의경계의 범위는 1949년
일반의정서 자체의 문구로 정해졌다는 것이다. 12마일 원호를 따르는 세
르팡도서 주변 해양경계의 존재 및 수용은 1949년 이후 소련 그리고 이
후 우크라이나, 루마니아, 불가리아, 프랑스 및 독일 등에서 발행한 여러
해도상에서 확인된다. 이들 해도들은 일관되게 경계가 지도 134에 묘사

---

860) *Ibid.*, para. 41.

861) *Ibid.*, para. 44.

된 최종지점 이원으로 확장하며 세르팡도서 동쪽지점까지 전체길이를 따라 동일한 성격을 갖는 것임을 나타내준다고 루마니아는 주장한다. 루마니아는 또한 "지점 X로 언급되는 이 지점의 위치는 모든 이들 해도상에 있는 것과 일치하며, 이는 거의 45°14′20″N 과 30°29′12″E에 위치한다"고 한다.862)

2) 우크라이나 주장

우크라이나는 세르팡도서 주변 12해리에서 지점 X까지의 해양경계가 1949년에 시작한 루마니아와 소련 간 합의로 설정되었다는 것에 동의하지 않으면서, 양 당사국은 국가경계의 최종지점이 2003년 국경제도조약으로 설정되었는데, 이는 이 지점 이원의 해양수역이 과거에 획정되지 않았음을 의미한다는 것을 인정하는 것이라고 주장한다.863) 특히 우크라이나는 1949년 의정서 내용이 다목적 해양경계를 규정하지 않았으며 지도 134도 동일하다고 한다.864)

우크라이나는, 1949년 의정서나 기타의 합의내용에서도 세르팡도서 12해리 원호를 따라 합의된 선이 도출해내는 남쪽수역을 확보해주지 못한다고 한다. 1949년에 합의된 선은 그 당시 존재하지 않았던 즉 대륙붕 및 배타적 경제수역제도에 따르는 해역을 구분하는 선으로 이는 현실적으로 당사국이 의도할 수도 없었다. 따라서 우크라이나는 1963년 및 1974년과 마찬가지로 1949년 의정서가 구속력 있는 국제합의임에는 분명하나, 이들이 "대륙붕 및 배타적 경제수역 경계획정에 관한 합의는 아니다"라고 주장한다. 또한 강조하기를, 어느 관련 내용에서도 동 합의된 경계선이 "그 선 이원 해양수역의 모든 범주"에 대한 우크라이나(이전에는

---

862) *Ibid.*, para. 47.

863) *Ibid.*, para. 50.

864) *Ibid.*, para. 51.

소련)의 권리를 제한하는 다목적 해양경계선이 된다고 규정한 것은 없다라고 한다.[865] 루마니아가 제시한 지도 증거에 관하여는, 1949년 의정서와 이시대의 지도나 개략도 어느 것도 합의된 경계가 루마니아가 주장한 지점 X 까지 확장된 것은 없다라고 한다.[866]

3) 재판소 견해

재판소는 1948년 2월 4일 모스크바에서 서명된 루마니아와 소련간의 국경선의정서 결과로 체결된 1949년 의정서는 연합국과 루마니아간의 1947년 파리 평화조약에서 합의된 내용의 변경을 주요목적으로 하였는데, 이는 소련·루마니아 간 경계가 "1940년 6월 28일 소련·루마니아 간의 합의 및 1945년 6월 29일 소련·체코 간의 합의에 따라" 확정되었음을 나타낸다고 하였다.[867] 평화조약 내용은 세르팡도서에 관하여 명확한 규정이 없으나 다뉴브강 입구에서 동쪽으로 흑해에 위치한 세르팡도서는 소련에 흡수되었다라고 한다.[868]

1949년 11월 및 1961년 2월 루마니아와 소련은 국경제도조약을 체결하였는데, 1961년 조약에 의하면, 추가확정절차가 1963년에 이행되었고 이 과정에서 경계표시번호 1439나 이의 개략도에 대한 어떠한 변경도 없었고, 국가경계는 세르팡도서를 소련에 속하게 하는 소련의 12해리 영해 외측한계를 지나가게 된다는 것이다.[869]

이와 관련된 최종조약이 2003년 국경제도조약인 바, 동 조약은 "세르팡도서 주변 우크라이나 영수 외측한계 상의 경계표시 1439로부터 45°05′

---

865) *Ibid.*, para. 52.

866) *Ibid.*, para. 54.

867) *Ibid.*, para. 55.

868) *Ibid.*, para. 56.

869) *Ibid.*, para. 61.

21″N 및 30°02′27″E 까지 계속되는데, 이는 루마니아 영해 외측한계를 지나는 루마니아 국경과 만나는 지점이다. 기선으로부터 측정되는 당사국 영해는 자국 외측한계 접속점에서 12해리 폭을 갖는다"라고 규정하였다.[870]

재판소는 1949년 경계표시 1439로 나타낸 지점으로부터 루마니아와 소련 간 경계는 특정된 끝점이 없이 세르팡도서 주변 12해리 원호를 따라가게 될 것이라는데 합의하였다는 것이다. 2003년 국경제도조약 제1조상 당사국간 국경의 끝점은 루마니아 영해경계가 우크라이나 경계와 만나는 교차지점으로 고정되었다고 하면서 이 지점을 '지점 1'로 언급하였다.[871]

재판소는 루마니아 대륙붕 및 배타적 경제수역을 구분하는 합의된 선의 존부에 관한 문제를 언급하면서, 지점 1 이원 배타적 경제수역 및 대륙붕을 경계획정하며 세르팡도서 주변으로 확장하는 경계가 1949년 합의에 의해 설정되었다는 루마니아 주장과 관련된 조항이 유엔해양법협약 제74조 3항과 제83조 4항이라고 한다.[872]

영해가 관련되는 한, 재판소는 세르팡도서 주변 12해리 수역을 소련이 일반적으로 자국 영해로 주장하였던 12해리 수역과 일치하였을 것이라고 한다.[873] 2003년 국경제도조약 제1조는 "기선에서 측정한 체약당사국의 영해는 외측한계의 접점에서 항구적으로 12해리 폭을 향유해야한다"이므로, 세르팡도서 주변 12해리 원호는 해안선이나 기선에 있어 어떤 변화가 있더라도 루마니아 영해에 의해 침해되어서는 안 될 것이라는 것이다.[874] 결국 재판소는 1949년 의정서가 단지 루마니아와 소련 간 국경획

---

870) *Ibid.*, para. 63.

871) *Ibid.*, para. 66.

872) *Ibid.*, para. 69.

873) *Ibid.*, para. 74.

874) *Ibid.*, para. 75.

정에만 관련되는 것으로서, 이는 세르팡도서 주변 12해리 영해를 따랐을 뿐이라고 결론 내린다.[875]

(5) 관련 해안

1) 루마니아 주장

루마니아는 관련해안이 해양수역 권원을 창출하는 해안이라는 원칙을 원용하는바, 즉 돌출부분이 문제의 수역으로 확대되는 해안이며 이는 양국 해안이 만들어내는 수역간에 서로 중첩되는 수역이 되어 연안국이 문제수역에 대한 자국주장 근거를 제공한다고 한다.[876] 루마니아는 자국 해안이 두 가지로 분명하게 구분된다고 하였는바, 우크라이나와의 강 경계 최종지점으로부터 사카린반도 남쪽 끝까지 짧은 직선해안 및 사카린반도 끝에서부터 불가리아 국경까지의 다소 긴 굴곡해안으로[877] 이들 관련 해안의 총길이는 269.67km이다(기선은 204.90km).[878]

2) 우크라이나 주장

우크라이나는 "루마니아가 자국 해안 북쪽지역으로 대표되는 해안의 중요지역을 이중으로 계산하였다"라고 하면서, 루마니아는 70km 길이의 북쪽해안을 '인접' 해양경계 및 '대양' 경계와 관련이 있다고 하여 이를 이중으로 계산하였다는 것이다.[879]

---

875) *Ibid.*, para. 76.

876) *Ibid.*, para. 80.

877) *Ibid.*, para. 81.

878) *Ibid.*, para. 83.

879) *Ibid.*, para. 85.

또한 우크라이나는 지점 S에서 타르칸쿠트 곶(Cape Tarkhankut)까지 자국 해안의 일부가(630km) 루마니아가 주장한 것처럼 우크라이나 관련해안에서 제외되어야 한다는 것에 일치하지 않는다. 우크라이나는 모든 남쪽 대향해안이 200해리 대륙붕이나 배타적 경제수역 권원을 창출함을 지적하면서 우크라이나는 지점 C에서 타르칸쿠트 곶(Cape Tarkhankut)까지의 해안이 당사국간 경계획정 목적상 관련된다고 주장한다.880) 우크라이나는 "세르팡도서가 지리적 관련성의 일부를 구성하며 그 해안은 우크라이나 관련해안의 일부를 구성한다"라고 주장하며, 관련해안의 총길이는 1,058km(연안길이 684km, 기선 664km)라고 결론 내린다.881)

3) 재판소 견해

재판소는 양당사국이 타르칸쿠트 곶(Cape Tarkhankut) 및 사리체 곶(Cape Sarych) 사이에 있는 크리미아반도 해안을 고려함에 주목하면서 루마니아가 지정한 지점 S로부터 타르칸쿠트 곶(Cape Tarkhankut)까지 확장하는 해안에 대하여는 견해가 일치하지 않는다고 한다.882) 재판소는 이 문제 고려 시 두 가지 원칙을 원용하였다.

첫째, "육지가 해양을 지배한다"는 것이고 둘째, "경계획정 목적상 관련해안으로 고려되기 위해서는 당사국 해안 돌출부와 중첩되는 부분을 만들어내야 한다"라는 것이다. 결국 연안국의 지리적 위치 때문에 타방 당사국 해안 확장과 중복할 수 없는 일방 당사국 해안의 일부 해저확장은 재판소의 고려에서 제외되어야 한다는 것이다.883) 그러므로 재판소는 카르키니츠카(Karkinits'ka) 만 해안이 관련해안 일부가 된다라는 우크라이나

---

880) *Ibid.*, para. 95.

881) *Ibid.*, para. 96.

882) *Ibid.*, para. 98.

883) *Ibid.*, para. 99.

[지도 9] 재판소가 식별한 관련 해안

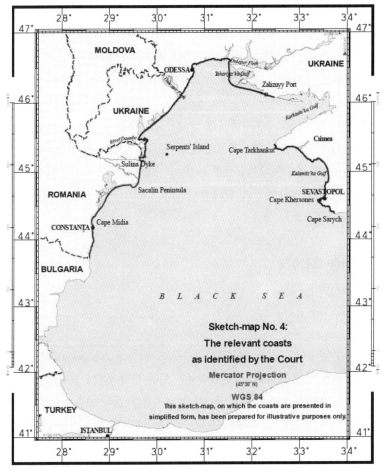

■ 출처 : http://www.icj-cij.org/docket/files/132/14987.pdf, p.31

주장을 수용할 수 없었고 따라서 이들 해안은 재판소의 추가고려에서 배
제된다.884) 그러나 지점 S와 타르칸쿠트 곳(Cape Tarkhankut) 사이에 있는

884) *Ibid.*, para. 100.

우크라이나 해안 잔존부분에 대하여, 재판소는 흑해 북서쪽 가장 넓은 부분이 단지 200해리에 불과하며 북쪽에서 남쪽까지의 범위도 200해리를 초과하지 않는다는 점을 관측하였다. 이러한 지리적 현상으로 우크라이나 남쪽 대향해안은 루마니아 해안 해양 돌출부와 중복하는 돌출부분을 만들어낸다. 그러므로 재판소는 우크라이나 해안의 이들 지역이 관련해안임을 고려하였다.[885]

세르팡도서 해안은 매우 짧아서 당사국 관련해안의 전체 길이에는 실질적 차이가 없다.[886] 우크라이나 관련해안의 길이는 약 705km이며[887] 관련해안을 구성하는 경계획정을 근거로 한 루마니아와 우크라이나 해안 길이의 비례는 약 1:2.8 이 된다.[888]

(6) 관련 대상수역

1) 루마니아 주장

북쪽 관련수역은 지점 S에서 타르칸쿠트 곶(Cape Tarkhankut)까지 이어지는 선으로 경계를 이룬다. 남쪽수역은 인접 루마니아와 불가리아 해안 사이의 등거리선, 대향하는 루마니아와 터키해안 간의 중간선 그리고 소련과 터키가 합의한 경계획정선으로 경계를 이룬다. 남동지역에서는 우크라이나와 터키 간 경계와 사리체 곶(Cape Sarych) 중간선으로 경계를 이룬다. 서쪽 및 동쪽에서의 수역한계는 루마니아와 우크라이나 관련 해안

---

885) *Ibid.*, para. 101.

886) *Ibid.*, para. 102.

887) *Ibid.*, para. 103.

888) *Ibid.*, para. 104.

으로 구성된다.889)

관련수역은 관련해안 돌출부로 야기되는 모든 수역을 의미하는데, 이는 타방당사국 주장과 무관하다. 관련수역에 관하여 당사국간에는 3가지 사항에 대하여 일치하지 않는다. 첫째, 루마니아는 지점 S와 타르칸쿠트 곶(Cape Tarkhankut) 선의 북쪽수역 해안은 모두 우크라이나 것이며, 이들 어느 것도 경계획정과 관련이 없다. 둘째, 남서한계는 인접 루마니아와 불가리아 해안사이의 등거리선으로 나타나며 이 등거리선 남쪽선에 의한 해양수역이 불가리아의 잠정적 이익이 된다고 미리 판단할 수 있다. 셋째, 우크라이나와 터키 사이에 있는 남동 삼각지대는 이들이 루마니아 해안에서 200해리 내에 있기 때문에 관련해안의 일부를 구성한다.890)

2) 우크라이나 주장

세 가지 불일치점에 관하여 우크라이나는 주장하기를, 지점 S와 타르칸쿠트 곶(Cape Tarkhankut) 사이의 남쪽 대향 해안 모두가 200해리 거리까지의 해양권원을 창출하며, 따라서 본 해양수역은 관련수역의 일부가 된다. 또한 우크라이나는 관련수역이 루마니아와 불가리아 간 가상 등거리 그리고 루마니아·불가리아 육상경계 끝점을 연결하는 직선 및 불가리아와 터키 간 잠재적 3각점에 위치한 일부 해양수역을 포함해야 한다고 주장한다. 최종적으로 우크라이나에 따르면, 우크라이나와 터키 사이에 있는 대형 삼각지역은 소련과 터키(우크라이나가 계승) 간의 이전 경계획정을 조건으로 하였기 때문에 이는 관련수역의 일부를 구성하지 않는다.891)

---

889) *Ibid.*, para. 106.

890) *Ibid.*, para. 107.

891) *Ibid.*, para. 109.

3) 재판소 견해

재판소는 '관련수역'의 법적 개념을 해양경계획정 방식의 일부로 고려해야 했음을 관찰하였다. 첫째, 일반적 지리적 내용 및 해양돌출부 구성방식에 있어서의 관련해안의 형상에 따라 이들 수역이 특정해양수역을 포함할 수 있으며, 본 사건에 관련 없는 다른 것들을 배제할 수 있다고 한다. 둘째, 관련수역은 불균형을 점검하는데 적절하다는 것이다. 이는 최종방식이 될 것으로서, 경계획정의 목적은 수역의 공평한 할당도 아니며 비례적인 할당도 아니다. 불균형의 척도는 그 자체가 경계획정 방식이 아니며, 이는 오히려 다른 수단으로 인한 경계획정선이 해양수역간의 중요한 불균형 때문에 조정이 필요한 지의 여부를 점검하는 수단이다.892)

지점 S에서 타르칸쿠트 곶(Cape Tarkhankut)까지 이르는 선의 북쪽에 위치한 우크라이나 해안부분은 경계획정 목적상 관련해안이라는 견해이다. 따라서 본 해안 바로 남쪽에 있으나, 재판소가 그은 선의 입구에서 카리키니츠카(Karkinits'ka) 만을 배제하는 수역이 경계획정 수역 내에 해당한다는 것이다.893) 관련수역의 남쪽한계에 관하여, 남서 및 남동 삼각지역이 관련수역에 포함되어야 하는 것에 대해 당사국들이 다른 견해를 가지고 있으나, 재판소는 이들 삼각지역 모두에서 루마니아와 우크라이나 해양권원이 중첩된다고 한다.894)

---

892) *Ibid.*, para. 110.

893) *Ibid.*, para. 113.

894) *Ibid.*, para. 114.

(7) 경계획정방식

재판소는 경계획정을 몇 가지 단계를 거쳐 진행하는바, 첫째 경계획정 대상수역에 대한 지리적 정보를 기초로 잠정경계를 정하는바, 인접 해안의 경우 등거리선이 그려질 것이고 대향해안의 경우 중간선이 될 것이다.[895] 등거리 및 중간선은 양국해안의 가장 적절한 지점에서 나오는데, 특히 경계획정수역 근처에 돌출해안지점이 있는 경우 주의가 필요한 바, 이는 단일 경계획정 시 연안국이 설정한 직선기선 기점의 일탈 문제를 고려해야 하기 때문이다. 인접국가간 잠정 등거리선 작도 시 기점 선정에 있어 양 당사국의 해안선을 고려하게 되며 이렇게 채택된 선은 양 해안의 지리적 형태 및 해양측 최외곽 위치에 상당히 의존하게 된다.[896]

최초단계에서 재판소는 관련사정을 고려하지 아니하고 잠정 등거리선만을 작도하게 되며 이 선은 객관적 자료에 기초한 지형학적 기준에 철저히 의존한다.[897] 본 사건에서도 재판소는 루마니아와 우크라이나의 인접해안간 잠정 등거리선을 먼저 작도하였으며 이후 대향해안간 중간선 작도를 계속하였다.[898]

두 번째 단계에서 재판소는 형평한 결과를 도출하기 위하여 잠정등거리선의 이동 조정 요인이 있는지를 고려하게 된다. 즉 "소위 형평원칙이나 관련사정 방식이 유용하게 원용될 수 있는 바, 이 방식은 형평한 결과 도출에 적합하다"라는 것을 재판소는 분명히 하였다.[899]

---

895) *Ibid.*, para. 116.

896) *Ibid.*, para. 117.

897) *Ibid.*, para. 118.

898) *Ibid.*, para. 119.

899) *Ibid.*, para. 120.

[지도 10] 재판소가 식별한 경계획정 구역

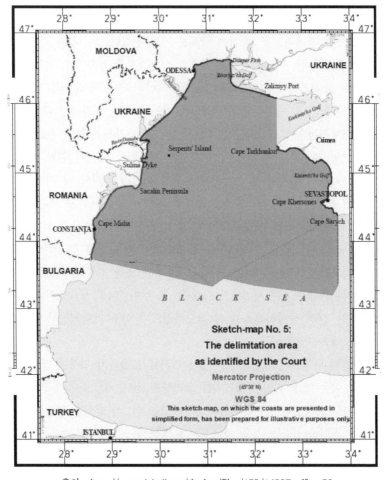

■ 출처 : http://www.icj-cij.org/docket/files/132/14987.pdf, p.38

　　마지막으로, 재판소는 관련사정을 고려하여 조정한 잠정 등거리선이 경계획정에 참고가 된 개별 해안선 길이나 관련 해양수역의 비례성 등이 불균형하여 공평하지 못한 결과를 가져오는 지를 확인하게 된다.900)

(8) 잠정 등거리선의 설정

1) 기점의 선택

◆ 루마니아 주장

루마니아와 우크라이나 인접해안간 잠정 등거리선 설정시 고려해야 하는 기점으로 루마니아 해안에 있는 수리나 다이크(Sulina dyke) 해양 측 끝점과 우크라이나 해안에 있는 쿠반스키(Kubansky) 도서 및 버나스 곶(Cape Burnas) 상의 지점을 주장한다.

또한 루마니아는 대향해안의 기점으로는, 자국 해안에 있는 수리나 다이크(Sulina dyke) 해양측 끝점과 사카린반도 외측끝점 그리고 우크라이나 해안에 있는 타르칸쿠트 곶(Cape Tarkhankut)과 케르손네스(Khersones)를 주장한다.[901]

세르팡도서는 잠정 등거리선 설정 목적상 기점으로 전혀 고려되지 않아야 한다고 주장하는바, 즉 세르팡도서는 인간거주나 자체 경제생활을 할 수 없는 암석으로 "유엔해양법협약 제121조 3항에 규정된 바와 같이 배타적 경제수역이나 대륙붕을 가지지 않는다"라고 한다. 또한 우크라이나가 유엔에 영해기점좌표 통고 시 세르팡도서를 언급하지 않았음도 지적한다.[902]

---

900) *Ibid.*, para. 122.

901) *Ibid.*, para. 123.

902) *Ibid.*, para. 124.

[지도 11] 잠정 등거리선

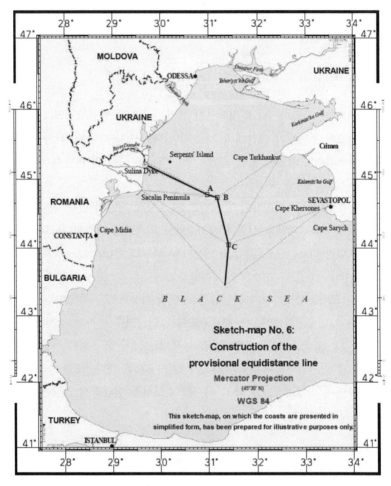

■ 출처 : http://www.icj-cij.org/docket/files/132/14987.pdf, p.48

◆ 우크라이나 주장

잠정 등거리선 설정 관련기점은 영해폭이 측정되는 각 당사국 기선상에 위치한다고 한다. 따라서 루마니아 해안에서 우크라이나는 수리나 다이크(Sulina dyke)와 사카린반도 상에 위치한 기점을 사용하였고, 자국 해안에서는, "세르팡도서와 케르손네스 곶(Cape Khersones) 끝에 위치한 기점"을 참고하였다.903) 세르팡도서는 해안을 가지고 있기 때문에 기선을 갖는다고 우크라이나는 주장하는바, 따라서 우크라이나 본토에 인접해 있는 세르팡도서는 잠정 등거리선 설정의 관련기점으로 분명히 고려되어야 한다고 주장한다.

◆ 재판소 견해

재판소는 루마니아 해안에는 등거리선과 중간선이 동시에 설정되어야 하는 중요 기점들이 존재하는 바, 이는 본 해안이 우크라이나 해안과 인접 또는 대향하기 때문이라는 것이다. 또한 우크라이나 해안에 관하여는, 하나는 루마니아에 인접하고 다른 하나는 대향인데, 고려해야 할 기점은 인접 또는 대향 관련부분에 따라 달리 정의되어야 한다고 한다.904)

재판소는 사카린반도를 잠정 등거리선 설정 목적상 기점으로 사용하기에 적당하다고 고려하였으나,905) 문제는 수리나 다이크(Sulina dyke)가 유엔해양법협약 제11조의 "영구적인 항만시설은 해안의 일부를 구성하는 것으로 본다"라는 요건에 맞는 것인지를 고려하였다.906) 재판소는 그러나 다이크(dyke)의 기능과 항구의 기능을 다르다고 보았는바907), 즉 수리나 다이크(Sulina dyke)는 다뉴브강 입구 및 이곳에 위치한 항구로 가는 선단 보호용으로 사용될 수 있다는 것이다.

---

903) *Ibid.*, para. 125.

904) *Ibid.*, para. 128.

905) *Ibid.*, para. 129.

906) *Ibid.*, para. 133.

907) *Ibid.*, para. 134.

수리나 다이크(Sulina dyke)를 현 경계획정 시 기점으로 사용하는 문제에 관하여 재판소는 루마니아가 영해기점으로 수리나 다이크(Sulina dyke)의 해양측 끝단을 사용했다고 유엔에 통보한 내용의 관련성을 고려해야 했으나, 이 기점의 선택을 우크라이나는 다루지 않았다.908) 이러한 이유로, 재판소는 루마니아 본토와 만나는 수리나 다이크(Sulina dyke)의 육지쪽 끝이 잠정 등거리선 설정의 기점으로 사용되어야 한다는 견해이다.909)

그러므로 재판소는 사카린반도(44°50′28″N, 29°30′52″E)와 수리나 다이크(Sulina dyke) 육지쪽 끝(45°09′51.9″N, 29°43′14.5″E)이 루마니아 해안기점으로 사용될 것이라고 결론 내렸다.910) 또한 재판소는 치간카(Tsyganka) 도서, 타르칸쿠트 곶(Cape Tarkhankut) 및 케르손네스 곶(Cape Khersones) 등이 우크라이나 해안기점으로 사용될 것이며, 세르팡도서는 루마니아와 우크라이나 해안사이의 잠정 등거리선 설정을 위한 기점으로 선정하기에는 부적절하다고 결론 내렸다.911)

2) 잠정 등거리선 설정

◆ 루마니아 주장

양국간 영해 밖 해양수역 경계획정구역이 루마니아와 소련간의 협정으로 확립되었다고 주장하며, 이 해양경계는 세르팡도서 주변 12해리 원호를 따라 45°14′20″N와 30°29′12″E 지점에 이를 때까지 지나가게 된다라고 한다. 이 지점 이원의 해양경계는 루마니아와 소련 또는 우크라이나와

---

908) *Ibid.*, para. 135.

909) *Ibid.*, para. 140.

910) *Ibid.*, para. 141

911) *Ibid.*, para. 148.

설정된 적이 없으며 루마니아는 잠정 등거리선은 인접한 루마니아와 우크라이나 해안의 돌출기점을 고려하여 양국간 육상이나 강 경계의 최종점으로부터 그려진다고 한다.[912]

루마니아는 중간선을 양국의 관련 대향해안 돌출기점을 고려하여 계산하며, 이들 대향해안에서의 루마니아 등거리선은 북쪽에서는 루마니아와 우크라이나 인접해안 및 대향 크리미아해안 삼각점까지, 남쪽에서는 제3국의 이익이 영향을 받을 수 있는 지점까지 이르는 중간선 부분과 일치한다라고 한다.[913]

◆ 우크라이나 주장

잠정 등거리선은 각 당사국의 영해기점을 참조하여 설정해야 한다고 한다. 따라서 루마니아 쪽에서 우크라이나는 수리니 다이크(Sulina dyke)와 사카린반도의 해양측 끝점을 기점으로 사용하며, 자국 측면에서는 세르팡도서와 케르손네스 곶(Cape Khersones) 끝을 기점으로 사용한다고 한다.[914]

◆ 재판소 견해

재판소는 잠정 등거리선 설정시 루마니아해안의 사카린반도와 수리나 다이크(Sulina dyke) 육지측 끝단 및 우크라이나해안의 치간카(Tsyganka) 도서, 타르칸쿠트 곶(Cape Tarkhankut)와 케르손네스 곶(Cape Khersones)이 사용되어야 한다고 한다. 따라서 지점 A(44°46′38.7″N, 30°58′37.3″E), 지점 B(44°44′13.4″N, 31°10′27″E) 및 지점 C(44°02′53.0″N, 31°24′35.0″E)를 활용하여

912) Ibid., para. 150.

913) Ibid., para. 151.

914) Ibid., para. 152.

잠정등거리 구역을 설정하였는바, 이렇게 하여 그은 선은 루마니아해안 사카린반도 그리고 우크라이나해안 케르손네스 곶(Cape Khersones) 상의 기점에 의해 그려진다.915)

(9) 관련 사정

1) 해안선 길이의 불균형 문제

◆ 루마니아 주장

루마니아는 해안의 일반적 형상이 등거리선 조정 목적상 고려되어야 할 관련사정이 됨을 주장한다. 그러나 당사국 해안 길이의 불균형에 관하여는 이것이 해양경계획정에 있어 관련사정으로 고려되기는 어렵다고 한다. 또한 본 사건에 있어 루마니아와 우크라이나 각각의 해안길이에 있어서의 명백한 불균형은 없다고 한다.916).

결론적으로 루마니아는 "이 지역에서 우크라이나가 주장한 지리적 우위" 및 당사국간 "해양길이의 불균형"은 본 사건의 관련사정으로 고려되어서는 안 된다는 것이다.917)

◆ 우크라이나 주장

본 사건에서 우크라이나는 연안국 형상의 지리적 우위를 해안선 길이에서 찾을 수 있는바, 우크라이나 관련해안은 루마니아보다 4배나 길다는 것이다. 따라서 당사국 해안길이의 현저한 불균형은 경계획정정시 고

---

915) *Ibid.*, para. 153.

916) *Ibid.*, para. 159.

917) *Ibid.*, para. 161.

려되어야 할 관련 사정이며 형평한 결과 도출을 위해 잠정 등거리선이 이동되어야 한다는 것이다.[918]

◆ 재판소 견해

재판소는 개별 해안선 길이는 잠정적으로 설정된 등거리선 식별에 역할을 할 수 없음을 관측하면서, 경계획정은 자원이나 수역할당과는 기능이 다르다는 것이다.[919] 해안선 길이가 현저히 다른 경우, 재판소는 잠정 등거리선 작도 시 조정이 요구되는 관련사정으로서의 지리적 사실을 고려할 수 있다고 한다.[920] 그러나, 본 사건에서 재판소는 잠정 등거리선 조정이 요구되는 우크라이나와 루마니아 관련 해안 간에 뚜렷한 불균형이 있음을 발견하지 못하였다고 한다.[921]

2) 경계획정수역 내의 세르팡도서 존재 문제

◆ 루마니아 주장

세르팡도서는 12해리 영해만을 향유하며 12해리 한계 이원의 경계획정 기점으로 사용될 수 없다고 주장하는바, 세르팡도서는 인간거주 또는 자체 경제생활을 할 수 없는 암석이므로 유엔해양법협약 제121조 3항에 의거 배타적 경제수역이나 대륙붕을 향유하지 않는다고 한다.[922]

---

918) *Ibid.*, para. 162.

919) *Ibid.*, para. 163.

920) *Ibid.*, para. 164.

921) *Ibid.*, para. 168.

922) *Ibid.*, para. 180.

[지도 12] 세르팡 도서 주변 해양경계

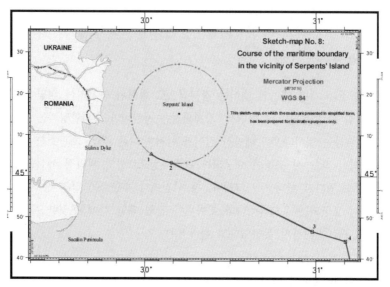

■ 출처 : http://www.icj-cij.org/docket/files/132/14987.pdf, p.65

또한 세르팡도서는 당사국 해안의 일부를 구성하지 않기 때문에 경계
획정 목적상 우크라이나의 관련해안에 포함될 수 없다고 주장한다. 따라
서 본 사건에서 잠정 등거리선은 당사국 본토 해안을 고려하여 작도되어
야 하며, 세르팡도서는 해안이 인접한 경계획정 대상수역에서만 관련사
정으로 고려될 수 있다.923)

◆ 우크라이나 주장

우크라이나는 세르팡도서가 잠정 등거리선 설정의 기점이 된다고 주장
하는 바, 따라서 동 도서의 해안은 경계획정 목적상 우크라이나 관련해안
의 일부가 되며, 잠정 등거리선 설정 이후 경계획정 과정의 제2단계에서

---

923) *Ibid.*, para. 181.

만 고려되는 관련사정으로 축소될 수는 없다고 주장한다.[924]

세르팡도서는 유엔해양법협약 제121조 2항의 '암석'이 아닌 명백한 '도서'라는 것이다. 즉 우크라이나는 세르팡도서가 인간거주 가능하고 자체 경제생활을 할 수 있음이 증거를 통해서 보여지며, 또한 적당한 건축물과 활동인구를 위한 숙소가 있는 도서라고 주장한다.[925]

◆ 재판소 견해

재판소는 경우에 따라 해양수역 결정시 소도서를 고려하지 않거나 이에 완전한 효과를 부여하지 않음을 결정할 수 있다고 한다. 왜냐하면 관련사정의 고려는 형평한 결과를 확보하기 위하여 잠정 등거리선을 조정하기 위한 것일 수 있기 때문이라는 것이다.[926]

재판소는 이미 결정한 것처럼 세르팡도서는 경계획정 제1단계에서 당사국 해안간의 잠정 등거리선 설정의 기점으로 기능을 할 수 없다는 것이다. 또한 경계획정의 제2단계에서, 재판소는 해양경계획정 수역에 있는 세르팡도서가 잠정 등거리선 조정에 요구되는 관련사정이 되는가를 확인해야 한다고 한다.[927]

재판소는 이에 대하여, 세르팡도서는 우크라이나 본토 해안에서 20해리 떨어져 위치해 있는바, 비록 우크라이나가 세르팡도서를 제121조 2항에 해당한다고 고려한다 하더라도 우크라이나는 경계획정수역에서 세르팡도서의 존재로 본토 해안에 의해 창출되는 수역한계 이원으로 확장하지 않았음에 주목하였다. 이러한 점에서 보면 세르팡도서의 존재가 잠정 등거리선 조정이 요구되는 사항이 아니며 따라서 재판소는 세르팡도서가

---

924) *Ibid.*, para. 183.

925) *Ibid.*, para. 184.

926) *Ibid.*, para. 185.

927) *Ibid.*, para. 186.

제121조 2항 또는 3항에 해당하는지 또는 본 사건과 관련되는 여부를 고려할 필요가 없다고 한다.928) 즉 본 사건에 있어 세르팡도서는 12해리 영해 이외의 경계획정에 아무런 효과도 갖지 않았다고 결론을 내린다.929)

3) 당사국 행위

◆ 우크라이나 주장

우크라이나는 관련수역에서의 국가행위가 대륙붕 또는 배타적 경제수역 주장에 유리한 관련사정이 된다고 제시하는 바930), 특히 1993년, 2001년 및 2003년에 우크라이나는 본 사건에서 자국이 주장한 대륙붕 또는 배타적 경제수역 내의 석유 및 가스 광구개발과 관련한 면허를 부여하였다고 주장한다. 2001년 이전에 루마니아는 오늘날 자국이 주장한 수역에서의 우크라이나 석유 및 가스 활동에 전혀 항의하지 않았다고 한다. 따라서 석유관련 활동은 자국의 경계획정선과 일치하며 형평한 해결을 위하여 다른 관련사정과 함께 이러한 점이 고려되어야 한다고 주장한다.931)

◆ 루마니아 주장

루마니아는 관련수역에서의 국가활동 즉 석유 및 가스의 탐사·개발 그리고 어업면허 등이 관련사정이 되지 않는다고 하였다. 왜냐하면 법원칙의 문제로서, '실효성'이나 '국가활동'은 해양경계획정 목적상 고려되어야

---

928) *Ibid.*, para. 187.

929) *Ibid.*, para. 188.

930) *Ibid.*, para. 189.

931) *Ibid.*, para. 190.

할 권원이 될 수 없다라는 것이다. 그러므로 분쟁수역에서의 우크라이나 국가활동은 경계획정에 영향을 줄 수 있는 관련사정으로 전환될 수 없다는 것이다.932)

우크라이나의 석유 양여관행은 그 지지를 받지 못하였는바, 그 이유는 첫째, 우크라이나의 양여계약수역은 현 주장수역과 일치하지 않으며, 둘째 3개 허가 중 두 개는 2001년과 2003년에 발표되었는데 이는 1997년 결정적 기일 이후의 일이라고 루마니아는 결론 내린다.933)

어로 활동에 관하여, 루마니아는 어느 국가도 경제적으로 이 수역에서의 어로 활동에 의존하지 않기 때문에 본 사건의 경계획정과는 관련성을 가지고 있지 않다고 한다. 해군의 초계에 관하여, 루마니아는 이것이 관련사정으로 고려될 수 있으나 우크라이나가 주장한 해양사고는 결정적 기일 이후의 것으로서 관련성이 없다는 것이다.934)

◆ 재판소 견해

재판소는 본 사건에서 상기에서 원용한 국가활동이 해양경계획정에 특별한 역할을 한 것을 발견하지 못하였다. 어업에 관하여 재판소는 우크라이나가 경계획정선으로 자국민 생계에 심각한 영향을 줄 수 있다고 제시한 증거가 없다고 하였다. 그러므로 재판소는 상기의 국가활동이 본 사건에서 관련사정이 됨을 고려하지 않는다.935)

---

932) *Ibid.*, para. 193.

933) *Ibid.*, para. 195.

934) *Ibid.*, para. 196.

935) *Ibid.*, para. 198.

4) 불균형 문제

재판소는 개별 해안선길이 및 할당수역 등을 고려해 볼 때 심각한 불균형은 없다고 보았다.[936] 대륙붕 및 배타적 경제수역 할당은 개별 해안선길이에 비례하여 이루어지는 것이 아니라 오히려 경계획정선의 형평문제를 점검하는 것이 된다는 것이다.[937]

본 사건에서 재판소는 각 해안의 일반적 방향에서 해안을 측정하였고 본 측정상 당사국이 제시한 기선을 사용하지 않았다. 만이나 어귀 뒤에 있는 수역의 해안선은 본 측정상 포함되지 않았는바, 이러한 측정은 최종단계에서 심각한 불균형이 없음을 확인하는데 필요한 것이기 때문이다.[938] 재판소는 루마니아와 우크라이나의 개별 해안선길이가 약 1 : 2.8이며 양국 간 관련수역의 비는 약 1 : 2.1이 된다고 한다.[939]

4. 판 결

루마니아·우크라이나 간 해양경계선은 2003년 국경제도조약 제1조에서 설정된 지점 1에서 시작하며, 이 지점은 세르팡도서의 주변 우크라이나 영해와 루마니아 영해 외측한계와 만나는 지점이다. 지점 1에서 세르팡도서의 12해리 영해가 지점 2(45°03′18.5″N, 30°09′24.6″E)와 만나는 곳까지 이어진다. 지점 2에서의 해양경계는 지점 3(44°46′38.7″N, 30°58′37.3″E)에 이를 때까지 남동방향에서 등거리선을 따라 계속된다.

---

936) *Ibid.*, para. 210.

937) *Ibid.*, para. 211.

938) *Ibid.*, para. 214.

939) *Ibid.*, para. 215.

[지도 13] 루마니아·우크라이나 간 최종 해양경계선

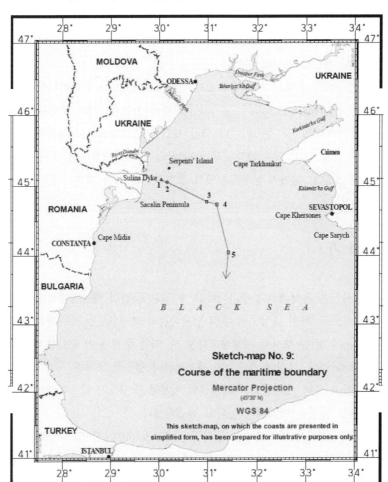

■ 출처 : http://www.icj-cij.org/docket/files/132/14987.pdf, p.66

지점 3에서의 해양경계는 지점 4(44°44′13.4″N, 31°10′27.7″E)까지 남동방향
에서 등거리선을 따라 가는데, 여기서의 등거리선은 우크라이나 대향해
안상의 타르칸쿠트 곶(Cape Tarkhankut)에 위치한 기점에 의해 영향을 받
아 남-남-동으로 방향이 바뀐다.

지점 4에서 경계는 지점 5(44°02′53.0″N, 31°24′35.0″E)까지 루마니아와 우
크라이나 대향해안으로부터 등거리선을 따라 가는데, 이는 루마니아 해
안의 사카린반도 및 우크라이나 해안 케르손네스(Khersones) 기점에 의해
영향을 받게 된다. 이후 해양경계는 제3국의 권리가 영향을 받을 수 있는
지역에 도달할 때까지 남쪽방향에서 등거리선을 따라 계속된다.[940]

5. 평 가

본 사건은 흑해에서의 루마니아와 우크라이나간의 해양경계획정에 관
한 사건으로, 특히 대상수역 내에 당사국간의 분쟁도서인 세르팡섬의 영
유권 문제 및 본 도서의 해양경계획정 시, 역할 문제 등이 중요한 쟁점으
로 예상되었다. 그러나 재판소는 세르팡섬의 영유권 문제를 직접 언급하
지 않았고 다만 세르팡섬이 해안선의 일부를 구성하지 않으며 해양경계
획정에도 영향을 미치지 않는다고 판결하였다.

즉 해양경계는 양국의 육지연안을 기점으로 하여 정하고 세르팡섬을
경계획정의 기점으로 인정하지 않았다. 따라서 세르팡섬에 단지 12해리
영해만을 향유하는 이른바 유엔해양법협약 제121조 3항에서 규정하는 암
석의 지위만을 부여하였음을 알 수 있다.[941] 이는 통상적으로 형평한 경

---

940) *Ibid.*, para. 219.

941) 세르팡섬은 면적이 0.17㎢이고 우크라이나 연안에서 20해리에 위치하는 상주
인구가 25-150명인 섬이다.

계획정의 결과를[942) 도출하기 위하여 경계획정 대상수역 내에 분쟁도서
가 있거나 당사국 일방이 영유한 소도가 있을시 이를 무시하거나[943) 또
는 경계획정 시, 이들의 효과를 감소하는 일반적 판결의[944) 흐름을 반영
한 것으로 볼 수 있다.

해양경계획정방법에 있어서도 우선적으로 잠정등거리선(provisional
equidistance line)을 설정한 다음 관련사정을 고려하여 경계를 획정하는 방
식을 택하였는바[945), 동 잠정등거리선 설정 시, 해안선의 일반적 형상 및
길이·관련해안·관할해양수역의 면적 등을 종합적으로 고려하였다. 그러
나 재판소는 양국간에 체결된 2003년도 경계획정조약 및 국가관행 등의
관련사항도 고려하였으나, 이러한 관련사정 등이 잠정 등거리선을 변경
할만한 사유가 되지 않는다고 하여 기존 당사국간의 합의나 구체적 국가
관행 등이 잠정등거리선 설정에 역할을 하지 못하였음을 알 수 있다. 또
한 관련사정의 고려에 있어서도 재판소는 해안선의 길이가 잠정등거리선
설정에 역할을 할 수 없다고 언급하면서, 그 이유로 경계획정은 자원이나
수역의 할당과는 그 기능이 다르다는 점을 강조하였다.

한·일 간 동해에서의 해양경계획정 시, 독도의 기점사용이 중요한 문
제로 대두될 것으로 보이나, 본 사건에서 재판소는 세르팡섬에 대하여는
양국간 경계획정시 12해리 영해만을 인정하였을 뿐 배타적 경제수역이나
대륙붕 경계획정에 있어 기점으로서의 효과를 부여하지 않는 즉 유엔해

---

942) *Delimitation of the Maritime Boundary in the Gulf of Maine Area*(Canada/USA),
    ICJ Reports (1984), p.344.

943) *Continental Shelf* (Libya/Malta), *ICJ Reports,*(1985) p.40 참조.

944) *Continental Shelf* (Tunisia/Libya), *Judgment, ICJ Reports(1982); Continental
    Shelf*(Libya/Malta), *Judgment, ICJ Reports* (1985) 참조.

945) 등거리 방식을 적용한 판결로는, 1982년 튀니지/리비아, 1984년 미국/캐나다,
    1985년 리비아/몰타, 1993년 덴마크/노르웨이, 2001년 카타르/바레인, 2002년 나
    이지리아/카메룬, 2006년 바베이도스/트리니다드 토바고, 2007년 가이아나/수리
    남 해양경계획정사건 등이 있다.

양법협약 제121조 3항에 해당하는 단순한 암석으로서의 지위만을 부여하였다.946) 이러한 사실에서 우리는 향후 동해에서의 배타적 경제수역 경계획정 시, 독도가 어떠한 역할을 할 수 있게 되는지를 다소나마 추측할 수 있으나 경계획정 시, 도서의 효과는 일률적으로 정할 수 있는 것은 아니고 해당도서의 크기, 본토로부터의 거리 및 도서자체의 특징 등을 종합적으로 감안하여 평가하며 그 구체적인 효과는 교섭에 따라 그 반영여부가 결정된다. 따라서 재판소의 이러한 결정은 결국 경계획정 결과의 형평성을 강조한 것이라고 볼 수 있다.

즉 경계획정 시, 도서나 암석이 갖는 법적 지위는 해당 도서나 암석이 갖는 구체적인 중요도나 기능 등에 따라 즉 사안에 따라 달라질 수 있기 때문에 일률적으로 이를 규정하기는 어렵다. 특히 독도는 울릉도로부터 47해리에 위치하고 있으므로 이러한 위치가 본토인 육지연안의 일부를 구성하는지 여부에 따라 그 법적 지위가 달라질 수 있고 동시에 유엔해양법협약 제121조 3항에 해당하는 섬인지에 따라 그 기능이 달라질 수 있다. 본 사건에 있어 세르팡섬은 육지에서 20해리 위치에 있으나 경계획정 시, 육지해안선의 일부를 구성한다고 보지 않아 그 역할이 상당히 제한적인 즉 12해리 영해만을 향유하는 것으로 보았다.

다음 구체적인 경계선 설정방식 문제가 있는바, 한·일 간, 동해 배타적 경제수역 경계획정 시 우선적으로 잠정등거리선 또는 중간선을 설정한 다음 관련사정, 예를 들면 독도의 기점사용 가능성 여부, 대향해안의 면적, 해안선의 길이, 상주인구, 경제적 의존도 등을 종합적으로 고려하여

---

946) 경계획정 시 중간도서를 무시한 사례로는: Canada-France (St.Pierre) 영해 경계획정(1972) 사건에서 중간선 부근에 있는 Canada의 Green섬 무시; 호주-PNG 간 Torres해협에서의 해양경계획정(1978)사건에서 중간선 부근 소도들이 무시됨; 이탈리아-유고 대륙붕경계획정(1968) 사건에서 중간선 부근에 존재하는 Kajola와 Pelagruz 섬이 무시되고 동 섬들에 대해 12해리 만을 부여; Canada-Denmark 간 대륙붕경계획정(1973) 사건에서 중간선 부근의 Crozier 섬(덴마크), Fanklin(덴마크) Hans섬(분쟁 중)이 무시되었다.

잠정등거리선 또는 중간선을 조정해 나가는 작업이 필요할 것이다.[947]

본 사건에서 재판소는 세르팡섬이 배타적 경제수역설정의 기점이 될 수 있는가에 대해서는 구체적인 논급을 하지 않았으나, 0.17㎢의 세르팡섬이 배타적 경제수역의 기점으로 사용되지 않았던 현실을 감안해 볼 때 0.18㎢의 독도가 기점으로서의 역할을 할 수 있는가의 문제에 대해서는 논란의 여지가 있을 수 있다. 즉 이러한 사실로부터 독도가 경계획정 시 관련사정의 하나로 인정받기 위해서는 보다 상세한 논리적 보강이 필요하다는 것을 암시해 준다고 하겠다.

본 사건에서 재판소는 당사국간 특히 루마니아와 소련간의 국가경계를 정한 1949년 의정서에 대하여 단지 세르팡섬의 12해리 영해에만 적용된다고 하면서 동 의정서 이후에 생겨난 개념인 배타적 경제수역에는 적용이 되지 않는다고 하여 기존 경계에 관련된 합의사항에 대하여 협의의 해석을 하고 있다. 따라서 현재 동해상에서는 한·일 간 어업협정이 발효되어 양국간 해양경계획정 이전에 잠정적으로 어업문제만을 해결하고 있으나, 이의 국제법적 성격은 차치하고서라도[948] 동 협정이 향후 양국간 경계획정 시 어떠한 역할 하게 되는지, 즉 만일 한·일 간, 동해 해양경계획정문제가 당사국간에 합의되지 못하고 재판에 회부되었을 경우 재판소가 경계획정 판결 시, 동 협정을 어떻게 해석하고 어느 정도로 적용하게 될지 등은 예측하기 어렵다. 물론 동 협정은 양국간 어업문제 만을 규제하는 잠정적 성격의 협정으로 배타적 경계획정과는 무관한 것이 법적으로는 분명하다. 결국 한·일 어업협정 및 양국간의 국가관행 특히 소도서나 암석 등이 경계획정 시 어떠한 역할을 부여했는지에 대한 양국의 입장 즉 이들의 법적 지위에 대한 양국의 입장 및 태도를 관련사례, 국제법

947) J.M. Van Dyke, *Sovereignty over Dokdo and Its Maritime Boundary*, Ocean Development & International Law, *Vol. 38 Nos. 1-2* (2007), p.198.

948) 2007년 제기된 한일어업협정에 대한 위헌소송에서 대한민국 헌법재판소는 동 협정이 헌법에 위반되지 않는다고 판결하였다(2009. 2. 26).

및 판례 등을 기초로 좀 더 구체적으로 분석 및 검토하여 향후 제기될 수 있는 문제에 대비할 필요가 있다.

본 사건은 동해에서의 해양경계획정 시, 중요한 역할을 하게 될 독도를 염두에 두었을 때 우리에게 유리한 판결이라고는 보기는 어려울 수 있다.

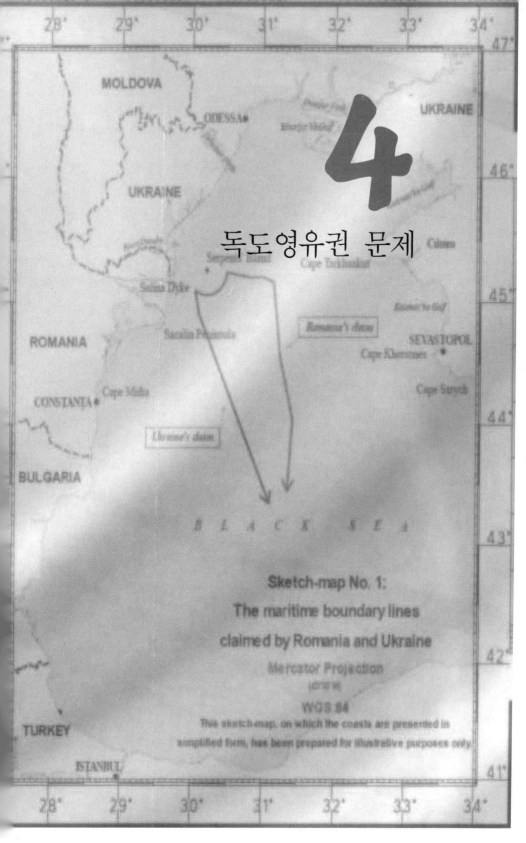

독도영유권 문제

제 1 절
개 요

　대한민국 인접수역의 관할권 행사를 위하여 1952년 1월 18일 한국이 〈인접해양의 주권에 관한 대통령선언 : 이라인(Lee Line: 평화선)〉[1]을 발표하자, 일본 외무성은 자국 영토로 인정된 도근현(島根縣) 죽도를 이라인 내에 넣은 것은 한국이 독자적으로 독도에 대한 한국의 주권을 주장한 것이라고[2] 항의성명을 발표하였으며(1952.1.24), 1952년 1월 28일자 외무성 각서에서 일본영토인 독도에 관하여 대한민국에 의한 어떠한 가정 및 청구도 불인한다고 항의하였다. 또한 1953.5.28~7.12 사이 5차례에 걸친 일본선박 독도 침범사건이 발생하여 한·일 간 독도문제에 관한 외교분쟁이 본격적으로 재개되었다. 특히 신 한·일 어업협정[3] 체결시부터 또다시 독도영유권 문제를 간헐적으로 제기하여 왔으며[4] 한일 양국이 배타

---

1) 국무원 고시 제14호(1952.1.8).

2) 대한민국외무부, 〈독도관계자료집 (I)〉, 외무부, 1977, p.2.

3) 동 협정은 한일간 동해에서의 배타적 경제수역 경계획정의 어려움 때문에 양국민의 어업문제를 잠정적으로 해결하기 위하여 1998년 11월 28일 체결되어 다음해인 1999년 1월22일부터 3년간의 효력발생 기간으로 시행되고 있다. 동 협정은 당사국 중 일방의 폐기통고가 없으면 유효기간이 자동 연장된다.

4) 조선일보, 1997.7.19.

적 경제수역 선포를 함에 따라 독도가 어느 쪽 배타적 경제수역 내에 포함될 것인지를 두고 양국이 신경전을 벌이고 있는 것이 사실이다.[5]

따라서 이러한 역사적·시대적·정치적 배경과 상기에서 고찰한 도서영유권에 관한 국제법원의 판결내용 등을 기초로 독도 영유권 문제를 포괄적으로 검토하여 독도 영유권 문제에 대한 보다 확실한 인식을 새롭게 할 필요가 있다. 이러한 목적을 위해서 독도에 대한 우리의 역사적 권원, 일본측 주장의 문제점, 독도문제와 국제재판 등을 고찰한 후 결론으로서 독도문제 해결의 바람직한 방향 및 우리의 독도 영유권에 관한 국제법적 근거를 제시하고자 한다.

---

5) 조선일보, 1997.7.19.

제 2 절
독도의 우리 영유권 고찰

Ⅰ. 역사적 권원(Historic Title)

독도가 우리 영토임을 증명하는 역사적 문헌상의 근거를 기존 제시된 사료 및 자료를 기초로 간략하게 정리하고자 한다. 먼저, 삼국사기의 신라 이사부(異斯夫) 군주(軍主)의 우산국 정복 기록(서기512년)을 먼저 들 수 있는바, 기록에 의하면 "신라 제22대 지증 마립간 13년 6월에 우산국이 복속하고 해마다 토산물을 바치었다. 우산국은 명주의 동쪽 바다에 있는 섬으로서 혹은 울릉도라고도 하는데 그 지방이 1백리이다"라고 언급하고 있다.[6] 이 기록에서는 우산국을 울릉도에 한정시키고 있으나, 증보문헌비고(增補文獻考)의 울릉도 기사의 주(註)에는 "여지지(與地誌)에 따르면 무릉(武陵), 우산(于山) 모두 우산국(于山國)이다. 우산은 즉 왜(倭)가 말하는 송도(松島)이다"라고 언급되어 있어 우산국이 독도를 포함하고 있음을 시사하고 있다.

다음으로 이조세종실록지리지 강원도 울진현의 條(1454년 발간)를 들 수 있는바, 여기서는 "우산, 무릉 2도는 현에 속해 있으며 바로 현의 정동(正

---

6) 김종권 역, 〈완역삼국사기〉, 광조출판사, 1974, p.686.

東)의 해중(海中)에 있고..."라고 하여 독도가 울릉도와 더불어 우리나라의
행정구역에 속함을 보여줌으로서 독도가 우리의 행정관할하에 있어왔음
을 입증하고 있다.[7]

또한 고종 때의 칙령 41호(1900년)를 들 수 있는데, 본 칙령에 의하면
"제1조, 울릉도를 울도라 개칭하고 도감을 군수로 개정하야... 제2조, ...
구역은 울릉도 전역과 죽도, 석도를 관할하고"라고 기록되어 있다.[8] 이는
일본의 독도를 무주물이라하여 편입한 1905년 이전인 1900년에 이미 우
리나라에서 울릉도에 속한 행정구역으로 다루고 있다는 점을 알 수 있다.

다음으로 울릉군수 심흥택의 독도관련보고서(1906년)를 들 수 있는데,
본 보고서는 "본 소속 독도가 본군에서 바다 쪽으로 100여리 떨어져 있
는데... 3월 4일 일본 도군현사 등 일행이 와서 이제 독도는 일본땅이며
따라서 시찰차 왔다"라고 기록하고 있다.[9] 이는 이미 울릉도군수가 독도
는 울릉도 소속임을 밝히고 있으며 일본일행이 독도가 '이제' 일본땅임을
주장한 것은 그 이전에는 독도가 일본땅이 아님을 시사하는 것이다.[10]

다음으로 안용복 사건과 일본 막부에 의한 죽도도항금지조치를 들 수
있는바, 숙종 19년 안용복은 대마도 도주로부터 독도가 우리 땅임을 확
인 받았다.[11] 이러한 사실은 일본이 독도에 대한 우리의 입장을 공식적
으로 시인한 것이라고 볼 수 있으나, 일본 측은 이때의 죽도는 울릉도이
지 독도가 아니다라는 해석을 하고 있다.

또한 일본외무성 공신국장의 발언(1876)을 보면, "송도는 아방인의 명명
이나 기실은 조선 울릉도에 속한 우산이다. 차금 까닭 없이 사람을 보내

---

7) 〈세종실록(153권)지리지〉, 강원도 울진현조.

8) 이한기, 〈한국의 영토〉, 서울대학교출판부, 1969, p.250.

9) 김병렬, 〈독도〉, 다다미디어, 1997, p.220.

10) *Ibid.*, p.251.

11) 박관숙, 〈독도의 법적 지위〉, 대한국제법학회논총, 1956, p.33.

어 순시한다는 것은 타인의 보배를 탐욕하는 것이다(일본측 기록 송도지기 (松島之記))"라고 하였다. 이는 일본외무성의 고위관리가 한 공신력 있는 방언으로 독도가 우리 땅임을 명시하고 있는 것이다. 이러한 발언의 배경에는 당시 일부 일본 어부들이 소위 죽도개척원을 제출함에 일본 정부가 일본 공신국장에게 문의한데서 비롯되었다.

마지막으로 조선시대의 울릉도 경영을 들 수 있는데, 이조는 1697년부터 울릉도에 3년마다 수토관(搜討官)을 보내어 순시 탐사토록 하였으며 이때 순시지역에 독도도 포함되었다. 이때 수토관이 독도에 순시한 기록 (1794년, 정조실록 권40)을 보면 "가지도(可支島)에 가서 본즉 기지어(可支漁: 물개) 4~5마리가 나와 있는데 마치 수우(水牛)와 같았고 포수가 두 마리를 쏘아 잡았다"라고 하고 있다.[12]

역사적 기록 등과는 달리 일본 고지도에 나타난 독도를 보면 1804년 일본 사람이 제작한 '변요분계도(邊要分界圖)'는 울릉도와 독도가 한국령임을 명기하였고, 1892년 일본인 대교신태랑(大橋新太郎, Shintoro Ohashi)에 의해 제작된 일본제국지도(日本帝國地圖)에는 울릉도를 죽도, 독도를 송도로 표시하고 이들을 조선영토와 동일한 색으로 채색하였으며 임자평(林子平, Shiei Hayashi) 지도에도 독도를 우리 영토로 표기하고 있다.

상기에서 언급한 직접적인 증거자료 이외에 독도에 대한 간접적 근거를 보면 다음의 몇 가지로 요약하여 설명될 수 있다.

(1) 카이로선언(1943년)은 "전기의 3대국(미·영·중)은 한국 국민의 노예상태에 유의하고 적당한 경로를 밟아서 한국을 자유 독립으로 할 결의를 한다. 3대 동맹국의 목적은 1914년의 제1차 대전 개시 이후에 일본이 탈취 또는 점령한 모든 태평양제도를 일본으로부터 박탈하는 것, 일본은 또 폭력 및 강욕에 의해 약탈한 기타 모든 지역으로부터 축출

---

12) 이한기, 전게서, p.240.

된다"13)라고 선언하였다.

(2) 포츠담선언(1945년)은"카이로선언의 조항은 이행되어야하며 또 일본의 주권은 혼슈·홋카이도·규슈·시코쿠 그리고 우리가 결정하는 소제도에 제한된다"14)라고 하였으며15)

(3) 일본 항복 문서에는 카이로선언, 포츠담선언을 무조건 수락할 것임을 내용으로 하고 있다. 또한 1946년 연합국최고사령관 지령(Supreme Command Allied Powers Instruction: SCAPIN) 제677호는 "본 지침의 목적상, 일본이라 함은 일본 4대도(홋카이도·혼슈·규슈·시코쿠) 및 대마도, 북위 30도 이북의 류쿠열도(고시노지마 제외) 등 1,000개의 인접소제도를 포함한다. 단 다음은 제외한다. (a) 울릉도, 리안쿠르 락(Liancourt Rocks: 다케시마), 제주도"라고 하였다.16) 이는 연합군최고사령관이 항복문서의 시행을 위해 일본정부에 보낸 각서로서 일본의 영토권에 대한 중요한 의의를 가진 문건인 것이다.17)

Ⅱ. 실효적 지배

우리나라의 독도에 대한 실효적인 지배(effective control)가 지속되었음을 수많은 역사적 사실로서 증명되고 있는바, 1953년 영·불 간 멩끼에 및

---

13) http://www.ndl.go.jp/constitution/e/shiryo/01/002_46/002_46tx.html(2009.7.20 방문).

14) http://www.ndl.go.jp/constitution/e/etc/c06.html (2009.7.20 방문).

15) 포츠담선언 제8조.

16) SCAPIN은 1946.1.29 연합군최고사령관이 항복문서의 시행을 위해 일본정부에 보낸 각서로서 일본의 영토권에 대한 중대한 의의를 가진 문서이다.

17) 홍성근, 〈독도에 대한 일본의 관할권 배제조치의 성격과 의미〉, 영토·영해 학술세미나, 제3회 해상치안 컨퍼런스, 2007.7.29, 부산, pp.65~66.

에끄레오도 사건에서의 영국은 동 도서의 영유권 근거로 이른바 실효적 점유를 들고 있는데, 즉 "existence of an historic title supported throughout by effective possession(control evidenced by acts which manifest a continuous display of sovereignty over the island)[18]"라고 주장하였다. 그러나 우리의 실효적 지배 주장은 무주물 선점이론에서의 실효적 점유나, 시효취득[19]에서 요구되는 실제 행사된 주권과도 다른 개념인 것이다.

1905년 이전의 실효적 지배사실을 보면, 상기의 역사적 문헌에서 나타난 바와 같이 삼국시대 이래로 우리나라의 행정구역에 편입되어 왔으며 안용복 사건 및 그 이후에도 우리의 영유권은 일본도 인정하여 왔던 것임을 알 수 있다. 다음 해방 이후의 실효적 지배사실을 보면, 일본은 우리의 독도영유권에 이의를 제기하는 외교문서를 해마다 보내오고 있으나 독도는 대한민국의 울릉군에 속하며 주민이 거주하고 있고 경찰병력이 상주한다는 사실이 보여주듯 대한민국의 주권이 현재에도 온전하게 행사되고 있다는 사실을 들 수 있다. 즉 독도는 무주지 선점에 의한 영토취득 대상이 본래부터 아니었으며 따라서 실효적 점유나 지배란 표현이 오히려 독도문제에는 맞지 않을 수가 있다. 왜냐하면 독도는 무주지가 아닌 한국의 영토주권이 고대로부터 행사되어왔고 이의 포기나 양도를 타국에게 공식적·합법적으로 한바가 없기 때문이다.

굳이 일본이 무주지 선점 이론에 의한 독도 영유권을 주장한다면, 우리는 우리의 독도에 대한 실효적 지배 사실을 그것도 일본이 자국의 선점을 주장했던 1905년 이전에 우리가 독도를 실효적으로 지배하고 행정권 행사 등을 해왔다는 사실을 보다 정확하고 근거 있게 제시할 필요는

---

18) International Court of Justice(ICJ), Reports of Judgments Advisory Opinions and Orders, Leyden : Sijhoff, 1953, p.54.

19) 국제법상 합법적인 영토취득의 한 가지 방법으로서, 일정한 시간의 흐름에 따라 영유권 주장사실이 없는 경우에 특정영토를 취득하는 방법이다. 국내법상 민법에서 인정하는 부동산의 시효취득과 유사한 개념이다.

있다. 국제사법기관에서의 도서 영유권 판례를 보면 판결의 가장 중요한
이유로 분쟁도서의 실효적 점유나 지배사실이었음을 알 수 있다. 즉 미
국·필리핀 간 팔마스(Palmas) 도서 사건20), 프랑스·멕시코 간 클리퍼튼
(Clipperton) 도서 사건21), 영국·프랑스 간 멩끼에 및 에크레오(Minquiers &

---

20) 본 사건은 미국과 네덜란드 간 Palmas(Miangas) 도서의 영토주권에 관한 분쟁으
로 1925년 상설중재재판소에 제소되어 분쟁 3년만인 1928년 4월 판정된 사건이
다. Palmas섬은 필리핀군도에서 두번째로 큰 섬인 Mindanao섬에 있는 San
Augustin 곶(cape)에서 남동쪽으로 48마일에 위치하고 있으며 동 섬 남동쪽으로
Nanusa 섬과 Miangis섬이 있다. Palmas섬은 길이가 2마일, 폭이 3-4 마일이며 분
쟁당시에는 약750명이 살고 있었으나 실제적으로는 전략적 가치나 경제적 가치
는 없는 섬으로 알려졌다. 동 사건에 관하여 중재재판소는, 분쟁도서 해결의 중요
한 3가지 원칙을 결정하였는바, 첫째, 인접성에 근거한 권원은 국제법상 명분이
없으며, 둘째, 발견에 의한 권원은 미완성된 권원에 불과하고, 셋째, 계속적이고
실질적인 주권이 행사되었고 발견에 대해 영유권 주장을 다투지 않을 경우 국가
권한의 행사에 의한 영유권 주장은 단순발견에 근거한 것보다 더욱 강하다라고
하였다. 따라서 1700년과 1906년 사이의 시기에 네덜란드가 평화적이고 명백한
주권 행사를 하였음을 제시하고, 네덜란드 주권의 존재를 증명하기에 충분하다고
간주되는 모든 증거들이 고려된다면, 더욱 설득력 있는 결론이 도출될 것이다.
이러한 이유로 중재재판소는 1925년 1월 23일의 특별협정 제1조에 따라 Palmas
섬이 네덜란드 영토의 일부분을 구성한다고 판정하였다.

21) 클리퍼튼(Clipperton) 도서는 북태평양에 있는 7㎢의 무인 산호초 섬이다 1858
년 11월 17일 프랑스의 해군대위 Kerwguen은 동 섬 주변을 항해하면서 L`Amiral
호 선상에서 프랑스 해양부가 지시한 명령에 따라 동 섬에 관한 보고서를 작성하
였으며, 동 보고서에 의하면, 이날부터 이 섬 자체에 대한 주권은 나폴레옹황제
3세와 그 계승자에게 영원히 속한다고 되어 있어 이때부터 공식적으로 영유권을
주장하게 되었다. 그 후 1887년말 까지 타국으로부터 동 섬의 주권에 관한 어떠
한 명백한 행위도 확인 할 수 없었으나, 멕시코가 1897년 자국 국기를 이 섬에
게양하자 프랑스와의 영유권 분쟁이 시작되어 1909년 중재재판에 회부하게 되었
다. 중재재판소에 의하면, 클리퍼튼섬이 스페인 항해자들에 의해 실제로 발견되
었다는 것이 증명되지 않았으며, 섬의 발견이 스페인 국민에 의하여 이루어졌다
고 인정할지라도 멕시코의 주장이 근거가 있으려면, 스페인이 그 섬을 자국의 영
토에 편입시킬 수 있는 국가적 권리를 가지고 있었다는 것을 증명해야 할 뿐 아
니라 그러한 권리를 유효하게 행사하였다는 것도 증명할 필요가 있는 것이다. 그
러나 그러한 증거는 더 이상 제시되지 않았다. 따라서 1858년 프랑스가 클리퍼튼

Echrehos) 도서 사건22), 에리트레아·예멘 간 도서 분쟁 사건 및 인도네시

섬에 대한 주권을 선언하였을 때, 이 섬은 무주지라는 법적 상태에 있었기 때문에 이를 근거로 점령을 할 수 있다는 것이 인정되어야 한다는 것이다. 또한 이후 프랑스가 이 섬에 대한 유효한 점유를 했다는 사실이 입증되어야 할 것이다. 점유의 통고의무에 관하여 1885년 베를린 의정서 제35조에서 규정하였으나, 동 의정서는 프랑스가 동 섬을 점령한 이후에 체결되었으므로 동 사건에는 동 규정이 적용되지 아니한다. 그럼에도 불구하고 프랑스가 점유행위자체를 공표하여 이러한 명백성을 주도하였다는 것을 주목할 필요가 있다. 따라서 이러한 사실로부터 클리퍼튼섬은 1858년 11월 17일 프랑스에 의해 합법적으로 취득되었다는 결론이 나온다. 이러한 이유로 1931년 1월 28일 중재재판소는 클리퍼튼섬에 대한 주권이 1858년 11월 17일부터 프랑스에 속한다고 판정하였다.
해양법포럼, 〈국제해양분쟁사례연구〉 I, 해양수산부, 2004, pp.91~98 참조.

22) 멩끼에 및 에크레호도(The Minquiers and Ecrehos)는 영국의 Jersey섬 남쪽 18km, 프랑스 해안에서 약 27km에 위치해 있는 산호섬으로 가장 큰 섬인 Maitress에는 1명이 30년간 거주한 사실이 있다. 영국과 프랑스 양국은 원시적 및 실효적 권원에 입각하여 영국령 Channel Islands와 프랑스 본토 사이에 있는 동 섬에 대한 영역주권의 존재를 주장하였다. 동 사건은 1930년 12월 29일의 특별합의에 의해 1951년 12월 5일 국제사법재판소에 부탁되었으며 그 결과 재판소는 실효적 점유에 입각한 권원에 결정적인 중요성을 인정하여 멩끼에 및 에크로호도서에 대한 영국의 영역주권의 존재를 인정하는 판결을 내렸다. 재판소는 영국과 프랑스 양국이 멩끼에 및 에크레호도서에 대한 원시적 권원의 존재를 주장하기 위하여 원용한 중세기의 관련조약, 특허장 및 국제판결 등의 기타 문서들을 비교 검토한 후, "영국의 견해에 유리한 추정이 존재한다"라고 판결했다. 그러나 재판소가 결정적인 중요성을 가진 것은 중세기의 사건으로부터 도출될 수 있는 간접적 추정이 아니고, 분쟁지역의 실효적 점유에 직접적으로 관계가 있는 증거라고 판결하였다. 결국 이 사건을 해결하는데 관건이 된 것은 실효적 점유의 유무에 있고, 그 의미는 국가기능의 발현에 있다는 것이다. 여기에서 점유라 함은 토지의 사용·정주와 같은 물리적인 점유가 아니고, 토지에 대한 지배권의 확립이라고 하는 사회적 점유이다. 이점에서 무주지 선점의 요건인 실효적 점유의 의미와 다를 바가 없다. 재판소는 실효적 점유를 입증하기 위하여 양당사국이 원용한 여러 가지 사실 중에서, 특히 재판권, 지방행정권 및 입법권의 행사에 관련되는 행위를 국가기능의 구체적인 발현으로 평가하고 이에 증거가치를 인정했다. 결론적으로 본 판결은 멩끼에 및 에크레호 도서의 주권을 둘러싼 영국과 프랑스 간의 분쟁을 해결한 것으로서, 영토취득 원칙으로서의 실효적 점유의 중요성을 명백히 하였다고 볼 수 있다.

아·말레이시아 간 리기탄 및 시파단(Ligitan & Sipadan) 도서 사건 등이 실효적 지배 국가의 영유권을 인정한 대표적 판례라 할 수 있다. 그러나 실효적 지배의 정도나 그 구체적인 판단의 근거는 국제법상 기준이 정해진 것이 없는바 이는 구체적 사건에 따라 개별적으로 판단되어야 할 것이다.[23] 따라서 우리는 향후 일본과의 독도 문제 발생 시, 이러한 우리에게 유리한 국제법원의 사건들을 집중적으로 분석하여 우리 주장의 법적 근거로 제시해야 할 것으로 보인다.

---

http://www.icj-cij.org/docket/files/17/2023.pdf 참조 (2009.7.20 방문).

23) 김명기, 〈국제법상 시효에 관한 고찰〉, 고시계, 1998.4, pp.153~54.

> ## 제 3 절
> ## 독도와 국제재판

Ⅰ. 국제사법재판소(ICJ) 제소 가능성

일본 외무성은 1954년 9월 25일 독도 영유권 문제를 국제사법재판소에 부탁할 것을 제의한 바 있다. 국제사법재판소의 관할권은 첫째, (1)당사자의 합의에 의한 관할권으로[24] 당사자가 회부하는 모든 사건에 대하여 관할권을 가진다. 이에 대하여 국제사법재판소 규정 제36조 제1항은 "재판소의 관할은 당사자가 재판소에 회부하는 모든 사건과 국제연합헌장 또는 제 조약 및 협약에서 특별히 규정된 모든 사항에 미친다"라고 규정하고 있다. 국제사법재판소의 두 번째 관할권으로 (2)강제관할권을[25] 들 수 있는바, 이는 상호주의 원칙하에 강제관할권 수락을 선언한 나라 사이에 강제관할이 가능하다는 것이다.

독도문제의 국제사법재판소 회부 가능성에 대하여, 일본은 재판소규정

---

24) 국제사법재판소규정 제36조 1항.

25) *Ibid.*, 제36조 2항. 동 조항에 의하면, 재판소는 조약의 해석, 국제법상의 문제, 확인되는 경우 국제의무 위반에 해당하는 사실의 존재 및 국제의무의 위반에 대하여 이루어지는 배상의 성질 또는 범위에 대한 분쟁에 대하여 재판관할권을 갖는다.

제36조 제2항의 강제관할권을 수락하였으나 한국은 이를 수락하지 않았으므로, 한국이 응하지 않는 한 일본에 일방적인 재판 회부는 법적으로 불가한 것이다. 물론 한국과 일본이 합의하면 독도 영유권 문제의 국제사법재판소 회부는 가능하다. 이에 관한 재판소 규정 제36조 제2항은 다음과 같다.

　　재판소 규정 당사국은 다음 사항에 관한 모든 법률적 분쟁에 대하여 재판소의 관할을, 동일한 의무를 수락하는 모든 다른 국가와의 관계에 있어서 당연히 또한 특별한 합의 없이도, 강제적인 것으로 인정한다는 것을 언제든지 선언할 수 있다. 가. 조약의 해석. 나. 국제법상의 문제. 다. 확인되는 경우 국제의무 위반에 해당하는 사실의 존재. 라. 국제의무의 위반에 대하여 이루어지는 배상의 성질 또는 범위

II. 해양법협약상의 분쟁해결 강제절차 회부 가능성

　　해양분쟁해결 절차로는 분쟁의 유형이나 내용에 따라 분쟁당사국이 국제해양법재판소, 국제사법재판소, 중재재판, 특별 중재재판 등을 선택할 수 있으며,[26] 이들 재판의 관할권은 "해양법협약의 해석과 적용에 관한 분쟁"에 국한 된다[27]. 즉 유엔해양법협약 제279조, 제286조 등 관련조항을 보면 동 협약의 해석과 적용에 관한 분쟁 중에서도, 일정사항에 대하여는 강제관할권 배제선언이 가능한데, 즉 해양경계획정에 관한 사항, 군사활동에 관련된 사항, 국제연합 안보리가 다루고 있는 사항 그리고 해양경계획정에 관한 사항 중에서 영토 영유권문제와 관련되는 사항은 강제

---

26) 유엔해양법협약 제287조.

27) *Ibid.*

절차는 물론 비강제적 절차인 조정조차 회부가 불가하다.[28]

한국은 2006년 4월 18일 유엔해양법협약 제298조 제1항에 따른 배제선언을 하였는바, 즉 동 협약 제2절 '구속력 있는 결정을 수반하는 강제절차'인 국제해양법재판소, 국제사법재판소, 중재재판소, 특별중재재판소 등에서 해양경계획정과 관련된 분쟁, 도서영토주권에 관한 문제, 비상업용 정부선박과 항공기에 의한 군사활동을 포함한 모든 군사활동에 관한 분쟁 등에 관하여 국제사회의 어느 국가가 제소를 한다하더라고 상기에서 언급한 재판소에서 재판을 받을 법적 의무가 없다는 것이다.[29]

Ⅲ. 국제재판 회부 거부논리

한국이 독도영유권 문제를 국제재판의 회부할 것을 거부하는 이유는 다음과 같이 세 가지로 요약할 수 있다.

첫째, 한국의 고유영토로서 분쟁의 대상이 아닌 독도의 영유권을 제3에 의한 판결에 맡긴다는 사실 자체가 영유권의 근거가 확고하지 않음을 시사하는 결과가 되고,

둘째, 국제사법재판소가 한국과 일본의 역사와 고증자료를 정확하게 소화하여 판결을 내리는데 장기간이 소요될 것이며, 이러한 장기계류 중 영유권에 대한 국내외의 인식이 약화될 우려가 있으며,

셋째, 국제사법재판소가 한국과 일본의 역사와 자료들을 정확하게 이해하지 못함으로써 오판을 내릴 소지도 있기 때문이다.[30]

---

28) *Ibid.*, 제298조 1항.

29) 상세 내용은, 외교부, 〈동북아 해양법령과 유엔해양법협약집〉, 일조각, 2006, pp.1198~1200 참조.

> ## 제 4 절
> ### 독도영유권 확보방안

I. 개 요

일본이 독도영유권 주장을 할 때마다 우리는 그들의 속내와 저의를 충분히 짐작하면서도 한편으로는 이런 현상이 도대체 언제까지 반복될 것이며 어디까지 갈 것인지 다소 의아스러워 한다. 특히 다음과 같은 세 가지 경우가 이에 해당된다고 보인다.

첫째, 과연 한·일 간 독도 영유권분쟁이 일본의 전략대로 국제분쟁화되어 국제사법재판소에 회부되는 것 자체가 현실적으로 가능할까? 현 국제법상 분쟁 당사국의 일국이 끝까지 반대할 경우에는 국제사법재판소 회부 자체가 불가함에도 불구하고 한국이 반대하는 현 상황에서 독도문제가 일본의 의도대로 국제사법재판소에 회부되는 것 자체가 현실로 가능한가의 문제이다.

둘째, 만약 독도영유권 분쟁이 실제로 국제사법재판소에 회부되는 것이 가능해 진다면 법원의 판결을 통해 이 문제가 한·일간에 완전히 해결될 수 있을 것인가? 독도문제가 국제분쟁화되어 국제사법재판소에까지 회부되어 판결이 났음에도 불구하고 만약 그 이행이나 해결되지 제대로

---

30) 이한기, 전게서, p.305.

않는다면 그 다음은 도대체 어떻게 되는 것인가?

셋째, 과연 일본은 한국이 먼저 무력행사를 하지 않는데도 불구하고, 국제여론을 무시하면서까지 독도를 무력으로 탈취하려 할 것인가?

만약 일본이 독도문제의 본격적 국제분쟁화 시도단계에 접어들면, 최우선적으로 국제여론을 감안 한국에게 ICJ 합의제소를 공식적으로 다시 제의하게 될 것이나 이 경우 한국은 이를 당연히 거부할 것이다. 이에 대응해 일본은 그 다음 수순으로 유엔 총회에 이 문제를 안건으로 상정하여 독도문제를 국제분쟁화시켜 ICJ 합의제소 내지 양국간 합의를 유도할 가능성이 있는바, 이와 유사한 도서분쟁 선례로서는 프랑스·마다가스카르의 모잠비크 해협 도서분쟁31)과 영국·아르헨티나의 포클랜드 도서분쟁32) 등이 있다.

---

31) 프랑스와 남아프리카 도서국인 마다가스카르 사이에는 1970년대 이래로 모잠비크해협상의 4개 소도서(Glorioso, Juan de Nova, Bassas da India, Europa)를 둘러싼 영유권분쟁이 있다. 당시 점유국이었던 프랑스로서는 양 당사국간 협의 및 ICJ 제소의 필요성은 인정하면서도 현 점유국인 관계로 줄곧 소극적이고 회피적인 자세로 일관해 왔고, 결국 현 점유국인 프랑스의 이러한 소극적 자세에 대해 마다가스카르는 대안으로 이 문제를 유엔총회에 상정하는 방법을 모색하게 되었으며, 1979년 마침내 유엔총회는 이를 안건으로 받아들여 검토하기 시작했다. 1979년 12월 12일 채택된 유엔총회 결의에서 유엔은, 프랑스의 마다가스카르 영토주권 침해를 지적하는 한편 양국간 4개 도서영유권에 관한 조속한 협의를 촉구하였다. 이어 그 다음해인 1980년 11월 25일에는 유엔총회의 특별정치위원회(Special Political Committed of the UN General Assembly) 결의에서 상기 4개 도서의 영유권은 마다가스카르에게 있음을 분명히 밝히기도 하였을 뿐 아니라, 동년 12월 11일 채택된 유엔총회 결의를 통해 프랑스의 조속한 협의이행을 거듭 촉구하였던 적이 있다.

32) 1982년 영국-아르헨티나 양국간 포클랜드 무력충돌이 발생하기 훨씬 이전인 1947년에 영국은 포클랜드 및 부속도서 영유권문제를 ICJ에 제소할 것을 아르헨티나에 제의하였으나 아르헨티나가 거부하자, 1955년에 영국은 단독으로 이 문제를 ICJ에 제소하였던 적이 있었다. 그러나 영국의 단독 제소에 대해 1956년 ICJ가 내린 결론은 관련당사국인 아르헨티나의 동의가 없는 제소를 받아들일 수 없다는 것이었다. ICJ에서의 해결이 불가능해진 포클랜드 문제는 결국 10년 뒤인 1965년

비록 독도문제가 일본의 의도대로 유엔총회의 안건으로 채택되어 한국에 외교적 압박을 가할지라도 한국은 이에 대해 단호히 거부하게 될 것이며, 이 경우 일본은 이 문제에 유엔안보리를 개입시켜 한국에게 보다 강압적인 외교적 압력을 가할 가능성이 있다. 이와 유사한 세계 도서분쟁 선례로 그리스·터키 사이의 에게해 도서분쟁33) 사례를 들 수 있다.

물론 독도문제의 경우도 한국이 동의하지 않는 한 일본의 제소의지만으로는 ICJ 제소는 불가능한 것이다. 그러나 이 경우 독도문제와 관련하여 한 가지 간과해서는 안 될 점이 있다. 에게해 도서분쟁 시, 터키가 유엔 안전보장이사회의 'ICJ 제소권고안'까지 완강히 거부할 정도로 국제여

에 유엔총회에서 다루어지게 되었으나, "양국간 협의에 의한 평화적 해결모색 촉구"라는 원론적인 대안을 제시하는 수준에 그침으로써 1982년의 무력충돌 가능성을 이미 예고하고 있었다.

33) 1975년 1월 27일에 그리스는 에게해 도서분쟁건을 국제사법재판소에 제소할 것을 터키에게 정식으로 제의한 바 있다. 당시에는 이러한 그리스의 제의에 대해 터키는 즉각 수락하였으나, 국내의 반대여론에 직면하자 터키는 곧 이를 철회하고 대신 당사자간의 문제임을 강조하여 국제사법재판소의 관할권을 거부하게 되었다. 결국, ICJ 제소 미합의로 말미암아 미해결상태로 남은 에게해 지역은 1년여 뒤 마침내 양국간 군사적 위기상태를 맞게 되는데, 1976년 7월 중순경 터키 조사탐사선의 그리스 관할해역 침범으로 인해 그리스의 군사적 대응태세와 이에 맞선 터키의 무력사용 위협 등 위기가 고조되자, 그리스는 1년전 무산되었던 ICJ 제소방안에 대한 대안으로 이번에는 UN 안전보장이사회를 긴급소집하는 방안을 시도하였다. 그 결과 8월 12일에 안전보장이사회가 열리게 되었으며, 마침내 8월 25일 안전보장이사회는 양국에게 이 문제를 ICJ에 제소할 것을 권고하는 결의안을 통과시키고 만다. 그러나 터키가 유엔 안전보장이사회의 권고안에도 불구하고 ICJ 제소 거부를 계속 고수함에 따라 그리스는, 1977년 7월 18일에 단독으로 ICJ에 청원서(a memorial)를 제출하는 방법도 시도하게 되었다. 그러나 1997년 말에 ICJ가 이 문제를 검토한 후 내린 결론은, "이 문제가 양국간 국내적 관할사항이므로 ICJ에게는 강제관할권이 없다"는 것이었다. 결국, ICJ에 제소하려던 그리스의 시도는 당사국 쌍방의 합의에 의한 제소 없이는 불가능함을 다시 한 번 확인시켜 준 셈이었다. 다시 말해 독도문제의 경우도 한국이 동의하지 않는 한 일본의 제소의지만으로는 ICJ 제소는 불가능한 것이다.

론을 무시할 수 있었던 데에는 미국의 묵시적인 후원이 있었기 때문에 가능하였음을 알아야 한다. 그 근거로는 당시 에게해 도서분쟁 시, 미국은 터키측 주장에 따라 ICJ 제소방안보다는 양 당사국간 합의중재에 더 적극적이었을 뿐 아니라, 1976년 양국간 군사적 위기 해결 후 미국과 터키는 전투기를 포함한 무기구매 협정을 체결한 것 등을 들 수 있다. 만약 독도문제가 군사적위기로 비화되어 이 문제가 유엔 안전보장이사회에 상정되었을 때, 유엔 안전보장이사회가 독도문제의 ICJ 제소권고안을 채택하고 미국 등 주변국들이 이를 적극 지지할 경우 결국, 독도문제는 한국이 원하든 원치 않던 간에 국제적 여론에 밀려 ICJ에 제소될 가능성도 배제할 수 없다.

특히 한·일 간의 독도영유권 문제는 미국과 일본 그리고 우리와 미국과의 관계가 복잡한 문제로 얽혀 있어 그 해결을 예상하기가 다소 어려운 점도 있다. 즉 현재 미국이 한국의 동맹국이기도 하지만 동시에 일본의 동맹국이기도 한 사실을 들 수 있다. 뿐만 아니라, 아직 한국의 전시작전통제권은 국제연합군사령관에게 귀속되어 있으며 실질적으로는 미군사령관에게 있는 실정이다. 만일 한·일 간에 독도영유권을 둘러싼 무력충돌이 발생할 경우, 한국의 군사작전은 미군사령관의 작전통제를 받게 되며(전시작전통제권 이양전까지만 해당) 미국은 일본과의 안보조약 관계로 인해 상당히 복잡한 양상으로 될 수밖에 없다.

이와 관련하여 미·일 안보조약의 적용범위에 관한 일본측의 입장과 조치를 주목할 필요가 있다. 지난 1996년 초 배타적 경제수역 선포문제로 일·중간에 영유권 분쟁이 재연된 바 있는 센카쿠제도에 대한 일본의 입장은 센카쿠제도가 미·일 안보조약에 따라 미·일 공동방위의 대상이 되어야 한다는 것인데 반해, 독도에 대한 일본의 입장은 줄곧 독도가 일본 고유영토나 사실상 현재 일본의 관할권이 미치지 않는 지역이므로 미·일 안보조약의 적용대상에서 제외되어야 한다는 것인데 이는 일본이 독도문제에 있어 미국과의 복잡 미묘한 관계를 의식하여 가급적 미국의 개입여지를 남겨두지 않으려는 속셈으로 보인다.

그러므로 결론적으로 말하면, 독도는 그 역사적 유래로 보나, 일본측 주장의 국제법상 모순성으로 보나, 일련의 국제적 협정 기타의 문서로 미루어 보아 한국의 영토임이 분명하다. 다만 상기에서 언급한 것처럼 독도 문제의 국제정치적 해결이 제시될 경우에는 다소 어려움이 따를 수 있다. 왜냐하면, 일본의 독도영유권 주장은 그 배후에 정치적인 의도가 은폐되어 있는 것으로 보이며, 독도에 대한 일본정부의 태도는 상호주권 존중의 원칙을 규정한 '대한민국과 일본과의 기본관계에 관한 조약34)'에도 위반되는 것이기 때문이다.

특히 영유권에 관한 국가 간의 분쟁시 이에 대한 국제재판소의 판결은 당사국이 제시하는 상이한 역사적 자료나 사실 또는 지도 등에 근거하여 판결의 기초로 한 것이 아니라 분쟁당사국 양자 모두 이의가 없는 현재의 실효적 점유국에게 영유권을 인정함으로서 국제분쟁을 합리적으로 해결해 왔다는 것은 우리에게 대단히 중요한 법적 근거가 된다.35)

즉 역사적 권원으로 보나, 현재의 실효적 지배 상태 특히 국제사법재판소의 최근판례 즉 실효적·사실적 점유국가가 분쟁도서의 영유권을 취득한다는 판결 등을 통하여 독도는 한국의 영토임이 확실하여 분쟁의 대상이 아니라는 입장이 타당하며, 따라서 명백한 우리 영토를 국제재판에 회부할 이유가 없을 것이다. 특히 향후 신해양법에 근거한 동해에서의 한·일 간 배타적 경제수역 경계획정 협의시 독도가 우리측 배타적 경제수역 내에 들어오도록 경계획정을 함으로써36) 독도에 대한 우리의 영유

---

34) 외교부(편), 국제법기본법규집, 서울 : 외교부, 2008, p.1822,

35) 최근 국제사법재판소는 2002년 12월 17일 인도네시아-말레이시아간의 Pulau Ligitan 및 Pulau Sipadan 도서 영유권 분쟁의 판결에서 말레이시아의 실효적 점유사실을 인정하여 말레이시아에게 승소판결을 내린바 있다.

36) 유엔해양법협약상 도서는 육지영토와 같이 자체의 영해, 접속수역 및 200해리

권을 더욱 공고히 해야 할 것이다. 또한 국제사회에서 우리의 주권이 미치고 실효적인 관리 속에서 정치·경제·군사·안보 및 법적 중요성을 가지고 있는 고유영토인 독도에 대해서 우리는 일본 측의 의도를 정확히 파악하고 대처가 필요하다. 이러한 논거를 근거로 독도영유권 확보를 위한 해결방안을 정치·외교적, 군사전략적, 사법적 대응 그리고 기타 대응으로 나누어 제시하고자 한다.

II. 대응 방안

1. 정치·외교적 대응

첫째, 주변 강대국들과 밀접한 외교관계를 유지해야 한다. 한반도의 지정학적 여건은 동북아시아의 판도를 변화시키기에 충분한 위협 요소를 내재하고 있다. 우리는 지금 미국과의 동맹관계를 신뢰하고 있는 입장이지만 독도문제를 계기로 일본과의 분쟁이 일어난다면 미국은 일본의 입장을 이해하는 태도를 보일 수도 있다는 것을 염두에 두어야 할 것이다.

미·일 양국은 태평양전쟁을 치르기는 했어도 전통적으로 우호관계를 유지했으며, 1996년 4월 17일 미국의 클린턴 대통령과 일본의 하시모토 유타로 수상은 양국 정상회담을 통한 〈미·일 신안보공동선언(USA·Japan Joint Declaration on Security : Alliance for the 21st Century)〉을 발표하여[37] 그동안 미국이 담당해온 동북아 안보질서에 일본의 역할을 인정하여 군사협력

배타적 경제수역을 향유한다(제121조).

[37] http://www.mofa.go.jp/region/n-america/us/security/security.html 참조 (2009.7.23 방문).

의 길을 열어 놓을 정도로 양국의 관계는 우호적이라고 볼 수 있기 때문이다.

둘째, 적극적이고 체계적인 국가적 차원의 대응정책 수립 및 시행이 요구된다. 역사적 측면에서 보면 21세기를 맞으면서 독도영유권 문제는 단순한 섬의 문제가 아닌 민족문제 및 역사문제로 전환되어가고 있음을 정확히 인식할 필요가 있다.[38) 일본의 식민지 생활을 하여 우리 못지않게 반일 감정을 가지고 있으며, 최근 조어도 문제로 일본과 치열하게 다투고 있는 대만까지도 독도를 일본 땅이라고 생각하고 있는 사람들이 많다는 것이다. 따라서 역사적으로 정당한 논리를 체계화하고 일원화해서 지구촌 각국에 독도에 대한 객관적 홍보로 우호적인 여론을 유도해 나가야 할 것이다.

2. 군사전략적 대응

독도에 대한 논쟁은 주로 정치·외교적 측면의 성격으로 국한되어야 하겠지만 군사력은 이러한 정치·외교적인 노력에 힘을 실어 줄 수 있는 근본적인 저변으로서의 역할을 할 것이다. 그러나 만일 정치·외교적인 노력으로 상황을 해결할 수 없게 된다면 국가간 분쟁의 궁극적인 해결 수단인 군사력이 사용될 수도 있다.[39)

물론 독도에 대한 군사적 해결 국면은 분명히 피해야 하고 그러한 상태로 진전되지 않도록 감당할 수 있는 범위 내에서 국가적 노력을 경주해야겠지만 군사력 사용을 억제하기 위한 제반 노력은 독도를 지킬 수

---

38) 독도에 대한 주변국의 인식에 관하여는, 김병렬, 〈독도냐 다께시마냐〉, 서울 : 다다미디어, 1997, pp. 277-278 참조.

39) 영국과 아르헨티나간의 포클랜드 영유권 분쟁 사례 참조. http://www.yahoo .com/, Falkland Island 참조 (2009.7.23 방문).

있는 군사력의 능력 정도에 따라 그 성과가 달라진다는 이율배반적인 관계에 있음을 상기할 필요가 있다.[40]

현시점에서 볼 때 군사작전에 있어서의 독도의 의미는 군사적 활동에 기여하는 측면보다는 그것을 수호할 수 있는 능력 여하의 측면을 먼저 고려해야 할 것이다. 이는 힘이 내재되어 있지 않은 억제란 설득력이 없으며, 설득으로 폭력을 억지한다는 논리가 성공할 수 없다는 것을 의미한다. 따라서 군사력은 억제가 실패하여 군사적 분쟁까지 독도문제가 비화되었을 경우 영토를 방위하는 방위력으로서 힘을 발휘하게 될 것이다. 결국 영토문제의 평화적 해결이 어려운 상황에 직면할 수 있는 경우를 충분히 예측할 수 있기 때문에 이를 대비한 군사력 확보 및 이의 현시노력도 필요한 것으로 보인다.

3. 사법적 대응

독도문제의 사법적 해결문제에 관하여는 몇 가지로 요약하여 그 문제점을 제시할 수 있는 바, 첫째, 독도문제에 관해서 국제사법재판소에 제소하자는 일본측 제의에 대응할 필요가 없다는 것이다. 1952년 1월 28일에 우리 정부가 인접해양의 주권에 관한 대통령 선언을 선포하자 수차에 걸쳐 한·일 양국에 독도의 영유권에 관한 항의각서가 교환되다가 1954년 9월 25일에 일본 정부는 독도문제를 법적 분쟁이라고 규정하고, 일본 정부와 한국 정부의 상호합의에 의해 이를 국제사법재판소에 제소하자는 제의에 대해 한국정부는 동년 10월 28일에 한국은 독도에 대한 영유권을 가지고 있으며, 또 국제 재판에 의하여 그의 권리를 증명하여야 할 이유

---

40) 남웅우, 〈독도문제를 계기로 본 항공전력〉, 한국군사, 1996년 8월호, pp. 99-100.

가 없다는 내용의 항의를 했다. 한국이 실효적 점유를 하고 있는 시점에 독도문제를 국제사법재판소에 제소하자는 일본 측의 저의는 무엇이며, 독도문제가 국제사법재판소에서 다루어질 수 있을 것인지, 그리고 한국의 불응에 따른 이해관계를 분명히 파악하고 대처해야 할 것이다.

둘째, 국제사법재판소와는 별개의 지역적 재판소를 신설해야 한다. 이 것은 재판소의 구성이나 적용법규 등을 국제사법재판소와 달리 규정하고 이것을 이용하는 방안이다. 물론 지역 국제재판소는 재판소의 구성국가, 적용법규, 집행력 등 합의되기 어려운 절차상의 난점이 있는 것도 사실이 나 제국주의 국가의 식민지 통치를 합법화하는 그러한 국제법이 아니라 억울하게 탈취당한 영토를 원 소유국에게 정당하게 되찾아 준다는 취지와 더불어 지역적 분쟁의 지역적 해결이라는 국제연합 헌장상의 정신과도 일치한다는 특색을 가지므로 원칙적으로 반대할 이유가 없다. 그러기 위해서는 아시아 각국이 호혜평등·주권존중의 대원칙 아래 영토분쟁에 따른 객관적 해결을 위한 지역 국제재판소의 신설 등을 고려할 필요성이 있다고 보인다.

셋째, 국제해양법 및 영토문제 전문가를 발굴·양성하여 이들을 적극적으로 활용하는 방안을 강구해야 할 것으로 보인다. 일본측의 독도영유권 주장은 역사적 권원에 의하기보다는 국제법적 측면에서 강하게 주장을 전개하고 있는데 비하여, 한국은 주로 독도가 우리의 고유영토임을 증명하고자 역사적인 측면을 부각시키는데 초점을 맞추어지고 있음도 부인할 수 없다. 이러한 논리는 일본이 국제사법기관 등에서 독도의 시마네현 편입을 실효적 점유로 인정받기 위해 부단한 노력을 기울이게 하는 빌미를 제공할 수도 있다. 그리고 일본은 국제법적으로 독도의 영유권을 인정받기 위해 비밀리에 정부 차원의 연구를 수행하고 있는 것으로 알고 있는 바, 비록 일본 학자들의 주장이 일고의 가치가 없는 것이라고 할지라도 잘 정리된 이론이 국제사법재판소의 관계자 및 외국인들에게는 오히려 설득력이 있는 것처럼 여겨져 공감대를 형성할 수도 있기 때문에 이를 경계할 필요가 있다.

따라서 독도문제를 포함한 영토문제를 전문으로 취급하는 민간차원의 영토문제 전문연구소를 설립하여 주변국과의 영토문제가 제기될시 이들의 연구결과를 활용할 수 있도록 하여야 할 것이며, 아울러 관련 논문 및 학술자료 등을 외국어로 번역하여 지속적으로 홍보하는 동시에 외국의 저명한 국제법 전문가들과의 계속적인 관계설정 및 유지로 독도문제를 비롯한 영토문제에 대하여 외국인들이 객관적으로 이해하고 우리의 입장을 지지해 줄 수 있도록 하는 체계적이고 장기적인 노력이 절실히 필요한 것으로 보인다.

4. 기타 대응

(1) 독도의 효과적인 이용방안 강구

독도의 이용방안 연구의 근저는 독도영유권 분쟁의 소지를 줄여나가고, 독도의 경제적, 군사전략적 가치 등을 제고하는데 있다. 이를 위해 많은 사람이 독도 땅을 밟고 다니는 것이며, 그런 차원에서 독도의 해양관광지화 문제는 가장 먼저 고려할 수 있는 현실적인 방안이다. 독도나 울릉도의 주변에는 자연경관이 매우 수려하고 신비로움마저 주는 곳이 많으므로 현대인에게 좋은 관광지나 휴식처로 제공될 수 있을 것이다. 그러나 관광 자원으로 독도 개발은 암석으로 형성된 작은 섬이라 개발에 많은 어려움이 따르고, 지리적으로 우리나라 최동단에 위치하고 있고 특이한 환경 여건을 가진 곳인 만큼 경제성 및 환경문제 등을 고려해야 할 것이다.

또한 독도 연안은 매우 풍부한 어장이 형성되고 있는 바, 부두시설을 크게 확충하여 폭풍우나 일기불순의 경우에 어선들이 부두 안에 들어가 대피할 수 있도록 하거나, 인근어장에서 잡은 어획물을 1차 집결시킬 수 있는 어업 전진기지로 적극 개발한다면, 어업전진기지 설치로 얻을 수 있는 보다 많은 수자원 획득뿐만 아니라 우리 국민의 상주공간이라는 효과도 자연적으로 유도할 수 있을 것이다.[41]

(2) 실효적 지배강화

독도는 우리가 실효적으로 지배하고 있다. 이러한 실효적 점유를 강화하는데 가장 좋은 방법은 사람이 거주하는 것이다. 독도는 개발여하에 따라 많은 수의 사람들이 충분히 접근할 수가 있기 때문에 독도 환경을 최대한 보호하면서 동시에 이를 적절히 개발하여 그 접근성을 최대한 보장할 필요가 있다.

한국이 독도를 실효적으로 지배하고 있는 현실에서 이를 보다 공고히 하기 위해서는 독도가 국제해양법상 완전한 도서로서의 제반 법적 지위를 확고히 인정받을 수 있도록 '유인 도서화' 하는 방안의 추진도 생각해 볼 수 있다. 이렇게 함으로써 독도가 유엔해양법협약에 명시된 자체 경제생활 가능지역으로 200해리 배타적 경제수역과 대륙붕을 향유하는 해양법상 도서의 법적 지위를 가질 수 있도록 하는 것이다.

---

41) *Ibid.*, p. 54.

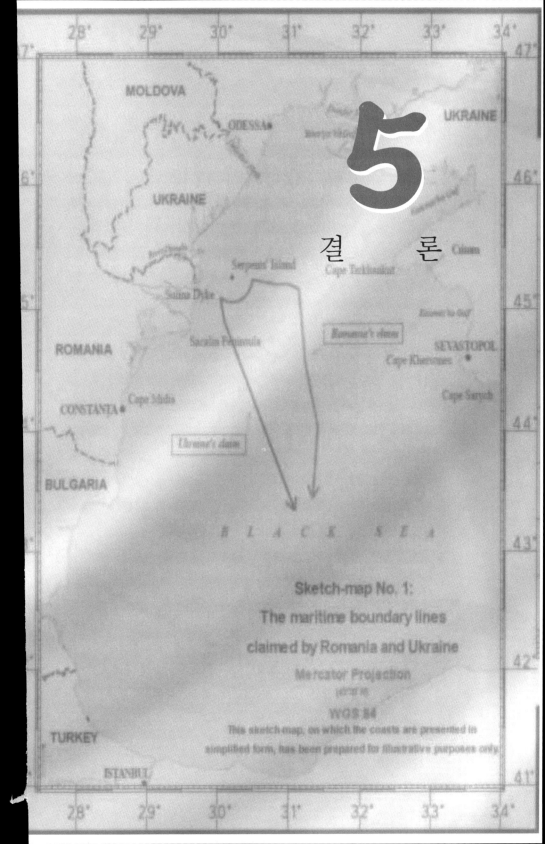

5 결 론

신해양법협약상 도서가 향유할 수 있는 법적 지위가 실로 방대하게 되어 오늘날 국가간의 도서 영유권 분쟁이 더욱 빈번히 발생하고 있으며, 이의 해결 또한 쉽지 않은 양상을 보이고 있다. 특히 도서 분쟁은 경계획정은 물론 영토분쟁의 성격을 강하게 담고 있기 때문에 분쟁해결의 기본요건인 당사국간 합의에 의한 해결이 결코 쉽지 많은 않음을 알 수 있다.

상기 주요 국제도서분쟁 사례에서 고찰해 왔듯이 오늘날의 도서분쟁은 현 상태를 그대로 유지하거나 아니면 국제법원에 분쟁해결을 부탁하여 법적 해결을 하려는 현상을 오히려 강하게 나타나고 있다. 특히 도서분쟁의 사법적 해결 결과는 상기사례에서 고찰한 바와 같이 분쟁도서의 실효적·현실적 지배(점유) 국가에게 영유권을 인정하는 판결을 하고 있음을 주목할 필요가 있다. 이는 독도에 대하여 주권행사를 하고 있는 우리로서는 향후 법적 분쟁을 예상할 경우 우리에게 대단히 유리한 결과가 될 수 있을 것이다.

지리학적으로 한반도가 대륙세력과 해양세력 사이에 위치하여 양대 세력의 균형점이 되듯이 독도는 반도국가인 한국과 도서국가인 일본 사이에서 지리적 중앙을 점하고 있는 도서이다. 안보적으로도 군사전략적 중요성이 인정되어, 대상에 따라서는 상대의 활동공간을 제한 또는 위협할 수 있는 역할도 가능하며, 경제적인 면에서는 풍부한 어장에서 제공하는 어족자원 획득으로 국익을 도모하는 한편, 국제해양법상 인정된 국가영토 및 관할권의 확보·보전 차원에서도 그 중요성이 다대한 섬이다.

이미 고찰한 바와 같이, 독도는 서기 512년 이사부에 의해 정복되어 신라의 영토화한 것으로 한국의 역사 속에 처음 등장한 이래, 어떠한 왕조나 정부에 의해서도 방치하거나 포기한 일이 없이 계속적으로 한국영토의 일부로서 지배·관리되어 왔다는 사실은 많은 공적 및 사적 문헌에 의하여 입증되었다.

즉 우리의 실효적 지배(effective control)가 오늘날 까지 지속되어지고 있는 바, 여기서 실효적 지배란 반드시 공개적이고 공식적이어야 하며 일정한 기간 동안 "계속적이고 평화적인 국가 권한의 행사(continuous and peaceful display of State authority)"가 포함되어야 한다는 원칙으로서 분쟁도서 영유권의 강한 권원으로 들고 있음을 알 수 있다. 따라서 독도의 실효적 지배사실에 관한 내용의 발견과 유지가 독도 영유권 확립에 있어 대단히 중요한 근거가 된다고 볼 수 있다.42)

또한 실효적 점유에 관한 각종 사료의 발굴 필요성이 중요한 바, 사람이 전혀 살지 않는 무인도의 경우 해당국가가 적극적으로 자신의 권한을 행사하지 않았다고 해서 이미 결정적으로 완료된 영토취득에 대한 권리의 박탈을 의미하는 것이 아님을 알 수 있다.43) 따라서 조선시대 공도정책 등으로 독도에 대하여 우리 정부가 지속적으로 국가권력을 행사하지 않았다고 주장하는 일본의 논리에 대응할 수 있는 중요한 판정내용이라고 볼 수 있다.

일부 도서분쟁 사건에서는 양 당사국 모두 원시적 지배 또는 실효적 지배에 근거한 권원을 주장함으로써 분쟁지역에 대한 영토주권의 확립을 주장하고 있으나, 이 경우는 무주지 선점에 관한 분쟁이 아니므로, 재판소는 양 당사국이 제공한 증거를 상대적으로 비교하여 영토주권을 인정한 사건도 있다. 따라서 재판소는 영유권 판정에 결정적으로 중요한 것은 역사적 사건으로부터 도출될 수 있는 간접적 추정이 아니고, 분쟁지역의 실효적 점유에 직접적으로 관계가 있는 증거라고 판결했음을 알 수 있다.

결국 이러한 사건을 해결하는데 관건이 된 것은 실효적 점유의 유무에 있고, 그 의미는 국가기능의 발현이다. 여기에서 점유라 함은 토지의 사

---

42) 김현수 · 박성욱, 〈독도영유권과 실효적 지배에 관한 연구〉, 독도연구 2007-02, 서울: 한국해양수간개발원, 2007, pp. 69-71에서 재인용.

43) 프랑스-멕시코간 Clipperton Island 영유권 분쟁 사건 참조.http://www.yahoo. com/, Clipperton Island 참조(2009.7.23 방문).

용·정주(定住)와 같은 물리적인 점유가 아니고, 토지에 대한 지배권의 확립이라고 하는 사회적 점유라는 것이다. 이 점에서 무주지 선점의 요건인 실효적 점유의 의미와 다를 바가 없다. 즉 영토취득의 원칙으로서 실효적 점유의 중요성을 분명히 하고 있어 독도영유권 문제 발생시 명백한 실효적 점유를 이유로 한 우리의 주장에 상당히 강한 설득력과 법적 근거를 제공하는 중요한 판례로서의 역할을 할 수 있을 것으로 기대된다.

한편, 실효적 지배사실의 인정에 있어 법원은 개인 또는 사기업 등에 의한 활동은 국가행위의 표시로 볼 수 없으므로 이를 이유로 한 영유권 주장은 받아들이지 않았다. 즉 분쟁도서의 구체적 사용이나 국가권한의 명백한 표시 및 이행 등이 실효적 지배사실로 인정된다는 것이다. 결론적으로 국가 간 도서영유권 분쟁은 분쟁당사국이 주장하는 소위 증거자료의 다양성 및 객관적 증거능력 인정의 어려움 등으로 그 판단이 어려운 것이 사실이다.

상기 일부 판정 또는 판결에서 고찰한 바와 같이 분쟁도서의 영유권 문제는 당사국이 주장하는 역사적 사실이나 권원, 제출한 지도, 사인의 활동 등에 증거능력을 인정하지 않았거나 인정하였다 하더라도 그 효과가 미미한 것을 알 수 있었다. 따라서 가장 강한 영유권 인정 근거로는 국가에 의한 실효적이고 배타적이며 현실적인 지배사실 그 자체인 것을 확인할 수 있다.

특히 독도는 주지하다시피 우리의 실효적 지배영토로서 우리가 관리·이용·개발·보존하며 동시에 우리가 구체적으로 국가권한을 행사하고 있음은 명백한 사실이다 (우리 경찰의 상주 경비 및 우리 해군에 의한 독도 주변수역의 상시초계 등). 따라서 향후 독도문제에 관한 정책방향 제시나 결정시 한·일 간 독도 영유권문제에 관한 분쟁시점이 된 시기 이후의 우리의 실효적 지배사실을 객관적으로 입증하고 이를 인식시키는 노력을 병행 하도록 하여 이해 당사국이나 제3국으로 하여금 독도문제에 관한 인식전환이 이루어지도록 해야 할 것이다.

예측컨대, 독도의 가치 및 중요성 면이나, 일본의 지속적 영유권 주장 등 제반특성에 비추어 볼 때, 일본 정부는 한국과의 제 협상에 앞서 협상 주도권 장악수단으로 독도문제를 계속 이용할 것이며 또한 독도 영유권 선점을 최선의 목표로서 절대적으로 추구해 나가되, 여건이 불리하여 부득불 이를 포기해야 할 경우에는 이를 한국과 공유하는 것을 방안으로 제시함으로써 파생하는 이익을 점하고자 함도 차선의 방안으로 고려할 수도 있을 것이다. 물론 이에 앞서 극우단체들의 무력행사로 인한 일시적 점유 등으로 문제를 해결하거나 지신들의 입장을 과시하려는 경향도 무시할 수는 없을 것이다. 종전 후 막강한 경제력을 바탕으로 국제사회에서 위상을 높이고 있는 일본이 오늘날에는 자위대의 발 빠른 증강행보, 외교의 광역화 및 군사강대국화로 국내외적으로 자위대 해외파병의 명분까지 구체화시키고 있음은 엄연한 현실이다.

바로 이러한 시점에서 독도를 자국 영토라고 집요하게 주장해온 일본이, 최근 국제사회에 비친 자신의 위상과 영향력 등에 스스로 고무되어 더욱 억지스런 주장과 행동을 강도 높게 해올 것이라는 우려를 충분히 예상할 수 있다. 따라서 우리는 주변 강대국과의 밀접한 외교관계 유지, 정부의 적극적인 주권행사의 의지구현, 국력과 해양력에 걸맞은 해군력 및 해양경찰력 증강, 독도에 대한 주권의식 및 군사적 수호능력 배양, 장기적인 정책 수립 및 시행 등의 적극적인 대응방안을 강구하여 독도와 관련된 분쟁의 소지를 사전에 차단시켜 나가야 할 것이다.

특히 일본이 지난 1951년 독도를 자국 부속 도서에서 제외한 법령을 공포했다는 사실이 국내언론에서 확인 발표되었는바[44], 즉 1951년 6월 6일에 공포된 '총리부령 24호[45]'와 같은 해 2월 13일 '대장성령 4호[46]'는

---

44) 조선일보 2009.1.3. 일자.

45) '총리부령 24호'는 조선총독부 교통국 공제조합 소유의 일본 재산을 정리하기 위해 제정한 상위법(정령·政令)을 시행하기 위해 세부 사항을 정한 것으로, 일본의

일본의 부속도서에서 울릉도와 독도, 제주도를 제외했으며, 이를 개정하는 법령인 1960년 시행된 '대장성령 43호'와 1968년 시행된 '대장성령 37호'에서 사용된 '본방(일본 혹은 우리나라)'이란 용어를 사용해서 "독도는 본방(일본 영토)에 속하는 부속도서가 아니다"라는 것이다. 따라서 동 보도내용은[47] 독도가 우리의 고유영토였음을 일본이 입증한 또 하나의 귀중한 자료가 되므로 이러한 사실들을 국제사회에 널리 알려 우리의 영토주권을 공고화할 필요가 있다.

결론적으로 우리는 일본의 독도 영유권 주장에 보다 내실 있게 대응하고 유리한 자료들을 제대로 활용하여 독도 영유권을 공고화함은 물론 독도에 대한 전 국민의 관심유발과 전략적인 차원에서의 국가적 대응정책을 수립하여 이를 가시적 및 지속적으로 시행해 나갈 수 있도록 해야 할 것이다. 아울러 한국은 독도에 대한 보다 밀도 있고 강한 실효적 점유를 계속하여 독도가 유엔해양법협약 제121조 3항 적용범위(인간의 거주가능 및 독립적 경제)를 충족하게 함으로써 향후 한·일 간 동해 배타적 경제수역 경계획정 시, 우리의 국가영토인 독도로부터 한·일 간 배타적 경제수역 경계가 시작되는 해양관할수역을 주장하고 또한 이를 확보해야 하는 방안도 적극 실현해야 할 필요성이 있다.[48]

'부속도서'에서 울릉도와 독도, 제주도를 제외했다.

46) 대장성령 4호는 '구령(舊令)'에 의해 공제조합 등에서 연금을 받는 자를 위한 특별조치법 제4조 3항 규정에 기초한 부속 도서를 정하는 명령'으로, 울릉도와 독도, 제주도 및 치시마 열도와 하보마이 군도, 시코탄 섬을 부속도서에서 제외했다.

47) 상세내용에 관하여 http://news.chosun.com/site/data/html_dir/2009/01/07/2009010700417.html?srch Col=news&srchUrl=news2 참조 (2009.7.22 방문).

48) 2006.4.25 노무현 대통령은 특별담화에서 한국 정부의 독도영유권 주장을 분명히 언급하였으며 동시에 한일간 동해 배타적 경제수역의 기점선정에 있어 '독도 기점'으로 선회하였다.

참고문헌

◆ 국내문헌

- 강영오, 〈독도영유권 시비와 해군력 증강〉「군사논단」 1996년 봄호.
- 강영훈·김현수, 〈국제법개설〉, 연경문화사, 1996.
- 김명기, 〈국제법상 시효에 관한 고찰〉, 고시계, 1998. 4.
- 김병렬, 〈독도냐 다께시마냐〉, 다다미디어, 1997.
- 김병렬, 〈독도〉, 다다미디어, 1997.
- 김종권 역, 〈완역삼국사기〉, 광조출판사, 1974.
- 김현수, 한반도주변국가의 해양법령집, 연경문화사, 2000.
- 김현수, 〈해양질서유지방안〉, 제2회 해양전략 심포지엄, 해군대학, 2005.
- 김현수, 〈국제해양법〉, 연경문화사, 2007.
- 김현수·박성욱, 〈독도영유권과 실효적 지배에 관한 연구〉, 독도연구 2007-02, 한국해양 수산개발원, 2007.
- 남웅우, 〈독도문제를 계기로 본 항공전력〉, 한국군사, 1996년 8월호.
- 대한민국외무부, 〈독도관계자료집 (I)〉, 외무부, 1977.
- 박관숙, 〈독도의 법적 지위〉, 대한국제법학회논총, 1956.
- 외교부, 〈동북아 해양법령과 유엔해양법협약집〉, 일조각, 2006.
- 외교부(편), 〈국제법기본법규집〉, 외교부, 2008.
- 이석용, 〈섬의 국제법상 지위〉 고려대학교 국제법률문제연구소, 1988.

- 이석우, 〈동아시아의 영토분쟁과 국제법〉 집문당, 2007.
- 이창위 등, 〈동북아 지역의 영유권 분쟁과 한국의 대응전략〉, 다운샘, 2006.
- 이한기, 〈한국의 영토〉 서울대학교출판부, 1969.
- 해양수산부, 〈국제해양분쟁사례연구 I〉, 애드파워, 2004.
- 해양수산부, 〈국제해양분쟁사례연구 II〉, 애드파워, 2005.
- 해양수산부, 〈국제해양분쟁사례연구종합 V〉, 애드파워, 2006.
- 홍성근, 〈독도에 대한 일본의 관할권 배제조치의 성격과 의미〉, 영토·영해 학술세미나, 제3회 해상치안 컨퍼런스, 2007.7.29.

◈ 외국문헌

- Allen & Mitchell, *The Legal Status of the Continental Shelf of the East China Sea*, 51 Oregon Law Review (1972).
- Alwi. D., *Conflicting Claims in the South China Sea*, Asian Defense Journal. 1992. 6.
- Blake, G., *Maritime Boundaries and Ocean Resources*, London : Croom Helm, 1987.
- Bowett, Derek W., *The Legal Regime of Islands in International Law*, New York : Oceana Publication, 1979.
- Charney, Jonathan I. and Alexander, Lewis M. (eds.), *International Boundaries Vol. I & Vol. II*, Dordrecht : Nijhoff, 1993.
- ——, *International Boundaries Vol. III*, Dordrecht : Nijhoff, 1998.
- Charney, Jonathan I. and Smith, Robert W. (eds.), *International Boundaries Vol. IV*, Dordrecht : Nijhoff, 2002.
- Chiu, H., *A Study on the Tiao-Yu-tai Islands*, 6 Chengchi Law Review (1972).

- Chiu, H. & Park, C.H., *Legal Status of Paracel and Spratly Islands*, 30 Ocean Development and International Law(1975).
- Churchill, R. R. & Lowe, A.V., *The Law of the Sea*, Manchester : Manchester University Press, 1999.
- Colson, David A. and Smith, Robert W. (eds.), *International Boundaries Vol. V*, Dordrecht : Nijhoff, 2005.
- Emery & Niino, *Stratigraphy and Petroleum Prospects of Korea and the East China Sea*, Report of Geological Investigation, No.1, 1967, 6.
- Emery, *Geological Structure and Some Water Characteristics of the East China Sea and Yellow Sea*, 2 The Technical Bulletin 26 (1969).
- Evans, M. D., *Relevant Circumstances and Maritime Delimitation*, Oxford : Clarendon, 1989.
- Haller-Trost, R., *The spratly Islands : A Study on the Limitations of International Law*. Occasional Paper. No. 14. University of Kent at Centerbury. 1990.
- Hsiao, T.Y., *The Record of the Mission to the Ryukyu Islands*, 1597 ; Hsun-Kang Cheng, A Short Study of Japan, 1655.
- Jagota, J. P., *Maritime Boundary* (Dordrecht : Nijhoff, 1985); R. W. Smith, *Exclusive Economic Zone Claims: An Analysis and Primary Documents*, Dordrecht : Nijhoff, 1986.
- Keller, H. Lissitzyn, O. & Man, H., *Creation of Rights of Sovereignty through Symbolic Acts, 1400-1800*, 1938.
- Liu, P.Y., *What Do the Tiao-yu-tai Islands Look Like after All?, Materials on the Question of the Tiao-yu-tai Islands*, Union Research Institute of Hong Kong, 1972.
- Okura, *The Problem of the Right of Sovereignty over the Senkaku*

Islands, 3 Asahi Asian Review (1972).

• Park, C.H., *Oil Under Troubled Waters: The North East Asia Sea Bed Controversy*, 14 Harvard International ,Law Journal (1973).

• United Nations, *Handbook on the Delimitation of Maritime Boundaries*, New York : UN, 2000.

• US Dept. of State, Foreign Relations of the US, Diplomatic Papers, The Conference of Cairo and Tehran, 1943.

• US Dept. of State, Occupation of Japan, 54 Policy and Progress (1946).

• Van Dyke, Jon M., *Sovereignty over Dokdo and Its Maritime Boundary*, Ocean Development & International Law, Vol.38 Nos.1-2, 2007.

• Weil, Prosper, *The Law of Maritime Delimitation- Reflections*, Cambridge : Grotius Publications Limited, 1989.

• Yang, C.K., *On the Sovereignty over the Tiao-Yu-tai: Archipelago*, 99 China Monthly (1972).

◆ PCIJ / ICJ / PCA 자료

• Islands of Palmas Arbitration (US v. Netherlands), 2 RIAA 829 (1928).

• Legal Status of Eastern Greenland, (1931) P.C.I.J., ser.A/B, No.53.

• Delimitation of the Maritime Boundary in the Gulf of Maine Area (Canada/USA), ICJ Reports, 1984.

• Continental Shelf (Libya/Malta), ICJ Reports, 1985.

• Continental Shelf (Tunisia/Libya), Judgment, ICJ Reports, 1982.

• Continental Shelf (Libya/Malta), Judgment, ICJ Reports, 1985.

‖ 저 자 ‖ **김 현 수**

해군사관학교 졸업(이학사)
서울대학교 법과대학 졸업(법학사)
서울대학교 대학원 법학대(법학석사, 해양법)
University of Wales College of Cardiff(Ph.D, 해양법)
현, 인하대학교 법학전문대학원(Law School) 국제법 교수

‖ 주요경력 ‖
(사)해양법포럼· 이사
해양환경·안전학회 이사
한국해양전략연구소(KIMS) 선임연구위원
국회 독도자료실 운영위원회위원
한국해사법학회 이사
유엔해양법당사국회의 정부대표단
한·일 EEZ경계획정회담 정부대표단
유엔총회 해양결의안회의 정부대표단
해양경찰청 국제해양법위원회 위원
지역수산관리기구회의 정부대표단
독도연구소장

세계도서영유권 분쟁과 독도

초판 1쇄 발행 ǀ 2009년 12월 30일

저 자 ǀ 김현수
발행인 ǀ 이정수
발행처 ǀ 연경문화사
출판등록 ǀ 1-995호
주 소 ǀ 서울시 마포구 서교동 465-7
전 화 ǀ (02)332-3923
팩 스 ǀ (02)332-3928
이메일 ǀ ykmedia@korea.com
정가 20,000원
ISBN : 978-89-8298-113-5 (93360)